KB262735

譯註 次第禪門

역주 차제선문

一 釋禪波羅蜜次第法門 一

一釋禪波羅蜜次第法門一

선바라밀의 수행 차례를 풀이한 법문

譯註 次第禪門

역주 차제선문

天台 智者大師 說 ● 法愼 記錄 / 灌頂 整理 ● 崔箕杓 譯註

불광출판사

1. 『차제선문』의 가치

　　『차제선문(次第禪門)』의 원 제목은 『석선바라밀차제법문(釋禪波羅蜜次第法門)』으로서 '선바라밀의 [수행] 차례를 풀이한 법문'이라는 의미이다. 흔히 『차제선문』으로 약칭되며 『선바라밀(禪波羅蜜)』 혹은 『선문수증(禪門修證)』이라고도 불린다. 중국 천태종의 실질적 개창자인 천태 대사(天台大師) 지의(智顗, 538~597)가 설하고 그의 제자 관정이 정리한 것으로 석가모니 부처님 이래 행해진 온갖 선정의 종류와 수행 차례, 수행 방법 그리고 수행 중에 일어나는 여러 현상들과 이에 대한 대처법 등이 망라된 저술이다. 주지하다시피 중국에서 선(禪)의 실천과 보급에 큰 역할을 한 종파는 달마 대사와 6조 혜능에 의해 주도된 선종이지만, 선의 이론을 조직하여 후대에 전해 준 것은 교관겸수(敎觀兼修), 즉 이론과 실천을 겸하는 전통을 지닌 천태종에 공을 돌려야 할 것이다. 이러한 사실을 두고 근대의 대강백인 박한영 스님(1870~1948)은 다음과 같이 평하고 있다.

달마 문하에 이르면 헛된 할과 장님의 방이 얼마나 많은가. 어리석음을 익히는 것이 가풍을 이루어 미치광이나 백치가 엄숙하게 눈을 부릅뜨고 불자(拂子)를 세우고는 큰 선지식이라 하니 오히려 천태 문하만 못하다. 천태문에서는 글자를 갖고 뜻을 설명하고 뜻으로써 이치를 밝혀서 오히려 뜻과 이치를 잃지 않으니 선을 행하는 제자보다 낫다.[1]

천태 대사의 수행 이론이 담긴 문헌은 『마하지관(摩訶止觀)』 10권, 『차제선문』 10권, 『수습지관좌선법요(修習止觀坐禪法要)』(『소지관(小止觀)』으로 약칭) 1권, 『육묘법문(六妙法門)』 1권 등 네 가지 전적이 핵심이라는 것이 『소지관』에 서문을 쓴 원조(元照, 1048~1116)의 설 이후 전통으로 확립되어 내려오고 있다. 이 가운데 『마하지관』은 보살 근기가 정각(正覺)을 얻기 위한 원돈지관(圓頓止觀) 수행을 사종삼매(四種三昧)와 10경(境)10승(乘) 관법으로 설명하고 있고, 『육묘법문』은 선정의 진행 과정을 수(數) - 수(隨) - 지(止) - 관(觀) - 환(還) - 정(淨)의 여섯 단계로 요약하면서 부정지관(不定止觀)의 원리를 밝히고 있다. 또 『소지관』은 『마하지관』과 『차제선문』의 내용 가운데 핵심을 간략히 정리한 책이다. 이들은 각기 밝히는 주안점과 대상으로 삼는 근기의 우열이 있으므로 어느 한 가지가 더 좋다고 말할 수 없다. 단지 범부 수행자들의 입장에서 본다면 『마하지관』은 지나치게 어렵고 『육묘법문』은 실제 수행의 지침으로 삼기에는 부적당하며 『소지관』은 너무 소략하다. 이에 비해 『차제선문』은 일반 불자들이 수행의 실질적 지침서로 삼기에 가장 적당하며 어떤 경전이나 논서, 그리고 현대의 해설서보다 수행의 이론과 실제가 가장 잘 정비되어 있는 책이라고 할 만하다.

이 책은 『대안반수의경』, 『선비요법경』, 『좌선삼매경』, 『달마다라선경』 등 선정법을 중점적으로 설명한 경전과 『구사론』, 『대지도론』 등의 논서에 나타난 선정법 등을 추출하여 초심자의 수행부터 고차의 수행까지 단계적으로 조직하고 있다.

---

1) 『초보자를 위한 선』(민족사, 1997), 발문.

뿐만 아니라 지의(智顗) 자신의 체험을 바탕으로 선정 수행에 필요한 조건들, 선정 중에 일어나는 경계나 마장에 대한 대처방법들도 서술하고 있다. 이러한 내용들은 현대에 행해지는 간화선, 염불선, 위빠사나 등에도 적용할 수 있다. 그러므로 이 책은 단순히 고전(古典)의 위치에 머물지 않고 현대의 불교 수행에도 가치를 갖는 책이다.

이 책에 밝혀져 있는 선바라밀이라는 명칭 풀이와 지(止)와 관(觀)의 응용 등 명쾌한 선이론(禪理論)을 통해 싯달타 태자가 왜 무소유처정(無所有處定)과 비유상비무상처정(非有想非無想處定)을 버렸다가 그보다 아래의 단계인 제4선에서 정각을 얻게 되었는지가 해명된다. 그리고 많은 성문 제자들을 자살로까지 이끌었던 부정관(不淨觀)이란 어떤 선정이며, 각종 신통은 어떻게 얻어지는지 상세히 알 수 있다.

2. 『차제선문』의 찬술 경위

예로부터 『차제선문』은 천태 대사가 금릉(金陵)의 와관사(瓦官寺)에서 설한 내용을 제자 법신(法愼)이 개인적으로 받아 적은 뒤 미처 다듬지 못하고 입적하자 이것을 천태 대사의 법을 이은 제5조 장안 관정(章安灌頂, 561~632)이 전해 받아 다듬은 것으로 되어 있다. 그리고 법신이 기록한 내용은 30권 가량이지만 이것을 관정이 10권으로 줄인 것으로 전해져 왔다. 그런데 이에 대해 일본의 천태학자인 사또오 테쯔에이(佐藤哲英)는 이의를 제기한다. 법신이 기록한 내용이 본래 10권이고 관정은 거의 손댄 것이 없다며 그 근거로 다음과 같은 것을 들고 있다. ① 『마하지관』의 서문에 "차제선문은 합하면 30권인데 지금의 10축(軸)은 대장엄사(大莊嚴寺) 법신의 사사로운 기록"이라는 내용이 있다. ② 담연(湛然, 711~782)의 『마하지관』 주석서인 『지관보행전홍결(止觀輔行傳弘決)』에 "설하지 않은 부분까지 다 기록해야 30권이 된다."는 취지의 글이 있다. ③ 일본 천태종 승려인 증진(證眞)도 자신이 쓴 『지관사기(止觀私記)』에서 담연의 설을 받아 『차제선문』의 30권설에 대해 부정적이라는 것이다. 그는 이어서 현행의 『차제선문』이 법신의 사기본(私記本) 그대로인지 아니면 관정이

30권을 10권으로 줄인 재치본(再治本)인지에 따라 본서의 문헌학적 가치가 크게 달라진다는 견해를 피력하고 있다.[2]

그러나 이러한 주장은 자못 문제가 많다. 사또오가 제시한 근거 가운데 ②의 경우 담연은 천태 대사보다 2백년이나 후대의 인물이고 ③의 중진은 6백년 뒤, 그것도 일본에서 활동한 인물이니 이러한 역사적 사실을 밝히는 데는 참고의 가치가 적다. 그렇다면 ①『마하지관』 서문의 "지금의 10축은 대장엄사 법신의 기록"이라는 내용은 어떻게 해석해야 할 것인가?

『차제선문』의 성립 과정을 전하는 1차적 자료로는 본 책의 서두에 세필로 기록된, 작자를 알 수 없는 서문과 앞에 든 『마하지관』의 글 그리고 관정이 기록한 『수천태지자대사별전(隋天台智者大師別傳)』의 기사가 있다. 먼저 전통설의 근거를 제공한 『별전(別傳)』의 기사를 인용해 본다.

(천태 대사께서) 항상 법좌(法座)에서 말씀하시기를, "만일 차제선문을 설한다면 1년에 한 번을 설할 수 있고 장소(章疏)를 지으면 가히 50권은 될 것이다. 만일 법화현의와 원돈지관을 설하면 반 년에 한 번 마칠 수 있고 장소(章疏)는 각 30권이 될 것이다."고 하셨다. 이 세 가지 법문은 모두 글이 없고 강의로써 해 주셨을 뿐이다. 대장엄사의 법신이 차제선문 초분(初分)을 개인적으로 기록하여 30권을 얻었는데 채 다듬지 못하고 입적하였다. 국청사(國淸寺)의 관정이 개인적으로 법화현의 초본을 기록하여 10권을 얻고 마하지관도 받아쓰기 초본을 기록하여 10권을 얻었다.[3]

법신이 받아 적은 『차제선문』은 30권 분량인데 채 다듬지 못하고 입적했다는 것이다. 이 내용은 늘 천태 대사를 수행한 상수제자이고 직접 법신의 필기본을 다듬

---

2) 佐藤哲英, 『天台大師の研究』(京都 : 百華苑, 1961), pp.103~106.
3) 灌頂 撰, 『隋天台智者大師別傳』(『大正藏』50), p.197중.

은 당사자인 관정이 스승께서 "항상 말씀하시던" 내용을 기록한 것이니 틀림없다고 보는 것이 타당하다. 또한 다 설하는데 반 년이 걸리고 장소를 쓰면 30권이 되리라는 『법화현의』나 『마하지관』과 비교할 때, 설하는데 1년이 걸리는 『차제선문』의 글이 50권이 된다는 것은 지극히 당연할 터이니 오자일 가능성도 없다.

그렇다면 똑같이 관정이 쓴 『마하지관』 서문의 내용은 어떻게 보아야 할 것인가? "합하면 30권인데 지금의 10축은 대장엄사 법신의 사사로운 기록"이라는 내용 중 30권이라는 것은 천태 대사가 강의하고 법신이 받아 적은 부분만을 말하는 것이라면 문제가 될 것이 없다. 이를 『별전』의 기록과 합쳐본다면, 끝까지 설하면 50권은 될 터이지만 총 10장 가운데 7장 중반까지만 설하고 말았으니 30권이 되는 것은 비율로 보아 꼭 맞다. 그렇다면 관정은 법신이 필기한 30권본을 정리하여 10권으로 다듬었다는 것인데, 내용을 보탠 것이 아니라 그대로 요약한 것이라면 그것은 요약한 자신이 아니라 필기한 법신의 기록이라 표현하는 것이 합당할 것이다.

또한 사또오가 근거로 제시한 『보행(輔行)』의 글은 지금은 산일된 『목록(目錄)』을 인용하여 7장 중반 이후의 글을 다 기록하면 도합 30권이 되리라는 취지이지만, 담연은 이어서 "장소(章疏)를 지으면 50권은 될 것"이라는 『별전』의 문장을 인용하면서 "[두 기록 간의] 권수에 혹 차이가 있어도 무슨 상관인가"라며 판단을 보류하고 있는 것이다.[4]

이제 이러한 내용을 전제로 『차제선문』의 서두에 세필로 기록된 주석을 번역해보면 조금 애매하던 문장이 이해되면서 다음과 같이 해석된다.

천태산 수선사(修禪社)의 지의 선사가 수도에서 선법(禪法)을 설하였다. 대장엄사(大莊嚴寺)의 사문인 법신(法愼)이 이때 배움에 참여하였는데 설한 내용을 번번이 받아 적었다. 이 법문(法門)은 깊고도 넓어서 자세히 갖추어 옮기기가 어렵다. [기록한 것을] 다 취하면 30권은 될 것이지만 이제 앞 [법신의] 기록 가운데 핵심

---

4) 湛然 述, 『止觀輔行傳弘決』1의2(『大正藏』46), p.156중. "卷或大小不同何妨"

만을 요약하여 이 책을 유통시킨다. 앞서 천태산에서 여러 동학들이 받아 적은 것을 고친 것이 있는데 그때는 잘 되지 못하여 빠진 것도 있고 두서없이 번잡한 부분도 있다. 혹시 그 책을 보게 되면 다시 고치려 하니 배우는 분들께서 [그 책을 보고] 잘못 알지 않기를 바라노라.5)

　인용문 가운데 "앞서 천태산에서 여러 동학들이 받아 적은 것을 고쳤다"는 내용을 통해 누군가 천태 대사의 설법을 기록하고 유통하는 일을 주로 하는 사람이 있음을 유추할 수 있다. 또한 "법문이 깊고도 넓어서 갖추어 옮기기는 어렵다"는 내용은 법신이 필기한 30권본을 얻은 사람이 글을 요약하면서 그 어려움을 말한 내용이라고 보인다. 그렇다면 이 서문은 사또오의 추측처럼 법신이 쓴 것이 아니고 요약자가 쓴 것인데, 그 사람은 천태 대사의 법문을 도맡아 문헌으로 남긴 상수제자 관정일 가능성이 가장 높다. 이 서문의 기록자는 또한 이 책을 유통시키기 이전에 다른 제자들이 받아 적은 것을 정리하여 유통시킨 것이 있는데 그것은 잘못된 것이 많으니 혹시 그것을 보게 되면 다시 고치겠다는 말을 덧붙이고 있음을 알 수 있다.

　『차제선문』이 성립된 과정을 기록한 『마하지관』 서문과 『수천태지자대사별전』, 그리고 지금 살펴본 『차제선문』의 서문은 모두 사정을 가장 정확히 알고 있는 수제자 관정이 기록한 것이다. 그리고 이 내용들은 상호 모순이 없다. 그러므로 이에 대해 이론을 제기할 여지가 없는 것이다.

　이제 이들 문헌에 나온 『차제선문』의 성립 과정을 다시 한 번 정리하면 『차제선문』은 천태 대사가 금릉의 와관사에 머물면서 강의한 것으로서 다 설하면 50권은 될 수 있는 분량이지만 총 10장 가운데 7장의 중반까지만 설하고 마침으로써 약 30권 가량의 분량이 되었다. 이를 대장엄사에 있던 제자 법신이 받아 적었는데 채 정리하지 못하고 입적하자 관정이 그 요점만 추려 10권으로 정리하고 간략한 서문을 붙인 뒤 유통시킨 것이다. 관정은 이에 앞서 다른 여러 제자들이 기록한 것들을 정

---

5) 『次第禪門』, p.475하.

리하여 유통시킨 바 있으나 그것은 썩 잘 되지 못한 것이므로 그 글을 보면 고치게
해 달라고 서문에서 당부하고 있다.

관정이 이렇듯 10권으로 줄였다고 해서 그 글의 내용이 천태 대사의 본뜻과 멀
어지는 것은 결코 아니다. 요약하는 것은 덧붙이는 것과는 사정이 다른 법이어서 말
로 강의할 때 붙기 쉬운 군더더기를 제거하여 오히려 본지(本旨)를 더욱 살릴 수도
있다. 그러므로 『차제선문』이 갖는 가치는 사또오의 우려처럼 관정이 요약하였다
는 사실로 인하여 줄어드는 것은 아니라고 본다.

3. 『차제선문』의 제본諸本과 주석

현재 쉽게 구해볼 수 있는 『차제선문』은 일본에서 출판한 『대정신수대장경(大
正新修大藏經)』에 실린 것과 타이완(臺灣)에서 영인한 『만정장경(卍正藏經)』 및 『가흥
대장경(嘉興大藏經)』에 실린 것이다. 『대정장』본은 명(明) 만력(萬曆) 18년(1590)에 간
행된 것을 저본으로 하여 대교(對校) 없이 조판한 것이다. 다만 저본의 권말마다 붙
어있는, 오기(誤記)를 바로잡는 주석을 하단에 기록하고 있다. 예를 들면 "원본의 권
말에 실린 주석에, '기(記)가 남장(南藏)에는 기(既)라고 되어있다'고 하였다."[6] 등인
데 이를 보면 명나라에서 원본을 편찬할 당시 북장(北藏)을 저본으로 하고 남장(南藏)
본을 대교한 것임을 알 수 있다. 『대정장』에 실린 것은 오자(誤字)가 적지 않게 눈에
띄고 구두점이 잘못 찍혀서 오히려 해석에 혼란을 주는 경우가 많으므로 읽을 때 주
의해야 한다.

『만정장경(卍正藏經)』은 원래 일본의 장경서원(藏經書院)에서 명치(明治) 35년
(1902)부터 3년에 걸쳐 출판한 것으로서 여기에 실린 『차제선문』은 만력(萬曆) 연간
에 인각한 명판(明版) 대장경을 저본으로 1, 2, 上, 下 등의 기호가 붙은 훈점(訓點)을

---

6) 『次第禪門』(『大正藏』 46, p.475)의 각주 ②번. "原本卷末註曰 記南藏作既."

찍어 새로 조판한 것이다. 이 책은 출판한지 오래되어 구하기 힘든데 1980년에 타이뻬이(台北) 신문풍출판공사(新文豊出版公司)에서 영인하여 널리 보급되었다. 『차제선문』은 제64권에 실려 있다. 『만정장경』의 저본이 된 명판(明版)은 가흥(嘉興)의 능엄사(楞嚴寺)에서 인각했으므로 능엄사판(楞嚴寺版) 혹은 가흥판(嘉興版) 대장경이라고도 하는데 역시 신문풍출판공사에서 1987년에 『가흥대장경』이라는 제목으로 영인하여 구해 보기가 쉽다. 『대정장』본의 저본이 된 판본과 똑같이 권말에 오기(誤記)를 바로잡는 주석이 첨부되어 있으며 내용은 『대정장』본과 거의 같다.

이 외에 일본에는 교또(京都) 청련원(靑蓮院)에서 보관하고 있는 연구(延久) 6년(1074) 적관(寂觀)의 필사본과 나라(奈良) 동대사(東大寺)에서 보관중인 건구(建久) 8년(1197) 증선(證禪)의 필사본 등 두 종류의 주의할 만한 고사본(古寫本)이 있다고 한다.[7] 이들의 대교는 사또오에 의해서 서문 부분만 이루어지고 본문에 대해서는 아직 연구가 없다. 대교해 놓은 서문을 살펴볼 때 양 필사본은 『대정장』본과 내용에 별 차이가 없는 것으로 보인다.

우리나라의 경우 『차제선문』은 일찍이 『고려교장(高麗敎藏)』에 실려 있었다. 이는 대각국사 의천(義天, 1055~1101)의 『신편제종교장총록(新編諸宗敎藏總錄)』3에 '선바라밀(禪波羅蜜) 십권(十卷)'이라고 기록되어 있는 것을 통해 알 수 있다. 그러나 『고려교장』은 초조본 『고려대장경』과 함께 원(元)의 침입 때 소실되어 남아있는 것이 거의 없으므로 『차제선문』 역시 전하는 것이 없다. 근래의 것으로 광서(光緖) 34년(1908)에 장경원(藏經院)에서 간행한 목판본이 동국대 도서관에 고서로 보관되고 있다. 이 판본에는 『만정장경』에 실린 것과 마찬가지로 매 권의 말미에 내용교정[校訛]과 어려운 글자의 발음을 반절(反切)로 표기[音釋]해 놓은 주석이 있다. 이를 『대정장』본과 비교해보면 본문과 주석 모두 잘못된 부분을 바로잡는 데 어느 정도 도움을 얻을 수 있다.

『차제선문』에 대한 직접적 주석은 없지만 해석에 단서를 제공받을 수 있는 문

---

7) 佐藤哲英, 『天台大師の研究』(京都:百華苑, 1961), p. 106.

헌이 몇 가지 있으니 『선문구결(禪門口訣)』, 『선문요략(禪門要略)』, 『선문장(禪門章)』
이 그것이다. 이 가운데 천태 대사가 설한 것으로 되어있는 『천태지자대사선문구
결』(『대정장』 46권)은 선정의 행법과 주의점 및 의문점에 대해서 간략하게 기술해 놓
은 것으로서, 대조해 보면 『차제선문』의 이해에 도움을 줄 수 있는 문헌이다. 또 『일
본속장경』에 '천태 대사출(天台大師出)'이라는 찬호(撰號)로 실려 있는 『선문요략』은
제목만으로는 『차제선문』의 요약이라고 보기 쉽지만, 내용을 검토해 보면 『소지
관』과 『차제선문』 그리고 『마하지관』의 핵심적 내용이 거의 거론되고 있어 제목 그
대로 '선정을 수행하는 요점'이라고 이해하는 것이 좋을 것이다.

　『선문장』은 특히 『차제선문』의 주석서에 가까운 문헌이다. '수 천태 지자대사
설'이라는 찬호로 『일본속장경』에 실려 있는 것으로서 1권으로 되어있지만 『소지
관』의 두 배는 되는 적지 않은 분량의 글이다. 『차제선문』의 10대장 가운데 전반부
를 풀이하는 형식으로 되어 있는데 『마하지관』이나 『사념처』가 인용되고 있어 천
태 대사가 직접 원문 그대로 설한 것이라고 보기는 어려울 것이다. 이에 대해 세끼
구찌 신다이(關口眞大)는 "고래로 전해 오듯이 천태 대사가 찬술에 관계한 것은 아니
고 … 차제선문 주석서의 일종으로 보아야 할 것"8)이라는 의견을 피력하면서 그 저
자에 대해서는 판단을 유보하고 있다. 사또오 테쯔에이(佐藤哲英)는 "지의가 입적한
뒤 관정이 교정한 『마하지관』과 그의 찬술인 『사념처』를 참조하면서 『차제선문』의
해설서로서 지어진 것인 듯하다."고 조심스럽게 의견을 개진한 뒤 앞으로 해명해야
할 문제가 많다고 덧붙이고 있다.9) 하지만 문장 중에 '금사소명(今師所明)'이라는 구
절이 있고 여기서의 '금사(今師)'는 천태 대사가 확실하기 때문에 대사의 제자가 대
사의 여러 설법이나 문헌을 편집하여 간접화법으로 기록한 것일 가능성이 높다.

---

8)　關口眞大, 『天台小止觀の硏究』(東京:理想社, 1954), p.43.
9)　佐藤哲英, 『天台大師の硏究』(京都:百華苑, 1961), p.276.

4. 『차제선문』의 연구와 번역

천태의 선정[止觀] 이론은 그 방대함, 체계성, 치밀성, 구체성 등으로 인해 다른 종파나 조사들에게 많은 영향을 주었다. 세끼구찌 신다이(關口眞大)는 이에 대한 연구의 선구자로서 일찍이 『천태소지관의 연구』(東京:山喜房佛書林, 1954)에서, 원효(617~686)의 『기신론소(起信論疏)』와 현수 법장(賢首法藏, 643~712)의 『대승기신론의기(大乘起信論義記)』 가운데 지관과 관련한 내용이 천태의 『소지관』에 전적으로 의존하고 있음을 밝혔다. 카마다 시게오(鎌田無雄)도 『화엄교학의 지관』(關口眞大 編, 『止觀の研究』, 東京:岩波書店, 1975)에서 규봉 종밀(圭峰宗密, 780~841)의 『원각경도량수증의(圓覺經道場修證儀)』가 『소지관』을 거의 전부 인용하고 있음을 주장한 바 있다. 그러나 이들이 인용한 천태 지관론은 사실 소부(小部)인 『소지관』에서 옮긴 것이 아니라 대부(大部)인 『차제선문』에서 옮긴 것이다.[10] 이들 연구자들은 『소지관』이 『차제선문』의 많은 부분과 『마하지관』의 일부분을 요약하여 지어진 사실을 도외시한 탓에 그러한 결론을 도출한 것이다.

천태의 지관 이론은 또한 선종의 조사들에게도 많은 영향을 미쳤음이 밝혀져 있다. 이와 관련한 연구로는 역시 세끼구찌 신다이의 『달마(達磨)의 연구』(東京:岩波書店, 1967)와 『달마대사(達摩大師)의 연구』(東京:春秋社, 1969), 그리고 야마우찌 슌유(山內舜雄)의 『선과 천태지관』(東京:大藏出版株式會社, 1986) 등이 있다. 야마우찌의 연구는 선종의 여러 조사들이 저술한 각종 『좌선의(坐禪儀)』들이 천태의 『소지관』에서 강하게 영향을 받았다는 것인데 『소지관』 자체가 『차제선문』을 요약한 내용이 주를 이루고 있으므로 실제로는 『차제선문』의 중요성을 입증하는 연구라 보아도 무방할 것이다. 어쨌든 옛 조사들은 『차제선문』을 비롯하여 천태의 지관이론을 많이 참조하였으며 그만큼 이 문헌의 가치가 큼을 보여주는 사례라고 할 것이다.

---

10) 최기표, '『起信論疏』에 나타난 天台 止觀論'(『한국불교학』 34집, 2003)과 '『起信論』「修行信心分」주석에 나타난 元曉와 法藏의 영향 관계와 인용 태도'(금강대 제1회 국제학술회의, 2004 발표논문) 참조.

하지만 이에 대한 연구는 『마하지관』이나 『소지관』에 비해 매우 빈약한 상황이다. 몇몇 일본 학자들에 의해 문헌 연구 및 개괄적인 내용 검토만 이루어져 있을 뿐이다. 1999년도에 역자가 박사학위 논문으로 제출한 『천태 점차지관의 연구』가 최초의 체계적 연구이다.

『차제선문』의 연구가 미흡한 이유에 대해 천태학 연구에 있어서 일본학계의 거장인 안도오 토시오(安藤俊雄)는, "…일부에서는 『차제선문』과 『육묘문』이 격력차제(隔歷次第)로서 권문(權門)의 법문이라고 생각하여 이 2종 지관을 경시하는 경향을 낳았고 현대의 천태학자 사이에도 이러한 풍조가 흐르고 있다."[11]고 진단을 내리고 있다. 즉 『차제선문』에서 설하고 있는 점차지관과 『육묘법문』에서 설하고 있는 부정지관은 원돈지관을 위한 방편에 불과하다는 시각 때문에 연구가 활발하지 않다고 본 것이다. 실제로 원돈지관인 『마하지관』만 있으면 차원이 낮은 두 가지 지관은 필요가 없다는 의견을 피력한 학자도 있다.[12]

그러나 "3종의 지관은 … 모두 대승이고 실상(實相)을 반연하며 똑같이 지관(止觀)이라고 이름한다."[13]는 천태 대사의 설명에서 보듯, 세 가지 지관은 모두 궁극의 깨달음으로 인도할 수 있다는 점에서 똑같은 가치를 가지고 있다. 또한 3종 지관으로 이루어져 있는 천태 대사의 지관론을 전체적으로 밝히기 위해서 『차제선문』은 반드시 연구되어야 할 문헌이다. 특히 『차제선문』은 다른 세 문헌과 달리 범부들의 입문적 실천에서부터 근기 높은 보살이 닦는 관법에 이르기까지 불교 재래의 각종 수행법들을 선정을 중심으로 체계적으로 정리하여 설명하고 있다. 때문에 선정과 지관의 관계를 통해 불교 수행법의 특징과 체계를 이해할 수 있고 현대인들이 실제 수행의 지침서로서 활용할 수도 있는 훌륭한 저술이다.

---

11) 安藤俊雄, 『天台學-根本思想とその展開』(京都 平樂寺書店, 1968), p.442.

12) 山內舜雄, 『禪と天台止觀』(東京 大藏出版株式會社, 1986), p.69.

13) 『摩訶止觀』1上, p.1하 : "三種止觀 … 皆是大乘倶緣實相同名止觀."

이렇듯 선정 이론에서는 큰 비중을 차지하는 저술이 『차제선문』임에도 불구하고 아직 이에 대한 현대어 번역본은 전무하다. 『소지관』과 『육묘법문』은 1권짜리 소책자이므로 일찍이 일본어로 번역되어 있었고 한국어로도 2, 3가지의 번역본이 출판되어 있다. 또한 『차제선문』과 같이 10권의 대부인 『마하지관』도 일본어와 한국어 번역본이 모두 나와 있는 데 비해 『차제선문』만은 일본어나 한국어 번역이 이루어지지 않은 상태이다. 다만 『천태지관성립사의 연구』를 쓴 오오노 히데또(大野榮人)가 1995년도부터 '차제선문의 연구'라는 제목으로 『애지학원대학 문학부기요(愛知學院大學文學部紀要)』에 조금씩 번역을 연재하였는데 제1권의 번역도 채 마치지 못하고 3년 만에 중단되었다. 이후 이 번역 작업은 2006년도에 재개되어 시리즈 제4회 번역이 『선연구소기요(禪研究所紀要)』(애지학원대학 선연구소)에 실려 있다. 그리고 2005년 9월에 오오노 히데또의 역주인 '『차제선문의 연구(1)』'이 다시 〈인간문화(人間文化)〉 20 (애지학원대학 인간문화연구소)에도 실렸다.

타이완에서는 화범대학(華梵大學)의 이사장인 기행 수자(起行 修慈) 스님이 찬술한 『석선바라밀초탐(釋禪波羅密初探)』이 2006년도에 간행되었다. 『차제선문』의 내용을 간략히 살펴본 소책자이다.

한편 우리나라에는 『차제선문』을 요약한 책이 있다. 조선조 말에 월창(月窓) 거사 김대현(金大鉉)이라는 불교인이 여러 책에서 천태의 학설을 보고 관심을 갖고 있던 중 아는 이에게서 『차제선문』을 얻었다. 책을 읽고 희열을 느껴 이를 대중들에게 널리 퍼뜨리고자 내용을 3분의 1로 축약하였고 제목도 『선학입문(禪學入門)』으로 바꾸어 정리하였다. 그때가 1855년 무렵인데 이를 육당 최남선이 경영하는 신식 출판사에서 같은 제목으로 1918년에 발간하였다. 이 책은 1976년도에 발간한 『한국불교찬술문헌총록(韓國佛教撰述文獻總錄)』을 통해 학계에 공식 보고되었고 이듬해 동국대 리영자(李永子)교수에 의해 첫 연구 논문이 발표되었다.[14] 이후 이 책은 리 교수에 의해 번역되어 『초보자를 위한 선』이라는 제목으로 민족사에서 1997년에 출판

---

14) 李永子, 「月窓居士의 禪學入門에 대하여」, 『佛敎學報』 14집, 1977.

하였고 2003년에 3쇄를 찍었다. "이 책을 읽는 것은 문에 들어가는 것이고, 본서(『차제선문』)를 읽는 것은 방에 들어가는 격"15)이라는 찬술자의 말처럼 『선학입문』은 방대한 분량인 『차제선문』을 이해하는 길잡이 역할을 한다.

5. 『차제선문』의 구성과 내용

『차제선문』은 총10권으로 되어 있지만 1권과 3권이 각각 상·하로 나누어져 있으므로 실제로는 12권의 분량이 된다. 『대정장』 46권에 실린 판본에는 '수천태지자대사설(隋天台智者大師說), 제자법신기(弟子法愼記), 제자관정재치(弟子灌頂再治)'라고 찬호(撰號)가 붙어있다. 모두 10대장으로 구성되어 있지만 제7장 수증 가운데 연리무루(緣理無漏)와 비유루비무루법(非有漏非無漏法)인 비세간비출세간선(非世間非出世間禪) 이하는 설하지 못한 채 끝나 있다.

처음 1장부터 5장까지는 서론 격으로서 선정과 관련한 기초 이론을 소개하고 있다. 먼저 대의(大意)를 밝히는 제1장에서는 선바라밀을 수행하는 이유를 설명하고 있다. 보살은 보리심을 발하여 사홍서원을 세우는데 이 서원을 이루기 위해서 선을 수행한다는 것이다. 이어서 잘못된 마음으로 선정 수행을 하는 경우를 10가지로 나누어 제시하고 있다. 이익을 위해서 선정을 닦는 것은 지옥심이고 내지 생로병사의 고통을 여의고 열반을 얻고 싶어서 발심하여 선정을 닦는 것은 이승(二乘)의 마음으로서 역시 옳은 것이 아니다. 이를 통해 이곳에 제시되어 있는 각종 선정법이 소승의 법이 아님을 밝히고 있다.

제2장은 '선바라밀'이라는 이름을 풀이하는 부분으로서 '선(禪)'은 사유수(思惟修)·정(定)·공덕총림(功德叢林) 등으로 번역되며 범부나 외도, 이승과 보살 등이 모두 공유하는 이름이고, '바라밀'은 '저쪽 언덕에 이름', 또는 '실천을 궁극까지

---

15) 金大鉉 撰, 『禪學入門』(서울 新文館, 1918) 서문.

다 함[事究竟]'이라는 의미로서 오직 불·보살에만 통용되는 말이다. 여기서 설하고 있는 선바라밀의 수행법은 궁극에는 성불에까지 이를 것을 목표로 하는 보살의 근기를 위한 것임을 다시 한 번 밝히는 대목이다.

제3장에서는 선정에 들어가는 문을 밝히는데 크게 심문(心門)과 색문(色門)의 두 문으로 나누고 색문은 다시 부정관문(不淨觀門)과 아나파나문(阿那波那門)으로 구분된다. 이는 각각 출세간상상선[심문], 출세간선[부정관문], 세간선[아나파나문]에 대응한다. 아나파나, 즉 식문(息門)에는 사선·사무색정·사무량심·십육특승(十六特勝)·통명관(通明觀)·사자분신삼매(師子奮迅三昧)·초월삼매(超越三昧) 등이 포함된다. 또 색문을 통해서는 구상(九想)·팔념(八念)·십상(十想)·팔배사(八背捨)·팔승처(八勝處)·십일체처(十一切處) 등의 선정에 도달할 수 있고, 심문으로 들어가면 법화·염불·반주(般舟)·각의(覺意)·수능엄삼매(首楞嚴三昧)와 자성선(自性禪) 내지 청정정선(淸淨淨禪) 등의 구종대선(九種大禪)에 이를 수 있다.

제4장은 선바라밀을 수행하는 차례를 밝히고 있다. 먼저 유루법인 근본미선(根本味禪)을 닦고 다음에 역유루역무루법인 근본정선(根本淨禪)을 수행한 뒤 무루법을 닦는다. 무루법은 행행(行行)과 혜행(慧行)으로 나뉘는데 행행은 관(觀)·련(鍊)·훈(熏)·수선(修禪)의 단계로 수행하고 혜행은 성문의 사제관(四諦觀)과 벽지불의 십이인연관(十二因緣觀)이 있다. 보살은 이승과 공통으로 종가입공관(從假入空觀)을 통해 반야를 깨닫지만 이를 취증(取證)하지는 않고 이어서 보살만 닦는 불공선(不共禪)으로서 구종대선을 수행한다.

'간선바라밀법심(簡禪波羅蜜法心)'이라고 제목을 붙인 제5장에서는 선정법[法]과 이를 수행하는 수행자의 마음자세[心]가 유루인가 아닌가의 여부를 4구로 나눈 것이다. 즉 유루법으로서 십선(十善)·근본사선(根本四禪)·사무색정(四無色定) 및 중생을 반연한 사무량심(四無量心)을 들고 무루법으로서 구상·팔념 내지는 3무루근(無漏根)을 거론한다. 역유루역무루법에는 육묘문(六妙門)·십육특승·통명관이 포함되고 비유루비무루법으로 법화삼매 내지 일체종지(一切種智)를 꼽는다. 여기서는 수행법만이 아니라 십력(十力)·십팔불공법(十八不共法) 등 수행을 통해 얻는 과보도 포함시켜 설명하고 있다.

　　제6장과 제7장은 실제로 실천해야 하는 내용으로서 방편과 수증(修證)을 설명하고 있다. 방편은 외방편(外方便)과 내방편(內方便)으로 나누어지고 수증은 세간선·역세간역출세간선·출세간선·비세간비출세간선으로 분류하여 부처님 이래의 각종 선정수행법을 설명하고 있다. 그것은 △사선(四禪) △사무량심(四無量心) △사무색정(四無色定) △육묘문(六妙門) △십육특승(十六特勝) △통명관(通明觀) △구상(九想) △팔념(八念) △십상(十想) △팔배사(八背捨) △팔승처(八勝處) △십일체처(十一切處) △구차제정(九次第定) △사자분신삼매(師子奮迅三昧) △초월삼매(超越三昧) 등이다.

　　선정에 들어서 필요한 내방편은 지문(止門)·험선악근성(驗善惡根性)·안심선문(安心禪門)·치병방법(治病方法)·각마사(覺魔事)의 다섯 가지로 나누어지고 선정에 들기 위해 평소 필요한 외방편은 다섯 가지씩으로 이루어지는 다섯 조목으로 도합 25방편이 있다. 출세간선은 다시 대치무루행(對治無漏行)과 연리무루행(緣理無漏行)으로 나누어지는데 천태 대사의 설법은 대치무루에서 끝나고 있다. 즉 제7장 수증(修證)에서 출세간선 가운데 연리무루선과 비세간비출세간선, 그리고 제8장 과보(果報), 제9장 기교(起敎), 제10장 귀취(歸趣)에 대한 설명은 이루어지지 않은 채로 있는 것이다.

　　이중 수증장(修證章)의 설하지 않은 부분은 『차제선문』의 다른 부분과 대조하여 내용을 유추할 수 있다. 우선 연리무루선(緣理無漏禪)은 제7 수증장 가운데 무루선의 설명을 시작하는 부분과 제4 전차장(詮次章), 제5 법심장(法心章)에 그 명목이 나오고 비유루비무루선도 4, 5장을 살펴보면 이름만이라도 알 수 있다. 또한 『차제선문』과 거의 똑같은 순서로 각종 개념을 나열하여 간략하게 설명하고 있는 천태 대사의 저작 『법계차제초문(法界次第初門)』도 이 설하지 않은 부분의 내용을 유추하는 자료가 될 수 있다. 이들을 참조해 보면 연리무루선이란 혜행(慧行)이라고도 하며 사제관(四諦觀)·십이인연관(十二因緣觀) 및 진공정관(眞空正觀)을 말한다. 또 비세간비출세간선이란 보살의 불공선(不共禪)을 말하는 것으로서 자성선(自性禪) 내지 청정정선(淸淨淨禪)의 구종대선을 가리킨다. 그러나 제8 과보장(果報章)부터 제10 귀취장

(歸趣章)까지는 제목을 통해 짐작만 가능할 뿐 내용은 알 수가 없다.

이렇듯 10장으로 구성되어 있는 『차제선문』은 상당 부분을 『대지도론(大智度論)』에 의거하고 있다. 예를 들어 25조목으로 나뉘는 선정 수행의 외방편 가운데 가오욕(訶五欲)·기오개(棄五蓋)·행오법(行五法)의 15가지는 『대지도론』에서 각오사(却五事)·제오법(除五法)·행오법(行五法)이라는 명칭으로 설명된 내용과 같고 『차제선문』의 수증장에 나오는 선정법 가운데 육묘문·통명관·사자분신삼매·초월삼매를 제외한 나머지는 『대지도론』에 설명된 그대로 인 것이다. 용수보살을 천태종의 고조(高祖)로 모시는 것은 이와 같은 상황도 작용한 것이다. 그러나 산만하게 나열되어 있는 선정법들을 체계적으로 조직하고 더욱 구체적으로 설명해 놓은 것은 어디까지나 천태 대사의 공로이다.

차
례

● 해 제 _ 005

● **서문** 021

● **석선바라밀차제법문 권 1(上)**

  1. 선바라밀 수행의 대의(大意) 041

    1.1. 잘못된 것을 가려냄 _ 042

    1.2. 보살의 선정 _ 043

    1.2.1. 보살의 발심상 _ 043 ｜ 1.2.2. 보살이 선을 닦는 이유 _ 044

  2. 선바라밀의 이름 풀이 049

    2.1. 공통의 이름과 공통되지 않은 이름의 구별 _ 049

    2.2. 번역 _ 050

    2.2.1. 공통의 이름 _ 051 ｜ 2.2.2. 공통되지 않은 이름 _ 052

    2.3. 요간(料簡) _ 054

  3. 선바라밀에 들어가는 문 055

    3.1. 선의 문 _ 055

    3.2. 해석 _ 058

3.2.1. 세 문을 각각 밝힘_058 ｜ 3.2.2. 세 문을 전체적으로 밝힘_061

3.3. 요간(料簡)_062

●석선바라밀차제법문 권1(下)

4. 선바라밀을 수행하는 차례　065

4.1. 선정의 차례_065

4.2. 비차제(非次第)를 간별함_070

5. 선바라밀의 법과 마음　072

5.1. 법의 분별_072

5.2. 마음의 분별_074

5.3. 법과 마음의 요간_074

●석선바라밀차제법문 권2

6. 선바라밀의 전방편 (1)　085

6.1. 선정에 들기 위한 방편[外方便]_086

6.1.1. 다섯 가지 인연을 갖춤_086

6.1.1.1. 계율을 지킴_087 ｜ 6.1.1.1.1. 유계(有戒)와 무계(無戒)_087

6.1.1.1.2. 지킴과 범함[持犯]_089 ｜ 6.1.1.1.3. 참회_093

6.1.1.1.3.1. 참회하는 마음_093 ｜ 6.1.1.1.3.2. 참회하는 방법_094

6.1.1.2. 의복과 음식을 갖춤_102 ｜ 6.1.1.3. 조용한 곳에 거처함_103

6.1.1.4. 여러 업무를 그침_103 ｜ 6.1.1.5. 선지식을 만남_103

6.1.2. 오욕을 가책함[訶五欲]_104

6.1.3. 오개(五蓋)를 버림_ 107

6.1.3.1. 탐욕의 덮개를 버림_ 107 ｜ 6.1.3.2. 화의 덮개를 버림_ 109

6.1.3.3. 수면의 덮개를 버림_ 110

6.1.3.4. 도회(掉悔)의 덮개를 버림_ 111

6.1.3.5. 의심의 덮개를 버림_ 113

6.1.4. 다섯 가지 법을 조절함_ 116

6.1.4.1. 음식의 조절_ 116 ｜ 6.1.4.2. 잠의 조절_ 117

6.1.4.3. 몸과 호흡과 마음의 조절_ 117 ｜ 6.1.4.3.1. 선정에 들 때의 조절_ 118

6.1.4.3.1.1. 몸의 조절_ 119 ｜ 6.1.4.3.1.2. 호흡의 조절_ 119

6.1.4.3.1.3. 마음의 조절_ 119 ｜ 6.1.4.3.2. 선정 중의 조절_ 120

6.1.4.3.3. 선정에서 나올 때의 조절_ 121

6.1.5. 다섯 가지 법을 행함_ 122

6.1.5.1. 욕구(欲)_ 122 ｜ 6.1.5.2. 정진_ 122 ｜ 6.1.5.3. 염(念)_ 124

6.1.5.4. 방편지혜[巧慧]_ 126 ｜ 6.1.5.5. 일심(一心)_ 127

●석선바라밀차제법문 권3(上)

6. 선바라밀의 전방편 (2) 131

6.2. 선정 중의 방편[內方便]_ 131

6.2.1. 지문(止門)_ 133

6.2.1.1. 지의 종류_ 133 ｜ 6.2.1.2. 지의 대의_ 135

6.2.1.3. 지를 닦는 방법_ 136 ｜ 6.2.1.3.1. 계연지(繫緣止)_ 136

6.2.1.3.2. 제심지(制心止)_ 137 ｜ 6.2.1.3.3. 체진지(體眞止)_ 138

6.2.1.4. 지를 증득하는 양상_ 141

6.2.2. 선 · 악 근성의 증험_ 144

6.2.2.1. 선근의 증험_ 144 ｜ 6.2.2.1.1. 선법의 종류_ 144

6.2.2.1.2. 선근(善根)의 발현 양상_ 146

6.2.2.1.2.1. 외선근의 발현 양상_ 146

6.2.2.1.2.2. 내선근의 발현 양상_ 148

●석선바라밀차제법문 권3(下)

6. 선바라밀의 전방편 (3) 159

6.2.2.1.3. 허와 실을 알아냄_ 159

6.2.2.1.3.1. 허와 실을 밝힘_ 159

6.2.2.1.3.2. 마사인지 아닌지 분별함_ 167

6.2.2.1.4. 일정하지 않게 발현하는 선정의 분별_ 168

6.2.2.1.4.1. 사수(事修)와 이수(理修)로 인한 부정선_ 169

6.2.2.1.4.2. 선정이 발현하는 이유_ 173

6.2.2.1.4.3. 발현하는 선정의 많고 적음_ 174

6.2.2.1.4.4. 선근의 완전발현과 불완전발현_ 174

6.2.2.1.4.5. 유루와 무루의 분별_ 175

●석선바라밀차제법문 권4

6. 선바라밀의 전방편 (4) 181

6.2.2.2. 악근의 증험_ 181 ｜ 6.2.2.2.1. 번뇌의 종류_ 181

6.2.2.2.2. 악근의 발현_ 182 ｜ 6.2.2.2.2.1. 각관(覺觀)이 발현하는 양상_ 182

6.2.2.2.2.2. 탐욕이 발현하는 양상_ 183

6.2.2.2.2.3. 성냄이 발현하는 양상_ 184

6.2.2.2.2.4. 어리석음이 발현하는 양상_ 185

6.2.2.2.2.5. 수행을 방해하는 악업이 발현하는 양상_ 186

6.2.2.2.3. 악근을 대치하는 법_ 187 ｜ 6.2.2.2.3.1. 대치(對治)_ 187

6.2.2.2.3.2. 전치(轉治)_ 192 ｜ 6.2.2.2.3.3. 부전치(不轉治)_ 196

6.2.2.2.3.4. 겸치(兼治)_ 196 ｜ 6.2.2.2.3.5. 겸전겸부전치(兼轉兼不轉治)_ 197

6.2.2.2.3.6. 비대비전비겸치(非對非轉非兼治)_ 197

6.2.2.2.4. 네 가지 실단(悉檀)_ 199

6.2.3. 편안한 선정을 택하는 법_ 200

6.2.3.1. 편의에 따름_ 200 ｜ 6.2.3.2. 대치에 따름_ 200

6.2.3.3. 원하는 것에 따름_ 201 ｜ 6.2.3.4. 차례에 따름_ 201

6.2.3.5. 제일의(第一義)를 따름_ 202

6.2.4. 병을 치료하는 것_ 202
6.2.4.1. 병의 증세_ 202 ┃ 6.2.4.2. 병의 치료법_ 204
6.2.4.2.1. 기식법(氣息法)_ 205 ┃ 6.2.4.2.2. 가상법(假想法)_ 206
6.2.4.2.3. 주술법_ 206 ┃ 6.2.4.2.4. 의식집중[用心住境]_ 206
6.2.4.2.5. 관하여 분석함[觀析]_ 207

6.2.5. 마사(魔事)를 깨닫는 것_ 208
6.2.5.1. 마장의 종류_ 208 ┃ 6.2.5.2. 마장이 발현하는 양상_ 210
6.2.5.3. 마장을 파하는 법_ 213

●석선바라밀차제법문 권5

7. 선바라밀의 수증 (1) 219

7.1. 세간선의 수증_ 219

7.1.1. 사선(四禪)_ 219
7.1.1.1. 초선_ 220
7.1.1.1.1. 이름의 풀이_ 221 ┃ 7.1.1.1.2. 수행 방법_ 222
7.1.1.1.2.1. 닦는 대상_ 222 ┃ 7.1.1.1.2.2. 닦는 마음_ 223
7.1.1.1.3. 증득의 양상_ 227 ┃ 7.1.1.1.3.1. 욕계정의 증득_ 227
7.1.1.1.3.2. 미도지정의 증득_ 229 ┃ 7.1.1.1.3.3. 초선의 증득_ 230
7.1.1.2. 제2선_ 244
7.1.1.2.1. 이름의 풀이_ 245 ┃ 7.1.1.2.2. 수행 방법_ 245
7.1.1.2.3. 증득의 양상_ 247
7.1.1.3. 제3선_ 251
7.1.1.3.1. 이름의 풀이_ 251 ┃ 7.1.1.3.2. 수행 방법_ 252
7.1.1.3.3. 증득의 양상_ 252
7.1.1.4. 제4선_ 257
7.1.1.4.1. 이름의 풀이_ 258 ┃ 7.1.1.4.2. 수행 방법_ 258
7.1.1.4.3. 증득의 양상_ 259

●석선바라밀차제법문 권6

7. 선바라밀의 수증 (2) 265

7.1.2. 사무량심(四無量心) _ 265

7.1.2.1. 수행 차례_ 265 │ 7.1.2.2. 이름의 풀이_ 267

7.1.2.3. 사무량심을 수행하는 단계_ 268 │ 7.1.2.4. 수행 방법_ 270

7.1.2.4.1. 자무량심의 수행과 증득_ 270

7.1.2.4.2. 비무량심의 수행과 증득_ 270

7.1.2.4.3. 희무량심의 수행과 증득_ 277

7.1.2.4.4. 사무량심의 수행과 증득_ 280

7.1.2.5. 사무량심의 수행 공덕_ 283

7.1.3. 사무색정(四無色定) _ 287

7.1.3.1. 공처정(空處定) _ 288

7.1.3.1.1. 이름의 풀이_ 288 │ 7.1.3.1.2. 수행방법_ 289

7.1.3.1.3. 증득과 특징_ 291 │ 7.1.3.1.4. 체용(體用)과 공덕_ 293

7.1.3.2. 식처정(識處定) _ 294

7.1.3.2.1. 이름의 풀이_ 294 │ 7.1.3.2.2. 수행방법_ 294

7.1.3.2.3. 증득과 특징_ 295

7.1.3.3. 무소유처정(無所有處定) _ 298

7.1.3.3.1. 이름의 풀이_ 298 │ 7.1.3.3.2. 수행방법_ 298

7.1.3.3.3. 증득과 특징_ 299

7.1.3.4. 비유상비무상처정(非有想非無想處定) _ 300

7.1.3.4.1. 이름의 풀이_ 300 │ 7.1.3.4.2. 수행방법_ 301

7.1.3.4.3. 증득과 특징_ 302

●석선바라밀차제법문 권7

7. 선바라밀의 수증 (3) 309

7.2. 역세간역출세간선(亦世間亦出世間禪)의 수증_ 309

7.2.1. 육묘문(六妙門)_ 310

7.2.1.1. 이름의 풀이_ 310 ｜ 7.2.1.2. 수행 단계_ 311

7.2.1.3. 수행과 증득_ 311 ｜ 7.2.1.3.1. 수(數)의 수행과 증득_ 311

7.2.1.3.2. 수(隨)의 수행과 증득_ 312 ｜ 7.2.1.3.3. 지(止)의 수행과 증득_ 312

7.2.1.3.4. 관(觀)의 수행과 증득_ 313 ｜ 7.2.1.3.5. 환(還)의 수행과 증득_ 314

7.2.1.3.6. 정(淨)의 수행과 증득_ 315

7.2.2. 십육특승(十六特勝)_ 317

7.2.2.1. 이름의 풀이_ 317 ｜ 7.2.2.2. 관문(觀門) 분별의 이설(異說)_ 319

7.2.2.3. 수행과 증득_ 323

●석선바라밀차제법문 권8

7. 선바라밀의 수증 (4) 337

7.2.3. 통명관(通明觀)_ 337

7.2.3.1. 이름의 풀이_ 337 ｜ 7.2.3.2. 수행의 차례_ 338

7.2.3.3. 수행과 증득_ 339 ｜ 7.2.3.3.1. 초선의 수행과 증득_ 339

7.2.3.3.1.1. 근본세간에 의거한 초선의 증득상_ 342

7.2.3.3.1.2. 의세간(義世間)에 의거한 초선의 증득상_ 350

7.2.3.3.1.3. 사세간(事世間)에 의거한 초선의 증득상_ 358

7.2.3.3.2. 제2선 내지 제4선의 수행과 증득_ 361

7.2.3.3.3. 공처정 내지 비유상비무상처정의 수행과 증득_ 362

●석선바라밀차제법문 권9

7. 선바라밀의 수증 (5) 369

7.3. 출세간선(出世間禪)의 수증_ 369

7.3.1. 구상(九想)_ 371

7.3.1.1. 수행과 증득_ 371 ｜ 7.3.1.2. 구상의 효용_ 375

7.3.1.3. 법의 소속_ 377 ｜ 7.3.1.4. 구상으로 얻는 도_ 377

7.3.2. 팔념(八念)_ 379

7.3.2.1. 팔념을 설한 까닭_ 379 | 7.3.2.2. 수행과 증득_ 380

7.3.3.3. 팔념으로 얻는 도_ 383

7.3.3. 십상(十想)_ 384

7.3.3.1) 수행의 단계_ 384 | 7.3.3.2) 수행과 증득_ 385

7.3.3.3) 십상으로 얻는 도_ 393

●석선바라밀차제법문 권10

7. 선바라밀의 수증 (6) 397

A. 관선(觀禪)의 수행방법_ 398

7.3.4. 팔배사(八背捨)_ 398

7.3.4.1. 이름의 풀이_ 398 | 7.3.4.2. 수행의 단계_ 399

7.3.4.3. 배사의 관법에 대한 이견_ 400 | 7.3.4.4. 수행과 증득_ 401

7.3.4.5. 팔배사로 얻는 도_ 410

7.3.5. 팔승처(八勝處)_ 411

7.3.5.1. 이름의 풀이_ 411 | 7.3.5.2. 수행 단계_ 412

7.3.5.3. 수행과 증득_ 412 | 7.3.5.4. 팔승처로 얻는 도_ 417

7.3.6. 십일체처(十一切處)_ 417

7.3.6.1. 수행 단계_ 418 | 7.3.6.2. 수행과 증득_ 418

B. 관선(觀禪)의 공능_ 424

7.3.7. 구차제정(九次第定)_ 424

7.3.7.1. 이름의 풀이_ 424 | 7.3.7.2. 수행 단계_ 425

7.3.7.3. 수행과 증득_ 425

7.3.8. 사자분신삼매(師子奮迅三昧)_ 429

7.3.9. 초월삼매(超越三昧)_ 430

석선바라밀차제법문

서문

釋禪波羅蜜次第法門

서

문

『선바라밀(禪波羅蜜=차제선문)』에 대하여 『지관보행전홍결(止觀輔行傳弘決)』[1]에 다음과 같이 기록되어 있다.

『차제선문』에 대하여 『목록(目錄)』[2]에 다음과 같이 기록되어 있다. "천태 대사가 와관사(瓦官寺)에서 설하신 것을 대장엄사(大莊嚴寺)의 법신(法愼)이 개인적으로 기록하였다. 이를 장안 관정(章安灌頂) 선사가 정리하여 10권으로 만든 것이다. 크게 10장으로 나누어진다. 1.대의(大意) 2.제목풀이[釋名] 3.선정에 드는 문[明門] 4.수행차례[詮次] 5.법과 마음[法心] 6.방편(方便) 7.수행과 증득[修證] 8.과보(果報) 9.기교(起教) 10.귀취(歸趣)이다. 다만 수행과 증득에서 끝나고 나머지 세 장은 생략되고 없다. 수행과 증득은 다시 넷으로 구별되는데 1.세간선(世間禪) 2.역세간역출세간선(亦世間亦出世間禪) 3.출세간선(出世間禪) 4.비세간비출세간

---

1) 『지관보행전홍결(止觀輔行傳弘決)』: 천태종 제9조인 형계 담연(荊溪湛然, 711~782)이 『마하지관』을 주석한 글. 권1의2(『대정장』46, 156상~중)에 이 글이 있다.

2) 『목록(目錄)』: 지금은 전해지지 않는 어떤 책인 것 같다.

선(非世間非出世間禪)이다. 네 단락 가운데 세 번째인 출세간선까지만 설해져 있다. 이것도 다시 대치무루(對治無漏)[3]와 연리무루(緣理無漏)[4]의 둘로 나뉘는데 대치무루에서 끝난다. 대치무루선은 아홉 가지가 있으니 구상(九想)·팔념(八念)·십상(十想)·배사(背捨)·승처(勝處)·일체처(一切處)·구차제정(九次第定)·사자분신삼매(師子奮迅三昧)·초월삼매(超越三昧)이다. 그러나 수행하고 증득하는 모습을 어떻게 다 설명할 수 있겠는가." 『전기』에서는 "천태 대사께서는 항상 법좌에서 말씀하시기를, '만일 차제선문을 설한다면 1년 동안 해야 겨우 한 번 설할 수 있을 것이요 책을 쓴다면 가히 50권은 될 것이다.' 고 하셨다."[5]

지금 이 책을 간행하면서 미리 큰 목차를 보이니, 공부하는 이들이 읽는 중에 시작과 끝을 몰라 헤매는 일이 없기를 바란다.

● 10대장大章 ●

1. 선바라밀의 대의[釋禪波羅蜜大意]

2. 선바라밀의 이름 풀이[釋禪波羅蜜名]

3. 선바라밀에 들어가는 문[明禪波羅蜜門]

4. 선바라밀을 수행하는 차례[辨禪波羅蜜詮次]

5. 선바라밀의 법과 마음[簡禪波羅蜜法心]

6. 선바라밀의 전방편[分別禪波羅蜜前方便]

   1) 외방편(外方便)

   2) 내방편(內方便)

---

3) 대치무루(對治無漏) : 탐욕심이나 진에심 등 특정한 번뇌를 치유하여 무루심을 일으키도록 만드는 선정을 대치무루정이라고 한다. 예를 들면 『대지도론』 권1에 나와 있듯이 탐욕심을 대치하는 부정관 등을 말한다.

4) 연리무루(緣理無漏) : 그대로 해석하면 '진리에 반연한 무루정' 이라는 말인데, 여기서 진리란 진제(眞諦)를 가리키므로 공(空)의 이치를 반연하여 무루심을 얻게 되는 선정을 말한다.

5) 관정, 『수천태지자대사별전(隋天台智者大師別傳)』(『대정장』 50), 197중.

7. 선바라밀의 수행과 증득[釋禪波羅蜜修證]

  1) 세간선의 수증

    (1) 사선(四禪)

    (2) 사무량심(四無量心)

    (3) 사무색정(四無色定)

  2) 역세간역출세간선의 수증

    (1) 육묘문(六妙門)

    (2) 십육특승(十六特勝)

    (3) 통명관(通明觀)

  3) 출세간선의 수증

  가. 대치무루(對治無漏)

    (1) 구상(九想)

    (2) 팔념(八念)

    (3) 십상(十想)

    (4) 팔배사(八背捨)

    (5) 팔승처(八勝處)

    (6) 십일체처(十一切處)

    (7) 구차제정(九次第定)

    (8) 사자분신삼매(師子奮迅三昧)

    (9) 초월삼매(超越三昧)

  나. 연리무루(緣理無漏)

  4) 비세간비출세간선의 수증

8. 선바라밀의 과보[顯示禪波羅蜜果報]

9. 선바라밀의 가르침[從禪波羅蜜起敎]

10. 선바라밀의 귀결처[結會禪波羅蜜歸趣]

釋禪波羅蜜次第法門

十大章

- 初…修禪波羅蜜大意
- 二…釋禪波羅蜜名
- 三…明禪波羅蜜門
- 四…辨禪波羅蜜詮次
- 五…簡禪波羅蜜法心
- 六…分別禪波羅蜜前方便
  - 初…外方便
    - 初…正明因止發內外善根
    - 二…明驗惡根性
  - 二…內方便
- 七…釋禪波羅蜜修證
  - 初…修證世間禪相
    - 初…四禪
    - 二…四無量心
    - 三…四無色定
  - 二…修證亦世間亦出世間禪相
    - 初…六妙門
    - 二…十六特勝
    - 三…通明
  - 三…修證出世間禪相
    - 初…對治無漏
      - 初…九想
      - 二…八念
      - 三…十想
      - 四…八背捨
      - 五…八勝處
      - 六…十一切處
      - 七…九次第定
      - 八…師子奮迅三昧
      - 九…超越三昧
    - 二…緣理無漏
  - 四…修證非世間非出世間禪相
- 八…顯示禪波羅蜜果報
- 九…從禪波羅蜜起教
- 十…結會禪波羅蜜歸趣

分類:
- 壞法（九想・八念・十想）→ 觀
- 不壞法（八背捨・八勝處・十一切處・九次第定・師子奮迅三昧・超越三昧）→ 修・薰・鍊

卷次:
- 第一卷 上下
- 第二卷
- 第三卷 上下
- 第四卷
- 第五卷
- 第六卷
- 第七卷
- 第八卷
- 第九卷
- 第十卷
- 不說

석선바라밀차제법문

권1 上

釋禪波羅蜜次第法門

석선바라밀차제법문
禪禪波羅蜜次第法門

권1 上

수隋 천태天台 지자대사智者大師 설說
제자 법신法愼 기록·제자 관정灌頂 정리[再治]

【원주(原註)】　천태산 수선사(修禪社)의 지의(智顗) 선사가 수도(首都)[6]에서 선법(禪法)을 설하였다. 대장엄사(大莊嚴寺)의 사문 법신(法愼)이 이때 배움에 참여하였는데[7] 설한 내용을 번번이 받아 적었다. 이 법문(法門)은 깊고도 넓어서 자세히 갖추어 옮기기가 어렵다. [기록한 것을] 다 취하면 30권은 될 것이지만 이제 앞 [법신의] 기록 가운데 핵심만을 요약하여 이 책을 유통시킨다. 앞서 천태산에서 여러 동학들이 받아 적은 것을 고친 것이 있는데 그때는 잘되지 못하여 빠진 것도 있고 두서없이 번잡한 부분도 있다. 혹시 그 책을 보게 되면 다시 고치려 하니 배우는 분들께서 [그 책을 보고] 잘못 알지 않기를 바라노라.

---

6) 지의가 태어난 진(陳)의 수도 금릉(金陵:지금의 난징)을 말한다.

7) 원문(475하)은 '法愼記 預聽學'으로 되어 있으나 원본의 권말에 실린 주석을 참고하여 '法愼旣預聽學'으로 고쳐야 뜻이 통한다.

선바라밀차제법문을 풀이하는 데 크게 열 장으로 나눌 수 있다. 열 장이란 다음과 같다. 1.선바라밀 수행의 대의 2.선바라밀의 이름 풀이 3.선바라밀에 들어가는 문 4.선바라밀을 수행하는 차례 5.선바라밀의 법과 마음 6.선바라밀의 전방편 7.선바라밀의 수행과 증득 8.선바라밀의 과보 9.선바라밀의 가르침 10.선바라밀의 귀결처.

이렇게 열 가지로 선바라밀을 분별하면, 글은 모든 부처님께서 가르치신 처음부터 끝까지를 간략히 거두고 이치로는 멀리 여래의 비밀장까지 통한다. 그리하여 일체의 원만하고 묘한 법계(法界), 즉 범부로부터 최고의 성인인 부처님에까지 이르는 모든 원인·결과·수행·계위가 그 중에 다 갖추어진다. 여기에는 교리도 있고 수행법도 있으며 사법(事法)도 있고 이법(理法)도 있다. 만일 수행자가 이 글의 의도와 이치를 깊이 통달한다면 다른 것을 찾아보지 않고도 자연히 일체의 불법을 이해하게 될 것이다. 그러므로 『대지도론(大智度論)』에서 "비유하자면 옷의 한 귀퉁이를 당기면 나머지가 다 움직이는 것과 같다."[8]고 하였다.

첫 번째로 선바라밀을 수행하는 큰 뜻을 밝히는 이유는 무엇인가. 보살이 발심하는 목적은 바로 깨끗하고 묘한 법인 보리(菩提)를 구하려는 데 있다. 이를 위해서는 반드시 진위(眞僞)를 가리고 비결을 잘 알아야 한다. 일체 제불(諸佛)께서 간직하신 법[法藏]을 모두 갖추고 싶다면 오직 선(禪)이 최고다. 마치 여의주를 얻으면 모든 보물을 다 얻을 수 있는 것과 같다. 그러므로 발심하여 선을 닦는 것이다. 선을 수행하기로 마음 먹었다면 응당 이름을 알아야 한다. 이름을 탐구하여 이치를 취한다면 그 뜻이 공허하지 않으니 선이라는 이름을 풀이하여 이치를 구하려는 것이다. 이치는 문이 아니면 통하지 않으니 다음에 선에 드는 문을 밝힌다. 선정은 깊고도 멀어 갑자기 들어가는 방도가 없다. 반드시 얕은 데서 깊은 곳에 이르는 것이므로 응당 차례를 분별해야 한다. 얕은 데를 지나 깊은 곳으로 가려면 다시 선정의 경계와 지혜를 잘 알아야 한다. 그러므로 다음에 법과 마음을 분별한다. 이제 법과 마음을 알아서 실제로 행하려 한다면 모름지기 방법이 훌륭해야 하므로 다음에 방편을 분별

---

8) 『대지도론』28(『대정장』25. 이하 『대지도론』은 대정장 권수 표기를 생략함), 268하.

한다. 이렇게 법대로 행하면 반드시 증득함이 있으므로 다음에 수행과 증득(修證)을 풀이한다. 그리하여 마음이 상응(相應)하게 되는데, 원인이 이루어지면 과보를 초래하는 법이므로 다음으로 과보를 밝힌다. 원인으로부터 과보에 이르러 자신의 수행이 원만하게 갖추어지면 중생을 이롭게 하는 공덕을 수립하게 되니 다음에 교문(敎門)을 풀이한다. 이치와 가르침이 다 이루어져 법상(法相)을 원만하게 갖춘다면 똑같이 평등한 하나의 실상(實相)의 도에 돌아간다. 그러므로 마지막에 선바라밀을 수행하여 돌아가는 귀결처를 밝혀 글을 맺는 것이다.

이렇듯 열 가지 상생(相生)의 순서로 선바라밀을 분별하면 일체의 수행법문이 모두 포함된다는 사실을 글을 통해 분명히 볼 수 있을 것이다. 그러므로 『대품반야경』에서는 다음과 같이 설하고 있다. "보살은 초발심 이래 선바라밀에 머물러 일체의 불법을 다 수행한다. 그리하여 보리의 도량에 이르러 일체종지(一切種智)를 이루고 법을 펴니 이것을 이름 하여 보살의 차제행(次第行)·차제학(次第學)·차제도(次第道)라고 한다."9)

1. 선바라밀禪波羅蜜 수행의 대의大意

【원주(原註)】　　지금부터 1권 마지막까지 큰 단락은 다섯이 있는데 이는 모두 선바라밀이 일체의 불법(佛法)을 담아 갖추지 않는 것이 없음을 밝히는 것이다. 이로써 수행자가 깊은 믿음과 즐거움을 일으켜 좋은 결실을 얻게 하려는 것이므로 이 중에서는 수행하여 증득하는 양상에 대해서 논하지 않고 있다.

---

9) 『대품반야경』23, 「삼차품(三次品)」(『대정장』8, 383하~)의 내용을 요약.

지금 보살이 선바라밀을 수행하는 까닭을 밝히는 데 두 가지 내용으로 나누어 설명하겠다. 첫 번째는 잘못된 것을 가려내는 것이고 두 번째는 옳은 것을 밝히는 것이다.

1.1 잘못된 것을 가려냄

수행자가 선을 닦으려고 발심하는데 열 가지의 각기 다른 모습이 있다. 이들은 대부분 삿되고 치우친 곳에 떨어져서 선바라밀의 법문에 들어가지 못한다. 무엇이 열 가지인가? 첫 번째는 이익을 위해 선을 닦겠다고 발심하는 것이니 이는 대체로 지옥의 마음을 내는 것에 속한다. 두 번째는 허위의 마음이 생겨 명예와 찬탄을 위해 선을 닦겠다고 발심하는 것이다. 이는 대체로 귀신의 마음을 내는 것에 속한다. 세 번째는 권속을 위해 선을 닦겠다고 발심하는 것으로 대체로 축생의 마음에 속하고, 네 번째는 질투로 인해 남을 이기려고 발심하는 경우이니 대체로 아수라의 마음에 속한다. 다섯 번째로 삼악도(三惡道)에서 과보로 받는 고통이 무서워서 선하지 않은 업을 그치기 위해 선을 닦으려 발심하는 경우도 있는데 이는 대체로 사람의 마음을 낸 것에 속한다. 여섯 번째는 착한 마음으로 안락해지고 싶어서 선을 닦으려고 발심하는 것으로 대체로 육욕천(六欲天)[10]의 마음을 낸 것에 속한다. 일곱 번째는 자재로운 권력을 위해 선을 닦고자 발심하는 것이니 대개 마라(魔羅)[11]의 마음에 속하고, 여덟 번째는 예리한 지혜를 빨리 얻기 위해 선을 닦으려 발심하는 것으로 대개 외도(外道)의 마음에 속한다. 아홉 번째로 범천에 태어나기 위해 선을 닦겠다고 발심하는 것은 색계와 무색계의 마음을 낸 것이고, 열 번째로 생로병사의 고통을 여의고 속히

---

10) 육욕천(六欲天) : 복을 많이 지었지만 아직 욕심을 버리지 못한 천신들이 사는 여섯 세계. 밑으로부터 차례대로 사천왕천-도리천(33천)-야마천-도솔천-화락천-타화자재천이라고 부른다.

11) 마라(魔羅) : 범어 māra를 음사한 것으로 육욕천의 꼭대기인 타화자재천의 왕을 말한다. 천자마, 혹은 마왕 파순이라고도 한다.

열반(涅槃)을 얻기 위해 선을 닦고자 발심하는 것은 이승(二乘=小乘)의 마음에 속한다.

　이러한 열 가지 마음의 수행자는 비록 선과 악, 속박되고 벗어남의 차이가 있지만 모두 대비심(大悲心)과 정관(正觀) 없이 삿되고 치우치게 발심한 것이다. 그러므로 모두 이변(二邊)에 떨어져 중도(中道)에 나아가지 못한다. 만일 이런 마음에 머물러 선정을 수행한다면 끝내 선바라밀의 법문과 상응하지 못할 것이다.

1.2 보살의 선정

　두 번째로 보살이 선바라밀을 수행하는 커다란 뜻을 밝히는데 둘로 나누어 분별한다. 그것은 보살이 발심하는 상(相)과 보살이 선을 수행하는 까닭이다.

1.2.1 ▸ 보살의 발심상

　보살이 발심하는 상은 어떤 것인가? 바로 발보리심(發菩提心)이다. 보리심이란 중도정관(中道正觀)으로써 제법의 실상(實相)을 보아 일체 중생을 가련히 여기는 대비심(大悲心)을 일으켜 사홍서원을 세우는 것이다. 사홍서원이란 첫 번째 "제도되지 못한 이를 제도하리라." 또는 "중생은 끝없으나 제도하기 서원합니다." 두 번째 "해탈하지 못한 이를 해탈케 하리라." 또는 "번뇌는 셀 수 없이 많으나 끊어버리기 서원합니다." 세 번째 "편안하지 못한 이를 편안케 하리라." 또는 "법문은 다함이 없으나 다 알기 서원합니다." 네 번째 "열반을 얻지 못한 이는 열반을 얻도록 하리라." 또는 "위없이 높은 불도 이루기 서원합니다."고 하는 것이다.

　이 네 가지 법은 사제(四諦)에 대응한다. 그러므로 『영락경(瓔絡經)』에 이르기를, "고제(苦諦)를 건너지 못했으면 건너도록 하고 집제(集諦)를 풀지 못했으면 풀도록 하고 도제(道諦)에 안주하지 못했으면 안주토록 하고 멸제(滅諦)를 증득하지 못했으면 증득토록 한다."[12]고 하였다. 이 네 가지 법이 이승(二乘)의 마음에 있으면 다만 '제(諦)'라는 이름만을 받는다. 진리에 의거하여 실상을 어긋나지 않게 살피는 것이기 때문이다. 그러나 보살의 마음에 있으면 별도로 '홍서(弘誓)'라는 명칭을 얻는다. 왜냐하면 보살은 비록 네 가지 법이 필경에는 공적(空寂)하다는 것을 알지만 중생을 이롭게 하기 위해 훌륭한 방편으로 네 가지 법에 의거하기 때문이다. 그러므로 그 마음이 광대하여 '넓다[弘]'고 하고 자비심으로 이 법을 구하려 하되 마음을 금강석처럼 단단하게 제어하여 퇴보함 없이 반드시 다 이루므로 '서원(誓願)'이라고 한다.

　수행자가 만일 이 네 가지 서원을 빠짐없이 세우고, 네 가지 마음이 일체의 마음을 담고 일체의 마음이 바로 이 일심이며 또한 일심도 얻을 수 없지만 일체의 마음을 갖춘다는 것을 잘 알면 이것을 청정한 보리심이라고 부른다. 이 마음이 생기는 것을 인하여 보살이라는 이름을 얻는다. 그러므로 『대지도론』에서는 다음과 같이 게송으로 설하고 있다.

　　만일 처음 발심할 때
　　마땅히 성불하리라고 서원하면
　　이미 세간을 뛰어넘은 것이니
　　응당 세간의 공양을 받아야 한다.[13]

1.2.2 ▸ 보살이 선을 닦는 이유

　보살마하살이 이미 보리심을 발하였으면 다음과 같이 사유한다. "사홍서원을 다 채우기 위해서는 반드시 보살도를 행해야 한다. 어째서 그러한가? 원(願)이 있으

---

12) 『보살영락본업경(菩薩瓔珞本業經)』상 (『대정장』24), 1013상.
13) 『대지도론』4, 85중.

면서도 행(行)이 없는 것은 마치 사람을 저쪽 강가에 건네주기를 바라면서도 배를 준비하지 않으려는 것과 같다. 그러면 늘 이쪽 강가에만 있고 끝내 건너가지 못할 것이다. 또 마치 병자가 약을 얻고서도 먹지 않는 것과 같으니 절대로 낫지 않을 것이요, 가난한 사람이 비싼 보물을 보고서도 취하지 않는 것과 같으니 늘 궁핍할 것이며, 멀리 여행하고자 하면서도 길을 가지 않는 것과 같으니 이 사람은 원하는 곳에 이르지 못할 것이다. 보살이 사홍서원을 세우고서도 네 가지 행을 닦지 않는 것은 이와 마찬가지이다."

또 이렇게 생각한다. "나는 지금 어떤 법문에 머물러 보살도를 닦아야 이 사홍서원을 속히 채울 수 있을 것인가?' 그러면 곧 깊은 선정에 머물러야 능히 네 서원을 채울 수 있음을 알게 된다. 무슨 까닭인가? 만일 육신통(六神通)14)과 사무애변(四無礙辯)15)이 없다면 무엇으로 중생을 제도할 수 있겠는가. 육신통은 선이 아니면 생기지 않는다. 그러므로 경전에서 이르기를 "깊이 선정을 닦으면 5신통을 얻는다."고 하였다. 번뇌를 끊고 싶어도 선이 아니면 안 된다. 선으로부터 지혜가 생겨야 자신을 묶고 부리는 번뇌를 끊어버릴 수 있기 때문이다. 선정이 없이 생기는 지혜는 바람 앞의 등불과도 같다. 법문을 알고 싶으면, 일체의 공덕과 지혜는 모두 선(禪)에 있음을 알아야 한다. 그러므로 『대지도론』에 이르기를 "부처님들께서 도를 이루고 법을 펴시며 반열반(般涅槃)에 드시는 것과, 소유하고 있는 갖가지 공덕은 모두 선 가운데 있다."16)고 하였다.

또 보살이 무량의처삼매(無量義處三昧)에 들면 일심(一心)에 만행(萬行)을 갖추어 일체의 무량한 법문을 알게 된다. 만일 위없는 불도를 다 갖추고자 한다면, 선정을

---

14) 육신통(六神通) : 먼 곳과 미래를 자유롭게 볼 수 있는 천안통, 육도 중생의 소리를 들을 수 있는 천이통, 육도 중생들의 생각하는 바를 알 수 있는 타심통, 먼 곳을 자유롭게 갈 수 있는 신족통, 중생들의 먼 과거를 알 수 있는 숙명통, 삼계의 일체 번뇌를 끊어 생사를 받지 않는 누진통을 말한다.
15) 사무애변(四無礙辯) : 세상의 온갖 사물[法]과 그 이치[義], 언어[詞], 그리고 이를 남들에게 이해시킬 수 있는 방편[樂說]에 걸림 없이 통달한 능력을 말한다.
16) 『대지도론』17, 185중.

닦지 않으면 색계와 무색계 및 삼승(三乘)의 도조차 얻을 수 없을 텐데 어떻게 위없는 보리를 얻을 수 있겠는가. 위없는 묘각(妙覺)을 증득하기 위해서는 반드시 먼저 금강삼매(金剛三昧)에 들어야만 온갖 불법이 눈앞에 현전한다는 것을 알아야 한다.

보살이 이와 같이 깊은 마음으로 사유하면 선정만이 네 가지 서원을 채울 수 있음을 자세히 알게 된다. 『대지도론』에서는 이를 다음과 같이 게송으로 설하였다.

선은 예리한 지혜의 창고요
공덕을 수확하는 복밭이다.
선은 청정한 물과 같아서
능히 욕심의 때를 씻어낸다.
선은 금강으로 된 갑옷이니
능히 번뇌의 화살을 막아준다.
비록 무위(無爲)는 얻지 못했어도
열반의 일부분은 이미 얻었네.
금강삼매를 얻으면
맺고 부리는 번뇌의 산을 부수고
육신통을 얻으면
무량한 사람을 제도할 수 있네.
자욱한 먼지가 하늘의 태양을 가리지만
큰 비가 능히 헤쳐 버리듯이
각관(覺觀)의 바람이 동요시켜도
선정은 능히 없애 버리네.[17]

---

17) 『대지도론』17, 180하.

　　이 게송에서 설한 것은 바로 선정을 수행하여 사홍서원을 다 채울 수 있음을 증명하는 것이다.

문　보살이 사홍서원을 다 채우려면 응당 십바라밀[18]을 두루 행해야 할 터인데 어째서 유독 선정만을 찬탄하십니까?

답　앞의 네 가지는 이치가 선보다 얕고 뒤의 다섯 가지는 선을 인하여 얻어지는 것이므로 지금은 중간의 입장에서 설한 것이다. 어째서 그런가? 보살이 선을 닦으면 뛰어난 네 바라밀을 능히 갖출 수 있고 뒤의 다섯 가지도 역시 그러하다. 예를 들어 보살이 발심하면 선을 수행하기 위해 일체의 가업과 안팎의 소유물을 아낌없이 다 버린다. 그리고 목숨을 아끼지 않고 고요한 곳에 처하니 이것을 큰 보시라고 한다. 또 보살은 선을 닦기 위해 신심을 움직이지 않고 육근(六根)을 막으니 악이 들어올 곳이 없다. 이것을 큰 지계라고 한다. 또한 보살은 선을 닦기 위해 참기 어려운 일체의 영욕을 모두 편안히 참아낸다. 설령 온갖 위해가 가해져도 삼매를 장애할까 두려워 성내지 않으니 이를 인욕이라고 한다. 보살은 또 선을 닦기 위해 일심으로 정진하며 불꽃이 일어날 때까지 나무를 비빈다는 비유처럼 몸이 피곤해도 성취될 때까지는 끝내 물러나 쉬지 않는다. 눕지 않고 항상 앉아서 어지러운 생각을 다스리니 방일함이 없고 설령 몇 년이 지나도록 증득함이 없다 해도 물러나거나 포기하지 않는다. 이것은 행하기 어려운 일로 바로 대정진(大精進)이다. 그러므로 선을 닦는 인연이 있으면 별도로 행하려고 마음먹지 않아도 네 가지 바라밀이 저절로 이루어진다. 또한 보살이 선정을 닦는 인연으로 반야바라밀을 갖추게 된다. 선을 닦을 때는 일심으로 정(定)에 머물기 때문에 세간의 생멸하는 법상을 능히 알 수 있으며 돌에서 샘이 솟듯이 지혜가 용솟음친다. 그러므로 『대지도론』에서는 다음과 같이 게송으로 설하고 있다.

---

18) 십바라밀(十波羅蜜) : 『화엄경』과 『해심밀경』 등에 나오는 내용으로 보시·지계·인욕·정진·선정·반야의 육바라밀에 방편·력(力)·원(願)·지(智)바라밀 등 중생제도와 성불에 필요한 넷을 더한 것.

반야바라밀은

참된 법이어서 전도됨이 없다.

잡념과 상상은 이미 없앴고

언어 또한 사라졌다.

한량없는 죄를 없애고

청정한 마음으로 항상 한결같으니

이와 같이 존귀하고 묘한 사람은

능히 반야를 보네.[19)

또한 선을 인하여 방편바라밀을 갖출 수 있다. 일체의 뛰어난 방편은 모름지기 중생의 근기[機]를 잘 보는 것이 중요하다. 그런데 만일 깊은 선정에 들지 않는다면 어떻게 밝게 근성을 보아 온갖 방편을 일으켜 중생을 이끌겠는가. 다음에 선으로 인해 역(力)바라밀도 갖출 수 있다. 자재롭게 변화하여 나타내는 온갖 신통력들은 앞에서 밝힌 대로 모두 선을 의지하여 생기는 것이다. 선을 인하여 원(願)바라밀도 갖출 수 있다. 『대지도론』에서 "보살의 선정은 원하기만 하면 저절로 울리는 아수라(阿修羅)의 거문고 같다."[20)고 한 것은 바로 큰 서원을 성취한 모습을 말하는 것이다. 또한 선을 통하여 지(智)바라밀도 갖출 수 있다. 일체지(一切智)나 도종지(道種智), 일체종지(一切種智)는 모두 정(定)이 아니면 생기지 않는다는 이치는 설명하지 않아도 알 것이다. 선을 잘 수행하면 곧 십바라밀을 성취하고 온갖 행과 일체 법문을 다 채울 수 있다. 그러므로 보살이 일체의 서원과 행과 바라밀을 갖추고자 할 때는 반드시 선바라밀을 닦아야 한다. 이에 대해 『대지도론』에서는 다음과 같이 문답으로 밝히고 있다.

---

19) 『대지도론』18, 190중.
20) 『대지도론』17, 188하.

묻 보살의 법은 바로 중생제도를 일로 삼는 것인데 어찌하여 중생을 버리고 홀로 빈 산에 처하여 한가히 자신의 선(善)만 도모합니까?

답 보살의 몸은 비록 중생을 떠났으나 마음은 떠나지 않았다. 마치 사람이 병이 나면 약을 먹고 몸을 건강하게 기르기 위해 잠시 일을 중단하였다가 병이 나으면 다시 본래의 일을 하는 것과 같다. 보살도 이와 같아서 몸은 잠시 중생을 떠나 있으나 마음은 항상 가련히 여기며 고요한 곳에서 선정의 약을 먹는다. 그리하여 실상(實相)의 지혜를 얻어 번뇌의 병을 없애고 육신통을 일으켜 다시 육도에 태어나 널리 중생을 제도하는 것이다.[21]

이와 같은 여러 가지 인연으로 보살마하살은 발심하여 선바라밀을 수행하는 것이다. 마음은 금강처럼 견고하니 천마나 외도 그리고 이승 등이 그를 막을 수 없다.

2. 선바라밀의 이름 풀이

선바라밀이라는 이름을 풀이하는 데 대략 세 가지로 나눈다. 먼저 공통된 이름과 공통되지 않은 이름을 분별하고 두 번째로 번역, 세 번째로 요간(料簡)이다.

2.1 공통의 이름과 공통되지 않은 이름의 구별

공통의 이름이란 바로 선(禪)이라는 한 글자이다. 범부나 외도, 이승과 보살 및

---

21) 『대지도론』17, 180중.

모든 부처가 얻는 선정은 모두 선(禪)이라는 명칭으로 부른다. 그러므로 공통의 이름이라고 한다.

공통되지 않은 이름이란 바라밀이라는 세 글자이다. 바라밀은 '저쪽 언덕에 이르는 것[到彼岸]'을 말하는데 이는 다만 보살과 제불(諸佛)에게만 해당한다. 그러므로 『대지도론』에서 이르기를, "선이 보살의 마음에 있으면 바라밀이라고 이름 붙인다."[22]고 하였으니 이것이 공통되지 않은 이름이다. 왜냐하면 범부는 탐욕에 매달리고 외도는 사견에 집착하며 이승은 대자비의 방편이 없어서 일체의 선정을 다 닦을 수 없기 때문에 '저쪽 언덕에 이른다'는 이름을 얻을 수 없는 것이다. 또한 선은 사선(四禪)을 말하는데 범부·외도·이승·보살 및 제불이 똑같이 이 정(定)을 얻기 때문에 공통이라고 한다. 이에 비해 바라밀은 '제도의 행에 한정이 없는 것[度無極]'을 말하는데 오직 보살과 제불만이 선을 인하여 중도(中道)의 불성(佛性)에 통달하고 구종대선(九種大禪)[23]을 일으켜 대 열반을 얻는다. 이것은 범부나 이승과는 공통되는 것이 아니므로 바라밀을 공통되지 않은 이름이라고 한다. 통틀어 말하면 번잡스럽게 분별할 필요가 없다. 선에는 본래 공통선과 불공통선이 있듯이 바라밀도 공통과 불공통이 있기 때문이다. 『대지도론』에 이르기를, "인도의 어법에 행하는 일을 다 마치면 모두 바라밀이라고 한다."[24]고 하였다.

2.2 번역

두 가지가 있으니 첫째는 공통의 이름을 번역하는 것이고 두 번째는 공통되지

---

22) 『대지도론』17, 188상.

23) 구종대선(九種大禪): 대승의 보살만이 닦는 아홉 종류의 선정을 말한다. 『보살지지경』 등에 나오는 것으로 자성선(自性禪)·일체선(一切禪)·난선(難禪)·일체문선(一切門禪)·선인선(善人禪)·일체행선(一切行禪)·제뇌선(除惱禪)·차세타세락선(此世他世樂禪)·청정정선(淸淨淨禪)이다.

24) 『대지도론』12, 145중. "於事成辦 亦言到彼岸"의 할주(割註)에 "天竺俗法 凡造事成辦 皆言到彼岸"이라고 되어 있다.

않은 이름을 번역하는 것이다.

2.2.1 ▸ 공통의 이름

먼저 공통의 이름을 번역하는데, 공통의 이름이란 바로 선(禪)이다. 선은 외국어인데 한문으로 번역하는 것이 일정치 않다. 대략 세 가지 번역이 있다. 『대지도론』에서는 선을 사유수(思惟修)라고 번역한다. 두 번째로, 용례를 보면 보시바라밀을 보시도(布施度)라 하고 선바라밀을 정도(定度)라고 하는 데서 선을 정(定)이라고 번역하는 것을 알 수 있다. 세 번째로 아비달마에서는 선을 공덕총림(功德叢林)이라고 번역한다.

사유수(思惟修)라는 번역은 원인(因 : 수행)에 대응하는 것이라고 할 수 있다. '사유'란 '헤아리는 생각'을 말하고 '수'란 '마음을 전일하게 하는 것을 연습하는 것'이기 때문이다. 정(定)이라는 번역은 결과(果 : 공덕)에 대응하는 것이라고 볼 수 있다. 정이란 고요하고 잠잠한 것인데 수행자가 산만함을 떠나 고요함을 구하다가 고요한 상태에 머물게 되는 것은 본래 익히던 것에 대한 보답이기 때문이다. 선을 공덕총림(功德叢林)이라고 번역한 것은 인과에 모두 통하는 것이라고 할 수 있다. 만행(萬行)이 원인이고 만덕(萬德)이 결과인 것처럼 공(功)이란 공부를 말하니 원인에 대응하고, 공부를 쌓아 덕을 이루는 것은 결과에 대응하는 것이다. 이렇게 인과를 합쳐서 번역한 것이 공덕총림이다. 총림(叢林 : 숲)이란 공덕이 하나 둘이 아닌 것을 비유로써 나타낸 것이다. 많은 풀들이 한 데 모인 것을 '총'이라 하고 여러 나무들이 서로 의지하고 있는 것을 '림'이라 한다. 풀이 모인 것은 작으니 원인 중의 공(功)은 작은 것에 비유할 수 있고, 숲의 나무는 크니 결과 중의 덕(德)은 큰 것에 대비할 수 있다. 이로 미루어 본다면 공덕총림은 인과에 통한다고 하는 것이 의미상 편리하다.

선을 통틀어 풀이하면 이 세 번역은 모두 인과에 대응하는 것이다. 사유수는 비록 원인에 의거한다고 말하지만 또한 결과에도 대응한다고 할 수 있다. 왜냐하면 정

(定) 가운데서 고요히 생각하는 것이 바로 '사유'이고 위로 올라 아래를 이익 되게 하는 것[乘上益下]을 '수'라고 하기 때문이다. 이는 설일체유부(說一切有部)가 구수(九修)[25] 중에서 위로 오르는 것으로써 수(修)의 뜻으로 하는 것과 같은 예이므로 결과 중에서 또한 사유를 말할 수 있는 것이다. 원인 중에서도 역시 정(定)을 말할 수 있다. 심소법(心所法) 중 10대지법(大地法)에 정이 있으니, 산란한 마음 중에도 정을 말할 수 있거늘 하물며 수행자가 전심하여 생각을 거두면서 일심이 흩어지지 않도록 노력하는데 정이라고 부를 수 없겠는가? 그러므로 원인 중에도 역시 정을 설할 수 있음을 알 수 있다. 원인 중에서도 역시 공덕총림이라는 이름을 얻을 수 있는데 원인 중에 있는 공(功)의 뜻은 앞에서 이미 말하였다. 공력을 운용함을 말미암아 원인을 행하는 덕(德)이 이루어진다. 결과 중에 있는 덕의 뜻은 앞에서 설한 것과 같고, 공에 대해서 말하면 공이란 바로 공용(功用)이다. 결과 가운데 고요하게 허물을 여의어 신통변화로써 중생을 유익하게 하는 작용이 있으므로 공이라고 한다. 원인과 결과는 모두 여러 선한 공덕으로 이루어지는 것이므로 통틀어서 공덕총림이라고 한다.

이 외에도 여러 경론을 보면 번역이나 뜻풀이가 같지 않다. 혹은 선을 기악(棄惡:악을 버림)이라고 번역하고 혹은 빠름[疾]·크게 빠름[大疾]·머뭄[住]·크게 머뭄[大住][26]이라고도 한다. 이처럼 같지 않은 것에 대해 하나만을 고집하는 것은 옳지 않다.

2.2.2 ▸ 공통되지 않은 이름

공통되지 않은 이름이란 바로 바라밀이다. 여기에는 세 가지 번역이 있다. 경론에서는 대부분 도피안(到彼岸)이라고 하고 『대지도론』에서는 별도로 사구경(事究竟)이라는 번역도 있다고 한다. 『서응경(瑞應經)』에서는 도무극(度無極)이라고 번역

---

25) 구수(九修): 삼계를 9지(地)로 나누어 9단계로 번뇌를 끊는다는 『구사론』의 설. 9무간도(無間道), 9해탈도(解脫道) 참조.
26) 『대방등대집경(大方等大集經)』22 「성문품」(『대정장』13, 161상)에 나오는 설.

한다. 이들은 현실[事]과 이치[理]에 대응시켜 뜻을 밝힐 수 있다.

먼저 따로따로 밝히면, '저쪽 언덕에 도달한다[到彼岸]'고 할 때 생사는 이쪽 언덕이고 열반은 저쪽 언덕이며 번뇌는 그 가운데를 흐르는 강물이다. 보살은 무상(無相)의 묘한 지혜로써 선정의 배를 타고 생사의 이쪽 언덕에서 열반의 저쪽 언덕으로 건너간다. 그러므로 이는 이치의 행[理行]에 의거하여 바라밀을 밝힌 것임을 알 수 있다. '현실적인 일을 궁극까지 다한다[事究竟]'는 것은 보살이 대비심으로 중생을 위하여 일체의 현실적인 일을 두루 수행하는 것이다. 그러므로 『대지도론』에서는 "보살은 선을 인하여 능히 뭇 일을 끝까지 다한다. 선이 보살의 마음에 있으면 바라밀이라고 부른다."고 하였다. 이는 현실상의 행[事行]에 의거하여 바라밀을 설한 것이다. '제도의 행에 한정이 없다[度無極]'는 것은 현실과 이치를 통틀어 논하면 모두 깊고도 원대한 뜻이 있으므로 합쳐서 말한 것이다. 이는 현실의 행과 이치의 행을 다했다는 측면에서 바라밀을 설한 것이다.

통틀어서 풀어보면 세 가지 번역은 똑같이 현실과 이치에 대응하면서도 모두 연에 따라 중생을 교화하기 때문에 다른 명칭으로 부른다. 만약 무상(無常)의 지혜로 능히 생사를 건너기 때문에 이치의 행이라고 한다면, 그 이치 가운데는 부처가 있으나 없으나 성(性)과 상(相)이 항상 그러한데 어찌 무상의 지혜로 생사를 건넌다고 하는가. 이는 결국 현실적인 일에 입각하여 설하는 것이다. 현실상의 일을 궁극까지 다한다는 것도 역시 이치에 따라 이름을 세운 것이라고 할 수 있다. 이치에 의거하여 현실상의 일을 행하면 이 또한 이치에 의거하여 바라밀이라고 이름 붙인 것이다. 제도의 행에 한도가 없다는 것도 역시 반드시 현실과 이치가 제한이 없다는 데서 바라밀이라고 이름 붙인 것만은 아니다. 왜냐하면 모든 부처는 연에 따라 중생을 이롭게 하므로 나타나고 사라지는 것이 정해지지 않았고 제한도 없다. 혹은 현실에 따르기도 하고 혹은 이치에 따르기도 하니 어찌 정해진 기준이 있겠는가? 그러므로 이 세 가지 이름은 모두 이치와 현실에 서로 통하며 편벽되게 어디에 소속시킬 수가 없다. 다른 예도 알 수 있을 것이다. 바라밀의 뜻을 풀이하는 것은 제10장 선바라밀의 귀결처 중에서 상세하게 밝힐 것이다.

2.3 요간 料簡

『대지도론』에 다음과 같은 문답이 있다.

문 배사(背捨)와 승처(勝處), 일체처(一切處) 등은 왜 바라밀이라고 부르지 않고 선만 바라밀이라고 칭합니까?

답 선은 왕과 같이 가장 커서 선바라밀이라고 말하면 일체가 다 포함된다. 사선(四禪) 가운데는 팔배사(八背捨)도 있고 팔승처(八勝處)도 있으며 십일체처(十一切處)·사무량심(四無量心)·오신통(五神通)·연선(練禪)·자재정(自在定)·14변화심(變化心)·무쟁삼매(無諍三昧)·원지(願智)·정선(頂禪), 수능엄삼매(首楞嚴三昧) 등 대승의 108삼매와 제불부동삼매(諸佛不動三昧) 등 120삼매가 있다. 모든 부처님께서 도를 이루고 법을 설하고 열반에 드시는 수승하고 묘한 공덕은 다 선 가운데 있다. 선을 설하면 일체가 다 포함되지만 다른 정(定)을 설하면 포함되지 않는 것이 있기 때문에 선을 바라밀이라고 한다. 또 사선에서는 지혜와 정(定)이 같기 때문에 바라밀이라고 설한다. 그러나 미도지정(未到地定)과 중간선(中間禪)은 지혜는 많고 정은 적으며 사무색정(四無色定)은 정이 많고 지혜가 적다. 수레의 바퀴가 하나는 강하고 하나는 약하면 물건을 실을 수 없듯이 사선은 지혜와 정이 같으므로 바라밀이라고 설한다. 또한 선에 의거하여 바라밀을 설하면 일체의 정(定)이 포함된다. 왜냐하면 선을 한문으로 번역하면 '사유를 수행함(思惟修)'인데 모든 정은 사유를 수행한 공덕이므로 이 정들이 바라밀이라는 이름을 얻을 수 있게 된다.[27]

『대품반야경』에서는 백(百) 바라밀을 설하면서 배사나 승처 등도 모두 바라밀이라고 부른다.[28] 이로 보아 사선(四禪)은 근본선이기 때문에 먼저 바라밀이라는 이름을 받았을 뿐 다른 정(定)을 바라밀이라고 부른다고 통하지 않는 것은 아니다.

---

27) 『대지도론』17, 185중.
28) 『마하반야바라밀경』12 「변탄품(遍歎品)」(『대정장』8), 313상.

문 지금까지 밝힌 선(禪)과 정(定)과 삼매(三昧)와 바라밀(波羅蜜) 등은 같은 것입니까, 다른 것입니까?

답 전체적으로 말하면 뜻이 서로 통하지만 분별해서 풀이한다면 네 가지 명칭은 각각 주된 대상이 있다. 근본 사선은 다만 선이라 하고 정이나 삼매는 아니며 또한 바라밀이라고 이름 붙이지 않는다. 무색계정은 다만 정이라고만 하지 선이나 삼매라고 하지 않으며 역시 바라밀이라고 부르지 않는다. 미도지정과 중간선은 비록 완전한 선정이 아니지만 선정의 방편이므로 선 또는 정이라고 부르되 삼매라거나 바라밀이라고 부르지는 않는다. 공(空)·무상(無相) 등 삼삼매(三三昧)는 다만 삼매라고만 하고 선이나 정이라 하지 않으며 바라밀이라고도 하지 않는다. 배사(背捨)·승처(勝處)·육신통·사무애변(四無礙辯) 등은 모두 선·정·삼매 등 세 법을 갖추고 있으나 이렇게 부르지 않고 바라밀도 아니다. 구차제정(九次第定)은 세 법을 갖추었으나 다만 정이라고만 하고 선이나 삼매라고 하지 않으며 바라밀이라고도 하지 않는다. 유각유관삼매(有覺有觀三昧) 및 사자분신(師子奮迅)·초월(超越)·무쟁(無諍) 삼매 등은 세 법을 갖추었으나 삼매라고만 하지 선이나 정이라고 하지 않으며 바라밀이라고도 하지 않는다. 원지(願智)와 정선(頂禪) 등도 세 법을 갖추었으나 선이라고만 하지 정이나 삼매라고 하지 않으며 바라밀이라고 부르지도 않는다. 구종대선(九種大禪)과 수능엄삼매(首楞嚴三昧) 등은 네 가지 법을 다 갖추었고 선이라고도 하고 정이나 삼매라고도 하며 바로 바라밀이다. 만일 수능엄의 마음을 써서 선·정·삼매 등 세 가지 법에 들어간다면 모두 바라밀이라고 부른다. 그러므로 백 바라밀 가운데서 일체의 법문을 모두 바라밀이라고 부른 것이다.

네 가지 법에 대해 간략하게 분별하면 이와 같지만 대 성인들께서 선교방편(善巧方便)으로써 인연을 따라 중생에게 법을 설할 때는 정해진 용어나 풀이가 없다. 그러므로 각 경론마다 이름에 조금씩 차이가 있어서 뜻을 알기가 어려우니 하나만 고집하면 안 된다. 그러나 대부분의 경론에서 선에 의거하여 바라밀을 밝히는 이유는 근본 사선이 모든 수행의 근본이기 때문이다. 불교 수행의 모든 공덕은 사선에서 생기고 사선에 의지하여 머문다. 그러므로 유독 선만이 바라밀이라는 이름을 얻는 것이다.

문 선바라밀은 이름이 다만 하나뿐입니까, 아니면 다른 이름이 또 있습니까.

답 『열반경(涅槃經)』에서는 불성(佛性)에 다섯 가지의 이름이 있다고 설한다. 수능엄(首楞嚴)·반야(般若)·중도(中道)·금강삼매대열반(金剛三昧大涅槃) 그리고 선바라밀(禪波羅蜜)이다.[29] 그러므로 각 경전에서 설하는 여러 가지 수승하고 묘한 법문에는 이름이 무량하게 많지만 이들은 모두 선바라밀의 다른 이름임을 알아야 한다. 때문에 『대지도론』에서는 다음과 같이 게송으로 설하고 있다.

> 반야는 한 법이지만
> 부처님께서는 여러 이름으로 설하시니
> 온갖 중생의 부류를 따라
> 다른 이름을 만든 것이네.
> 수행자가 만일 반야를 얻으면
> 말로 따지는 마음이 다 사라지니
> 마치 해가 뜨면
> 아침 이슬이 일시에 사라지는 것 같네.[30]

이로써 미루어 보면 선이라는 이름이 어찌 두루 통하지 않겠는가. 그러나 그 선정이 일체 제법을 두루 포함하지 못하면 곧 궁극의 법이 아니니 바라밀이라는 이름을 받지 못한다.

문 제법의 실상(實相)이나 수능엄(首楞嚴), 도피안(到彼岸) 등은 궁극의 경지이므로 오직 부처님 한 분만이 그런 명칭을 얻을 수 있을 텐데 보살이 행하는 선정에 어떻게 바라밀이라고 부릅니까?

---

29) (남본)『대반열반경(大般涅槃經)』25 (『대정장』12), 769중. 실제로 경전에서 들고 있는 다섯 가지 이름은 수능엄삼매·반야바라밀·금강삼매·사자후삼매·불성이다.

30) 『대지도론』18, 190하.

답 원인 중에 과보를 설하기 때문이고 분수에 따라 설하기 때문이다. 또한 돈교 (頓敎)에서 밝히는 바로는 발심과 궁극이 다르지 않기 때문이다. 이와 같은 여러 가지 이치 때문에 보살이 행하는 선정도 또한 바라밀이라고 부를 수 있다.

3. 선바라밀에 들어가는 문

이름을 잘 헤아리면 그 체(體)를 저절로 알게 된다. 만일 수행에 나아가려 한다면 반드시 문을 통해 들어가야 한다. 선에 드는 문을 간략히 밝히는 것은 세 가지로 나누겠다.

3.1 선의 문

경론에서 설하는 선의 문을 찾아보면 무수하게 많지만 그 근본으로 거슬러 올라가면 두 가지에 불과하다. 이른바 색(色)과 마음이다. 『대지도론』에서 이를 다음과 같이 게송으로 설하고 있다.

일체의 법 가운데는
다만 명(名)과 색(色)이 있을 뿐.
만일 실상을 그대로 관하려거든
명과 색을 관하는 것이 마땅하리.
비록 어리석은 마음에 온갖 상념이 많아도
모든 법을 분별해 보면

다시 명과 색을 벗어나는 법은

하나도 없다.[31]

지금 색문(色門)에 나아가면 다시 두 가지로 나뉜다. 경전에서 "두 가지 감로문(甘露門)이 있으니 하나는 부정관(不淨觀)문이고 또 하나는 아나파나(阿那波那)문"이라고 한 것과 같다. 심문(心門)은 오직 한 문뿐이니 경전에서 "심성(心性)을 관하는 것이 최고의 선정"이라고 설한 것과 같다. 색을 나누고 마음을 별도로 세우니 선문은 세 가지가 있다. 이른바 세간선문과 출세간선문과 출세간상상선문이다. 그러므로 『대집경(大集經)』에서 이르기를, "마음을 조섭하는데[攝心] 세 가지가 있으니, 첫 번째는 법을 벗어나 조섭하는 것이고, 두 번째는 법을 멸해서 조섭하는 것이며, 세 번째는 벗어나지도 않고 멸하지도 않으면서 마음을 조섭하는 것이다."[32]고 하였다.

3.2. 해석

세 가지 문을 각각의 뜻과 전체적인 뜻으로 나누어 밝히겠다.

3.2.1 ▸ 세 문을 각각 밝힘

문이란 능히 통하도록 하는 것이니 세간의 문처럼 사람이 통과하면 어딘가 이르는 곳이 있음을 말한다. 첫 번째 호흡[息]이 선의 문이 되는 것은, 호흡으로 마음을 조섭하면 사선·사무색정·사무량심·십육특승·통명관 등의 선에 이를 수 있기 때

---

31) 『대지도론』27, 259중.
32) 『대방등대집경』22 「성문품」(『대정장』13), 159하.

문이다. 그러므로 이는 세간선의 문이고 또한 법을 벗어나 마음을 잡아매는 것으로 일단은 범부들이 의거하는 선문이라고 할 수 있다. 두 번째로 색(色)이 선의 문이 된다. 예를 들면 부정관(不淨觀) 등으로 마음을 잡아매면 구상(九想)·팔념(八念)·십상(十想)·배사(背捨)·승처(勝處)·일체처(一切處)·구차제정(九次第定)·사자분신삼매(師子奮迅三昧)·초월삼매(超越三昧) 등에 이를 수 있다. 그러므로 이는 곧 출세간선의 문이며 법을 멸하여 마음을 조섭하는 것으로 일단 이승이 의거하는 선문이다. 세 번째로 마음을 선의 문으로 삼는다. 만일 지혜를 써서 심성(心性)을 돌이켜 관하면 이를 통해 마음이 법화(法華)·염불(念佛)·반주(般舟)·각의(覺意)·수능엄(首楞嚴) 등 각종 대승의 삼매와 자성선(自性禪) 내지는 청정정선(淸淨淨禪)에 이를 수 있다. 그러므로 이는 출세간상상선(出世間上上禪)에 이르는 문으로 또한 법을 벗어나지도 않고 멸하지도 않으면서 마음을 조섭하는 것이라고 부르며 일단 보살이 의거하는 선문이라고 할 수 있다. 이러한 이치 때문에 이 세 가지 법에 의거하여 문을 삼는다.

문 법은 무량하게 많은데 무슨 이유로 다만 이 세 가지만 취하여 선문으로 삼습니까?

답 간략히 밝히면 세 가지 이유 때문에 이들 세 법으로써 문을 삼으니, 법상(法相)과 같고 편리함에 따르며 모든 법을 담을 수 있기 때문이다. 첫 번째로 법상과 같다는 것은 『대집경(大集經)』의 "가라라(歌羅邏)[33] 시에는 세 가지 일이 있으니 명(命)·난(暖)·식(識)이 그것이다."[34]라는 설에 따른 것이다. 들고 나는 호흡을 수명[命]이라 하고 썩어 냄새나지 않는 것을 따뜻함[暖]이라고 한다. 이는 업이 화대(火大)를 유지하기 때문인데 지대(地大)와 수대(水大)는 본래 썩고 냄새나는 색법(色法)이다. 이 가운데 있는 마음(心)과 뜻(意)을 식(識)이라고 부르니, 곧 찰나마다 느끼고 아는 마음

---

33) 가라라(歌羅邏): 범어 kalala의 음역으로 태내(胎內) 오위(五位)의 첫 번째 시기이다. 즉 생명이 수태된 뒤 최초 7일간을 가리킨다.
34) 『대방등대집경』23 (『대정장』13), 164중.

이다. 이 세 가지 법이 화합하여 태어나서 죽을 때까지 줄지도 않고 늘지도 않는 것이다. 하지만 어리석은 사람들은 알지 못하여 이 중에서 아상(我相)과 인상(人相)과 중생상(衆生相)을 헤아리고 온갖 업행을 지으면서 집착을 일으키니, 이러한 전도된 인연으로 삼계(三界)를 헤매는 것이다. 이러한 미혹의 근본 원인을 찾아보면 이 세 가지 법을 벗어나지 않으므로 이 세 법으로 문을 삼는 것은 많은 것도, 적은 것도 아니다.

두 번째로 편리함에 따라 이 세 법을 문으로 삼은 것이다. 호흡을 말미암아 선을 수행하면 두 가지 편리함이 있으니 첫 번째는 선정을 빨리 얻을 수 있다는 것이고 두 번째는 무상(無常)을 쉽게 깨달을 수 있다는 것이다. 색을 문으로 삼는 것에도 두 가지 편리함이 있는데 첫 번째는 탐욕을 능히 끊을 수 있고 두 번째는 색이 알맹이 없이 겉보기뿐인 법임을 쉽게 알 수 있다. 마음을 문으로 삼는 것도 두 가지 편리함이 있다. 첫 번째는 일체의 번뇌를 능히 항복시킬 수 있고 두 번째는 공(空)의 이치를 쉽게 깨달을 수 있다.

세 번째로 모든 법을 다 담을 수 있다고 한 것은 이 세 가지 법이 선문의 근본이기 때문이다. 즉 핵심만 들어서 세 가지를 설하지만 이를 열어 보면 무량하게 되는 것이다. 예컨대 식문(息門) 가운데서도 혹은 호흡의 수를 세고[數] 혹은 호흡을 따르고[隨] 혹은 호흡을 관찰[觀]하는 등 다양한 방식이 있는데 이를 통해 이르는 곳도 역시 다양하다. 색문의 경우 때로는 외부의 색을 대상으로 삼고 때로는 자신의 색을 대상으로 삼으며 또 때로는 자비심을 내거나 부처님의 상호(相好)를 대상으로 삼아 선을 닦는다. 내지는 득해관(得解觀)이나 실관(實觀) 등 여러 가지 방법이 있는데 이를 통해 이르는 곳도 역시 여러 가지이다. 심문에는 지(止)·관(觀)·각(覺)·료(了) 등의 방법이 있으니 혹은 온갖 마음을 깨달아[覺了] 마음 아닌데 들어가고, 혹은 마음 아닌 것을 깨달아 무량한 마음을 내며 혹은 마음이 아니고 마음 아닌 것도 아닌 것을 깨달아 일체의 마음이 마음 아닌 것을 알기도 한다. 이처럼 연으로 삼는 마음이 같지 않고 이르는 곳 또한 하나가 아니다. 그러므로 세 가지 문을 설하면 일체의 선문이 다 포함된다. 자세한 내용은 제7수행과 중득 장에서 볼 수 있을 것이다.

3.2.2 ▸ 세 문을 전체적으로 밝힘

이 세 가지 법은 모두 세간선·출세간선·출세간상상선 등의 문이 된다. 즉 첫 번째 호흡법의 경우 다만 세간선의 문이라고 확정하여 말할 수 없다는 것이다. 그 까닭은, 율장(律藏)에 보면 부처님께서 성문 제자를 위해 관식(觀息) 등 16행법을 설하셨는데 제자가 가르침대로 수행하여 모두 성인의 도(道)를 얻은 일이 기록되어 있다. 그러므로 호흡법이 출세간선의 문이 되는 것을 알 수 있다. 호흡법이 출세간상상선, 즉 대승의 문이라는 증거는 『대품반야경』의 "아나파나는 곧 보살의 대승"[35] 이라는 구절에서 찾을 수 있다. 또한 『청관음경(請觀音經)』에서는 수식(數息)에 의거하여 육자장구(六字章句)를 분별하고 삼승(三乘)이 득도함을 밝히고 있으니[36] 이것이 어찌 단지 세간선의 문이라고 할 수 있겠는가.

색문도 단순히 이승(二乘)의 행법으로써 대승이나 범부·외도와는 통하지 않는다고 할 수 없다. 『열반경(涅槃經)』에 보면 "외도는 단지 색만 다스릴 수 있고 마음을 다스릴 수는 없다. 나의 제자들은 마음을 잘 다스린다."는 구절이 있으니 범부도 색을 관할 수 있음을 알 수 있다. 대승에서 색을 관하는 증거로 『대품반야경』에 "창상(脹想)이나 난상(爛想) 등은 보살의 대승"[37]이라는 구절이 있으니 색문은 단순히 [이승이 닦는] 출세간선의 문일 뿐이라고 말할 수 있겠는가.

심문도 보살만이 의거하는 것이라고 할 수 없다. 왜냐하면 외도도 역시 마음을 관하여 48견을 일으키고 범부는 마음을 연으로 삼아 사무색정에 들기 때문이다. 심문이 성문(聲聞)과 통하는 증거로는 "나의 제자는 마음을 잘 다스리기 때문에 능히 삼계를 여읜다."는 『열반경』의 구절을 들 수 있다. 그러니 심문이 출세간상상선의 문이라고만 할 수도 없다. 이 세 가지 문은 서로 통하지만 세 종류의 사람이 마음 쓰

---

35) 『마하반야바라밀경』5 「광승품」(『대정장』8), 253하에서 요약함.
36) 『청관세음보살소복독해다라니주경(請觀世音菩薩消伏毒害陀羅尼呪經)』(『대정장』20), 37상에 나오는 내용. 육자장구란 이 경전에 설해진 다라니를 말한다.
37) 앞과 같은 「광승품」에 나오는 내용.

는 법이 달라서 선을 일으키고 도를 얻는 것이 각각 다른 것임을 알아야 한다. 이 이치는 제9 선바라밀의 가르침에서 자세히 분별하겠다.

3.3 요간 料簡

문 그렇다면 무슨 까닭에 앞과 같이 분별하였습니까?

답 모든 이치는 공통적인 것과 개별적인 것이 있다. 가르침은 상대에 따라 이익을 주는 방법이 다르므로 설이 다르다고 하여도 허물이 없다. 또한 앞은 요의설(了義說)[38]이 아니므로 한 쪽만 고집할 필요가 없다.

문 세 문이 서로 통한다면 지금 실제 수행에 들어가서 숨 세는 법[數息]을 익히다가 구상(九想)이나 팔배사(八背捨), 자성선(自性禪) 등을 증득할 수 있습니까?

답 증득하기도 하고, 증득하지 못하기도 한다. 처음 배우는 사람은 불가능하고 이승 가운데 자재정(自在定)을 익힌 사람은 증득하며 방편바라밀을 갖춘 보살은 걸림 없이 뜻대로 증득할 수 있다.

문 어째서 처음 배우는 사람은 불가능하다고 하십니까? 어떤 사람은 호흡을 세다가 구상이나 배사·염불관·자심관(慈心觀) 등을 일으키기도 하는데 이는 어찌된 것입니까?

답 이는 숙세의 인연으로 일어나는 것이지 지금 수행하여 증득한 것이 아니다. 인연이 다하면 사라져 버려 더 진전되지 않기 때문에 끝내 차제법문을 성취할 수 없다. 내방편(內方便) 가운데 선근(善根)이 일어나는 상을 밝힐 때 자세히 분별하겠다. 다른 두 문도 이로 미루어 알 수 있을 것이다.

---

38) 요의설(了義說) : 법을 비밀스럽거나 방편으로 표현하는 것이 아니라 직접적으로 드러내어 설하는 것. 불요의(不了義)설과 대비되는 말.

4. 선바라밀을 수행하는 차례

선문(禪門)에 대해 알았으면 다음에는 보살이 초발심으로부터 불과(佛果)에 이르기까지 선정을 수행하여 얕은 데서 깊은 곳으로 이르는 차례에 대해 알아야 한다. 지금 경론의 교설에서 차례에 대해 기록한 것을 찾아보면, 『대품반야경』에 이르기를 "보살마하살은 … 차례대로 행하고 차례대로 배우며 차례대로 도를 닦아서…"[39] 라고 하였다. 두 항목으로 나누어서 선정의 차례를 분별하겠다.

4.1 선정의 차례

수행자가 처음 계율을 청정하게 지키고 욕계에 대해 싫증을 내어 마음을 호흡

---

39) 『마하반야바라밀경』 23 「삼차품(三次品)」(『대정장』8), 384중.

세는 것[數息]에 집중하면 욕계정(欲界定)에 들어간다. 욕계정에 의하여 미도지정(未到地定)을 얻고 이와 같이 미도지정에 의거하여 차례대로 초선(初禪) 내지 제4선에 이른다. 이를 내색계정(內色界定)이라고 부른다. 다음에는 큰 공덕을 짓기 위해 다른 중생들이 기뻐서 즐거워하는 모습을 관의 대상으로 삼아 차례로 사무량심(四無量心)을 얻는다. 이를 외색계정(外色界定)이라고 부른다. 이 여덟 가지 선정은 비록 정에 들어갈 때 대상으로 삼는 경계가 안[자신의 호흡]과 밖[다른 중생들]이라는 차이는 있지만 모두 색계에 속한다. 이어서 수행자가 제4선에서 색을 감옥처럼 여겨 앞의 안과 밖의 두 가지 색을 멸해버리고 일심으로 허공에 집중하여 색의 장애를 건너 뛰어서 사무색정(四無色定)을 얻는다. 이를 무색계정(無色界定)이라고 부른다. 이 12문선(十二門禪)은 모두 유루법(有漏法)이다.

다음에는 역유루역무루선(亦有漏亦無漏禪)을 밝혀야 한다. 수행자가 근본선을 얻고 난 뒤에는 이 선에 대해 생기는 집착을 없애기 위해 다시 욕계로 돌아가 육묘문(六妙門)을 수행한다. 왜냐하면 이 육묘문 가운데서 수(數)·수(隨)·지(止)는 정에 드는 방편이고 관(觀)·환(還)·정(淨)은 지혜를 얻는 방편으로 정은 애착하고 지혜는 가책하는 성질이 있기 때문이다. 애착하기 때문에 유루라고 하고 가책하기 때문에 무루라고 설한다. 이 여섯 법은 대부분 욕계정과 미도지정, 그리고 사선에서 갖추어지지만 또한 무색계의 단계에 이르는 것도 있다. 육묘문 다음에는 십육특승(十六特勝)을 밝혀야 한다. 십육특승은 횡으로는 사념처(四念處)에 대응하고 종으로는 욕계정 내지 비유상비무상처정에 대응하지만 각 단계마다 관을 통해 집착의 대상을 분석하여 깨뜨리므로 능히 무루(無漏)를 일으킬 수 있다. 다음에는 통명관(通明觀)을 설해야 하는데, 앞의 십육특승은 전체적으로 살피는 총관(總觀)이기 때문에 관이 성긴 데 비해 통명관은 하나하나 관하는 별관(別觀)으로 관이 세밀하다. 이 선으로도 역시 욕계정에서 비상비비상처정에까지 이르며 내지는 멸진정(滅盡定)에까지 든다. 육묘문에서 통명관까지 세 가지 선은 정선(淨禪)이라고도 하는데 오종선(五種禪)40) 가운

---

40) 오종선(五種禪) : 각종 선을 다섯 부류로 나눈 것으로 오문선(五門禪)이라고도 한다. 수식문·부정문·자심문·인연문·염불문이다.

데서는 근본선[수식문]에 포함된다.

　무루선(無漏禪)을 닦는 차례는 두 가지가 있으니 하나는 행행(行行)이고 하나는 혜행(慧行)이다. 행행의 차례는 이른바 관(觀)·련(鍊)·훈(熏)·수(修)로 먼저 관선(觀禪)의 차례를 밝히면 여섯 가지 선이 있다. 처음에는 구상(九想)을 닦는데 무루를 얻기 전에는 이를 통해 욕계의 번뇌를 깨기 때문이다. 다음에 팔념(八念)을 닦는 것은 구상을 수행할 때 생기는 공포심을 없애기 위해서다. 다음에 십상(十想)을 수행하는데, 괴법(壞法)의 근기[41]를 가진 수행자가 욕계에서 이 십상을 닦으면 삼계의 번뇌를 끊을 수 있기 때문이다. 팔배사(八背捨)는 불괴법(不壞法)의 근기[42]를 가진 수행자가 닦는 관선으로 삼계(三界)의 근본정 중에서 생기는 집착을 대치하는 것이다. 다음에 팔승처(八勝處)는 여러 가지 선정 중에서 관하는 대상에 대해 자재함을 얻기 위하여 수행하는 것이고, 십일체처(十一切處)는 선정 중의 색과 마음을 넓혀 세상 끝까지 두루 미치게 하기 위한 것이다. 내지는 육신통(六神通)을 닦는 것도 이 관선에 포함된다.

　연선(鍊禪)이란 구차제정(九次第定)을 말한다. 이는 앞의 정선(定禪)과 관선(觀禪) 두 가지 선을 합쳐서 마음을 편안히 단련하여 여러 선에 들 때 마음과 마음의 차례에 간격이 없도록 하기 위한 것이다. 또한 유각유관(有覺有觀)삼매 등 삼삼매(三三昧)[43]도 모두 연선에 포함된다.

---

41) 괴법(壞法)의 근기 : 괴법이란 '법을 무너뜨린다'는 의미로 시신이 부패하는 모습을 관하는 부정관을 행할 때 마지막에 시신이 불에 타서 없어지는 소상(燒想)을 행하는 것을 말한다. 괴법을 행하면 속히 아라한과에 도달할 수는 있으나 신통 등의 각종 공덕을 갖출 수 없다. 때문에 '괴법의 근기'는 낮은 근기를 말하며 이렇게 무학(無學)과에 도달하면 괴법아라한이라고 부른다.

42) 불괴법(不壞法)의 근기 : 앞의 괴법과 반대로 부정관에서 마지막 소상을 행하지 않고 뼈만 남은 시신의 모습을 그대로 두는 수행자를 말한다. 근기가 높은 수행자들은 이 골인(骨人)을 대상으로 배사관이나 팔승처 등을 닦을 수 있어 각종 신통·변화 등의 공덕을 쌓을 수 있다. 이런 수행을 통해 아라한이 되면 불괴법아라한이라고 부른다.

43) 삼삼매(三三昧) : 육근에 포착된 대상에 대해 처음 자각하는 것을 각(覺, 신역은 尋)이라 하고 이것이 무엇인지 분별하는 것을 관(觀, 신역은 伺)이라 하는데 이 두 가지의 유무로 삼매를 세 종류로 구분한 것. 즉 유각유관삼매와 무각유관삼매 그리고 무각무관삼매를 말한다.

다음에 훈선(熏禪)이란 사자분신삼매(師子奮迅三昧)를 말한다. 각 단계의 선을 순으로 역으로 반복하여 출입하여 정(定)과 관(觀)이 분명하고 익숙해지도록 하며 공덕을 늘이기 위해 닦는 것이다.

마지막으로 수선(修禪)은 초월삼매(超越三昧)를 가리킨다. 각 선의 단계를 초월하여 출입하여 무애자재한 해탈을 얻으려는 것이다. 『대품반야경』에서 이르기를 "보살마하살은 반야바라밀에 머물러 선바라밀을 취한다. 부처님들의 삼매를 제외하고 나머지 일체의 삼매에 들어가니 성문의 삼매거나 벽지불의 삼매거나 보살의 삼매거나 모두 행하고 모두 들어간다."[44]고 하였다. 나머지 일체의 삼매란 근본정을 가리킨다. 성문의 삼매란 37조도품과 공(空)·무상(無相)·무작(無作)의 삼삼매, 사제(四諦) 십육행관(行觀) 등을 말한다. 벽지불의 삼매란 십이인연 삼매를 말하고 보살의 삼매란 자성선(自性禪) 등을 말하니, 이들을 모두 삼매라고 부른다. 경전에서는 이어 "보살은 모든 삼매에 머물러 팔배사(八背捨)를 순(順)과 역(逆)으로 출입하고 팔배사에 의거하여 구차제정을 순·역으로 출입한다. 구차제정에 의거하여 사자분신삼매를 순·역으로 출입하고 사자분신삼매에 의거하여 초월삼매를 순·역으로 출입하니 이것이 바로 보살이 온갖 삼매에 의거하여 모든 법을 얻는 모습이다."라고 하였다. 여기에 이르면 비로소 이승의 행행(行行)이면서 공통적으로 닦는 선이 완성된다. 왜냐하면 대아라한도 역시 초월삼매를 얻기 때문이다.

다음에는 무루의 혜행을 닦는 차례를 밝힌다. 사제(四諦)의 법문을 들은 것을 인연으로 37조도품을 수행하고 다음에 삼해탈문(三解脫門)[45]에 들어간다. 이어서 십육행관[46]을 사용하여 사제를 분별하고 십지(十智)[47]와 삼무루근(三無漏根)[48]을 갖

---

44) 『마하반야바라밀경』20「섭오품(攝五品)」(『대정장』8), 368상~중에서 요약.

45) 삼해탈문(三解脫門) : 해탈에 들어갈 수 있는 세 가지 문이라는 뜻으로 공(空)해탈문·무상(無相)해탈문·무원(無願)해탈문을 말한다. 구체적으로는 일체법이 무상하여 자성이 없음을 깨닫는 공삼매와 공을 바탕으로 제법의 분별이 허망함을 깨닫는 무상삼매, 그리고 이러한 무상한 삼계의 법들에 대해 욕망을 버리게 하는 무원삼매[이상을 3삼매라 한다]의 세 가지를 가리킨다. 다만 3삼매는 유루와 무루에 모두 통하지만 3해탈문은 무루에만 국한된다.

46) 십육행관(十六行觀) : 십육행상(十六行相)이라고도 한다. 사제(四諦)를 각각 네 가지의 관점으로 관하여 투철하게 진리를 깨닫는 방법.

춘 뒤 구수(九修)를 성취하여 구단(九斷)을 획득한다. 이것이 간략히 분별한 성문의 무루 혜행이다. 다음에 십이인연관문을 설해야 하는데 이는 벽지불이 행하는 무루의 혜행이다. 보살의 경우에는 이승의 유학위(有學位)와 무학위(無學位)에서 얻는 지혜와 번뇌 단절을 차례로 성취한다. 이를 [三乘이] 공통적으로 행하는 종가입공관(從假入空觀)을 갖춘 것이라고 부른다. 그러므로 『대품반야경』에 이르기를 "보살마하살은 반야바라밀을 행하되 방편의 힘으로써 건혜지(乾慧地)로부터 성지(性地)에 들어가고 팔인지(八人地), 견지(見地), 이욕지(離欲地), 아라한지(阿羅漢地), 벽지불지(辟支佛地) 등을 모두 행하고 모두 들어가지만 아무것도 증득하지 않는다."49)고 하였다.

다음에 보살만이 닦는 불공선(不共禪)의 차례를 밝히면 ① 자성선(自性禪) ② 일체의선(一切義禪) ③ 난선(難禪) ④ 일체문선(一切門禪) ⑤ 선인선(善人禪) ⑥ 일체행선(一切行禪) ⑦ 제뇌선(除惱禪) ⑧ 차세타세락선(此世他世樂禪) ⑨ 청정정선(淸淨淨禪)의 단계를 밟는데 이를 구종대선(九種大禪)이라고 한다. 보살은 이 선에 의지하기 때문에 대보리과(大菩提果)를 얻고 십력(十力)·사무소외(四無所畏)·십팔불공법(不共法) 등 일체의 부처님 법을 다 갖출 수 있다.

---

47) 십지(十智) : 아비달마에서 범부와 성인의 지혜를 열 가지로 나눈 것. ① 세속지(世俗智)는 세속에 대한 유루지. ② 법지(法智)는 욕계를 대상으로 사제를 깨달은 무루지혜. ③ 류지(類智)란 색계와 무색계를 대상으로 사제를 깨달은 지혜. ④ 고지(苦智). ⑤ 집지(集智). ⑥ 멸지(滅智). ⑦ 도지(道智)의 네 가지는 각각에 속한 번뇌를 끊은 지혜. ⑧ 타심지(他心智). ⑨ 진지(盡智)는 사제에 관련한 모든 수행과 번뇌단절을 다 했다고 아는 지혜. ⑩ 무생지(無生智)는 더 이상 닦고 끊을 것이 없음을 아는 지혜로 뒤의 두 가지는 아라한과에 이른 성자들이 갖는 지혜이다.

48) 삼무루근(三無漏根) : 신심(身心)에 강한 작용을 일으키는 힘의 근본으로 안이비설신의의 육근을 비롯하여 도합 22근이 있다고 하는데 이 가운데 마지막 세 가지는 번뇌가 없는 청정한 법을 일으킬 수 있다고 하여 삼무루근이라고 부른다. 즉 사제를 알고자 하는 미지당지근(未知當知根)과 사제를 깨달았지만 감정적 번뇌[修惑]를 끊기 위해 사제를 반복해서 익히는 이지근(已知根), 그리고 일체의 번뇌를 다 끊고 지혜를 갖춘 구지근(具知根)의 세 가지이다. 이 각각은 성인의 견도위, 수도위, 그리고 무학위에 속하며 스스로의 체(體)는 없고 22근 가운데 의(意)·낙(樂)·희(喜)·사(捨)·신(信)·근(勤)·념(念)·정(定)·혜(慧)의 아홉 근이 합쳐진 것이라고 한다.

49) 『마하반야바라밀경』23 「일념품」(『대정장』8), 389상.

지금까지 보살이 처음 발심을 하는 것에서부터 차례대로 행하고 차례대로 배우고 차례대로 도를 닦아 부처의 경지에 이르는 모습을 간략히 밝혔다. 부처의 경지가 되면 '깊은 선정의 굴(窟)인 대열반에 머문다.'고 부른다. 이러한 이치는 제7 수중장과 제8 과보장에서 자세히 분별할 것이다.

문 보살마하살이 얕고 깊은 모든 선정에 통달하여 일체의 불법(佛法)을 갖추기 위해 차례대로 행하고 차례대로 배우는 것은 지금까지 설한 것과 같을 것입니다. 그러면 수행자가 처음 선을 배울 때 오직 이와 같은 차례에 의거하여 수행해야만 합니까?

답 지금은 모든 선의 얕고 깊은 상을 밝히려고 이처럼 차례를 분별한 것일 뿐이다. 그러나 처음 배우는 사람을 논할 때는 좋아하는 기호에 따라 선정을 닦을 수도 있고 편의에 따르는 것, 대치(對治)에 따르는 것, 열반에 쉽게 드는 것에 따르는 경우 등이 있다. 다만 모든 선정의 방편이 되는 첫 관문을 따라 수행하는 것이지 반드시 앞과 같이 하나하나 차례를 밟는 것은 아니다. 이 이치는 제6장에서 내방편(內方便) 가운데 안심선문(安心禪門)을 설명할 때 자세히 분별할 것이다.

4.2 비차제非次第를 간별함

문 보살이 선을 수행하면서 오로지 차례로 닦습니까, 아니면 비차제도 있습니까?

답 이는 차제·비차제·차제비차제·비차제차제의 네 가지 경우로 나눌 수 있다. 먼저 차제란 앞에서 설명한 그대로이니 『대품반야경』에서 "보살의 차제행, 차제학, 차제도"라고 설한 것과 같다. 비차제란 보살이 법화삼매(法華三昧)·일행삼매(一行三昧) 등 여러 대승 삼매를 닦아 평등한 법계는 깊지도 않고 얕지도 않음을 관하는 것이다. 『무량의경(無量義經)』에서 "크고도 곧은 길을 가면 지체하게 만드는 어려움이 없다."[50]고 설하신 것과 같다. 차제비차제의 경우는 『대품반야경』에서 "수보리가 부처님께 '차례로 행하려는 마음으로 반야를 행하고 반야를 낳으며 반야를 닦을 수 있습니까?' 하고 아뢰니 부처님께서 수보리에게 '항상 일체지(一切智)를 떠나지 않기 때문에 반야를 행하고 반야를 낳으며 반야를 닦는 것이 된다'고 답하셨다."[51]는 내용과 같다. 비차제차제는 같은 경전에서 "수보리가 부처님께 아뢰기를 '일체의 법은 자성(自性)이 없는데 어떻게 보살이 한 단계에서 다음 단계로 오를 수 있습니까?' 하니 부처님께서 수보리에게 '모든 법은 공(空)하기 때문에 보살이 한 단계에

문 서 다음 단계로 오를 수 있다'고 말씀하셨다."[52]는 것과 같다.

지금의 4구(四句)는 보살에게만 해당하는 것입니까, 아니면 이승에게도 통하는 것

답 입니까?

이승에게도 이같이 설할 수 있다. 왜냐하면 성문 중에는 처음 행행(行行)을 행하기로 발심한 뒤 근본 초선부터 수행하여 초월삼매에 이르러서야 비로소 아라한과를 성취하는 사람이 있는데 이는 차제행의 경우이다. 어떤 성문은 "어서 오너라."는 [부처님의] 말씀을 듣고 한 번에 삼명(三明)과 팔해탈(八解脫) 등을 갖추기도 하는데 이는 비차제행에 속한다. 어떤 성문은 차제의 행행을 수행할 때 혜행(慧行)을 써서 차제의 성품이 공임을 관하여 첫 단계에서 아라한과를 얻기도 한다. 이는 차제비차제라고 부른다. 또 어떤 성문은 초발심 때부터 혜행을 닦는데 전광삼매(電光三昧)가 일어나 여러 선을 다 갖추지 못한 채 아라한과를 얻는 경우가 있다. 이때 유위(有爲)의 공덕을 다 채우고자 차례대로 다섯 종류의 선정을 모두 닦으면 이것이 바로 비차제차제의 경우이다. 이 뜻은 제7 수증과 제8 과보 등 10대장을 모두 마치면 저절로 분명해질 것이다.

---

50) 『무량의경(無量義經)』「십공덕품」(『대정장』9), 387중.
51) 『마하반야바라밀경』21 「삼혜품」(『대정장』8), 373상.
52) 『마하반야바라밀경』6 「발취품」(『대정장』8), 256하.

5. 선바라밀의 법과 마음

간략하게 선의 수행차례를 다 설하였으니 이제 각 선의 법과 마음에 대해 알아야 한다. 먼저 법을 분별하고 다음에 마음을 밝힌 뒤 법과 마음의 분별을 하겠다.

5.1 법의 분별[辨法]

법에는 네 종류가 있다. 유루법·무루법·역유루역무루법·비유루비무루법이 그것이다. 첫 번째로 유루법(有漏法)이란 십선(十善)을 비롯하여 근본사선·중생을 반연한 사무량심·사무색정 등을 말한다. 이 십이문선(十二門禪)은 체(體)가 관혜(觀慧)의 법이 아니어서 번뇌를 비추어 끊을 수 없기 때문에 유루법이다. 두 번째로 무루법(無漏法)은 구상·팔념·십상·배사·승처·일체처·구차제정·사자분신삼매·초월삼매·사제 십육행관·십이인연관·법을 반연한 사무량심·37조도품·삼삼매·원지(願智)·정선(頂禪)·십일지(十一智)·삼무루근 등 각종 무루정(無漏定)을 말한다. 이러한 선들 중에는 번뇌를 대치할 수 있는 관혜가 갖추어 있어서 능히 삼루(三漏)[53]를 끊을 수 있기 때문에 무루법이라고 한다. 역유루역무루법(亦有漏亦無漏法)에는 육묘문(六妙門)·십육특승(特勝)·통명관(通明觀) 등이 있다. 이 세 가지 선에는 비록 관혜가 있기는 하지만 대치하는 힘과 작용이 약하므로 역유루역무루라고 부른다. 네 번째로 비유루비무루법(非有漏非無漏法)은 법화삼매·반주삼매·염불삼매·수능엄삼매 등 108삼매와 자성선 등 구종대선 내지는 무연(無緣) 대자대비·십바라밀·사무애지(四無碍智)·십팔공·십력·사무소외·십팔불공법·일체종지(一切種智) 등을 말한

---

53) 삼루(三漏): 번뇌를 크게 세 가지로 나눈 것으로, 무명을 제외한 욕계의 번뇌인 욕루(欲漏)와 역시 무명을 제외한 색계와 무색계의 번뇌인 유루(有漏), 그리고 삼계 번뇌의 근본인 무명루(無明漏)를 말한다.

다. 이 법들을 닦으면 유와 무의 어느 한 쪽에 치우치지 않으므로 비유루비무루법이
라고 부른다.

（문） 어째서 법화삼매 등의 법을 모두 비유루비무루법이라고 합니까? 『법화경』
에 보면 "이 덕장(德藏) 보살은 무루의 실상심(實相心)을 이미 통달하였고 다음에는
응당 성불하여 정신불(淨身佛)이라고 불릴 것이다."[54]고 하였고, 사무소외 가운데
제2무소외의 이름은 무루무외입니다. 이와 같은 법들은 경론에서 무루라고 설하고
있는데 지금은 어째서 비유루비무루법이라고 말합니까?

（답） 이것은 여러 불·보살만이 수행하는 중도(中道)의 법이 있음을 보이기 위해
분별한 것이다. 범부는 오로지 유루법에 의지하고 이승은 무루법만을 행한다. 지금
불·보살이 얻는 [이승과] 공유하지 않는 이 법은 유·무에 걸리지 않아서 유루의 번뇌
[漏]와 무루의 과실[失]이 없다. 그런데 같이 무루라고 말하면 어떻게 두 잘못을 면할
수 있겠는가? 중도의 법은 유·무의 한 쪽에 포함시킬 수 없기 때문에 비유루비무루
라고 말한 것이다. 이 두 가지 설은 말은 다르지만 뜻은 같으므로 서로 모순이 없다.
만일 이치의 성질로써 논하면 일체의 법은 모두 비유루비무루법이라고 부른다. 그
러므로 『대품반야경』에서 이르기를 "색은 속박되거나 자유로운 것이 아니고 내지
일체종지는 속박되거나 자유로운 것이 아니다."[55]고 하였다. 이치에 이미 속박과
자유가 없는데 이치에 부합하는 행을 어떻게 똑같이 속박도 없고 자유도 없는 것이
라고 부르지 않겠는가? 속박도 없고 자유도 없는 것은 바로 비유루비무루의 다른 이
름이다.

（문） 정(定)과 혜(慧)를 분별하는 것은 4구로 가능하겠지만 계(戒)는 어떠합니까?

（답） 십선계로부터 삼귀오계·팔재계·사미10계·대비구의 250계·보살의 10중
48경계에 이르기까지 역시 4구로 그 뜻을 분별할 수 있다. 운운. 그러나 지금은 생략
한다.

---

54) 『묘법연화경』1 「서품」(『대정장』9), 5상.
55) 『마하반야바라밀경』5, 「장엄품」(『대정장』8), 249중~ 하.

문 앞의 제4장 수행차례와 뒤의 제7장 수증에서는 모두 먼저 유루를 밝히고 다음에 역유루역무루를 밝힌 뒤에 무루와 비유루비무루를 밝혔는데 지금은 4구로 법을 분별하면서 왜 그와 달리 세 번째인 무루를 두 번째에 두어 설하십니까?

답 앞과 뒤는 모두 수행하여 증득하는 차례에 따랐지만 지금은 법과 마음의 상을 분별하는 것이 목적이므로 설명의 편의에 따른 것이다. 여러 경론에서도 4구를 설할 때는 모두 이 순서대로 한다. 그러므로 "행할 때는 설할 때가 아니요, 설할 때는 행할 때가 아니다"고 한다. 이 뜻은 알기 쉬울 것이다.

5.2 마음의 분별[辨心]

마음에도 네 가지가 있으니 유루심·무루심·역유루역무루심·비유루비무루심이다. 유루심이란 범부와 외도의 마음이다. 이들은 욕루·유루·무명루의 삼루(三漏)를 갖고 있으므로 유루심이라고 한다. 왜냐하면 범부와 외도들은 선정을 닦는 네 시기에서 모두 번뇌[結漏]를 여의지 못하기 때문이다. 네 시기란 첫 번째 처음 발심할 때로 선을 닦으려 할 때 세간에 대해 싫증내지 못하고 선정에서 생기는 즐거움이나 과보(果報)를 구하려는 것이 목적이다. 두 번째로 선을 닦을 때는 반조(返照)하여 관찰하지 못하여 사견과 집착이 생긴다. 세 번째로 각종 선을 증득할 때는 이것이 헛된 것임을 알지 못하고 진실이라고 여겨 단계마다 사견과 집착이 생긴다. 네 번째로 선정에서 나와서 각종 외부의 대상들을 대하게 되면 다시 업을 짓는다.

두 번째로 무루심에 대해서도 네 시기로 분별할 수 있다. 이승 수행자가 처음 발심하여 선을 닦으려 할 때는 세간을 싫어하여 선정락을 즐기지 않고 과보도 구하지 않는다. 다만 마음을 자제하면 유루심이 자연히 엷어지면서 일어나지 않아 이로 인해 능히 무루를 발한다. 수행을 할 때는 닦는 선마다 헛된 것임을 알아 사견과 집착을 조복할 수 있으므로 업을 짓는 일이 없다. 각 선정에 들어가 증득할 때는 정(定) 가운데서 참된 공의 지혜를 일으켜 각종 번뇌를 끊고 삼루를 영영 없앤다. 마지막으로 선정으로부터 일어나서는 무슨 대상을 대하더라도 사견과 집착이 생기지 않아 업을 짓지 않는다. 이러한 이유로 무루심이라고 부른다. 앞의 두 시기의 마음은 비록 유루이지만 무루를 얻기 위한 인(因)이 되므로 인 가운데 과(果)를 설하여 역시 무루라고 부른다.

세 번째는 역유루역무루심이다. 처음 발심하여 선을 닦고자 할 때 마음이 명확히 정해지지 않으면, 때로는 생사를 떠나고자 하여 선정락을 즐기지 않고 때로는 사견과 집착이 생겨 선정락을 바라기도 하니 번뇌가 많다. 수행에 들어가서는 선근(善根)을 끊지 않은 사람의 경우, 비록 믿음[信] 등 다섯 가지 법56)을 성취하더라도 오근(五根)이라는 명칭을 얻지 못한다. 왜냐하면 결사(結使)를 반드시 조복시키지 못하기 때문이다. 이 때문에 역유루라고 하고 믿음 등의 다섯 법이 생기므로 역무루라고 한다. 증득과 관련해서는, 아라한 이전 단계에 있는 일곱 종류의 학인(學人)57)이 선에 들 때는 비록 진지(眞智)58)를 발하더라도 결루(結漏)를 다 뿌리 뽑지 못하기 때문에 역유루역무루라고 부른다. 또한 퇴법(退法)아라한59)의 경우도 무생지(無生智)를 얻지 못하였기 때문에 역유루라 하고 진지(盡智)60)를 얻었기 때문에 역무루라 한다. 각 단계의 학인들이 선정에서 일어나 여러 대상을 대할 때 미혹을 완전히 끊지 못한 것에 대해서는 집착을 일으키므로 역유루라 하고 미혹을 완전히 끊은 대상에 대해서는 결업(結業)이 일어나지 않으므로 역무루라고 한다.

비유루비무루심도 네 시기에 의거하여 밝힐 수 있다. 보살마하살이 처음 발심하여 선을 닦으려 하는 것은 생사세계의 즐거움 때문도 아니고 열반을 위한 것도 아니므로 마음이 어느 한 변에 떨어지지 않는다. 보살이 선바라밀을 수행할 때는 복덕

---

56) 다섯 가지 법 : 신(信)·정진(精進)·념(念)정(定)·혜(慧)의 오근을 말한다.
57) 일곱 종류의 학인(學人) : 성인의 계위인 사향사과(四向四果) 가운데 아라한과를 제외한 나머지 일곱 계위. 이들은 배울 것이 있다는 의미로 유학(有學)이라 하고 아라한과는 더 이상 배울 것이 없다는 의미로 무학(無學)이라고 한다.
58) 진지(眞智) : 진실을 아는 지혜, 즉 진여실상을 깨달은 지혜를 말한다.
59) 퇴법(退法)아라한 : 여섯 종류의 아라한 가운데 가장 둔근기. 『구사론』25 참조.
60) 진지(盡智) : 욕루·유루·무명루의 삼루, 즉 일체의 번뇌를 다 끊고 얻어지는 지혜. 무학위에서 성취된다.

을 얻기 바라므로 무위(無為)에 머물지 않고 지혜 얻기를 바라므로 유위(有為)에도 머물지 않는다. 보살이 각 선에 들어가서 무생인(無生忍)의 지혜가 생기면 그때 마음이 법성(法性)과 상응하여 생사에 집착하지 않고 열반에도 물들지 않는다. 보살이 선정에서 일어나면 어떤 대상을 마주하더라도 유나 무의 어느 한 변에 의거하지 않는다. 이 때문에 보살의 마음을 비유루비무루심이라고 이름한다.

5.3 법과 마음의 요간料簡

문 모든 부처님들께서는 "일체의 법은 공(空)이어서 언사를 초월해 있다"고 하셨습니다. 예를 들어 『대지도론』에서는, '반야바라밀은 / 마치 큰 불과도 같아 / 네 변을 취할 수 없네 / 사견을 불이 태우기 때문에"[61]라고 게송으로 설하고 있습니다. 그런데 지금 4구로 분별하면 희론이 되지 않겠습니까?

답 불법(佛法)은 얻을 수 없는 공(空)이어서 모든 법에 걸림이 없다. 얻을 수 없는 공이므로 십이부경에 달하는 일체의 불법을 설하셨다. 지금 4구가 있음을 설하는 것도 허물이 없으니 비유한다면 허공은 비록 존재가 없어도 일체의 사물이 그것에 의해 성장하는 것과 같다. 『대지도론』에서는 이를 다음과 같이 게송으로 설하고 있다.

> 만일 모든 법이 공하다는 것을 믿는다면
> 이는 이치를 따르는 것.
> 모든 법이 공하다는 것을 믿지 않는
> 모든 견해는 이치에 어긋난다.
> 만일 무(無)가 공이라고 하면
> 응당 조작하는 것이 없을 것이나

---

61) 『대지도론』29, 190하. 원문은 마지막 구절이 '邪見火燒故'가 아니라 '無取亦不取'로 되어 있다.

짓기 전에도 이미 업은 있고
짓지 않아도 짓는 자는 있으니
이와 같은 모든 법의 상을
누가 능히 사량할 수 있겠는가.
오직 곧은 마음〔直心〕을 얻은 사람이
설하는 것만이 의지함이 없으니
있다는 견해와 없다는 견해를 떠나야
마음이 저절로 안에서 사라지네.[62]

지금 수행자들이 방편의 식견을 개발하여 각종 법문을 분별토록 하기 위해 말〔句〕의 뜻이 없는 가운데에서 말의 뜻을 분별하였으니 이치에 잘못이 없다. 그러므로 『대품반야경』에 "말〔句〕이 지시하는 뜻〔義〕이 없는 것이 보살이라는 말의 뜻이다."[63]고 하였다. 만일 네가 4구를 떠나서 해탈을 얻고자 한다면 도로 없다는 말에 속박될 것이다. 왜냐하면 4구가 있다고 하거나 4구가 없다고 하거나, 또는 4구는 있기도 하고 없기도 하다거나 있는 것도 아니고 없는 것도 아니라고 설하거나 간에 그대는 여전히 4구는 없다는 속박을 벗어나지 못할 것이기 때문이다. 그렇다면 어찌 역유역무 등의 4구의 속박을 벗어날 수 있겠는가? 말은 말이 아님을 알아서 말의 뜻에 걸림이 없어야 해탈할 수 있는 것이지 말을 떠나서 말이 없음을 구하여서 해탈하는 것이 아님을 알아야 한다. 이 때문에 천녀(天女)가 다음과 같이 사리불을 꾸짖은 것이다. "문자를 여의고 해탈을 설하는 것은 없다. 문자는 성품을 떠나 있어서 곧 해탈한 모습이기 때문이다."[64]

또한 지금 법과 마음을 밝힌 것을 합하면 8구가 되고 이를 돌려서 분별하면 36

---

62) 『대지도론』 25, 245하. 『중론』을 인용한 것으로 되어 있다.

63) 『마하반야바라밀경』 4, 「구의품(句義品)」(『대정장』 25), 241하. 보살이라는 말이 지시하는 고정적인 대상은 없다는 의미.

64) 『유마힐소설경』 「관중생품」(『대정장』 14), 548상.

구가 된다. 만일 법을 세세하게 따져서 밝히면 무한히 많은 구절이 나올 수 있다. 그러나 한 구절의 법에 의하여 일체의 구절에 통달할 수 있으니 이 분별은 허공과 같이 끝이 없다.

문 그렇다면 어째서 법과 마음을 각각 5구(五句)로 분별하지 않습니까?

답 모든 부처님께서 세상에 나와 중생들을 교화시키는 데는 대부분 4구에 의거한다. 예를 들어 『대지도론』에서는 다음과 같이 설한다. "네 가지의 실단(悉檀)[65]이 있다. 첫 번째는 세계(世界)실단이고 두 번째는 위인(爲人)실단이고 세 번째는 대치(對治)실단이고 네 번째는 제일의(第一義)실단이다."[66] 처음의 유루법과 유루심은 세계실단에 속하고 두 번째 무루법과 무루심은 대치실단에 속하며 역유루역무루법과 역유루역무루심은 위인실단에 속하고 비유루비무루법과 비유루비무루심은 바로 제일의실단에 속한다. 왜 이렇게 소속되는지는 잘 생각해보면 알 수 있을 것이다. 또『대지도론』의 게송에서는 제일의실단에 대해서 다음과 같이 네 문으로 분별하고 있다.

> 일체는 진실이고 일체는 진실이 아니다.
> 일체는 진실이면서 진실이 아니고
> 일체는 진실이 아니고 진실 아님도 아니니
> 이같은 것을 모두 법의 진실이라고 부른다.[67]

이와 같이 다만 4구만 있을 뿐이지 다시 다섯 번째 구절은 없다. 지금 4구에 의거하여 법과 마음을 밝힌 것은 이 게송과 같은 부류이다. 만일 다른 경론에서 5구로써 이치를 밝힌다면 그 나름의 다른 이유가 있을 것이다. 하지만 지금은 오직 뜻의 편리함을 취하였기 때문에 5구로 분별하지 않는다.

---

65) 실단(悉檀) : 범어 siddhānta의 음역으로 부처께서 중생들을 교화하는 방편을 말한다. 이하의 네 가지를 사실단(四悉檀)이라고 한다.
66) 『대지도론』1 , 59중.
67) 『대지도론』1 , 61중.

문 이 네 가지에 있어서 법과 마음은 어떤 차이가 있습니까? 예를 들어 유루법과 유루심이 있을 때 이 법과 마음은 각각 유루인 것입니까? 아니면 각각은 유루가 아닌데 합쳐져서 유루라고 하는 것입니까. 만일 각각 유루라고 한다면 법과 마음이 합쳐질 때 응당 두 가지 유루법이 일어날 것이고, 각각은 유루가 없다고 한다면 합쳐져도 역시 유루법은 없어야 할 것입니다.

답 두 가지가 각각 유루라고 할 수도 없고 각각 무루라고 할 수도 없다. 왜인가? 만일 마음이 유루라고 한다면 아라한처럼 유루가 다 사라졌을 때 마음이 다 사라져야 할 것이다. 법도 이와 마찬가지이다. 만일 법이 유루라고 결정되어 있다면 성인이 근본사선에 들어가도 응당 유루가 생겨야 할 것이다. 또한 사선법은 마음과 합쳐지지 않았을 때도 응당 스스로 유루이어야 할 것이다. 그러나 성인이 사선법에 들어가면 유루를 낳지 않고, 사선법 역시 마음과 상응하지 않았을 때는 스스로 유루법을 낳지 않는데 어떻게 법이 곧 유루라고 할 수 있겠는가? 굳이 말한다면 유루는 법에만 있는 것이 아니요 또한 마음에만 있는 것이 아니다. 법과 마음이 합쳐졌을 때 비로소 유루가 생겨나는 것이다. 유루가 있게 되는 까닭에 두 곳 모두〔유루라는〕이름을 얻게 된다. 비유하자면, 선약(仙藥)이 있어서 사람이 이것을 복용하면 신선이 되지만 약이나 사람 각각은 본래 신선이 아닌 것과 같다. 약과 사람이 합쳐져 신선이 생기므로 약은 선약이라 불리고 사람도 선인(仙人)이라고 불리게 된다. 약이 사람이 아니라면 선약이라고 불리지 않을 것이고 사람은 약이 아니라면 선인이라고 불리지 않을 것이다. 유루법과 유루심도 마찬가지이다. 나머지 세 종류의 법과 마음도 이러한 이치로 미루어 보면 알 수 있을 것이다. 그러므로 아설시 비구는 사리불을 위하여 다음과 같은 게송을 설하였다.

모든 법은 연으로부터 생기나니
이 법을 인연이라고 설하네.
이 법은 인연으로 다하는 것
우리 스승은 이같이 설하셨네.(68)

또한 만일 유루법에 대해 본래 유루법이 있다거나, 유루심으로 말미암아 유루법이 생긴다거나, 법과 마음이 합쳐서 유루법이 생긴다거나, 유루법은 법에도 말미암지 않고 마음에도 말미암지 않는다고 단정(斷)하면 모두 사견에 떨어지고 만다. 왜인가?

만일 본래 유루인 법을 말미암아서 유루법이 있게 된다고 하면 이것은 자성(自性) 유루법이 된다. 자성 유루법이라면 응당 영원히 유루인 법이 있어야 한다. 왜냐하면 자성으로써 다시 자성이 있게 되기 때문인데 현실은 그렇지 않다.

만일 유루법은 스스로 있을 수 없고 유루심으로 말미암아 있는 것이라고 말한다면 그것은 타성(他性) 유루법이 된다. 왜인가? 유루법이 유루심과 상대하여 자성이 된다고 하면, 유루심은 유루법에 상대되니 타성이다. 타성을 말미암아 유루법이 있게 되는 것이라고 할 때, 그 타성이 유루가 있는 법이라면 유루법이 다시 유루법을 낳는 것이므로 마음과 법의 구별이 없어진다. 타성이 유루법이 아니라면 유루가 아닌 무루법이 어떻게 유루법을 낳을 수 있는가. 그러므로 유루법은 유루심을 말미암아 생기는 것이 아님을 알 수 있다.

유루법은 유루법과 유루심이 합쳐서 생긴다고 하면 이것은 공생(共生)이라고 할 수 있다. 그렇다면 자성과 타성 각각에 유루법이 있어서 유루법이 생기게 된다는 것인데 그러면 동시에 두 가지 유루법이 있는 것이 된다. 하지만 지금 실제는 그렇지 않다. 그러므로 자타가 합쳐서 유루법을 낳는 것이 아님을 알 수 있다.

만약 유루법이나 유루심과 관계없이 유루법이 생기는 것이라면 이것은 인연이 없이 유루법이 생기는 것이 된다. 인연을 말미암아서도 유루법이 생기는 것이 불가능한데 어떻게 인연도 없이 유루법이 생길 수 있겠는가? 이처럼 인성가(因成假)를 논파하는 것은 『마하지관』에 자세히 나와 있다.[69] 유루심도 유루법과 마찬가지이며 나머지 세 종류의 법과 마음도 이와 같다.

---

68) 『대지도론』11, 136하. 아설시(阿說示) 비구는 부처님이 처음 법을 전한 다섯 비구 가운데 한 명으로써 원문(483상)에 '阿難說示比丘'라고 된 것은 잘못이다.

69) 『마하지관』5하 (『대정장』46), 63하 이하에 설해져 있다. 이하 상속가(相續假)와 상대가(相待假)를 파하는 내용도 마찬가지다. 이 내용은 10승관법 가운데 '파법편(破法徧)'을 설명하는 부분이다.

또 유루법이 본래 유루법으로 정해진 것이라면 다음과 같은 문제가 있다. 유루법은 생멸이 상속하는 법인데 그것은 생으로 말미암아 생기는 것인가, 멸했기 때문에 생기는 것인가. 아니면 생과 멸로 인해 생기는 것인가, 생멸과 관계없이 생기는 것인가. 생으로 인해 생긴다면 자생이고 멸로 인해 생긴다면 타생이며, 생과 멸로 인해 생긴다면 공생이고 생멸과 관계없이 생긴다고 하면 무인연생이다. 인연을 따라 생기는 것도 불가능한데 하물며 인연도 없이 생길 수 있겠는가?

유루가 '생기는' 순간은 영영 포착할 수가 없다. 생김이 없다면 멸함도 없고, 생과 멸이 없다면 상속함도 없다. 생멸의 상속이 없다면 유루법도 없다. 이처럼 상속가(相續假)를 논파하는 것은 『마하지관』에 자세히 설해 놓았다. 유루법과 같이 유루심과 나머지 [무루·역유루역무루·비유루비무루] 세 종류의 법과 마음도 똑같이 설명할 수 있다.

또한 유루법이 생기는 것이라면 생(生)에서 말미암아 생기는 것인가, 불생(不生)에서 말미암아 생기는 것인가. 아니면 생과 불생에서 생기는 것인가, 생도 아니고 불생도 아닌데서 생기는 것인가. 생에서 생기는 것이면 자성생이고 불생에서 생기는 것이면 타성생이며, 생과 불생에서 생기는 것이면 공생이고 생도 아니고 불생도 아닌데서 생기는 것이라면 무인연생이다. 인연에서 생기는 것도 불가능한데 어떻게 인연도 없는데서 생길 수 있겠는가? 이것은 상대가(相待假) 가운데서 유루법이 생기는 것을 구하는 것이니 끝내 붙잡을 수가 없다. 생김이 없다면 유루는 없는 것이므로 상대가도 논파된다. 이는 『마하지관』에 자세히 설명해 놓았다. 유루심도 이와 마찬가지이고 나머지 세 종류의 법과 마음도 마찬가지이다.

마땅히 알아야 한다. 유루법은 인성가·상속가·상대가 가운데서 각각 4구로 구해 보아도 끝내 얻을 수 없는 것이다. 그러니 어떻게 유루법이 있다고 분별할 수 있겠는가. 이처럼 유루법이 없는데도 유루법을 설하는 것은 다만 명칭만 있는 것일 뿐이니, 이 가운데 결정적인 대상이 있다고 여겨 온갖 희론을 만들어낸다면 이는 지혜의 눈을 깨뜨리는 것이다.

다음으로 유루심을 밝히는 것도 이와 마찬가지이다. 유루법과 유루심은 이와 같으며 나머지 3구의 법과 마음도 이와 같다. 다만 세간의 명칭에 따라 설한 것일 뿐이다. 명칭의 법이란 안이나 밖에 없고 중간에도 없으며, 항상 스스로 있는 것도 아니어서 명칭이 없는 명칭이기 때문에 '가명(假名)'이라고 부르는 것이다.

문 그렇다면 법과 마음의 차이를 어떻게 구별합니까?

답 다만 세간의 명칭 때문에 법과 마음을 구별하는 것일 뿐, 원래 여기에는 정해진 실체가 없다.

문 명칭 가운데서 어떻게 법과 마음을 구별할 수 있습니까?

답 법과 마음이 실체가 있는 것이 아니고 다만 명칭뿐임을 안다면 위와 같이 법과 마음의 특징[相]을 구별해도 허물이 없다. 그러므로 『대품반야경』에서 "수보리는 [지혜가 깊어서] 가명을 손상하지 않고 제법실상을 설한다."[70]고 하였다. 또 예를 든다면 심소(心所)는 법이고 심왕(心王)은 마음이다. 수·상·행의 3온과 색온은 법이고 식온은 마음이다. 심상응법과 심불상응법, 그리고 색법과 무위법은 법이고 심법은 마음이다. 소연(所緣)은 법이고 능연(能緣)은 마음이다. 능생(能生)은 법이고 소생(所生)은 마음이다. 소관(所觀)의 대상은 법이고 능관(能觀)의 지혜는 마음이다. 법은 마음에서 이루어지고 마음은 법에 의지한다. 이와 같이 명칭 가운데서 법과 마음을 여러 가지로 구별할 수 있다. 비록 이처럼 분별하지만 이들은 모두 마술과 같은 것이므로 집착할 것이 없으며 똑같이 하나의 모양으로 귀속되는 것이다. 이 이치는 10장 선바라밀의 귀결처에서 자세히 풀이하겠다.

---

70) 『마하반야바라밀경』8 「산화품」(『대정장』8), 277중.

석선바라밀차제법문

권2

釋禪波羅蜜次第法門

6. 선바라밀의 전방편前方便 (1)

【원주(原註)】　이 한 장제6 방편장을 풀이하는 내용은 도합 세 권이다. 지금의 한 권은 외방편을 풀이한 것으로 여기서는 욕계의 거친 마음을 조복하는 기초적인 방편을 밝힌다. 이것을 보고 너무 쉬운 것이라고 생각하지 말라. 설하기는 쉬워도 행하기는 어려우니 어찌 말에 의거해서 여러 깊은 방편들을 분별하겠는가. 아래의 제7장 수증(修證)을 풀이하는 단에 이르면 열두 권이 있는데71) 선정을 닦는 행법과 이치의 심천(深淺)을 따라 증득하는 계위의 전 단계에 의거하여 구절마다 행행과 혜행 두 종류의 오묘한 용심(用心)의 상을 밝혔다. 이 글은 모두 유포되던 것이 아니므로 기록하여 알도록 하는 것이다.

---

71) 수행과 증득은 제5권부터 제10권까지 도합 여섯 권이다. '十二卷'은 '六卷'의 오자이거나 혹시 예전에 상·하로 나누어진 판본이 있었을 가능성도 있다.

수행자가 만일 앞의 다섯 장에서 선의 여러 모습을 밝힌 것에 대해 숙달한다면 안으로 믿음이 자라나게 될 것이다. 그리하여 이것을 직접 익혀보고 싶은 마음이 생긴다면 반드시 행하기 전의 방편을 잘 알아야 한다. 이제 선정을 닦는 방편을 밝히는데 그것을 크게 둘로 구분한다. 첫 번째는 외방편(外方便)으로 선정에 들지 않았을 때 마음 쓰는 방법이고 두 번째는 내방편(內方便)이니 선정에 들었을 때 마음 쓰는 방법이다.

방편이라고 하는 것은 '오묘하게 익힌다[善巧修學]'는 것의 다른 말이다. 수행자가 첫 단계에서 오묘하게 닦아 익히므로 방편이라고 한다. 자세히 말한다면 외방편에도 선정 안에서 사용하는 것과 공통된 것이 있으며, 내방편 역시 선정 밖에서 사용하는 것도 있다. 그러나 지금은 일단 많은 것을 따라 설하였으므로 위와 같이 구분한 것이다.

6.1 선정에 들기 위한 방편[外方便]

외방편을 밝히는 데는 다섯 가지 조목이 있다. 첫 번째 다섯 가지 인연을 갖춤, 두 번째 오욕(五欲)을 멀리함, 세 번째 오개(五蓋)를 버림, 네 번째 다섯 가지 법을 조절함, 다섯 번째 다섯 가지 법을 행함이다. 이 다섯 조목은 각각 다섯 가지씩이니 도합 스물다섯 법이 되는데 모두 아직 선정을 얻지 못했을 때 처음 마음 닦는 방편이다.

6.1.1 ▸ 다섯 가지 인연을 갖춤[具五緣]

다섯 가지 인연을 갖춘다는 것은 ① 계율을 지킴 ② 의복과 음식을 갖춤 ③ 조용한 곳에 거처함 ④ 여러 업무를 그침 ⑤ 선지식을 만남을 말한다. 이것이 선정을 닦는 다섯 가지 인연이다.

6.1.1.1 ▸ 계율을 지킴[持戒清淨]

6.1.1.1.1 ▸ 유계有戒와 무계無戒

출가하면 계를 받게 되므로 '계가 있다[有戒]'고 한다.

계를 지니게 되는 인연은 여러 가지가 있는데 무릇 열 가지로 분별할 수 있다. 첫 번째로는 자연히 계가 생기는 경우이다. 이는 부처님과 같은 경우이니 부처님은 스승 없이 스스로 계가 생긴다. 두 번째는 스스로 서원해서 계를 얻는 경우이니 가섭이 그런 예이다. 그는 본래 벽지불의 근기를 가지고 있었으나 부처님을 만나 성문의 무리에 들어가게 되었다. 이 때 부처님께 "부처님은 저의 스승이시며 저는 부처님의 제자입니다." 하고 여쭈니 곧 계가 생겼다. 세 번째는 공(空)의 이치를 깨달아 계가 생기는 경우가 있다. 구린 등 5명은 부처님께서 초전법륜 때 사제(四諦)를 설하시자 바로 깨달음을 얻어 초과(初果)를 얻음으로써 계가 생겼다. 네 번째로 삼보에 귀의하여 계를 얻을 수 있다. 당시에는 수계법이 없었는데 부처님께서 삼보에 대해 설하시는 것을 들으면 바로 계를 얻었으니 이는 근기가 뛰어나기 때문이다. 다섯 번째로 팔경법(八敬法)[72]을 통해 계를 얻는 경우가 있으니 바로 부처님의 이모가 그 경우이다. 부처님께서는 여성을 출가시키지 않고자 하셨으나 이모가 간절히 원하므로 멀리서 팔경법을 주시니 완전한 계를 갖추게 되었다. 여섯 번째로 문답을 나누다가 계를 얻는 경우이다. 수다야 사미가 부처님과 문답을 나눌 때 부처님께서 무상(無常) 등의 의미를 물으시니 모두 잘 대답하였다. 부처님께서 다시 "그대의 집은 어디에 있는가."고 질문하시니 "삼계가 모두 공하거늘 세존께서는 어찌하여 우리 집의 위치를 물으십니까." 하고 대답하였다. 이에 부처님께서는 아난에게 "승단에 돌아가거든 그에게 구족계를 주라."고 이르셨다. 당시 사미의 나이는 7세였다. 일곱 번째는 "어서 오라."는 말로 계를 얻는 경우이다. 때가 무르익은 법기(法器)에 대해서 부처님께서 "어서 오라."고 부르시면 바로 계를 얻게 되는 것이다. 여덟 번째는

---

72) 팔경법(八敬法) : 비구니가 비구에 대해 지켜야 할 여덟 가지 공경법.

사자를 보내 계를 얻는 경우이니 반가시 비구니가 그런 사례이다. 그녀는 용모가 아름다워 가시(迦尸)국의 반값에 맞먹는다고 소문이 났는데 그녀는 [계를 받으러 가는 길에] 사람들에게 납치당하는 것을 막기 위해 승가에 사자를 보내 대신 계를 받게 하였다. 사자가 뒤에 비구니절로 돌아오니 그것을 수계한 것으로 인정하였다.[73] 아홉 번째로 변두리에는 격식대로 할 만큼의 인원이 없으므로 5명이 참석한 것만으로도 수계할 수 있다. 열 번째로 도회지는 사람이 많으므로 10명이 계사(戒師)로 참석해야 구족계를 받을 수 있다. 이것이 계를 얻게 되는 열 가지 형태인데 지금은 대부분 10명이 수계작법에 참석해서 계를 받는 법을 사용한다. 지금까지 계가 생기는 모양에 대해 밝혔다.

계체(戒體)의 상에 대해서는 [대·소승] 두 부류의 설이 있다. 소승에서는 계를 무작선법(無作善法)이라 하여 수계하는 인연으로써 갖추어진다고 본다. 무작계(無作戒)[74]가 일단 생기면 이후 잠을 자거나 선정에 들어도 이 선법(善法)이 저절로 생기므로 삼업으로 일부러 짓지 않아도 된다고 한다. 무작계가 바로 계체가 되기 때문이다. 설일체유부는 무작계는 무표색이어서 볼 수 없고 장애가 없다[不可見無對]고 주장한다. 법장부(法藏部)[75]는 무작계가 제3의 부류로써 색법도 아니고 심법도 아니라고 주장한다. 이렇듯 여러 부파의 설이 다른데, 비록 어느 한 쪽이 옳다고 할 수는 없지만 소승에서는 무작이 계체라고 보는 점에서 서로 차이가 없다고 할 수 있다.

이에 비해 대승에서는 계는 마음에서 생기는 것이니 바로 선심(善心)이 계체라고 설한다. 이 뜻은 『보살영락본업경』에 설해져 있다. 어떤 이는 말하기를 "마하승

---

73) 『십송율』 41 (『대정장』 23), 295중에 나오는 일화. 반가시 비구니는 본래 가시국 바라문의 딸로서 다른 바라문가에 시집갔다가 남편이 죽자 출가를 결심한다. 이를 안 패악꾼들이 그녀가 구족계를 받으러 가는 길에 납치하려고 계획하였는데 이 소문을 들은 비구니들이 부처님께 고하자 이러한 경우 사자를 보내 대신 구족계를 받을 수 있다고 규정한 것.

74) 무작계(無作戒) : 계를 받을 때 삼업으로 행위를 하여 생기는 계체(戒體)를 작계(作戒)라 하고 이때 마음 속에 생기는 보이지 않는 세력을 무작계라 한다. 각각 표업(表業)과 무표업(無表業)에 해당하는 것이다.

75) 법장부(法藏部) : 담무덕(Dharmaguptaka)을 비조로 하는 부파. 『사분율』을 전하였다.

기부76)에서는 '무작계는 심법'이라고 주장한다."고 하였다.

계를 지니고 있는 상에 대해서도 두 종류의 설이 있다. 먼저 소승에서는 칠중(七衆)의 수계법이 각각 다르므로 계에도 우열이 있다고 본다. 청신사와 청신녀 등 재가자들은 오계(五戒)를 받는다. 불법에 귀의하기 전에 부모를 죽이거나 해치지 않았고 오역죄를 짓지 않은 남녀가 좋은 스승을 만나 수계식을 통해 삼보에 귀의하고 오계를 받으면 오계의 무작계가 생긴다. 이때부터 청신사와 청신녀라는 명칭으로 부르게 된다. 사미와 사미니에게는 십계의 상이 있다. 수계화상과 교수아사리 등 두 스승이 있어야 법도에 맞게 계를 받을 수 있다. 부처님을 따라 출가하고자 하는 이가 청정하게 삼보에 귀의하고 두 스승을 모셔 법식대로 수계식을 마치면 무작계가 생기며 사미계를 받았다고 부른다. 비구와 비구니가 받는 계의 상은 다음과 같다. 사미일 때 큰 허물을 저지르지 않았고 청정한 수계화상과 교수아사리 등 10명의 스승을 모셔 법도대로 수계식을 치르면 구족계를 받았다고 한다. 가령 계를 받기 전에 중죄를 지은 경우에는 대승의 방등참회를 행하고 나서 계를 받으면 역시 무작선법이 생긴다. 위와 같은 경우가 아니면 계를 얻지 못한 것이니 '계가 없다[無戒]'고 부른다.

두 번째로 보살 수행인은 계가 있는지 없는지를 알 수 없다. 왜냐하면 보살은 오랜 과거에 혹 처음 발심하면서 좋은 인연을 만나 계를 받았기 때문이다.

6.1.1.1.2 ▸ 지킴과 범함[持犯]

계를 받으면 지키는 것과 범하는 것의 상이 있다. '지(持)'란 '보호하여 지킨다[護持]'는 뜻이다. 앞에서 설명하였듯이 일곱 부류의 사람이 부처님의 금계(禁戒)를 받으면 열 가지 이익이 있으므로 이를 지키는 것이다. 열 가지 이익은 율장에 설해져 있다. 첫째 승가의 일원이 될 수 있고, 둘째 지극히 좋은 곳에 들어갈 수 있고, 셋째 승가에 안락하게 머물 수 있고, 넷째 교만한 사람을 꺾을 수 있고, 다섯째 반성하여 안락하게 머물 수 있다. 여섯째 믿지 않는 사람에게 믿음을 줄 수 있고, 일곱째 이

---

76) 마하승기부 : Mahāsaṃgika의 음역으로 대중부(大衆部)라고도 한다. 소승 부파의 하나.

미 믿는 사람에게는 믿음을 강하게 할 수 있고, 여덟째 금생에 유루업을 짓지 않도록 하고, 아홉째 후세의 악을 예방할 수 있으며, 열 번째는 청정한 수행자를 오래 머물도록 한다. 수행자가 일심으로 근신하여 마치 물을 건널 때의 구명대처럼 감히 계를 훼손하지 않으며 작은 것이라도 버리지 않는 것을 '보호하여 지킨다'고 한다. 또 기름 그릇의 비유[77]처럼 잘 지키는 것은 '붙잡아 지킨다[秉持]'고 하니 이것을 지키는 상이라고 한다.

범한다는 것은 '어기어 범한다[違犯]'는 뜻이다. 본래 생사를 벗어나 해탈을 얻고자 계를 받았지만 나쁜 인연을 만나 자신의 마음을 자제하지 못하여 무겁거나 혹은 가볍게 중도에 위반하는 것을 '어기어 범한다'고 한다. 범한다는 것은 또한 '저촉한다[犯觸]'는 뜻도 있다. 예를 들어 약을 먹을 때 음식을 금해야 하는데 의사의 말을 따르지 않고 나쁜 음식을 먹어 약 기운이 저촉되는 것과 같다. 그러면 병을 치유하지 못할 뿐 아니라 도리어 병세가 악화되어 죽을 수도 있다. 계를 범하는 것도 이와 같으므로 범한다고 한다.

처음 마음을 낼 때부터 성불에 이르기까지 계를 지키는 정도를 분별하면 열 단계가 있다. 첫째는 불결계(不缺戒)를 지키는 것이니, 네 가지 중한 바라이죄[78]를 범하지 않는 것이다. 둘째 불파계(不破戒)를 지키는 것이니, 승잔죄[79]를 범하지 않는 경우이다. 셋째 불천계(不穿戒)를 지키는 것은 바일제 · 바라제제사니 · 돌길라[80]가

---

77) 『잡아함경』 24 등에 나오는 비유. 유혹하는 미인들의 대열 사이를 어떤 남자가 기름이 가득 찬 그릇을 가지고 걸어간다. 이 사람 뒤에는 칼을 빼 든 남자가 따르고 있는데 만일 앞의 남자가 기름을 한 방울이라도 흘리면 즉시 칼로 목을 내리친다고 할 때, 앞의 남자가 과연 미녀들에게 한눈을 팔며 기름 그릇에 신경 쓰지 않을 수 있겠는가 하는 내용.

78) 바라이죄 : 바라이란 범어 pārājika를 음역한 것으로 가장 무거운 죄를 말한다. 비구는 음행 · 도둑질 · 살인 · 큰 거짓말 등 네 조목이고, 비구니는 여기에 네 가지를 더하여 8바라이라고 한다. 바라이죄를 범하면 승단에서 추방당한다.

79) 승잔(僧殘) : 바라이 다음으로 무거운 계로써 속죄의식을 행하면 승가에 남아있을 수 있다 하여 '승잔'이라고 한다.

80) 바라이부터 돌길라까지는 계율의 경중과 성격 등을 기준으로 다섯 가지로 분류한 것으로서 오편(五篇)이라고 부른다.

지 범하지 않는 것을 말한다. 넷째 무하계(無瑕戒)를 지키는 경우로서 이는 부잡계(不雜戒)라고도 하는데, 아첨하는 마음이나 번민[惱]·각관(覺觀)·잡념 등을 일으키지 않는 것을 말한다. 선정과 함께 하는 계[定共戒]라고 분류하기도 한다. 다섯째는 수도계(隨道戒)를 지키는 것으로, 사제(四諦)를 16행상으로 관하여 인(忍)과 지(智)의 지혜[81]를 얻는 단계를 말한다. 이는 도와 함께 하는 계[道共戒]라고 나누기도 한다. 여섯째 무착계(無著戒)를 지키는 것이란 제3과인 아나함 단계에서 욕계의 9품 사혹(思惑)을 다 끊은 것을 말하니 단율의계(斷律儀戒)라고도 한다. 내지는 색계에 대한 애착[色愛]과 무색계에 대한 애착[無色愛] 등 여러 번뇌[結使]를 다 끊은 것을 모두 무착계라고 부른다. 일곱 번째로 지소찬계(智所讚戒)를 지닌다는 것은 보리심을 일으켜 일체 중생이 열반을 얻도록 하고자 계를 지키는 것이다. 이는 보살의 10중 48경계를 지키는 것이라고도 할 수 있는데 이러한 계를 지키면 능히 부처에 이를 수 있으므로 '지자[智=佛]가 찬탄하는 계'가 되는 것이다. 여덟 번째는 자재계(自在戒)를 지키는 것으로, 보살들이 여러 가지 파계할 인연 속에서도 능히 자재롭게 처신할 수 있는 것을 말한다. 보살은 죄란 자성을 얻을 수 없는 것으로 본래 죄가 아님을 알지만 중생을 이익되게 하기 위해 계를 지키며 집착하지 않기 때문에 자재계라고 부른다. 아홉 번째로 구족계(具足戒)를 지니는 것이니, 보살은 능히 일체 중생들의 계법과 위에서 말한 단계의 계를 다 갖추었으므로 구족계라고 한다. 열 번째로 수정계(隨定戒)를 지닌다는 것은 멸진정에서 나오지 않은 채 온갖 위의와 계법을 나타내어 중생을 제도하는 것을 말한다.

여기서 앞의 네 가지는 세간계를 청정하게 지키는 것이고 또한 출세간을 얻을 수 있는 계로서 그 의미는 이미 앞에서 설명하였다. 가운데 두 가지는 출세간계를 청정하게 지키는 것이며 뒤의 네 가지는 출세간상상계(出世間上上戒)를 청정하게 지키는 것이다. 위와 같은 단계로 계를 지킨다면 이것이 계를 지키는 상이고 위와 다르다

---

81) 인(忍)과 지(智)의 지혜 : 진리를 이해하여 인정하는 것이 인(忍)이고 진리를 완전히 깨달아 자신의 것으로 증득한 것을 지(智)라고 한다. 예를 들어 욕계의 고제(苦諦)를 관하여 번뇌를 끊게[斷惑] 하는 지혜는 고법인(苦法忍)이라 하고 욕계의 고제를 완전히 증득한[證理] 지혜는 고법지(苦法智)라고 부른다.

면 계를 범하는 상이다. 이것이 처음 마음을 낼 때부터 성불에 이르기까지 얕고 깊은 단계로 계를 지키는 것과 범하는 상을 논하는 것이다. 그러므로 경전에 이르기를 "오직 부처님 한 분만이 청정한 계를 갖추었고 다른 이들은 모두 파계자"라고 하였다.

이러한 계율은 자신의 분수와 능력에 따라 닦아서 점차 청정해지도록 증진시켜야 한다. 그렇지 않으면 여러 선정을 일으킬 수 없다. 하지만 돈행(頓行)하는 보살은 능히 지혜 방편으로 초발심 때부터 한 생각 가운데 열 가지 계를 모두 지닐 수 있다. 그러므로 경에서 말하기를 "초발심[初心]과 궁극의 경지[畢竟]는 다르지 않다."고 하였다.

수행자가 계를 지키면 능히 선정을 일으킬 수 있지만 파계하면 선정이 덮여서 일어나지 않는다. 수행자가 세간계를 받아 청정하게 지키면 세간선을 일으키고 세간계를 깨뜨리면 세간선이 덮여서 일어나지 않는다. 출세간계와 출세간상상계도 잘 지키면 각각에 해당하는 선정이 일어나고 깨뜨리면 선정이 덮인다. 그러나 현재 중생은 선정을 닦는 것이 일정하지 않기 때문에 선정이 일어나는 것과 일어나지 않는 것을 네 가지 경우로 나누어 볼 수 있다. 첫 번째 비록 계를 범했지만 선정이 일어나는 경우, 두 번째 파계하면 선정이 일어나지 않지만 계를 지키면 일어나는 경우, 세 번째 계를 지키거나 범하거나 선정이 일어나는 경우, 네 번째 계를 지키거나 범하거나 모두 선정이 일어나지 않는 경우가 그것이다.

첫 번째, 계를 범한 사람이 선정을 닦아 정이 일어나는 것은 과거의 선근이 매우 두터운 경우이다. 지금 비록 죄를 지어도 과거에 닦은 선정의 선근력이 강하면 선정이 일어날 수 있다. 또한 현재 선정을 닦으면서 진심으로 부끄러워한 인연으로 일어날 수도 있다. 비유하면 받을 빚이 남은 사람이 그것을 받아 선정이 일어난 것과 같다. 두 번째로 계를 지키고도 선정이 일어나지 않는 경우는 과거에 깊은 선정의 인연을 심지 않아서 금생에 비록 다시 계를 지키고 선정을 닦아도 일어나지 않는 것이다. 세 번째 모두 일어나는 경우와 네 번째 모두 일어나지 않는 경우는 미루어 알 수 있을 것이다.

선정이 일어나는 것이 이렇듯 네 가지로 같지 않지만 그 근원을 찾아보면 요점은 계를 지켜야 선정이 일어나고 계를 범하면 끝내 선정을 장애하는 것이다. 왜냐하면 만일 과거에 이미 선정을 경험하였다면 그것은 이미 계를 지켜서 선정이 일어난 것이기 때문이다. 그것이 금세의 인이 되었고 게다가 금생에 다시 부끄러워하면서 청정하게 참회한 것이 연이 되었기 때문에 숙세의 선근이 일어날 수 있는 것이다.

6.1.1.1.3 ▸ 참회

6.1.1.1.3.1 ▸ 참회하는 마음

만일 성품이 스스로 악을 짓지 않는 사람이라면 참회할 죄도 없을 것이다. 하지만 흔들림 없이 계를 지킬 수 없는 수행인이 혹 중간에 나쁜 인연을 만나 파계를 했다면 그것이 가볍건 무겁건 지계가 청정하지 못한 것이므로 삼매가 일어나지 않는다. 비유하면 옷에 기름때가 묻으면 염색이 되지 않는 것과 같다. 그러므로 반드시 참회를 해야 한다. 참회를 하면 계품(界品)이 청정해지기 때문에 삼매가 일어날 수 있다. 마치 때 묻은 옷도 깨끗하게 빨면 염색이 되는 것과 마찬가지이다. 수행자도 만일 계가 청정하지 못하면 반드시 참회하겠다고 생각해야 한다. 그러므로 경에 이르기를 "불법 가운데 두 종류의 건강한 아이가 있으니 하나는 성품이 악을 짓지 않는 아이고 또 하나는 악을 짓고 나면 참회할 줄 아는 아이다."라고 하였다. 허물을 짓고 참회할 줄 알면 '건강한 아이'인 것이다.

참회에서 '참(懺)'이란 삼보와 일체 중생에게 뉘우치며 사죄하는 것이고 '회(悔)'란 부끄러워[慙愧]하는 것이다. 그리하여 허물을 고치고 "제가 지금 이 죄를 멸할 수 있다면 앞으로 목숨을 잃을지언정 끝내 이 같은 고통의 업을 다시 짓지 않겠나이다."라고 자비를 구하는 것이다. 경전에도 비구가 부처님께 "제가 정녕 뜨겁게 타오르는 불을 껴안을지언정 끝내 여래의 청정한 계율을 범하지 않겠나이다."라고 고하는 장면이 나온다. 이같은 마음을 내어 "오직 원컨대 삼보시여 증명하여 받아주소서." 하고 기원하는 것을 참회라고 한다.

또한 참이란 밖으로 감추지 않는 것이고 회란 안으로 자책하는 것을 말한다. 또

참이란 죄가 악인 것을 아는 것이고 회는 그 과보를 두려워하는 것이다. 이처럼 여러 가지로 설명할 수 있지만 요점만 말한다면 만일 모든 법이 허망한 것을 안다면 영영 악업을 그치고 선한 도를 닦을 수 있으니 이를 참회라고 하는 것이다.

6.1.1.1.3.2 ▶ 참회하는 방법

죄를 없애는 방법은 여러 가지가 있다. 마치 옷에 때가 묻었을 때 바로 물로만 빨면 빠지지 않고 비누를 묻혀 두드리고 비벼야 때가 빠지는 것과 같은 이치이다. 참회방법은 종파에 따라 다양하지만 핵심만 취하면 세 종류에 불과하다. 첫 번째는 작법(作法)참회로 정해진 계율절차에 의거하여 참회하는 것이다. 두 번째는 관상(觀相)참회로 선정에 의거하여 참회하는 것이다. 세 번째는 관무생(觀無生)참회이니 지혜에 의거하여 참회하는 것이다. 이 세 가지는 소승과 대승에 공통된 방법이지만 많이 사용되는 것에 의거하여 나눈다면 작법참회는 소승 참회법에 많고 뒤의 두 가지는 대승 참회법으로 많이 사용된다.

먼저 작법참회(作法懺悔)란 좋은 일을 하여 나쁜 일을 대치하는 방법이다. 율장에서는 오로지 이 방법으로 죄를 멸한다. 예를 들어 승잔죄를 지었을 때 20명의 비구가 모여 별주(別住)·하의(下意)·출죄(出罪) 등의 절차[羯磨]를 행하면 죄가 없어지는 것과 같은 경우이다. 여기서는 여러 가지 형상을 보는 것에 대해서 논하지 않으며 또한 지혜로써 죄의 본성이 공임을 관하는 것도 설하지 않는다. 그러므로 이는 단지 작법참회일 뿐임을 알 수 있다. 갈마를 번역한 것이 작법(作法)이다. 승잔죄와 같이 바일제·바라제제사니·돌길라 등의 죄도 참회의 작법이 있다. 이것은 율장에 보면 자세하게 나오니 쉽게 알 수 있다.

다만 율장에는 참회하는 네 가지 방법이 나오지 않는데 별도로 『최묘초교경(最妙初教經)』[82]에 이것이 나온다. 그 경전에 보면 "30명의 청정한 비구를 청하여 대중

---

82) 『최묘초교경(最妙初教經)』: 현재는 전하지 않는다. 수(隋) 시대(594)에 편찬된 『중경목록(衆經目錄)』에 1권이라고 기재되어 있다.

가운데서 죄를 범한 비구가 스스로 고백하면 승가에서는 참회 절차를 마친 것으로 인정한다. 또 삼보 전에 여러 행법을 행하고 계율을 천 번 외우면 청정해질 수 있다.”고 하였다. 또한 “형상을 본 것을 증명으로 삼아 죄를 멸하여 청정해졌다고 설한다.”고 하였다. 율장에는 비록 나오지 않지만 경전에 이러한 절차에 대한 글이 있으니 작법의 모양은 그 경전에 자세히 설한 것과 같다.

두 번째는 관상참회(觀相懺悔)이다. 수행자가 여러 경전에 설해진 참회 방법에 의거하여 마음을 전일하게 집중하면 마음이 고요해진 가운데 온갖 형상을 보게 된다. 예를 들어 『범망경』에 보면 만일 열 가지 중한 죄를 지었다면 참회할 때 반드시 좋은 형상을 보아야 죄를 멸한 것으로 본다. 즉 부처님께서 머리를 쓰다듬는다든가 꽃이나 빛 등 각종 상서로운 형상을 보면 죄가 멸한 것이라고 한다.[83] 만일 이런 좋은 형상을 보지 못한다면 참회를 해도 도움이 되지 않는다. 여러 대승 다라니경에 나오는 행법 가운데는 이 관상참법을 설한 것이 많다. 삼장교인 『잡아함경』에도 관상참회법을 설한 것이 있다. 즉 지옥이나 독사, 백호 등의 상을 보는 것을 성취하면 죄가 멸했다고 설하는 것이다. 이들은 모두 선정에 들어 행하는 것이므로 관상참회는 대부분 선정을 닦는 법에 의거하여 설한다.

문 어떠한 형상을 보아야 죄가 멸했다는 것을 알 수 있습니까?

답 경전에 설해진 것이 여러 가지인데 죄에 경중이 있으므로 한 가지로 판정할 수 없다. 다만 중요한 몇 가지만 밝혀보면 형상은 네 종류를 벗어나지 않는다. 첫 번째 꿈속에서 상을 보는 것이고 두 번째 경행(經行) 중에 공중에서 나는 소리를 듣거나 신령하고 상서로운 상을 보는 것이다. 세 번째 좌선 중에 여러 가지 선과 악, 파계와 지계 등의 상을 보는 것이고, 네 번째 안으로 여러 법문을 증득하거나 도심(道心)이 개발되는 것 등을 상으로 삼는다. 이들은 경중에 따라 판단해야지 결정해서 말할 수는 없다. 이는 아래 내방편의 ‘선악근성의 증험’을 밝히는 장에서 다시 간략하게

---

83) 『범망경』 하 (『대정장』 24), 1008하.

설명할 것이다.

문 마구니도 이러한 형상을 만들 수 있을 터인데 어떻게 구별할 수 있습니까?

답 그렇다. 옳고 그름을 가리기는 쉽지 않으므로 함부로 취하면 안 된다. 그러한 상이 나타날 때 바른 스승이라면 구별할 수 있으니 직접 대면하여 결정해야지 글로 다 써놓을 수 없다. 그러므로 수행자가 처음 참회할 때는 반드시 옳고 그름을 구별할 수 있는 선지식이 곁에 있어야 한다. 또 무릇 상을 보는 것은 홀연히 보인다 해도 그 옳고 그름을 구별하기 쉽지 않은데 만일 글에 씌어 있는 대로 보려고 애를 쓴다면 대부분 마구니에 걸려든다.

문 그렇다면 관상참회, 즉 상을 관하여 참회하는 것이라고 부르면 안 될 것입니다.

답 '관상'이라는 것은 도를 닦으려 노력할 때 그 공이 쌓여 형상이 나타나면 이를 가지고 죄가 멸했는지 멸하지 않았는지를 판단하는 것이지, 형상이 나타나기를 바라고 집착하면 안 된다. 만일 이처럼 마음을 쓴다면 반드시 선정 중에 마구니가 수없이 나타날 것이다.

문 관상참회는 어떻게 행하는 것입니까?

답 행하는 방법은 여러 대승경전에 나온다. 수행자가 스스로 경전을 보고 글대로 행하면 된다.

세 번째로 관무생참회(觀無生懺悔)란 다음과 같다. 『보현관경』에는 다음과 같이 게송으로 설하고 있다.

일체 업장의 바다는

모두 망상에서 생기나니

참회하고자 한다면

정좌하여 실상(實相)에 집중[念]하라.

죄란 서리나 이슬과 같은 것

지혜의 태양이 능히 소멸시키네.
그러므로 지성으로
육근을 참회할지라.[84]

　무릇 수행자가 크게 참회하려 한다면 응당 큰 자비심을 내어서 일체 중생을 가엾게 여기고 죄의 근원에 깊이 통달해야 한다. 어째서 그러한가? 일체의 법은 본래 공한 것이어서 복도 없는 것이거늘 하물며 죄가 있겠는가? 다만 중생들이 바르게 사유하지 못하여 유위법에 집착함으로써 어리석음과 탐욕과 성내는 마음을 일으킨다. 이 삼독으로부터 무한히 많은 중죄를 짓게 되니, 일체의 죄는 모두 마음을 알지 못하는 일념으로부터 생기는 것임을 알 수 있다.

　이러한 죄를 없애고자 한다면 다만 죄짓는 이 마음이 어디서부터 일어나는가를 돌이켜 관해야 한다. 이 마음이 만일 과거에 있는 것이라면 과거는 이미 흘러갔으니 있는 것이 아니요, 있지도 않는 법을 마음이라고 이름 붙일 수는 없다. 마음이 미래에 있는 것이라면 미래는 아직 이르지 않은 것이니 이르지 않은 법은 있는 것이 아니므로 또한 마음은 없는 것이다. 마음이 만일 현재에 있다면, 현재란 찰나도 머물지 않는 것으로 머물지 않는 것에서 마음을 얻을 수는 없다. 또 마음이 현재 있는 것이라면 현재라는 것은 안에 있는가 밖에 있는가, 아니면 중간에 있는가. 마음이 안에 있다고 하면 바깥의 인연을 기다릴 필요가 없다. 안이란 본래 있는 것이기 때문이다. 만일 마음이 바깥에 있는 것이라고 한다면 나는 죄지은 잘못이 없다. 또한 바깥의 대상은 지각작용이 없는데 어떻게 마음이 있다고 하겠는가? 이렇듯 마음은 안에도 밖에도 없으니 중간에도 있을 수 없다. 중간에도 없다면 마음은 정해진 처소가 없는 것이다. 이렇게 죄짓는 마음을 관해 보면 그 형상을 볼 수 없고 처소도 없으니 결국은 공한 것임을 알게 된다.

---

84) 『관보현보살행법경』(『대정장』9), 393중.

이미 마음을 볼 수 없으니 마음이 아닌 것도 볼 수 없다. 관하는 대상[所觀]도 없는데 하물며 관하는 주체[能觀]가 있겠는가? 이렇듯 주체와 대상이 없어지면 전도된 생각이 끊어지니, 전도가 끊어진 것이 바로 어리석음과 탐욕과 성내는 마음이 없는 것이다. 이 삼독이 없다면 죄가 어디에서부터 생기겠는가? 또한 일체의 법은 모두 마음에 속하는 것인데 마음의 자성이 공하니 법도 또한 공한 것이 아니겠는가? 법이 없다면 죄업이 없으며, 죄가 없다면 죄 아닌 것도 없다. 이렇듯 죄는 생기는 것이 아님을 관하면 일체의 죄를 파하게 되니, 이는 일체의 죄가 근본 성질이 공하여 항상 청정한 것이기 때문이다. 그러므로 유마 거사는 우팔리에게 "그는 죄가 없으니 그의 허물을 더 늘어나게 하지 마시오. 다만 없애기만 하고 그의 마음을 동요하게 하지 마시오."[85] 하고 말한 것이다. 또 『보현관경』에는 "마음은 마음이 아니며 법은 머무는 곳이 없음을 관하라. 내 마음은 본래 공하고 죄와 복은 정해진 것이 없으니 일체의 법이 모두 이와 같아서 머물지도 않고 소멸되지도 않는다. 이처럼 참회하는 것을 대참회라 하고 장엄참회라 하며, 심식을 파괴하는 참회라 하고 죄상이 없는 참회라 한다. 이러한 참회를 행하면 마음이 흐르는 물과 같이 끊임없이 이어지는 가운데 보현보살과 시방의 부처님을 보게 된다."[86]고 하였다. 그러므로 모든 법이 생겨남이 없음[無生]을 깊이 관하는 것을 대참회라 하며 이는 모든 참회 가운데 가장 뛰어나고 묘한 것임을 알아야 한다. 일체의 대승경전에서 설하는 참회법은 모두 이러한 관법을 위주로 하고 있다. 이러한 참회가 아니면 대방등참회라는 명칭을 얻을 수 없다.

문 무생을 관하는 참회를 한다면 죄가 멸하는 모습은 어떻게 알 수 있습니까?

답 이와 같이 용심하면서 한 생각 한 생각 이어가다 보면 온갖 죄업이 한 생각 한 생각 스스로 멸한다. 만일 도를 장애하는 것을 알고자 하면 쉬지 않고 정근하면 온갖 상이 스스로 나타나니 이를 관하면 저절로 알 수 있다. 이는 앞의 관상참회에

---

85) 『유마힐소설경』 「제자품」(『대정장』14), 541중.
86) 『관보현보살행법경』(『대정장』9), 392하~393상.

서 설명하였듯이 꿈에 상서로운 모습이 나타나든가 정혜가 개발되는 등의 상으로 나타난다. 또한 수행자가 마음을 관하여 진리와 상응하면 이것이 바로 죄가 멸하는 상이니 따로 힘들여 구하지 않아도 된다. 그러므로 『보현관경』에서는 "이 공을 보는 지혜를 마음과 상응시키면 찰나에 백만억 아승기 겁 동안 생사를 받아야 할 중죄를 능히 멸할 수 있다."[87]고 하였으니 이것을 경증으로 삼을 수 있다. 만일 무생법인(無生法忍)을 얻으면 죄의 근본까지 다 궁구한 것으로 이것이 바로 계율이 청정한 것이니 선정을 닦을 수 있다.

이처럼 참회방법이 다르니 죄를 멸하는 정도 또한 같지 않다. 어째서인가? 죄에는 세 등급이 있는데 그것은 무작계를 범하여 도에 장애를 일으키는 죄와 체성죄(體性罪)와 번뇌의 근본인 무명이라는 죄이다. 여기서 '죄'라는 말은 '꺾는다[摧]'는 뜻이니 수행자의 공덕과 지혜를 꺾어 잃게 하고, 내생에 삼악도에서 과보를 받으면 수행자의 용모와 마음을 꺾어버리므로 죄라고 부르는 것이다. 첫 번째의 작법참회로는 무작계를 범하여 도에 장애가 되는 정도의 죄를 깨뜨릴 수 있다. 두 번째의 관상참회는 체성으로 된 악업의 죄를 깨뜨린다. 『대지도론』에 "비구가 불살생계를 범하면 비록 참회를 하여 다시 청정해지고 도를 장애하는 죄가 없어진다 해도 살생의 과보[報]는 없어지지 않는다."고 설한 것은 첫 번째의 증거이면서 두 번째의 풀이가 되는 내용이다. 세 번째의 관무생참회를 통하여 죄를 멸하는 것은 무명을 깨뜨리고 일체의 번뇌와 습인(習因)에서 생기는 죄를 다 제거하므로 이것이야말로 죄의 근본을 제거하는 것이다.

참회를 하여 근본을 회복하는 경우와 회복하지 못하는 경우가 있다.

문 청정하게 참회하면 원상을 회복할 수 있습니까?

답 여러 해석이 있다. 어떤 이는 회복되지 않는다고 한다. 마치 옷이 헤져서 잘 꿰매었다 해도 끝내 완전하게 되지 않는 것과 같다는 것이다. 어떤 이는 원상이 회

---

87) 『관보현보살행법경』(『대정장』9), 394상.

복된다고 한다. 마치 옷이 더러워졌을 때 깨끗하게 빨면 새 것과 같게 되는 것과 같다는 것이다. 또 어떤 이는 회복되는 경우도 있고 회복되지 않는 경우도 있다고 한다. 율장에 있듯이 오편계[88] 가운데 바라이죄와 승잔죄를 어겼을 경우는 회복되지 않고 조금 가벼운 세 부류의 계율은 회복된다는 것이다. 『최묘초교경(最妙初教經)』에서는 "작법참회를 행하면 네 부류의 중한 죄를 범한 것은 모두 회복된다."고 하였다. 이렇듯 해석이 분분하지만 나는 그것이 반드시 정해진 것이 아니라고 본다. 응당 앞의 세 종류 참회법에 대비하여 세 단계로 나눌 수 있으니 그것은 첫째 원상을 회복하는 것, 둘째 원상보다 나아지는 것, 셋째 원상보다 훨씬 나아지는 것이다. 지금 비유를 들어 그 이치를 보이겠다. 첫 번째 작법참회를 행하여 죄를 멸하면 혹 원상회복이 되기도 하고 되지 않기도 한다. 마치 냉병을 앓는 사람이 생강과 계피를 복용하여 병이 없어졌을 때 몸이 전처럼 회복되는 경우도 있고 회복되지 않는 경우도 있는 것과 같다. 두 번째 관상참회를 행한 경우에는 단지 죄만 멸하는 것이 아니라 능히 선정을 일으켰으니 이는 원상보다 나아지는 것이다. 왜냐하면 본래 선정이 없었기 때문이다. 비유한다면 냉병을 앓는 사람이 석산(石散) 등을 복용하면 단지 냉병만 없어지는 것이 아니라 본래보다 더 건강해지는 것과 같다. 세 번째로 관무생참회를 행하는 경우에는 죄가 없어지고 선정을 일으킬 뿐 아니라 득도할 수 있으니 이야말로 원상보다 훨씬 나아지는 경우이다. 예를 들어 병에 걸렸을 때 선약(仙藥)을 복용하면 단지 병만 없어지는 것이 아니라 신선의 신통력을 얻어 자유롭게 신통을 부릴 수 있는 것과 같다. 이로 볼 때 어찌 한 가지로 정할 수 있겠는가.

문 계를 받은 사람은 그럴 수 있지만 계를 받지 않은 사람은 어떻습니까?

답 계를 받지 않은 사람이라면 당연히 새로 계를 받아야 하는데 혹은 죄를 지은 후 참회를 하여 계가 생기는 경우도 있다. 이 내용은 『보현관경』에 설해져 있다. 또

---

88) 오편계(五篇戒): 출가 수행자의 계를 경중 등에 따라 다섯 가지로 분류한 것. 범하면 교단에서 추방당하는 바라이(波羅夷)를 비롯하여 승잔(僧殘) · 바일제(波逸提) · 바라제제사니(波羅提提舍尼) · 돌길라(突吉羅) 등이 있다.

보살계의 경우에는, 어떤 중생이 오랜 과거에 이미 선지식을 만나 보리심을 발하고 보살계를 받았는데 생사를 거듭하는 동안 전도되어 잃어버리고 그만 계를 범하고 말았다. 지금 이것을 인연으로 삼보께 귀의하고 다시 더욱 단련하면서 아울러 청정하게 참회한다면 이 본래의 계를 말미암아 선정도 일으키게 되는 것이다. 그러므로 비록 겉으로 드러난 계는 없어도 본래 보살계를 이미 지니고 있는 경우도 있는 것이다. 또 『대지도론』에서는 다음과 같이 설하고 있다. "계[尸羅]란 중국말로 '성질이 선한 것'[89]이라는 뜻으로 선한 도를 잘 행하면서 함부로 마음을 풀어놓지 않는 것이 바로 계를 지키는 것이다."[90] 계를 받지 않고도 선을 행하면 계를 지키는 것이라 했으니 이미 계가 있는데 어찌 온갖 선정 삼매가 생겨나지 않겠는가?

문　그렇다면 계를 받아서 무엇을 하겠습니까?

답　그렇지 않다. 계는 도 닦는 것을 돕고, 불법의 외형적 모습을 정하는 것인데 어찌 의지하지 않을 수 있겠는가?

문　지금까지 하신 말씀대로라면 처음 선을 닦는 사람은 반드시 참회를 먼저 해야 하는데, 참회하지 않고도 선을 닦는 경우가 있습니다.

답　한 가지로 정해진 것은 아니다. 『묘승정경(妙勝定經)』[91]에 밝혀져 있듯이 다만 곧은 마음으로 좌선을 행하면 이것이 바로 제일의 참회인 것이다. 만일 좌선 중에 장애가 생겨 점차 늘어나서 용심을 할 수 없을 정도라면 반드시 참회를 해야 한다.

---

89) 원문(487상)에는 '好善' 이지만 『대지도론』에는 '性善' 으로 되어있다.

90) 『대지도론』13, 153중.

91) 『묘승정경(妙勝定經)』: 각종 경전목록에는 『최묘승정경(最妙勝定經)』이라고 되어 있으며 상당히 오래 전에 일실된 경전이다. 중국의 여순박물관에 소장된 『최묘정승경(最妙定勝經)』 1권이 이것이라는 연구가 있다. 세끼구찌 신다이(關口眞大)저, 혜명 역, 『천태지관의 연구』(민족사, 2007), 470~.

6.1.1.2 ▸ 의복과 음식을 갖춤[衣食具足]

　　의복의 법식과 관련해서는 세 가지의 사례가 있다. 먼저 [부처님 전생담에 보이듯이] 설산에서 보살 등이 도를 닦을 때처럼 다만 옷 한 벌로 생활하는 것이다. 이것은 인내력이 강하여 사람들의 사회에서 생활하지 않아도 견딜 수 있는 경우이니 상근기의 사람이다. 두 번째로 가섭 등과 같이 항상 두타법을 지키면서 단지 세 벌의 분소의(糞掃衣)[92]만 지니고 여분을 비축하지 않는 경우는 중근기라 할 것이다. 세 번째로 만일 추위가 많은 지방이거나 하근기의 사람이라면 부처님께서 여분을 지니는 백일물(百一物)[93] 등을 허용하셨다. 그러나 이런 경우에는 율에 정해진 대로 해야 하며 적당한 양만큼만 지녀야지 지나치게 탐한다면 수도에 방해가 된다.

　　음식을 장만하는 법을 말한다면, 음식에는 네 종류가 있다. 상근기의 보살이라면 깊은 산에서 왕래를 끊고 과일과 채소로써 연명한다. 두 번째로 항상 두타행을 하는 수행자는 탁발로 생활하는데, 이것은 능히 네 가지 잘못된 연명법[邪命]을 피하고 바른 연명법[正命]으로써 생활하는 것이니 성인의 도가 생겨나게 할 수 있다. 그러므로 '성인의 종자[聖種]'라고 부른다. 네 가지 잘못된 연명법이란 ① 하구식(下口食) ② 앙구식(仰口食) ③ 유구식(維口食) ④ 방구식(方口食)[94]을 말한다. 이러한 잘못된 연명 방법에 대해서는 사리불이 청목녀(靑木女)를 위하여 설하면서 자세히 분별하고 있다.[95] 세 번째는 아란야에 거처하면서 시주들이 보내주는 음식으로 생활하는 것이고, 네 번째는 승가에서 청정한 음식을 먹는 것이다. 이와 같은 음식들이 갖추어

---

92) 분소의(糞掃衣) : 사람들이 입다가 버린 헌 옷을 가지고 만든 가사를 말한다.
93) 백일물(百一物) : 수행생활에 필요한 여러[百] 물건 가운데 각 품목 별로 정해진 수량 외에 하나씩 더 비축하는 것이 허용된 것을 말한다.
94) 하구식(下口食)~방구식(方口食) : 농사를 짓거나 약을 판매해서 먹고 사는 것이 하구식이고 천문(天文)이나 술수를 가르쳐 먹고 사는 것은 앙구식, 길흉을 점쳐주고 먹고 사는 것은 유구식, 권력자나 부호에게 빌붙어서 아첨하며 사는 것을 방구식이라고 하며, 이 네 가지를 합쳐서 사사명식(四邪命食)이라고 한다.
95) 『사리불아비담론』14 (『대정장』28)에 사명식에 대해 설명이 되어 있는데 이것을 가리키는 것인지 모르겠다.

지면 음식의 인연이 갖추어진 것이라고 부른다. 만일 이와 같이 의복과 음식의 인연이 갖추어지지 않으면 마음이 불안하여 수도에 방해가 된다.

6.1.1.3 ▸ 조용한[閑靜] 곳에 거처함

여러 일을 벌이지 않는 것을 한(閑)이라 하고 번잡하고 시끄럽지 않은 것을 정(靜)이라 하는데 이런 조용한 곳에 거처해야 선정을 닦을 수 있다. 세 가지 거처가 있으니 첫 번째는 사람들의 왕래가 없는 깊은 산중이고, 두 번째는 두타행을 할 수 있는 아란야로써 적어도 마을에서 2리 이상 떨어져 있고 시끄러운 소리가 들리지 않아야 한다. 세 번째는 속세인의 집에서 멀리 떨어진 청정한 사찰 안이다. 이러한 장소가 수행하기에 적당한 곳으로써 조용한 거처라고 부른다.

6.1.1.4 ▸ 여러 업무를 그침

업무에는 여러 가지가 있는데 간략히 말하면 네 종류가 있다. 첫 번째는 생활과 관련된 업무로써 일체의 인위적인 사업을 말하고 두 번째는 인사와 관련된 업무로 세속의 친구나 친척을 찾거나 그들과 왕래하는 것이다. 세 번째는 기술과 관련된 업무이니 의료·주술·관상·서예·산수 등 세속의 기술을 말하고 네 번째는 학문과 관련된 업무로 독송·청강·토론 등을 말한다. 이러한 일들을 모두 그쳐야 하니 어째서인가? 이러한 업무들이 많다 보면 선정을 게을리 하게 되고 마음도 산란하여 한데 집중할 수 없어서 삼매를 얻을 수 없기 때문이다.

6.1.1.5 ▸ 선지식을 만남

선지식에는 세 부류가 있다. 첫 번째는 외호 선지식으로 공양을 담당하면서 능히 수행인을 보호하여 어지럽지 않게 하는 사람이고, 두 번째는 동행 선지식으로 함께 수

도하면서 서로 격려하고 이끌어 주는 도반을 말한다. 세 번째는 교수 선지식이니 선정
에 관련한 여러 방편을 알아서 어려움이 있을 때마다 가르침을 주는 스승을 말한다.

6.1.2 ▸ 오욕을 멀리 함[訶五欲]

여러 경전에서 [초선(初禪)에 대해] "욕심과 악법을 버리고 각(覺)과 관(觀)이 있는
선정…"이라고 설하고 있다. 여기서 욕심을 버린다는 것은 곧 오욕을 가책함을 말
하고 악법이란 오개(五蓋)를 가리킨다. 먼저 오욕이란 세간의 좋은 형상·소리·향
기·맛·촉감에 대한 욕심을 말하는데 이들은 능히 범부들을 유혹하여 바른 일을 손
상시킨다. 이것이 죄가 됨을 밝게 알아 멀리 하지 않는다면 선정 삼매는 일어날 도
리가 없다.

① 형상에 대한 욕심 : 아름다운 얼굴과 늘씬한 몸매를 지닌 남녀나 세간의 진
기한 보물들은 사람들로 하여금 애욕을 일으켜 악업을 짓게 한다. 예를 들어 빔비사
라왕이 단신으로 적국에 들어가 음녀인 아범바라의 방에 있었던 일이나 우전왕이
신선 5백 명의 수족을 자른 것[96] 등은 모두 형상에 대한 욕심으로 지은 죄로『대지
도론』에 많은 사례가 열거되고 있다.

② 소리에 대한 욕심 : 관악기, 현악기 등의 뛰어난 연주나 명가수가 부르는 아
름다운 노래·찬송 등은 범부들을 미혹시켜 여러 악업을 짓게 할 수 있다.『대지도
론』에는 오백 명의 신선들이 설산에 머물면서 도를 닦다가 견가라의 딸이 부르는
노래를 듣고 그만 심취되어 선정을 잃어버린 일[97] 등의 일화가 소개되어 있다. 그러
므로 소리에 대한 애착이 선정에는 장애가 될 수 있음을 알아야 한다.

③ 향기에 대한 욕심 : 남녀의 몸에서 나는 체취나 세간의 음식 등에서 나는 향

---

96)『대지도론』17, 181중.
97)『대지도론』17, 188중.

기, 그리고 온갖 향에서 나는 좋은 냄새 등을 어리석은 사람들이 맡으면 그만 애착이 생겨 번뇌를 일으키는 단서가 된다. 옛날 어떤 비구가 연못가에서 연꽃의 향기를 맡고 애착하는 마음을 내니 연못의 신이 나타나 "왜 나의 향기를 훔치는가" 하고 크게 꾸짖은 일이 있다.[98] 이렇듯 향기에 탐닉하면 잠자던 번뇌들이 들고 일어나니 향기가 선정에 장애가 됨을 잘 알아야 한다.

④ 맛에 대한 욕심 : 쓰고, 시고, 달고, 맵고, 짜고, 담백한 맛이 어우러져 다양한 음식 맛을 낸다. 맛 좋은 음식은 범부들로 하여금 탐닉케 하여 선하지 않은 업을 일으키도록 만든다. 옛날 어떤 사미가 요구르트를 너무 좋아한 나머지 죽은 뒤에 요구르트 안에 사는 벌레의 몸으로 태어났다는 일화가 있다.[99] 이렇게 맛에 탐닉해서 짓는 잘못도 매우 많으니 『대지도론』에 보면 상세히 밝혀 놓았다.

⑤ 감촉에 대한 욕심 : 남녀의 신체에서 느끼는 부드럽고 매끈한 감촉이나, 추울 때는 따뜻하고 더울 때는 차가운 감촉 등 각종 좋은 감촉들에 대해 어리석은 사람들은 지혜가 없어서 거기에 빠지게 되니 도를 닦는데 장애가 된다. 옛날에 머리에 뿔이 하나 달린 신선이 촉욕에 빠져 그만 신통력을 잃고 음탕한 여인을 목에 태웠다는 일화가 있다.[100] 촉욕 때문에 짓게 되는 각종 죄에 관한 사례도 『대지도론』에 많이 나온다.

문 어떻게 오욕을 멀리 할 수 있습니까?

답 오욕을 꾸짖어 멀리 하는 방법에 대해서 『대지도론』에는 다음과 같이 설하고 있다.

불쌍한 중생아, 항상 오욕에 시달리면서도 줄기차게 구하고 있구나. 오욕이란 얻을수록 심해지는 것이니 마치 불에 장작을 넣는 것과 같아서 불꽃이 더욱 치

---

98) 『대지도론』17, 181하.
99) 『대지도론』17, 182상.
100) 『대지도론』17, 183중.

성해진다. 오욕이란 이익이 없으니 마치 개가 마른 뼈를 핥는 것과 같다. 오욕은 싸움을 부추기니 새들이 먹이를 다투는 것과 같고 오욕은 사람을 불태우니 역풍에 횃불을 잡고 있는 것과 같다. 또 오욕은 사람을 해치니 독사를 밟은 것과 같고 오욕은 실익이 없으니 꿈에 얻은 것과 같으며 오욕은 오래 가지 못하니 잠깐 빌린 것과 같다. 그런데도 어리석은 사람들은 오욕에 탐닉하여 죽을 때까지 버리지 못하고 마침내 후세에 무량한 고통을 받는다.”[101]

그리고 또 이렇게 생각해야 한다. “이 오욕은 육도 중생이 모두 가지고 있어서 일체의 중생들은 항상 오욕의 부림을 받으니 ‘욕망의 노예’라고 부른다. 이 욕망에 굴복되면 삼악도에 떨어질 뿐 아니라 지금 닦는 선정에 장애가 되니 큰 원수다. 빨리 버려야겠다.”

『선경(禪經)』에도 다음과 같은 게송이 있다.

생사가 끊어지지 않는 것은
좋고 맛있는 것을 탐내기 때문
원한을 길러 무덤에 들어가면
온갖 고통을 받게 된다.
몸에서는 시체와 같은 냄새가 나고
아홉 구멍에서는 더러운 것이 흐르는데
구더기가 똥을 좋아하듯
어리석은 이는 몸을 탐하는구나.
지혜로운 이는 이 몸을 관찰하고
세속을 탐하지 않아
얽매임도 욕심도 없다면

---

101) 『대지도론』17, 181상.

이것을 참된 열반이라 하네.
부처님들께서 설하셨듯이
일심으로 한 가지 일에만 몰두하되
숨을 세어 선정에 든다면
이것을 일러 두타를 행한다고 하네.[102]

이렇게 여러 가지 방법으로 오욕이 죄가 됨을 알면 마치 원수를 멀리 하듯이 가까이 하려는 마음이 생기지 않는다. 마음이 떠나 있으니 번뇌가 없고 욕심이 생기지 않는다. 이것이 바로 선정을 닦기 위해 오욕을 멀리 하는 모습으로 『대지도론』에 잘 나와 있다.

6.1.3 ▸ 오개를 버림[棄五蓋]

오개란 탐욕의 덮개, 성냄의 덮개, 수면의 덮개, 도회의 덮개, 의심의 덮개이다.

6.1.3.1 ▸ 탐욕의 덮개를 버림

앞에서 말한 오욕은 바깥의 오경(五境)에 대해 생기는 욕심이고 오개는 자신의 의근(意根)에서 생기는 욕심이다. 수행자가 바르게 앉아 선을 닦는데 마음에 어떤 욕심이 생겨서 꼬리에 꼬리를 물고 그 생각이 이어지는 경우가 있다. 그러면 그 마음이 좋은 마음을 덮어서 자라나지 못하게 하니 알아차리면 바로 버려야 한다. 어째서 그러한가? 술바가는 안에서 욕심이 일어나 자기 몸을 태우기까지 하였는데[103] 하물며 욕심의 불이 선법을 태우지 못하겠는가? 또한 탐욕스러운 사람은 도에서 멀다.

---

102) 『치선병비요법(治禪病秘要法)』(『대정장』15), 336중.

왜냐하면 욕심이란 것은 온갖 번뇌가 따라다니는 법인데 만일 마음이 욕심에 물들면 도에 가깝게 갈 방도가 없기 때문이다. 탐욕의 덮개를 제거하는 게송에서 다음과 같이 설하고 있다.

> 도에 들어와 부끄러움을 아는 이라면
> 발우 들고 중생을 복되게 해야지
> 어찌 바깥의 욕망에 이끌려
> 다섯 가지 감정에 빠져 드는가.
> 이미 오욕을 버렸다면
> 뒤돌아보지 말 것이지
> 어찌 다시 그것을 얻고자 하는가.
> 바보가 자신이 토한 것 먹는 것같이
> 욕망이란 구할 때에 괴롭고
> 얻고 나면 두려움이 생기며
> 잃어버리면 슬픔에 싸이나니
> 즐거울 때가 없네.
> 모든 욕망이란 이런 근심 있나니
> 그것을 꾸짖어 버릴 수 있다면
> 복과 선정의 즐거움을 얻을 수 있으니
> 속임을 당하지 않으리.[104]

이와 같은 여러 가지 방법으로 탐욕의 덮개를 가책해야 한다.

---

103) 왕녀를 사모한 어부 술바가의 일화. 『대지도론』14, 166상~중.
104) 『대지도론』17, 183하~184상.

6.1.3.2 ▸ 화의 덮개를 버림

화는 온갖 선하지 않은 법이 생기는 근본이고 악도에 떨어지는 인연이다. 또한 법의 즐거움을 누리지 못하게 하는 원수이고 선한 마음의 큰 적이며 온갖 욕설이 담긴 창고이다. 수행자가 좌선을 행할 때 "그 사람이 나와 내 친지를 괴롭히고 내 원수를 칭찬하는구나." 하는 생각이 일어나고 계속해서 과거와 미래의 원수를 생각한다. 이것을 아홉 가지 번뇌[105]라고 하는데 번뇌 때문에 화[瞋]가 나고 화가 나면 원한[恨]이 맺히며 원한으로 인해 증오[怨]가 생기고 증오로 인해 괴로움을 갚아주고 싶은 욕구가 생긴다. 이러한 성냄·원한·증오·괴로움의 생각이 마음을 덮기 때문에 덮개라고 부르니 빨리 버려서 자라나지 못하게 해야 한다.

제석천이 부처님께 게송으로 여쭈었다.

어떤 것을 죽여야 평온하고
어떤 것을 죽여야 근심이 없나이까.
무엇이 독의 뿌리여서
모든 선을 삼켜 없애버립니까.

부처님께서 답하셨다.

화를 죽이면 평온하고
화를 죽이면 근심이 없다.
화는 독의 뿌리이고

---

105) 아홉 가지 번뇌[九惱] : 나를 괴롭히는 것과 친지를 괴롭히는 것, 원수를 찬탄하는 것에 과거·현재·미래의 3시가 있어서 모두 아홉 가지 번뇌가 된다.

화는 모든 선을 없애버린다. [106]

이와 같이 부처님께서 화를 버리라는 게송으로 제자를 가르쳤듯이 응당 자비와 인욕을 닦아 화를 없애어 마음을 청정하게 해야 한다.

6.1.3.3 ▸ 수면의 덮개를 버림

안으로 마음이 어두운 것을 수(睡)라고 하고 팔다리를 제멋대로 하여 깊이 잠들도록 내버려두는 것을 면(眠)이라고 한다. 또 의식이 희미한 것을 수라고 하고 5근(根)이 닫혀서 어두운 것을 면이라고 한다. 이러한 까닭에 수면개라고 부른다. 『구사론』에서 심소법으로서 자세히 설명하고 있다. 수면은 현세의 세 가지를 깨뜨리니 바로 즐거움과 이로움[利樂]과 복덕이다. 또한 현세와 미래의 참된 즐거움을 깨뜨리니 이와 같은 악법은 매우 큰 불선(不善)이라고 할 수 있다. 왜냐하면 다른 덮개들은 그때그때 깨달아 없앨 수 있지만 수면에 빠지면 죽은 사람처럼 감각이나 의식이 없어서 알아차리지 못하기 때문에 없애기가 어렵다. 어떤 보살이 수면에 빠진 제자를 다음과 같이 가르쳤다.

그대 시체 같은 몸을 안고 누워있지 말고 일어나라.
온갖 더러운 것이 모인 것을 임시로 '사람'이라고 이름하나니
마치 중병에 걸린 듯, 화살이 몸에 박힌 듯
온갖 고통이 몸에 모여드는데 어찌 잠잘 수 있으랴.
결박하는 번뇌가 없어지지 않았고 해로움도 그대로 있어
마치 독사와 함께 한 방에 기거하는 것과 같고
전쟁터에서 칼 앞에 선 것과 같은데

---

106) 『대지도론』14, 167상.

이럴 때 어찌 잠잘 수 있으리요.

수면에 빠지면 크게 어두워 아무것도 보지 못하고

나날이 사람을 속여 지혜를 빼앗는다.

수면이 마음을 덮으면 보이는 것이 없어서

이처럼 큰 잘못이 생기는데 어찌 잘 수 있으랴.[107]

이와 같이 여러 가지로 수면개를 꾸짖는다. 무상함을 깨우쳐서 수면을 줄여 어둠에 덮이는 일이 없도록 해야 한다. 만일 마음이 수면에 깊이 빠지면 선진(禪鎭)이나 선장(禪杖)[108] 등으로 쫓아야 한다.

6.1.3.4 ▸ 도회(掉悔)의 덮개를 버림

산만한 것[掉]에는 세 종류가 있으니 몸과 입과 마음의 산만함이다. 몸의 산만함이란 돌아다니기 좋아하고 각종 잡기와 놀이를 즐겨 잠시도 편안히 앉아있지 못하는 것을 말한다. 입의 산만함은 노래 부르거나 시 읊는 것을 좋아하고 남과 논쟁하기를 즐겨 무익한 담론이나 세속의 화제로 떠드는 것을 말한다. 마음의 산만함이란 의식과 감정이 통제되지 않아서 갖가지 문예나 세간의 기술, 좋지 않은 느낌과 관찰 등을 대상으로 닥치는 대로 생각을 일으키는 것이다. 산만한 것은 본래 출가하여 수행하려는 마음을 깨뜨리는 법이다. 마음을 잘 지켜도 정(定)을 얻기가 어려운데 하물며 산만하여 흩어진다면 말해 무엇 하겠는가? 산만하고 흐트러진 사람은 술 취한 코끼리나 고삐 풀린 망아지 같아서 통제할 수가 없으니 경전에 이런 게송이 있다.

그대 이미 머리 깎고 먹물 옷 입어

바리때 들고 탁발하거늘

어찌 시끄럽게 즐기는 법에 탐닉하여
마음을 풀어놓아 법의 이로움을 잃는가.[109]

산만하면 법의 이로움이 없고 세간의 즐거움도 잃어버리게 된다는 것을 깨달았으면 급히 버려야 한다.

후회[悔]에 대해 밝히면, 만일 산만하다 해도 후회하지 않는다면 차라리 덮개가 되지 않는다. 왜냐하면 산만한 때는 수행중인 때가 아니기 때문이다. 그러나 나중에 선정에 들어가려 할 때 앞에 행했던 산만한 일들을 크게 후회한다면 걱정과 번뇌가 마음을 덮기 때문에 덮개라고 부르는 것이다.

또한 후회에는 두 종류가 있으니 첫 번째는 산만한 뒤에 생기는 후회로 바로 앞에서 설명한 것과 같다. 두 번째는 큰 죄를 범한 사람이 항상 두려움을 품은 채 후회의 화살이 마음에 단단하게 박혀 뽑을 수 없는 경우이다. 다음과 같은 게송이 있다.

하지 말아야 할 일은 하고
해야 할 일은 하지 않으니
뉘우치는 번뇌의 불길에 휩싸여
후세에 악도에 떨어진다.
만일 후회할 만한 죄를 범하여
뉘우쳤다면 다시 근심하지 말라.
그래야 마음이 안락하리니
두고두고 생각하지 말라.
행해야 할 일을 하지 않았거나
하지 않아야 할 일을 행한 것
두 종류를 놓고 후회한다면

109) 『대지도론』 17, 184하.

이는 어리석은 사람의 모습이라.

마음에 후회가 없어야

하지 않은 것을 새로 할 수 있고

이미 지은 나쁜 일은

다시 짓지 않도록 할 수 있네.[110]

이와 같이 여러 가지 방법으로 도회의 덮개를 버리면 심신이 청정해지고 항상 좋은 마음상태에 놓이게 되니 고요하고 안락하다. 이러한 인연이 있어야 마음으로 도 닦는 즐거움을 얻을 수 있게 된다.

6.1.3.5 ▸ 의심의 덮개를 버림

의심으로 덮이면 여러 법들 가운데서 선정의 마음을 얻을 수가 없고, 선정의 마음이 없다면 불법 가운데 얻는 것이 없다. 비유하면 어떤 사람이 보배로 가득 찬 산에 들어갔다 할지라도 손이 없다면 가질 수 없는 것과 같다.

사실 의심은 그 종류가 매우 많아서 반드시 선정에 장애가 되는 것만은 아니다. 지금 선정을 가로막는 것을 말한다면 세 가지가 있으니 첫째 자신을 의심하는 것, 둘째 스승을 의심하는 것, 셋째 법을 의심하는 것이다. 만일 어떤 사람이 "나는 근기가 둔하고 죄도 무거우니 도를 닦을 그릇이 못된다."고 생각하면서 자신을 의심한다면 선정은 끝내 일어날 수 없다. 선정을 닦으려면 자신을 가볍게 보지 말아야 할 것이니 숙세에 닦은 선근이 어느 정도인지 쉽사리 알 수 있는 것이 아니기 때문이다.

두 번째 스승을 의심하는 것으로, 스승에 대해 "저 사람은 외모가 볼품없고 위엄도 없어서 도가 높지 않을 것 같은데 어떻게 나를 가르칠 수 있겠는가?" 하고 의심한다면 선정에 방해가 된다. 『대지도론』에서 냄새나는 주머니에 금이 담겨 있을 때

---

110) 『대지도론』 17, 184하.

금이 좋다면 냄새나는 주머니를 버릴 수 없다고 설하는 것과 같다. 수행자도 이와 같아서 스승이 비록 청정하지 못하다 할지라도 그가 부처님이라고 생각해야 한다. 이 내용은 『대지도론』에 살타파륜 보살이 선지식을 구하는 것을 설한 곳[111]에서 잘 밝혀놓고 있다.

세 번째로 법을 의심하는 것이다. 세상 사람들은 대체로 자신의 고정관념에 붙들려서 새로 받아들이는 대상에 대해서는 쉽사리 믿음을 갖지 못한다. 그러므로 진지한 마음으로 실천하지 못하는 것이다. 만일 마음에 주저함이 있으면 법이 자신의 마음을 다 감싸지 못한다. 『대지도론』에 다음과 같이 의심을 경계하는 게송이 있다.

어떤 사람이 갈림길에 서서
의혹만 하면 길을 택하지 못하듯이
모든 법의 실상 가운데서도
의심하면 이처럼 나아가지 못한다.
의심하면 모든 법의 실상을
부지런히 구하지 않게 되니
이 의심은 어리석음에서 생기는
악 가운데서도 가장 나쁜 법이다.
선한 법과 선하지 못한 법
생사와 열반 사이에
반드시 진실로 참되게 있는 법
그것에 대해 의심을 품지 말라.
그대가 만일 의혹심을 품으면
생사의 옥졸에게 결박되리니

---

111) 『대지도론』96, 731상~. 살타파륜 보살은 번역하여 상제(常啼) 보살이라고 하는데 중생들이 고통 받는 것을 보고 잘 운다는 보살이다.

마치 사자에게 붙들린 사슴처럼

벗어날 수 없을 것이다.

세상을 사노라면 의심도 일겠지만

응당 묘하고 선한 법을 따르라.

마치 갈림길에서 바라보다가

영리하고 좋은 사람이 있다면 따라가듯이.[112]

또한 불법에는 믿음이 있어야 능히 들어갈 수 있다. 만일 믿음이 없다면 불법 가운데 있어도 끝내 얻지 못할 것이다. 이와 같은 여러 인연으로 의심의 잘못을 깨달았으면 빨리 버려야 한다.

문 선하지 않은 법은 수없이 많은데 어찌하여 다만 다섯 가지만을 버리라고 하십니까?

답 이 오개에는 삼독(三毒)과 공통부분[等分]이 있어서 근본이 되므로 8만4천 번뇌를 다 포용할 수 있다. 즉, 탐욕의 덮개는 바로 탐독이고 성냄의 덮개는 바로 진독이며 수면과 의심의 덮개는 바로 치독이므로 오개에는 삼독이 모두 갖추어 있다. 그리고 도회개는 삼독에서 공통적으로 일어나므로 공통부분으로 하면 합하여 모두 네 부류의 번뇌[四分煩惱]가 된다. 이 한 부류 가운데 각각 2만1천 가지 번뇌가 있어서 네 부류를 합하면 8만4천의 번뇌가 된다. 그러므로 오개를 없애면 바로 일체의 선하지 않은 법을 없애는 것이 된다.

수행자는 이처럼 여러 가지 인연으로 오개를 버려야 한다. 마치 등짐을 내려놓거나 중병이 낫거나 굶주린 이가 풍년 든 나라에 가거나 원수들 사이에서 벗어나면 평온해지고 근심이 사라지는 것처럼 수행자도 오개를 버리면 마음이 안온하고 청정하여 즐거워진다. 비유하면 해와 달이 연기나 구름, 먼지나 안개로 덮이거나 라후

---

112) 『대지도론』 17, 184하.

아수라[113]가 손으로 가리는 등의 다섯 가지 장애를 만나면 빛을 비출 수 없듯이 사람도 마찬가지로 오개가 있으면 지혜의 빛이 가리어진다.

6.1.4 ▸ 다섯 가지 법을 조절함[調五事]

조절해야 하는 다섯 가지 법이란 ① 음식 ② 잠 ③ 몸 ④ 호흡 ⑤ 마음을 말한다. 이들을 조절해야 하는 이유가 무엇인가? 이제 비유로써 설명하겠다. 예를 들면 세간의 옹기장이가 그릇을 만들 때는 먼저 찰흙을 잘 이겨서 너무 되거나 무르지 않게 조절한 뒤에야 비로소 물레에 올린다. 또 가야금을 연주할 때는 먼저 줄을 너무 팽팽하거나 느슨하지 않게 조절한 뒤에야 온갖 아름다운 소리가 나온다. 수행자가 마음을 닦을 때도 이와 같아서 먼저 다섯 가지 법을 적당하게 조절해야 삼매가 쉽게 생기는 것이다. 만일 적당히 조절되지 않은 것이 있다면 여러 방해작용이 일어나 선근이 일어나기 어렵다.

6.1.4.1 ▸ 음식의 조절

본래 음식이란 몸을 유지하여 도를 진전시키기 위하여 먹는 것이다. 그러나 음식을 너무 많이 먹으면 기가 빠르고 몸이 팽만하며 맥이 잘 통하지 않는다. 그리하여 마음작용이 막혀서 좌선하는 마음이 안정되지 않는다. 반대로 너무 적게 먹으면 몸이 허약해지고 마음이 들떠서 의지가 굳지 못하게 된다. 이들은 모두 선정을 얻는 도가 아니다. 또 불결하거나 탁한 음식을 먹으면 심식(心識)이 혼미해지고, 몸에 알맞지 않은 음식을 먹으면 숙질을 동요시켜서 몸의 사대가 어그러진다. 그러므로 이 또한 선정을 닦는 초기에는 매우 조심해야 하는 것이다. 옛말에 "몸이 편안하면 도

---

113) 라후아수라 : 일식과 월식을 일으킨다는 신.

가 높아진다." 하였고 경전에서는 "음식은 적당히 먹고 고요한 곳에 거처하는 것을 즐기며 마음이 고요하여 정진하기를 좋아하는 것을 불교라고 한다."[114]고 하였다.

6.1.4.2 ▸ 잠의 조절

무릇 잠이란 것은 지혜가 없이 미혹에 덮이는 법이기 때문에 몸의 요구대로 내 버려두어서는 안 되지만 만일 너무 자지 않으면 심신이 허황해진다. 반대로 너무 많이 자면 도를 닦지 못하고 헛되이 공덕을 잃어버릴 뿐 아니라 마음이 어두워져서 선 근이 가라앉아 버린다. 마땅히 세월이 무상함을 깨닫고 잠을 조복하여 정신이 맑고 의식이 뚜렷해야 비로소 마음이 법의 경지에 머물러 삼매가 나타날 수 있는 것이다. 그러므로 경전에 설하기를 "초저녁이나 새벽이나 그만두지 말지니 잠으로 인해 일 생을 얻는 것 없이 헛되이 보내어서는 안 되느니라."[115]고 하였다. 무상(無常)의 불 이 세상을 다 태운다는 것을 염두에 두고 빨리 자신을 구제해야 하니, 잠에 빠지지 말라.

6.1.4.3 ▸ 몸과 호흡과 마음의 조절

몸과 호흡과 마음은 함께 작용하는 것이기 때문에 따로따로 설명할 수가 없다. 다만 처음과 중간과 끝이 방법이 다르므로 선정에 들 때와 머물 때, 그리고 선정에 서 나올 때로 구별해서 밝히겠다.

---

114) 『마하승기율』27 (『대정장』22), 446하 등.
115) 『불수반열반약설교계경(佛垂般涅槃略說敎誡經)』(『대정장』12), 1111상.

6.1.4.3.1 ▶ 선정에 들 때의 조절

6.1.4.3.1.1 ▶ 몸의 조절

수행자가 삼매에 들고자 한다면 몸이 알맞게 조절되어야 한다. 선정에 들지 않았을 때는 자신의 일거수일투족을 잘 살펴야 한다. 만일 자신의 행위가 거칠고 사납다면 호흡과 기가 따라서 거칠어지고, 기가 거칠어지면 마음이 흩어져서 단속하기가 어렵다. 뿐만 아니라 다시 선정을 닦을 때도 심란하여 마음이 안정되지 않는다. 그러므로 선정을 닦지 않을 때라도 용심하여 몸을 잘 단속하여야 나중에 선정에 들 때 몸이 바르게 된다.

좌선을 시작할 때 늘 편히 수행하던 장소에 앉아 안온하게 하면 오래 유지할 수 있다. 다음에는 다리를 바르게 한다. 만일 반가부좌를 한다면 왼쪽 다리를 오른쪽 넓적다리 위에 올리고 몸 가까이 끌어당긴다. 그리고 왼발의 발가락은 오른편 넓적다리 바깥 선과, 오른발의 발가락은 왼편 넓적다리의 바깥 선과 나란하도록 한다. 결가부좌를 하려면 반가부좌 상태에서 밑에 있는 오른쪽 다리를 엇갈리게 올려서 왼쪽 다리 위에 놓는다. 옷을 조이는 띠는 느슨하게 풀어놓되 좌선 중 벗어지지 않게끔 한다. 다음 왼쪽 손바닥을 오른손 위에 겹쳐서 왼쪽 다리 위 몸 가까운 중심에 편안히 놓는다.

다음에는 몸을 편하고 바르게 해야 한다. 먼저 안마하는 법식대로 상체와 관절들을 7, 8번 반복하여 움직여 주되 손과 발을 골고루 하여 차이가 없도록 한다. 이것이 끝나면 몸을 바르게 세우는데 척추가 굽거나 너무 솟지 않도록 해야 한다. 다음에 머리와 목을 바르게 하는데 머리를 너무 쳐들거나 숙이거나 기울지 않도록 하며 코와 배꼽이 수직선상에 놓이도록 한다. 이렇게 바르게 앉은 뒤에는 입을 열어 가슴의 더러운 기운을 다 토해 낸다. 이 때 입을 열어 숨이 마음껏 나오게 내뿜으면서 몸속에 맥이 통하지 않던 곳이 모두 숨을 따라 뚫린다고 상상한다. 숨을 내뿜은 뒤에는 입을 닫고 코로 맑은 기운을 받아들인다. 이렇게 두세 번을 반복하는데 만일 쉽사리 몸과 호흡이 안정된다면 한 번으로도 족하다. 다음에는 이와 입술이 서로 닿을

듯 말 듯 하도록 입을 닫고 혀는 위 잇몸을 향하도록 한다. 다음에 눈은 바깥의 빛이 겨우 차단될 정도로 살짝 감는다. 이렇게 몸을 푼 뒤 마치 바위처럼 든든하고 바르게 앉아 머리와 사지가 쉽사리 움직이지 않도록 한다. 이것이 처음 선정에 들 때 몸을 조절하는 방법이다. 다시 요점만 들어 몸을 조절하는 요령을 말한다면 너무 조이거나 느슨하게 하지 않는 것이다.

6.1.4.3.1.2 ▶ 호흡의 조절

호흡하는 상은 네 가지가 있으니 ① 풍상 ② 천상 ③ 기상 ④ 식상이다. 앞의 세 가지는 조화롭지 못한 호흡이고 마지막 한 가지가 조화로운 호흡이다. 풍상(風相)이란 좌선할 때 코 속에서 숨이 드나드는 소리가 느껴지는 호흡이다. 천상(喘相)이란 소리는 나지 않더라도 호흡이 맺혀서 통하지 않는 때가 있는 것이다. 기상(氣相)이란 소리나 맺힘은 없지만 호흡이 미세하지 못한 것을 말한다. 식상(息相)이란 숨쉬는 데 소리나 맺힘이 없고 거칠지도 않은 호흡으로, 호흡이 있는 듯 없는 듯 면면히 이어져 정신을 도와 편안하고 기쁘게 하는 것을 말한다. 풍상의 호흡을 하면 산만하고 천상의 호흡을 하면 맺히며, 기상의 호흡은 피로하고 식상의 호흡으로 숨을 쉬어야 안정된다. 또한 앞의 세 가지 흐흡법은 조절되지 못하였다고 부르니, 용심할 때 병이 생기거나 마음이 안정되기 어렵기 때문이다.

호흡을 조절하는 데는 세 가지 방법이 있다. 첫 번째는 의식을 아래에 두는 것이고, 두 번째는 몸을 느긋하게 풀어주는 것이며, 세 번째는 호흡이 온 몸의 모공에 두루 퍼져서 출입하는 데 아무 장애가 없다고 상상하는 것이다. 만일 마음이 세밀해지면 호흡도 따라서 미세해지며, 이렇게 호흡이 조절되면 여러 병이 생기지 않고 마음도 쉽게 안정된다. 이것이 수행자가 처음 선정에 들 때 호흡을 고르는 방법인데 요점만 다시 말한다면 너무 껄끄럽거나 매끄럽지 않도록 숨을 조절하는 것이다.

6.1.4.3.1.3 ▶ 마음의 조절

마음을 조절하는 데는 두 가지 이치가 있다. 하나는 산만한 마음을 조복시켜 넘치지 않게 하는 것이고 두 번째는 마음이 들뜨거나 가라앉거나, 느긋하거나 조급하지 않도록 조절하는 것이다.

마음이 가라앉는다는 것은 어떤 것인가?좌선 중에 의식이 어두워 분별되는 바가 없고 머리가 자꾸 아래로 처지는 것을 말한다. 이럴 때에는 의식을 코끝에 집중하여 생각이 흩어지지 않도록 하면 다스릴 수 있다. 마음이 들뜬다는 것은 어떤 것인가?좌선할 때 의식이 떠다니고 몸도 안정되지 못하며 엉뚱한 대상을 생각하고 있다면 이것이 들뜬 모습이다. 이럴 때에는 의식을 아래에 집중하여 어지럽게 일어나는 생각을 제어하면 마음이 안정된다. 이상을 요점만 말하면 마음이 가라앉지도 들뜨지도 않게 하는 것이 마음을 조절하는 것이다.

문 마음에도 몸처럼 느긋하거나 조급한 상이 있습니까?

답 물론 있다. 마음이 조급하다는 것은 좌선 중에 빨리 얻기를 바라는 것이다. 이렇게 선정에 들면 기가 위로 올라가 가슴에 통증이 생기니, 이럴 때는 마음을 느긋하게 풀어놓고 기가 아래로 내려가는 것을 상상하면 병이 나을 것이다. 마음이 느긋하다는 것은 생각이 느슨하게 돌아다니고 몸은 뱀처럼 흐느적거리며 혹 침을 흘리기도 하고 때로는 암흑처럼 캄캄한 것이다. 이럴 때에는 몸을 추스르고 생각을 조여야 한다. 의식을 다시 집중대상에 모으고 몸을 바르게 유지하면 다스릴 수 있다. 마음에도 호흡과 같이 껄끄럽고 매끄러운 모습이 있으니 미루어보면 알 수 있을 것이다. 이상이 처음 선정에 들 때 마음을 조절하는 방법이다.

선정에 든다는 것은 본래 거친 것에서 미세한 것으로 들어가는 것이다. 몸이 가장 거칠고 숨은 중간이며 마음이 가장 미세한데, 좋은 방편으로써 거친 것을 조절하여 미세한 것으로 나아가 마음을 안정시키는 것이 바로 선정에 드는 첫 방편인 것이다.

6.1.4.3.2 ▸ 선정 중의 조절

한 번 좌선에 들어가면 시간이 길건 짧건 간에 마음을 지키면서 몸과 호흡과 마음이 조화되는지 잘 알아야 한다. 처음에는 몸을 바로 하려고 생각하였어도 혹 좌선 중에 몸이 너무 조여지거나 느슨하기도 하고 기울거나 굽기도 하며 고개를 너무 숙이거나 쳐들기도 한다. 이러한 것을 깨달으면 바로 시정하여 안온하게 하고 완급이 없이 곧고 바르게 앉도록 한다. 또한 좌선 중에 몸은 비록 조화가 되었어도 호흡이 조화롭지 못한 경우도 있다. 즉 풍식이나 천식의 호흡 등으로 인해 기가 급하고 몸이 팽만해지면 앞에서 설명한대로 다스려서 항상 호흡이 있는 듯 없는 듯 면면히 이어지도록 해야 한다. 좌선 중에 몸과 호흡은 잘 조절되었지만 마음이 들뜨거나 가라앉기도 하고, 혹은 너무 조이거나 느슨해지는 경우도 있다. 이러한 것을 깨달으면 역시 앞에서 설명한 방법대로 알맞게 조절해야 한다.

이 세 가지는 정해진 순서가 없으니 바르지 못한 것을 살펴 그때그때 조절해야 한다. 그리하여 한 번 좌선에 들면 몸과 호흡과 마음이 적당히 조절되어 서로 어긋나지 않고 융합되도록 한다. 그러면 오래된 병도 능히 없앨 수 있고 장애가 생기지 않아서 선정의 도를 잘 이룰 수 있다.

6.1.4.3.3 ▸ 선정에서 나올 때의 조절

참선을 끝내고 선정에서 나오려 할 때는 먼저 마음을 집중 대상에서 풀어놓고 입을 열어 기를 내보낸다. 그리고 숨이 온 몸의 맥에서부터 생각에 따라 흩어진다고 상상한다. 그런 뒤에 조금씩 몸을 움직이는데, 어깨와 머리로부터 차례로 양 팔과 양 다리를 움직여 모두 부드럽게 풀어준다. 두 손으로 온몸의 모공을 두루 문지르고, 양 손을 비벼 따뜻하게 하여 두 눈을 덮었다가 뗀 뒤에 눈을 뜬다. 그리고 몸의 열기와 땀이 식은 뒤에 비로소 출입할 수 있다. 만일 이렇게 하지 않고 대상에 집중하던 마음으로 갑자기 일어나면 선정 중의 미세한 법이 아직 흩어지지 않고 몸에 머물게 되어 두통이 생기고 풍병이 든 것처럼 온 몸의 뼈마디가 쑤시게 된다. 그리하여 다음에 좌선할 때는 답답하고 조급하여 안정되지 않으니 좌선하기가 싫어지므로 매우 조심해야 한다. 선정에서 나온다는 것은 섬세한 법에서 거친 법으로 나오는 것이므로 이와 같은 방법으로 몸과 호흡과 마음을 조절하는 것이다. 이것이 선정에 들고, 머물고, 나오는 것을 잘 행하는 것이니 다음에 설하는 게송과 같다.

가고 머무는 것에 차례가 있으니

섬세한 것과 거친 것이 어긋나지 않아야 하네.

말을 잘 조련하여

갈 때 가고 머물 때 머무는 것과 같이.

6.1.5 ▸ 다섯 가지 법을 행함[行五法]

다섯 가지 법이란 ① 욕구 ② 정진 ③ 염 ④ 방편지혜 ⑤ 일심이다.

6.1.5.1 ▸ 욕구[欲]

욕구[欲]라는 것은 수행자가 처음 선정을 닦을 때 욕계에서 벗어나 초선을 얻고자 바라는 것이다. '뜻'이라고도 하고 '원(願)'이라고도 하며 '좋아하는 것'이라고도 부른다. 마음속으로 선정을 뜻하고 바라며 좋아한다는 의미다.

문 바라는 마음이 선정 중에 생기면 장애가 된다고 하였는데 왜 이것을 방편이라고 하십니까?

답 여기서 말하는 욕구란 다만 성취를 바라는 큰 의지를 말하는 것이지 용심할 때 성취를 바라서 떠올리는 것이 아니다. 만일 바라는 마음이 일어나면 마음이 맑지 못한 것이고, 맑지 못하면 삼매가 일어날 수 없다.

6.1.5.2 ▸ 정진精進

정진에는 두 가지 종류가 있다. 하나는 몸의 정진이고 또 하나는 마음의 정진이다. 수행자가 12두타행을 닦으면 몸과 마음의 정진을 모두 갖춘 것이다. 부처님께서

가섭에게 고하시기를, "아란야[116]에 거처하는 비구는 두 가지 집착을 멀리 여의고 몸과 마음이 청정하여 두타를 행한다"고 하였다. 두타행에는 열두 가지가 있으니 ① 아란야에 거처함 ② 탁발을 행함 ③ 차례대로 탁발함 ④ 한 자리에서 먹음 ⑤ 바리때 안의 음식만으로 만족함 ⑥ 오후에는 죽도 먹지 않음 ⑦ 헌옷을 기워 입음 ⑧ 옷은 세 벌만 지님 ⑨ 무덤 곁에 거주함 ⑩ 나무 밑에 머묾 ⑪ 길가에 앉음 ⑫ 항상 앉아 있고 눕지 않는 것이다. 이것은 『두타경』[117)에 설해 있는 내용인데 지금 부연하여 설명하겠다.

두타(頭陀; dhūta)란 '떨어버린다'는 말로 몸과 마음의 온갖 선하지 않은 법을 떨어버린다는 의미이다. 선정을 닦을 때 이러한 법을 행하는 것을 불방일(不放逸)[118] 을 행한다고 하고 몸과 마음이 정진(精進)[119]을 갖추었다고 말한다. 이런 사람은 삼 승의 성인에 오를 수 있는데 하물며 세속의 선정을 얻지 못하겠는가? 또한 수행자가 선정을 닦기 위해 계율을 청정하게 지키고 오개(五蓋)를 버리며 초저녁부터 새벽까지 오로지 정진하여 그치지 않는 것을 정진이라고 한다. 비유한다면 나무를 비벼 불을 일으킬 때 불이 붙을 때까지 쉬지 않는 것과 같다. 부처님께서 아난에게 말씀하시기를, "모든 부처님들께서는 일심으로 정진에 힘썼기 때문에 아뇩다라삼먁삼보리를 얻었다."고 하셨으니 정진으로 최고의 도를 얻는 데 다른 도는 말해 무엇 하겠는가.

---

116) 아란야(阿蘭若) : 범어 aranya의 음역으로 비구가 수행하기에 적당한 장소를 말한다. 대개 마을에서 적당히 떨어져 조용한 들판이나 산림을 가리킨다.

117) 『십이두타경』(『대정장』 17), 720하.

118) 불방일(不放逸) : 선심소(善心所)의 하나이다. 생각을 통제하지 않아서 제멋대로 흘러 다니는 것을 뜻하는 방일의 반대이다.

119) 정진(精進) : 근(勤)이라고도 하며 역시 선심소의 하나로 선을 향해 끊임없이 노력하는 마음을 말한다. 수행에서 필수적 작용이기 때문에 오근(五根)·오력(五力)·칠각지(七覺支)·육바라밀 등의 한 요소로 포함된다.

6.1.5.3 ▸ 염念

염에 대해서는 『대지도론』에 다음과 같이 설명되어 있다. "욕계는 부정하고 속이는 곳이므로 낮은 곳이라 생각하고 색계인 초선은 높고 귀중한 곳이라고 계속 생각[念]하는 것이다."[120] 이것은 육행관(六行觀)과 내용이 같지만 이름을 달리 붙인 것일 뿐이다. 육행관이란 아래 단계는 괴롭고, 거칠고, 장애가 있다고 생각하는 것이 세 가지이고 위 단계는 뛰어나고, 묘하고, 벗어났다고 생각하는 것이 세 가지이다. 전자는 욕계가 부정하고 속이므로 낮은 곳이라고 관하는 것이고 후자는 초선이 높고 귀중한 곳이라고 관하는 것이다. 이 여섯 가지를 분석하면 다시 과보에 결부하는 것과 원인에 결부하는 것 등 두 가지 의미가 있다.

먼저 욕계의 과보로써 밝힌다. 괴롭고[苦], 거칠고[麤], 장애가 많은[障] 아래 단계를 싫어한다는 것은, 욕계는 색(色)과 마음이 거칠고 무겁기 때문에 단계가 낮다고 싫어하는 것을 말한다. 선정을 닦으면서 수행자가 다음과 같이 생각한다. "지금 과보로 받은 욕계의 몸은 배고프고 목마르고, 춥고 더운 고통과 병과 폭력 등의 핍박이 있으므로 괴롭다. 또 이 몸은 오줌, 똥 등 더러운 36물[121]로 이루어져 있기 때문에 누추하고 거칠다. 또한 이 육체는 거친 재료로 이루어져 자유롭지 못하다. 산이나 강, 돌이나 벽 등에 가로막혀 걸리므로 장애가 많다." 다음 색계의 과보에 결부시켜 밝히면 위 단계의 뛰어나고[勝] 묘하고[妙] 벗어난 것[出]을 원하는 것이다. 선정 중에 수행자가 다음과 같이 생각한다. "색계의 즐거움이 뛰어나다는 것을 알기 때문에 욕계의 즐거움은 괴로움이 된다. 색계의 즐거움이 뛰어나니 이 즐거움을 얻어 괴

---

120) 『대지도론』17, 185상.

121) 36물(物) : 사람의 몸을 구성하는 36종의 부정물을 말한다. 여러 가지 설이 있으나 명나라 일여(一如) 등이 집주한 『대명삼장법수(大明三藏法數)』36(『영락북장』183)에 따르면 다음과 같다. 외상(外相) : 머리카락·털·손발톱·이·눈꼽·눈물·콧물·침·똥·오줌·때·땀, 신기(身器) : 겉가죽·살갗·피·살·힘줄·핏줄·뼈·골수·비계·기름·골·막(膜), 내함(內含) : 간·쓸개·창자·위·비장·신장·심장·폐·생장(生藏)·숙장(熟藏)·붉은 가래·흰 가래. 이는 『열반경』「성행품(聖行品)」에 나오는 구절을 근거로 징관이 『화엄경수소연의초』44에서 정리한 것이다.

로움을 이기리라. 또 색계의 몸을 받으면 이 몸은 거울에 비친 형상과 같아서 비록 형색이 있어도 물질에 걸리지 않으므로 묘하다. 그리고 5신통을 얻으면 장애 너머의 일도 볼 수 있고 산이나 벽에 걸리지 않으므로 벗어난 것이다.” 이것이 욕계와 색계의 과보와 결부해 육행관을 행하는 것이다.

두 번째로 원인과 결부하여 육행관을 행하는 것을 설명하겠다. 먼저 욕계에 머무는 원인과 결부하여 괴롭고, 거칠고, 장애가 많은 것에 대해 수행자는 다음과 같이 사유한다. “욕계의 몸에서 일어나는 마음작용[心所]들은 탐욕에서 비롯된 것으로 벗어날 수가 없다. 경전에 ‘일체의 중생들은 애착의 노예이다.’라고 하였다. 그러므로 괴롭다. 또 욕계의 5경(五境)[122]을 대상으로 일어나는 마음은 산만하고 악을 일으키게 되기 때문에 거칠다고 부른다. 또한 번뇌에 의해 덮이기 때문에 욕계는 장애가 된다.” 다음 색계에 머물게 되는 원인과 결부하여 수행자는 그것이 다음과 같이 뛰어나고 묘하고 벗어났다고 사유한다. “초선에서 일어나는 뛰어난 즐거움은 마음에서 비롯되는 것이므로 뛰어난 것이다. 이에 비해 탐욕에 따른 즐거움은 외부의 5경에서 비롯하여 생기는 것으로 그것을 얻지 못할 때 각종 번뇌가 일어나므로 열등하다. 또 선정의 즐거움은 마음이 정에 들어 흔들리지 않을 때 성취되는 것이니 묘하다고 한다. 이에 비해 탐욕의 즐거움은 마음이 산란하고 동요하게 되므로 거칠다. 또 마음이 오개의 장애를 벗어나야 초선에 이를 수 있으므로 벗어났다고 부른다. 이것은 마치 바위에서 샘솟는 물처럼 바깥에서 오는 것이 아니라 안에서 스스로 솟아나는 것이다. 이렇게 육행관으로써 염을 설명하였으니 그 의미를 알 수 있을 것이다.

문 불제자들이 닦는 선을 밝히면서 왜 범부들이 닦는 육행관법으로써 설명하십니까?

---

122) 욕계의 5경(五境) : 안근(眼根)의 대상이 되는 색경(色境) 내지 신근(身根)의 대상이 되는 촉경(觸境)을 말한다.

 지금은 삼계(三界)에서 공통으로 닦는 선을 설하고 있으므로 마땅히 그것을 수행하는 원리를 알아야 하기 때문이다. 만일 불제자라면 팔성종관(八聖種觀)[123]을 통하여 욕심을 여의게 하는 십육행관(十六行觀)[124]을 일으키는 것을 염(念)의 내용으로 삼는다. 이렇게 초선에 들면 허물이 없는데 이 내용은 아래에서 무루선(無漏禪)을 설명할 때 자세히 분별하겠다.

6.1.5.4 ▸ 방편지혜[巧慧]

욕계의 즐거움과 초선의 즐거움을 비교하여 그 득실과 경중을 재는 것을 방편지혜라고 한다. 잰다는 것은 지혜로써 헤아린다는 것을 말한다. 득실(得失)이란 욕계의 즐거움이 실이고 초선의 즐거움은 득인데, 초선의 즐거움은 허물이 없으므로 득이 되고 욕계의 즐거움은 허물이 뒤따르므로 실이 된다. 반대로 초선의 즐거움은 실이고 욕계의 즐거움은 득이라고도 할 수 있다. 욕계의 즐거움은 거칠기 때문에 실제로 있는 것이라고 여겨져 득이라고 하는 마음이 강하게 일어난다. 하지만 초선에서 생기는 즐거움은 몸이 텅 빈 것 같고 느낌이 미세하여 마치 없는 것 같으므로 즐거움을 잃는 모양을 뚜렷하게 정할 수 없기 때문에 실이라고 한다. 또 경중(輕重)이란, 욕계는 경이 되고 초선은 중이 된다. 욕계의 즐거움은 5경에 대해 전5식(前五識)이 상응하여 얻어지는 것으로 신속하고 얕기 때문에 경이라고 한다. 이에 비해 초선의 즐거움은 제6의식이 상응하여 생기는 것으로 깊고 오래 머물기 때문에 중이라고 한다. 중이란 보배처럼 귀중하다는 말이다. 반대로 욕계는 중이고 초선은 경이라고

---

123) 팔성종관(八聖種觀) : 중간선에서 아래 단계의 선이 병·종기·부스럼·가시와 같고, 무상·고·공·무아의 법이기 때문에 거짓이고 알맹이가 없다고 관하는 것을 말한다.

124) 십육행관(十六行觀) : 사제 16행상이라고도 하는 것으로 사제를 각각 네 가지 내용으로 관하는 것이다. 즉 고제에서 모든 법은 무상·고·공·무아라고 관하고 집제에서는 모든 법의 인(因)·집(集)·생(生)·연(緣)을 관하며, 멸제에서는 멸(滅)·정(淨)·묘(妙)·이(離)를 관하고 도제에서는 도(道)·여(如)·행(行)·출(出)을 관한다.

도 할 수 있다. 욕계의 즐거움은 번뇌와 함께 하기 때문에 마음에 거리낌이 있어서 중이 되고, 초선의 즐거움은 거리낌이 적기 때문에 경이 된다.

어떤 논사는 방편지혜에 대해 다음과 같이 설명한다. 수행자가 처음 선정을 닦을 때 안팎의 방편을 잘 알아서 때에 맞추어 잘 사용하는 것이 방편지혜이다. 이렇게 하면 선정을 빨리 얻을 수 있기 때문이다.

6.1.5.5 ▸ 일심—心

수행자가 방편지혜를 잘 써서 헤아리고 용심하는데 잘못이 없다면 이제는 마음을 오로지 하나로 집중하여야 한다. 이것을 일심이라고 한다. 마치 어떤 사람이 길을 떠날 때 막히고 뚫리는 상을 잘 알아서 길을 정하였다면 한 마음으로 나아가는 것과 같다. "지혜가 없으면 선정이 없고, 선정이 없으면 지혜가 없다."고 하는 것은 이것을 두고 하는 말이다.

석선바라밀차제법문

권3
上

釋禪波羅蜜次第法門

6. 선바라밀의 전방편前方便 (2)

【원주(原註)】　이하의 두 권은 모두 내방편(內方便)을 밝히는 것이다. 이 가운데 앞의 한 권은 지(止)로 인해 안팎의 선근(善根)이 촉발되는 것을 설명하고 있다. 여기서 밝히는 사(事)와 이(理)의 여러 선정 삼매는 숙세의 선근이 촉발되는 것으로 초선의 첫 경계에 일어나는 것이다. 먼저 지를 상세히 분별하는 것은 수행인의 습인(習因)과 근성이 같지 않아서 처음 증득할 때 일어나는 선이 각기 다르기 때문이다. 초선 이후에 일어나는 사와 이의 여러 선정 삼매의 깊고 묘한 경계는 제7 수중장에서 자세히 밝히고 있다. 이 글은 아직 유통되지 않은 것이다.

6.2 선정 중의 방편[內方便]

선정에 들었을 때 필요한 내방편은 다섯 가지가 있으니 ① 지문(止門) ② 선·악

근성의 증험 ③ 편안한 선정을 택하는 법 ④ 병을 치료하는 법 ⑤ 마사(魔事)를 깨닫는 것 등이다. 이 다섯 가지를 내방편이라고 부르는 이유는, 처음 선정에 들어 마음이 고요하고 미세해졌을 때 그 마음을 잘 운용하여 버리고 취하는 것이 적절해야만 더 깊은 선정을 증득할 수 있기 때문이다. 특히 일체의 선정 공덕은 모두 마음을 제어하여 어지러운 번뇌가 그쳐야만 생기는 것이기 때문에 지를 내방편의 첫 번째로 두었다. 경전에 "(마음을) 한 곳에 묶어두면 갖추어지지 않는 것이 없다."[125]고 하였으니, 지를 첫 문으로 삼는 뜻이 여기 있는 것이다.

문 앞에서 설명한 외방편의 행오법(行五法) 가운데 이미 일심(一心)이 있는데 왜 거듭 설하십니까?

답 그렇지 않다. 앞에서는 단지 일심이라고 거명만 했을 뿐, 지에 대해 세밀하게 분별하지 않았다. 여기서는 수행자가 마음을 안정시키는 근본을 잘 알도록 하기 위해 얕고 깊은 여러 가지 지를 닦아 선정에 드는 양상을 자세히 밝히는 것이니, 거듭 설한다고 해도 허물이 없다.

문 경전에 보면 "두 가지가 감로문이 되니, 하나는 부정관문이고 또 하나는 아나파나문"[126]이라고 밝히고 있지 지가 첫 관문이라고는 설하고 있지 않습니다. 그런데 어찌하여 지가 첫 관문이 된다고 하십니까?

답 그렇지 않다. 모든 선정은 지가 공통의 관문이 된다. 공통은 개별을 포함하지만 개별은 공통을 포함하지 못하므로 먼저 지를 가르치는 것이다. 지를 닦은 뒤에 다른 선정에 들어가면 공통적으로 얻는 이익이 있지만 만일 다른 문에 의지하면 자신의 근기나 숙연 등과 서로 어긋날 수도 있다. 번뇌를 다스리는 것도 마찬가지이다. 또 스승에는 두 종류가 있으니, 이미 도안(道眼)을 얻은 사람은 제자의 근기를 보고 전생에서 본래 익힌 법을 따라 그가 행할 수행 방법이나 대치 방법을 가르친다.

---

125) 『불수반열반약설교계경(유교경)』(『대정장』12), 1111상.
126) 『대지도론』21, 218상, 404중.

옛날 사리불은 두 제자에게 수행법을 설하였는데 그들의 근기를 몰라 제련사의 아들에게 부정관을 가르쳤고 세탁사의 아들에게는 수식을 행하도록 하였다. 그러나 이 방법은 숙세에 닦던 것이 아니어서 아무리 해도 선정이 일어나지 않을 뿐 아니라 오히려 사견이 생기게 되었다. 부처님께서 이를 보고 두 사람의 방법을 바꾸어 주시니 깨달음을 얻을 수 있었다.[127] 두 번째 부류의 스승은 아직 타심통이 없고 도안을 얻지 못하여 제자가 본래 닦던 법이 무엇인지 근기를 모르는 경우이다. 이러한 스승이라면 응당 먼저 지문으로 가르쳐 마음이 고요하게 정에 들면 숙세의 선악 근성이 발현하게 된다. 만일 고요해진 마음을 인하여 여러 가지 선정이 일어나면 스승은 가르침에 따라 그 발현한 선정을 도와서 닦도록 한다. 선정이 일어나지 않고 탐·진·치 등의 번뇌가 치성하게 발현하면 그 가운데 강한 것을 따라서 대치하는 법을 가르쳐 그것을 깨뜨리면 장애가 사라져 선정이 일어나게 된다. 지문을 제일 앞에 둔 것은 바로 이 두 번째 부류의 스승이 제자를 가르치는 바른 방법이기 때문이다. 만일 먼저 지를 닦도록 하지 않고 선이나 악의 근성을 분별하기 어려울 때 엉뚱한 방법으로 지도하면 반드시 근기와 어긋나는 잘못이 생길 것이다.

6.2.1 ▸ 지문止門

이제 지문을 밝히는데 다음 네 가지로 나누어 설명하겠다. ① 지의 종류 ② 지의 대의 ③ 지를 닦는 방법 ④ 지를 증득하는 양상.

6.2.1.1 ▸ 지의 종류

지를 분별하면 수행방법에 따른 종류와 이치에 따른 종류로 나눌 수 있다. 먼저

---

127) 『대반열반경』24 「고귀덕왕보살품」(『대정장』12), 764상에 나오는 일화.

수행방법에 따라 나누어 보면, 지를 닦는 방법은 여러 가지가 있지만 대별하면 삼지로 나눌 수 있다. 그것은 계연지와 제심지와 체진지이다. 지(止)라는 것은 '제지한다 [制],' '그친다[止]'는 말이다. 마음이 일어나면 그것을 제어하여 생각이 떠다니지 않게 하는 것이 제지하는 것이고 마음을 전일하게 집중하고 뜻을 고정하여 온갖 어지러운 생각을 쉬도록 하는 것이 그치는 것이다. 먼저 계연지(繫緣止)라고 하는 것은 마음을 콧마루나 단전 등에 묶어두어 제멋대로 떠다니지 않도록 하는 것을 말한다. 두 번째 제심지(制心止)란 마음에 각과 관이 일어나면 제지하여 일어나지 않도록 하는 방법이다. 세 번째 체진지(體眞止)는 일체법이 공하다는 것을 체득하여 온갖 망상을 그치는 것이다.

두 번째로 이치에 따라 지를 나누어도 여러 가지로 구분할 수 있지만 세 가지로 대별하면 수연지와 입정지, 그리고 진성지가 있다. 마음이 일어날 때 늘 정(定)이 함께 일어나는 것을 수연지(隨緣止)라고 한다. 『열반경』에 이르기를 "10대지법 가운데의 정을 낮은 정이라고 한다."[128]고 하였다. 두 번째, 선정을 증득할 때는 정법(定法)으로 마음을 유지하여 번뇌가 그치고 고요하게 머물게 되는데 이를 입정지(入定止)라고 한다. 세 번째 진성지(眞性止)란, 심성의 이치는 항상 스스로 동요하지 않는 것이므로 지라고 부른다. 『사익경』에 "일체의 중생은 멸진정[129]에 들어있다."[130]고 하였다. 이 세 가지 지의 이치를 사용하여 앞의 삼지를 이룰 수 있다. 즉 인연에 따라 자성에 맡길 때 정이 생기게 되므로 계연지를 설하고, 과보로써 정을 증득하는 것이므로 제심지를 설한다. 또한 자성은 본래 움직이지 않는 것이므로 체진지를 설하는 것이다.

---

128) 『대반열반경』25 「사자후보살품」(『대정장』12), 769중. 『구사론』의 분류에 따르면 심소법 가운데 마음 작용이 일어날 때 항상 따라 일어나는 심소법을 대지법(大地法)이라고 하여 열 가지를 들고 있는데 정(定)은 여기에 포함된다.

129) 멸진정(滅盡定) : 오온 가운데 색(色)은 물론 수(受)와 상(想)까지 멸하여서 인식 작용을 거의 일으키지 않는 선정. 멸수상정(滅受想定)이라고도 한다. 인간으로서 들어갈 수 있는 가장 깊은 단계의 삼매이지만 이는 성인(聖人)의 계위에 오른 사람만 들어갈 수 있다.

130) 『사익범천소문경(思益梵天所問經)』(『대정장』15), 43상.

6.2.1.2 ▸ 지의 대의

삼지의 의미를 이해하기 위해 네 가지 각도로 분별하겠다. 먼저 깊이를 논한다면, 앞의 삼지를 구분해 보면 얕고 깊은 정도가 다른데 거친 것에서부터 미세한 것으로 들어가기 때문에 이러한 차이가 있게 되는 것이다. 계연지와 제심지는 구체적 행위[事]이므로 거칠고 얕다. 체진지는 미세한 것에 들어간 것이므로 미세하고 깊다.

두 번째로 삼지가 서로 파하는 양상을 보인다면 ① 깊은 것으로써 얕은 것을 파하는 이치가 있다. 먼저 바깥의 인연을 대상으로 산란한 마음이 일어나는 것을 파하기 위해 계연지를 세운다. 다음에 제심지는 계연지를 파하는 것이다. 마음은 색법이 아닌데 어찌 콧마루나 단전 등에 매어둘 수 있겠는가? 만일 마음을 고요하게 하고 싶다면 다만 여러 대상에 매이는 마음을 그치면 될 것이므로 제심지로써 마음을 제어하여 한 가지에 집중토록 하는 것이다. 체진지는 다시 제심지를 파하는 것이다. 마음이란 형상이 없고 자성도 붙잡을 수 없는 것인데 어떻게 제어할 수가 있겠는가? 마음이 본래 마음이 아닌 것을 깨달으면 망념이 일어나지 않으니, 이것이 '무지(無止)의 지'이고 '그치는 바 없이 그치는 것'으로 참된 지라고 할 수 있다. '유지(有止)의 지'는 다 망상에서 말미암는 것이므로 참된 지라고 할 수 없다. 지금까지 밝힌 이치가 깊은 것으로써 얕은 것을 파하여 근원으로 되돌아가는 것이다. ② 서로 돌려가며 파하는 이치가 있다. 하나의 지를 닦을 때 만일 '있다'는 집착이 생기면 즉시 다른 한 지를 취하여 앞의 지를 파하는 것이다. 세심하게 분별해 보면 알 수 있을 것이다.

세 번째로 삼지란 기호에 따라 선택하는 것이다. 본래 사람이란 자신이 좋아하여 편안히 여기는 대상이 있는 법이다. 만일 스스로 제심지만을 좋아한다거나 체진지만을 좋아한다고 할 때 그 좋아하는 법을 따라 가르친다면 곧 기쁘게 행할 것이다. 그러나 그 감정에 거스르는 법으로써 지도한다면 행하기를 즐거워하지 않을 것이다.

네 번째로 기호에 따라도 반드시 되지 않는 경우에는 근기에 따라 삼지를 선택하도록 한다. 예를 들어 어떤 사람이 체진지를 좋아하여 그것을 닦아도 선정에 들지 못할 때 잠시 계연지로써 마음을 한 대상에 집중하면 선에 들어가는 경우가 그것이다. 이러한 사례들처럼 응당 상황에 따라 마땅한 방법을 가지고 수행을 지도해야 한다.

6.2.1.3 ▸ 지를 닦는 방법

지를 닦는 방법도 삼지에 맞추어 세 가지로 나누어 설명하겠다.

6.2.1.3.1 ▸ 계연지[繫緣止]

마음을 묶어두는 대상은 대략 다섯 군데가 있다. 그것은 ① 정수리 ② 이마와 머리카락의 경계선 ③ 콧마루 ④ 하단전 ⑤ 발바닥이다. 외국의 금치(金齒) 삼장은 이를 오문선(五門禪)이라고 설한다.

문 몸의 어디에나 마음을 묶어둘 수 있는데 왜 딱 다섯 군데만 말하십니까?

답 이 다섯 군데는 용심하기에 편한 곳이지만 다른 곳은 안정되지 않은 곳이기 때문이다. 예를 들어 옆구리 같은 곳은 치우쳐 있는 곳이므로 편하지 않다. 그러나 머리는 하늘을 본받아 둥글고 발바닥은 땅을 본받아 평평하며 하단전은 기가 모이는 곳이다. 또 코는 바람이 드나드는 문이고 이마와 머리카락의 경계선[髮際]은 백골관을 닦는 곳이므로 모두 문으로 삼는 것이다.

마음을 정수리에 묶어두는 것은 수행 중에 혼침하여 자꾸 수면에 빠질 때 의식을 위에 두어 다스리는 안심법이다. 그러나 이 법을 오래 쓰면 사람을 들뜨게 하여 풍병이 든 것처럼 되기도 하고 혹은 신통을 얻은 것처럼 날고 싶은 욕망이 생기는 수도 있으므로 항상 쓸 수는 없다. 이마와 머리카락의 경계선은 검은 머리카락과 흰 살이 만나는 곳이므로 마음을 정주하기에 좋고 혹은 숙세에 닦던 백골관이 일어날 수도 있는 곳이다. 그러나 이곳도 역시 오래 집중하면 허물이 생기므로 조심해야 한다. 예를 들어 눈이 위로 향하기 쉽고, 붉거나 누런 색이 보여 마치 꽃이나 구름 같은 형상을 보는 것처럼 마음을 전도시킬 수 있는 것이다. 의식을 콧마루에 집중하는 이유는 다음과 같다. 코는 바람이 다니는 문으로서 들고 나는 숨이 잠시도 머물지 않는다는 것을 느끼면 무상함을 쉽게 깨달을 수 있어서 좋다. 또한 전세에 익힌 수식관을 도와 마음이 쉽사리 고요해지고 선정을 일으킬 수 있다. 다음에 하단전은 기가 모이는 바다로 중궁(中宮)이라고도 부른다. 이곳에 마음을 집중하면 여러 병을 없앨 수 있고 혹은 몸속의 36물을 보아 특승관(特勝觀) 등의 선을 일으킬 수 있다. 마지막으로 발바닥은 신체의 가장 하위에 있는 곳으로 기가 마음을 따라 밑으로 내려가면 사대가 잘 조화된다. 또한 부정관을 닦을 때는 대부분 밑에서부터 일어나므로 이곳에 집중하면 능히 전생에 익힌 부정관을 도와 일으킬 수도 있다.

이러한 다섯 군데를 집중의 대상으로 삼으면 마음이 흩어지지 않게 할 수 있으므로 계연지를 닦으라고 설하는 것이다. 비유하자면 원숭이가 나무 위에 있으면 뛰어다니며 까불지만 기둥에 묶어두면 오랫동안 조용히 지내는 것과 같다. 마음도 이와 같은 것이다. 마음을 머물게 하는 과정에서 아직 정에 들기 전에 또 하나의 지가 있으니 이를 응심지(凝心止)라고 부른다. 정에 들어 몸과 마음이 다 사라진 듯이 자연히 고요하게 되는 것은 입정지(入定止)라고 한다.

6.2.1.3.2 ▶ 제심지制心止

마음이란 것은 형체가 있는 색법도 아니고 머무는 장소도 없는데 어떻게 한 대상에 묶어둘 수 있겠는가. 다만 여러 대상에 대해 허망하게 일어나는 생각들을 제지하면 되는 것이다. 그리하여 마음이 고요하게 머물게 되면 더 이상 제지할 필요가 없고 다만 그 마음을 응축하기만 하면 여러 어지러운 생각이 쉬게 되는 것이 제심지를 닦는 방법이다.

문 마음을 고요하게 머물러 위아래로 움직이지 않게 한다면 느슨하거나 긴장될 때, 또 들뜨거나 가라앉을 때 어떻게 조절합니까?

 비록 마음을 위아래로 움직이지 않아야 하지만 들뜨거나 가라앉는 병을 고치기 위해서 올리거나 내려서 안정시키는 것은 수행에 잘못이 되지 않는다. 만일 마음이 들뜨면 고의로 마음을 아래에 두고, 가라앉으면 위로 두어 그칠 수 있다. 마음을 아래에 두어 안정시키면 좋은 점이 많은데, 두 가지만 든다면 마음이 쉽게 정을 얻을 수 있는 것과 병이 잘 생기지 않는 것이다.

6.2.1.3.3 ▶ 체진지[體眞止]

체진지란 바른 지혜로써 일체의 오온·십이처·십팔계·삼독·98사·십이인연 등 삼계의 인과법이 공하여 적멸함을 체득하는 것이다. 『대품경』에 설하기를 "색에 즉하여 공한 것이지 색이 멸하여 공한 것이 아니니, 색의 성품이 스스로 공인 것이다. 공은 색에 즉해 있고 색은 공에 즉해 있으며, 색을 떠나서는 공이 없고 공을 떠나면 색이 없다. 수·상·행·식 등 일체의 제법도 역시 이와 같다."[131]고 하였다. 어째서 그러한가? 지금 살펴보면 오온·십이처·십팔계 등 모든 법은 자성이 없으니 아상(我相)·인상(人相)·중생상(衆生相)·수자상(壽者相) 등의 전도된 일들은 일어날 수 없다. 어떻게 공인 줄 아는가? 예를 들어 과거에 일어난 일체의 번뇌와 업이 인이 되고 현재 부모님의 육친이 연이 되어 인과 연이 화합하므로 과보가 있게 된다. 과보가 있으므로 오온·십이처·십팔계 등 일체 제법이 생긴다.

여기서 업이란 무엇이기에 능히 과보를 낳고 오온·십이처 등의 인이 되는가? 만일 과거의 선한 마음이 업이라고 한다면 과거에 선을 지은 마음과 심소법은 모두 이미 사라졌는데 어떻게 현재의 과보와 오온·십이처등의 인이 될 수 있는가. 만일 마음은 업의 인이 아니고 마음이 업을 지어 업이 마음을 따라 오는 것이라면 마음은 곧 사라지므로 업도 응당 마음을 따라 사라져야 할 것이다. 업이 사라져버리면 어떻게 금세의 과보와 오온·십이처등의 법을 받을 수 있겠는가. 업이 사라진다면 과거

---

131) 이와 똑같은 문구는 『마하반야바라밀경』(『대정장』8)에서 찾을 수 없지만 내용의 일부와 그 사상은 「서품」을 비롯하여 「환학품」, 「실제품」등 곳곳에 설해져 있다.

의 업은 현재에 이를 수 없다. 왜냐하면 업이 오지 않기 때문이다. 업이 오지 않고 보를 받는다면, 이 보는 보라고 이름 붙일 수 없다. 왜냐하면 업이 없다면 보로써 갚을 대상도 없기 때문이다. 비록 과거의 마음은 사라져도 다음의 마음이 연속해서 생기므로 업이 현재까지 이를 수 있다고 한다면 큰 잘못이다. 왜냐하면 과거의 선한 마음이 사라지고 연속해서 악한 마음이 생길 때는 과거의 선업이 멸하고 다음의 악업이 연속해서 생길 것이므로 악업만이 현재에 이르게 되기 때문이다. 그러면 악의 과보만 받게 되지 어떻게 선의 과보를 받을 수 있겠는가. 만약 업은 오지만 마음을 따라오는 것은 아니라고 한다면, 이 업은 스스로 과보를 가져서 마음과 따로 받는 것이 된다. 그러나 현실은 그렇지 않다.

또한 업에 모양이 있다면 이것은 유위법(有爲法)이다. 유위법이라면 반드시 삼상(三相)[132]에 떨어질 것이고, 삼상에 떨어진다면 생과 멸이 있을 것이다. 생과 멸이 있다면 현재에 이르지 못하고, 과거가 이미 사라졌다면 과거의 업도 또한 사라졌을 것이니 누가 이 과보를 받겠는가. 새로운 업이 생겨서 지금의 과보를 받는다는 것도 불가능하다. 그러므로 업에 모양이 있다는 것은 이치상 맞지 않다. 그렇다고 업은 모양이 없지만 능히 과보를 받을 수 있다고 하는 것도 옳지 않다. 모양이 없는 법은 무위법인데 무위법은 업이 없으니 어떻게 과보를 받을 수 있겠는가. 또한 모양이 없는 법은 공한 법인데 공에는 생멸이 없으니 어찌 업이라고 부를 수 있겠는가. 공이고 모양이 없는 법도 능히 과보를 받을 수 있다고 한다면 세 가지 무위법(無爲法)[133]도 과보를 받아야 할 것이다. 그러나 이것은 불가능하니 업은 모양이 없지만 과보를 받을 수 있다고 말할 수는 없다.

---

132) 삼상(三相) : 일체의 유위법들이 무상하게 변해 가는 모습을 세 가지 모습으로 설한 것. 즉 생상(生相)·이상(異相)·멸상(滅相)을 말한다. 『구사론』에서는 생·주(住)·이·멸의 사상(四相)으로 나눈다.

133) 세 가지 무위법(無爲法) : 『구사론』의 5위75법설에서는 무위법(無爲法)에 허공·택멸·비택멸의 세 가지가 있다고 한다. 택멸(擇滅)이란 열반의 다른 이름으로 지혜의 힘으로 간택(揀擇 : 분별판단)하여 유위법을 일으키지 않고 멸(滅)한다는 것이다. 비택멸(非擇滅)이란 지혜로 간택하지 않았지만 인연을 만나지 못하여 영영 생겨나지 않고 멸해 있는 것을 가리킨다. 이 세 가지는 모두 생주이멸의 변화과정을 겪지 않기 때문에 무위법이라고 한다.

　　이렇듯 여러 가지로 살펴보아도 업은 붙잡을 수 없으니 어찌 오온·십이처·십팔계 등의 일체법이 모두 자신의 업인(業因)으로 생긴다고 할 수 있겠는가. 그렇다고 바깥의 연으로부터 생긴다고 할 수도 없다. 과보가 밖의 연에서 생긴다면 음과 양이 만나면 항상 오온·십이처·십팔계 등 일체의 법이 과보로서 생겨야 한다. 그러나 실은 업을 지니는 식이 와야 비로소 생기므로 바깥의 연에서 생기는 것이 아님을 알 수 있다. 인과 연이 합쳐서 오온·십이처 등의 과보가 생기는 것도 아니다. 만일 인과 연 각각에 생겨남이 있다면 합쳤을 때 두 가지가 생겨야 하고, 각각에 생겨남이 없다면 합쳐도 역시 생길 수 없을 것이기 때문이다. 인과 연에 관계없이 생긴다고 하면 어떤가? 이것은 그렇지 않으니 인과 연에서 생기는 것도 불가능한데 어떻게 인연도 없이 생길 수가 있겠는가? 인연이 없이 생긴다면 인과의 이치가 무너져서 세간에서 선을 행한 사람이 악보를 받고 악을 행한 사람이 선보를 받으며 도를 닦을 이유도 없게 된다. 이것은 세간의 선악인과를 깨뜨리는 것으로 큰 사견(邪見)이라고 부른다.

　　오온·십이처 등의 일체법은 안의 인에서 생기는 것도 아니고 바깥의 연에서 생기는 것도 아니며, 인과 연이 합쳐서 생기는 것도 아니고 또한 인연 없이 있는 것도 아님을 알아야 한다. 있는 것이 아니라면 공인 것이요 아무 것도 없는 공 가운데서 있다고 헤아리는 것은 무명 때문에 전도된 허망한 생각이다. 전도로 인해 있는 것이라고 헤아리는 법은 사실은 모두 꿈처럼 허망하게 속이는 법이고 이름만 있는 법이다. 이름뿐인 법은 붙잡을 수 없으니 언어가 끊어지고 마음작용이 사라져 끝내는 허공처럼 공적한 것이다. 수행자가 이처럼 일체의 법이 허공과 같음을 체득한다면 취하지도 않고 버리지도 않으며 의지하거나 집착하지도 않게 된다. 그리하여 일체의 망상 전도와 생사를 받는 업을 행하지 않게 되고 작위적인 욕심과 행위와 조작, 드러냄과 다툼도 사라져 텅 빈 듯이 청정하게 되니 대열반과 같다. 이것을 참된 지(止)라고 부르니, 바로 그치는 바 없이 그치는 것이요 무지(無止)의 지라고 할 수 있어서 체진지라고 부른다. 그러므로 경전에서 다음과 같이 게송으로 설하였다.

일체의 법은 인연으로 생겨

주인이 없이 공한 것이니

마음을 그치고 근원을 통달하는 이

사문이라고 부르네.[134]

6.2.1.4 ▸ 지를 증득하는 양상

지를 증득하는 모습에 대해서는 두 가지 견해가 있다. 어떤 이는, 지는 별도로 증득하는 것이 없고 다만 다른 선정의 전방편이 될 뿐이라고 한다. 만일 증득하는 것이 있다면 이것은 이미 다른 선정에 속하는 것이라고 본다. 이 내용은 선근이 발현하는 것을 밝히는 곳에 그 설명이 있다. 두 번째 견해로는, 지는 다만 공통적으로 다른 선정을 일으키는 작용만 하는 것이 아니라 스스로도 별도의 증득하는 법이 있으니 그것은 바로 오륜선(五輪禪)이라고 한다. 왜냐하면 다른 선정들은 지 외에 다른 안심법(安心法)을 쓴 뒤에야 선정이 일어나는데, 오륜선은 이와 달리 다만 마음을 제어하여 한 군데 집중하면 선정이 일어나기 때문이다. 비유하면 맑은 물에 물결이 없으면 모든 상이 다 비추듯이 지도 이와 같다는 것이다.

이제 지를 닦아 오륜선을 증득하는 것을 밝히겠다. 오륜이란 ① 지륜 ② 수륜 ③ 풍륜 ④ 금사륜 ⑤ 금강륜으로 모두 비유를 빌어 이름을 붙인 것이다. '륜(輪)'이란 바퀴이니 굴러가는 것이다. 바퀴가 구르면 이곳을 떠나 저곳에 도착하듯이 선을 닦는 바퀴도 이와 같다는 것이다. 예를 들어 지륜이라면 마음이 어지러운 아래 단계에서 굴러 윗 단계에 이르게 하는 것이다. 내지 금강륜도 이와 같이 굴러서 무학과라는 마지막 단계에까지 이르도록 한다는 뜻이다.

지륜의 지(地)에는 두 가지 이치가 있다. 첫째는 머물러 움직이지 않는다는 것이고, 둘째는 만물을 낳는다는 이치이다. 수행자가 지를 닦아 미도지정을 증득하면

---

134) 『찬집백연경(撰集百緣經)』(『대정장』4), 255하.

홀연히 마음이 맑아지면서 몸과 마음이 허공처럼 텅 빈 듯이 선정에 들어감을 느끼게 된다. 그러면 정법이 마음을 유지하여 동요하지 않게 되니 '머문다'고 한다. 또한 미도지정으로 인해 초선이 생기고 여러 가지 공덕도 생기는 것이 마치 만물을 낳은 것과 같은 것이다.

수륜의 수(水)에도 두 가지 뜻이 있으니 윤택하게 적셔서 기른다는 것과 성질이 부드럽다는 것이다. 수행자가 지륜의 단계에서 수륜삼매를 증득하면 여러 선정 공덕이 생겨 정(定)의 물이 마음을 윤택하게 한다. 그리하여 마음 가운데 선근이 자라나는 것을 느끼게 되니 윤택하게 적시는 것이 된다. 정을 얻으면 신심이 부드러워지고 교만한 마음이 조복되어 법을 기쁘게 따르게 되므로 부드럽다는 의미로 수륜이라고 한다.

풍륜(風輪)은 세간의 바람과 같이 세 가지 뜻이 있다. 첫 번째는 걸림 없이 허공을 다닌다는 것이고 두 번째는 만물을 움직이게 한다는 것이며 세 번째는 능히 파괴할 수 있다는 것이다. 수행자가 풍륜삼매를 일으키면 선정으로 인해 상사즉(相似卽)[135]의 지혜를 얻어 바람이 허공을 다니듯이 일체에 걸림 없는 방편을 얻게 된다. 그리하여 각종 출세간의 선근을 격발하여 공덕이 늘어나므로 만물을 움직이게 하는 것과 이치가 같다. 파괴한다는 것은 지혜로운 방편으로 일체의 사견과 번뇌를 파괴한다는 뜻이다. 이승(二乘)의 수행자가 이 풍륜삼매를 얻으면 깨달음과 유사한 무루 지혜가 개발되어 다섯 단계의 방편위(方便位)[136]에 오르게 되고, 보살이라면 철륜위(鐵輪位)[137]인 십신(十信)의 단계에 오를 수 있다.

---

135) 상사즉(相似卽) : 천태학에서 말하는 원교(圓敎)의 수행 계위인 육즉(六卽)의 네 번째 단계. 깨달음과 비슷한 이해가 생기므로 상사즉이라고 하는데 보살52계위에 배대하면 초신부터 10신까지를 말한다.

136) 다섯 단계의 방편위(方便位) : 성문승의 성인의 계위인 사과(四果)를 얻기 전에 오르는 외범부의 세 단계[오정심·별상념처·총상념처]와 내범부의 네 단계[난·정·인·세제일법]를 칠방편위라고 하는데, 천태학에서는 이 가운데 오정심위를 제외하고 별상념처와 총상념처위를 하나로 합쳐 오방편이라고 한다. 담연, 『지관보행전홍결』(『대정장』46), 290하 참조.

137) 철륜위(鐵輪位) : 세계를 통치하는 전륜성왕은 금륜성왕부터 철륜성왕까지 네 등급이 있는데 각각 수레바퀴 모양의 강력한 무기인 금·은·동·철륜보를 지닌다. 이 네 가지를 보살 계위에 비유한 것으로 철륜위는 십신에 해당한다.

금사륜(金沙輪)의 금은 변하지 않으니 참된 것, 즉 진여(眞如)를 비유한 것이고 모래는 붙지 않으니 집착이 없음을 비유한 것이다. 수행자가 견혹(見惑)과 사혹(思惑)[138]을 깨뜨리는 참된 지혜를 발하면 번뇌에 물들거나 집착함이 없이 삼도(三道)의 과보[139]를 얻어 성인이 된다. 그가 보살이라면 삼현십지[140]에 올라 능히 진사혹(塵沙惑)[141]의 번뇌를 깨뜨리게 된다.

마지막으로 금강륜삼매는 제9 무애도(無礙道)[142]를 일컫는 것이다. 금강이란 성질이 견고하고 작용이 날카로워서 능히 온갖 물건을 부술 수 있다. 금강삼매도 이처럼 견고하고 날카로워서 허망한 미혹이 침입하지 못하고 일체의 번뇌를 다 끊어 버릴 수 있으니 이를 통해 아라한을 이룰 수 있다. 보살의 마음이라면 이것이 바로 금강반야의 지혜로써 미세한 무명혹을 깨뜨리고 일체종지(一切種智)[143]를 증득하게 되니 이를 달리 청정선(淸淨禪)이라고도 부른다. 보살은 이 선정에 의지하여 대보리를 얻을 수 있다.

또한 바퀴는 소가 끌지 않으면 홀로 구를 수 없듯이 오륜선도 이끌어주는 것이 있어야 한다. 즉, 각 단계마다 온갖 묘한 공덕이 있지만 진여를 체득한 지혜가 앞에

---

138) 견혹(見惑)과 사혹(思惑) : 잘못된 견해에 의해 생기는 미혹이 견혹이고 감정이나 습관에 의해 생기는 미혹이 사혹이다. 견혹은 사성제를 깨달으면 바로 깨지지만 사혹은 견혹을 갠 이후에 계속 수행하여 깨뜨려야 하므로 수혹(修惑)이라고도 한다.

139) 삼도과(三道果) : 견도·수도·무학도를 삼도의 과라고 한다. 성문 성인의 초과는 견혹을 끊은 뒤 얻는 것이므로 견도위(見道位)라 하고, 2, 3과는 사혹(수혹)을 끊는 자리이므로 수도위(修道位)라고 하며, 더 이상 익힐 것이 없는 최고의 계위인 아라한은 무학위(無學位)라고 한다.

140) 삼현십지(三賢十地) : 보살의 계위 가운데 10주·10행·10회향을 현자의 세 단계라는 의미로 삼현위라 하고 여기에 성인 단계인 10지를 포함하여 삼현십지라고 부른다.

141) 진사혹(塵沙惑) : 세속제(世俗諦;假諦)는 먼지나 모래처럼 많으므로 진사혹이라 한다. 공을 체득한 보살들이 중생 구제를 위해 방편을 익힐 때 만나는 미혹이다.

142) 제9 무애도(無礙道) : 삼계를 구지(九地)로 나누면 각 지마다 견혹과 사혹이 있는데 사혹을 끊는 자리를 무애도, 혹은 무간도(無間道)라 하고 끊고 난 자리를 해탈도라고 한다. 각 지마다 9품의 사혹이 있어서 9무애도와 9해탈도가 있게 되며, 이 가운데 마지막 사혹을 끊는 자리가 제9 무애도이다.

143) 일체종지(一切種智) : 성인의 단계에 올라 불과에 이르기까지 얻는 지혜를 세 등급으로 나누는데 첫 번째가 일체지(一切智)이고, 두 번째가 도종지(道種智), 세 번째가 일체종지(一切種智)이다.

서 이끌어 집착하지 않도록 훈습하지 않는다면 그 공덕에 걸려서 구르는 작용을 못하게 되는 것이다. 수행자가 집착을 없애는 체진지(體眞止)를 잘 닦아야 처음 마음을 일으켰을 때부터 굴러서 마지막 과보에까지 이를 수 있으니, 비로소 바퀴의 작용을 이룰 수 있다. 그러므로 『법화경』에서는 "중생들은 곳곳에 집착하니 빠져 나오도록 이끌어야 한다."[144]고 하였다. 그러므로 수행자가 지(止)를 잘 수행하면 능히 오륜선을 갖추어 삼승의 성인과를 증득할 수 있음을 알아야 한다.

6.2.2 ▸ 선·악 근성의 증험

수행자가 지를 잘 닦아서 어지러운 생각들이 그치면 마음이 맑고 고요해지므로 숙세의 선근(善根)이 자연히 발현한다. 만일 닦아놓은 선이 없으면 악근(惡根)들이 발현한다. 그러므로 경전에 이르기를, "먼저 정으로써 움직이고 뒤에 지혜로써 뽑아버린다."[145]고 하였다. 지를 첫 단계의 수행문으로 삼으면 선근과 악근 가운데 반드시 한 가지는 나타나므로 수행자가 그 상을 알아 취할지 버릴지를 선택해야 하므로 분별해야 하는 것이다. 지금 선·악의 근성 가운데 먼저 선근을 설명하고 뒤에 악근을 밝히지만 이는 각 수행자의 근기에 따른 것이지 발현하는데 정해진 순서가 있는 것은 아니다.

6.2.2.1 ▸ 선근의 증험

6.2.2.1.1 ▸ 선법의 종류

선(善)은 두 종류가 있으니 외선(外善)과 내선(內善)이 그것이다. 외선에도 수많

---

144) 『묘법연화경』 「방편품」(『대정장』9), 6상의 게송.
145) 『대반열반경』31 「사자후보살품」(『대정장』12), 793하.

은 종류가 있으나 대략 다섯 가지가 중요하다. 첫 번째는 보시를 행하는 것이고 두 번째는 계율을 지키는 것이며 세 번째는 부모님께 효도하고 스승과 웃어른께 순종하는 것이다. 네 번째는 삼보(三寶)에 공손히 귀의하여 정성스럽게 기도하고 공양하는 것이며 다섯 번째는 경전을 읽고 법문을 듣는 것이다. 이러한 다섯 종류의 선근을 모두 외선근이라고 한 이유는, 이러한 선행은 산란한 마음 가운데 닦는 것으로 욕계를 벗어나 각종 무루 선정을 일으킬 수 없기 때문이다.

내선은 오문선(五門禪)으로 나눌 수 있으니 ① 아나파나문 ② 부정관문 ③ 자심문 ④ 인연문 ⑤ 염불삼매문이 그것이다. 이 다섯 가지 문은 일체의 선정을 다 포괄하여 무루를 발하도록 해주므로 내선이라고 부른다.

문 내선은 무량하게 많은데 왜 다섯 가지 문만을 말하십니까?

답 다섯 가지는 적은 것 같지만 이 수행은 모든 선에 다 통한다. 아나파나문은 근본선과 십육특승, 통명관 등에 통하고 부정관문은 구상, 팔배사, 초월삼매 등 각종 선정 삼매에 통한다. 자심문은 사무량심 등에 통하고 인연문을 통해서는 십이인연관, 사제관 등 혜행의 선정 삼매에 이를 수 있다. 마지막으로 염불문을 통해서는 구종대선과 108삼매에 이를 수 있다. 또한 아나파나문은 세간의 범부선이고 부정관문은 성문승이 닦는 출세간선이며 자심문은 범부와 성인이 큰 복덕을 위해 닦아서 사무량심에 드는 것이다. 인연문은 연각승이 수행하는 것이고 염불문은 공덕이 광대하므로 모든 보살들이 닦는 것이다. 이것은 오문선의 차례와 얕고 깊은 상을 간략히 보인 것이지만 이 다섯 가지에 모든 선정이 다 포괄됨을 알 수 있다. 그리고 오문선으로 네 부류의 번뇌[146]를 다스릴 수 있다. 이 네 번뇌는 8만4천의 온갖 번뇌를 일으키는 근본인데 오문선은 이를 다스릴 8만4천의 법문을 낼 수 있음을 알아야 한다. 이로써 본다면 다만 다섯 문만을 설하여도 일체의 내선이 이곳에 다 갖추어진다고

---

146) 네 부류의 번뇌[四分煩惱] : 탐·진·치의 삼독과 이 세 가지가 함께 작용하는 등분(等分) 번뇌를 말한다. 앞의 외방편 가운데 오개(五蓋)를 설명하는 부분에서 나왔다.

할 수 있다. 설일체유부에서 밝히고 있는 바, 현자의 계위 첫 단계에서 닦는 오정심
관(五停心觀)[147]이 이것과 서로 통한다.

6.2.2.1.2 ▸ 선근善根의 발현 양상

6.2.2.1.2.1 ▸ 외선근外善根의 발현 양상

외선근은 여러 가지가 있지만 앞 절에서 밝힌 종류대로 그 발현 양상을 설명하
겠다. 먼저 수행자가 좌선을 행하다가 고요하게 정에 들었을 때 홀연히 각종 옷·깔
개·음식·보물·전원·연못·수레 등이 보이거나, 인색하게 탐내는 것이 사라져 보
시를 행하여도 아깝지 않다는 마음이 생기는 경우가 있다. 이것은 전생이나 금생에
보시를 행한 습인(習因)과 보인(報因)[148]의 두 가지 선근이 발현하는 모습이다. 두 번
째로 수행자가 고요하게 정에 머물러 있는데 홀연히 자신의 단정한 모습이나 격식
에 맞추어 청정한 옷을 입고 있는 모습, 그리고 청결하게 목욕하고 깨끗하고 좋은
물건을 얻는 모습 등이 보이는 경우가 있다. 혹은 마음이 고요한 것을 인하여 삼가
고 참는 마음이 생기면서 저절로 죄의 경중이 알아지거나 내지는 작은 죄라도 두려
워하는 마음이 생겨서 인욕하면서 겸손해지기도 한다. 이러한 것들은 과거나 금생
에 계율을 잘 지키며 참았던 습인과 보인의 두 종류 선근이 발현하는 모습이다. 세
번째로 수행자가 선정 중에 홀연히 스승이나 부모, 종친권속들이 깨끗한 옷을 단정

---

147) 오정심관(五停心觀) :『구사론』 등의 유부논서에서 설하는 수행 계위는 현인의 일곱 단계와 성인의 네
　　단계로 나누어진다. 이 가운데 현인의 일곱 단계는 다시 오정심(五停心)·별상념처(別想念處)·총상
　　념처(總想念處)의 삼현(三賢)과 난(煖)·정(頂)·인(忍)·세제일(世第一)의 사선근위(四善根位)로 나
　　뉜다. 수식관·부정관·자비관·인연관·염불관 등 오정심관을 행하는 자리가 오정심위이다.
148) 습인(習因)과 보인(報因) : 선이나 악의 성질을 갖는 습과(習果)를 초래하는 것이 습인이고 선악이 결
　　정되지 않은 무기(無記)의 보과(報果)를 초래하는 것이 보인이다. 예를 들어 탐욕심이 많은 사람[習因]
　　이 그 때문에 악업을 지어[報因] 삼악도에 떨어졌다면, 삼악도 자체나 그곳에서 받는 몸은 선악을 말할
　　수 없는 무기이므로 보과(報果)라 하고, 그곳에서도 몸에 밴 습기 때문에 탐욕을 부리는 것은 습과(習
　　果)라 한다. 신역(新譯)으로는 보인은 선악의 성질이 다른 결과를 초래한다는 뜻으로 이숙인(異熟因)
　　이라고 하며 습인은 같은 성질의 결과를 낳으므로 동류인(同類因)이라고 한다.

하게 입고 기뻐하는 모습 등이 보이거나 또는 마음이 고요하므로 자연히 자비심과 공경심이 생기는 경우가 있다. 이것은 과거나 금생에 웃어른께 효순했던 습인과 보인의 선근이 발현하는 양상이다. 네 번째로 수행자가 참선 중에 홀연히 탑사나 불상, 경전 등에 공양을 올리는 모습이나 대중들이 장엄하게 모여 법회를 하는 모습이 보이거나, 혹은 고요한 마음 가운데 삼보를 공경하여 공양 올리기를 좋아하고 용맹하게 정진하여 게으른 마음이 들지 않는 경우가 있다. 이것은 전생이나 금생에 삼보를 경건하게 믿고 정근하며 공양한 습인과 보인의 선근이 나타나는 모습이다. 다섯 번째로 좌선 중에 마음이 맑고 고요한 것을 인하여 경전을 풀이하거나 독송하고, 대승의 덕 있는 사부대중이 설하는 것을 듣는 경우가 있다. 혹은 마음이 고요한 것을 인하여 독송하는 것이 저절로 귀에 들어와 듣는 대로 내용이 다 알아지기도 한다. 혹은 자연히 대·소승의 경전에 능통하여 걸림 없이 다 분별할 수 있게 되기도 한다. 이것은 모두 과거나 금생에 경전을 독송하고 설법을 들었던 습인과 보인의 두 종류 선근이 발현하는 양상이다.

수행자가 이렇듯 입정의 초기에 여러 가지 좋은 모습을 보거나 좋은 마음이 일어나는 경우, 이것은 대부분 선정이 아니라 과거나 금생에 산란한 마음 가운데 닦은 공덕이 지금 마음이 고요해지므로 발현하는 것이다. 여러 가지 형상이 보이는 것은 모두 보인의 상에 속하고 좋은 마음이 일어나는 것은 습인의 선근이 발현하는 것이다. 이와 같은 것은 아무리 설해도 다 말할 수 없으므로 대략 중요한 것만 보였다. 또한 습인과 보인이 발현하는 것은 수행자의 근기에 따라 다르다. 수행자에 따라 보인의 상만 발현하고 습인의 선한 마음은 발현하지 않는 경우가 있고, 습인의 선한 마음만 발현하고 보인의 모습은 나타나지 않는 경우가 있다. 혹은 습인과 보인이 모두 나타나는 경우가 있고 또 두 가지 모두 나타나지 않는 경우도 있다. 이러한 일들은 인연이 복잡하므로 일일이 풀이할 수 없다.

무 산란한 마음 중에 닦은 선근이 어찌하여 정심(定心) 중에 발현합니까?

답 선정에 들어가면 과거와 금생에 일어났던 온갖 번뇌와 악업도 볼 수 있거늘 어찌 이치에 따르는 선근이 보이지 않겠는가?

문 이러한 여러 상이 보이는 것에도 마가 작용하는 것이 있지 않겠습니까?

답 물론 마의 작용인 경우가 있다. 마의 작용으로 이러한 상이 발현할 때에는 수행인의 마음을 어지럽게 하고 혹은 온갖 번뇌가 생기면서 핍박하는 등 방해작용이 많아 정심에 도움이 되지 않는다. 이와 달리 선근이 발현하는 경우는 수행인이 상을 보고 난 뒤 설령 아직 선정을 증득하지 못하였다 해도 감각기관이 청정하고 정신이 맑으며 몸에도 힘이 있어 좋은 생각을 개발하는 데 유리한 작용을 한다. 이로 인하여 정신이 쉽게 집중되고 신심이 안온하여 여러 병폐가 없다면 이것은 선근이 발현한 것임을 알 수 있다. 또한 이러한 일로 선근이 발현하면 보인의 상은 잠시 나타났다가 사라지고 습인으로 일어난 선한 마음은 끊어지지 않고 지속된다. 그러나 마가 작용한 보인의 상이라면 오랫동안 사라지지 않고, 설사 사라진다 해도 금방 다시 나타나서 수행인을 어지럽게 한다. 반대로 습인의 선한 마음은 잠시 나타났다가 금방 사라지거나 혹은 악념으로 변하기도 한다. 이렇듯 나타나는 상이 바른 것인지, 아니면 삿된 것인지는 분별하기가 매우 어려우므로 자신의 스승이 밝게 판단해 주기 전에는 함부로 취하면 안 된다.

문 이러한 선근들은 모두 선정 초기에만 발현합니까? 아니면 각종 선정을 증득하여 정이 깊은 상태에서도 발현합니까.

답 이것은 일정하지 않다. 반드시 선정의 초기에만 발현하는 것은 아니지만 외선은 거친 것이므로 먼저 설명한 것일 뿐이다.

6.2.2.1.2.2 ▶ 내선근內善根의 발현 양상

앞서 설명한 오문선에 의거하여 내선근이 발현하는 양상을 밝히겠는데, 이 다섯 문은 다시 각각 셋으로 나눌 수 있으니 도합 열다섯 종류의 선근이 있다.

먼저 아나파나문의 선근이 발현하는 양상은 세 종류로 나눌 수 있으니 ① 수식(數息)선근 ② 수식(隨息)선근 ③ 관식(觀息) 선근이 그것이다. 먼저 호흡을 세면서 마음을 고요하게 하는 단계인 수식(數息)의 선근은 다음과 같다. 수행자가 앞에서 밝힌

대로 세 가지 지를 잘 닦아서 몸과 마음이 조화를 이루면 욕계정과 미도지정 등의 선(禪)이 발현하여 신심이 맑고 고요해지면서 안정된다. 이후에 한 번이나 두 번 좌선할 때, 내지는 열흘이나 한 달 혹은 1년이 경과하도록 호흡이 안정되어 정이 사라지지 않는 경우가 있다. 그러다가 정에 든 상태에서 홀연히 몸과 마음이 꿈틀거리면서 팔촉(八觸)149)이 차례로 일어나는 것은 근본 사선 가운데 초선을 닦은 선근이 발현하는 모습이다. 이 선정이 발현하면 기쁨과 즐거움, 그리고 선한 마음이 생겨나면서 이루 말할 수 없이 편안하다. 이처럼 초선이 발현한 뒤에는 제4선이나 공처정(空處定) 등 무색계정에 이를 수 있다.

두 번째로 자연스럽게 의식이 호흡을 따라가는 수식(隨息) 단계의 선근이 일어나는 모습은 다음과 같다. 역시 욕계정이나 미도지정의 단계에서 홀연히 호흡이 길고 짧은 것이나 온몸에 숭숭 뚫린 모공이 느껴지면서 몸을 이루는 36물이 심안을 통해 밝게 보인다. 그것은 마치 창고를 열고 안에 든 각종 곡식을 들여다보는 것과 같아서 크게 놀라면서도 기쁘다. 그리고 마음이 고요하고 편안하여 온갖 몸의 작용이 다스려지고 내지는 마음에 기쁨과 즐거움 등이 느껴지는 것은 숙세에 십육특승을 닦았던 선근이 발현하는 모습이다.

세 번째로 호흡을 관찰하는 관식(觀息)선근으로 이 또한 욕계정이나 미도지정의 미세한 마음 상태에서 발현한다. 홀연히 공기가 모공을 통해 출입하여 걸리지 않고 온 몸을 다니는 것이 보인다. 그것이 점차 밝고 예리해지면서 마치 얇은 비단에 싸인 듯이 여러 겹의 피부와 내지는 살과 뼈가 보인다. 또한 몸속에 있는 8만 마리의 벌레가 굵은 것과 가는 것, 긴 것과 짧은 것이 다 보이고 그들의 소리까지도 들을 수 있다. 정심에서 느끼는 기쁨과 즐거움은 앞보다 배나 된다. 혹은 몸이 마치 파초나 물거품, 구름처럼 알맹이가 없음을 보게 된다. 이러한 것은 통명관의 선근이 발현하는 모습이다.

---

149) 팔촉(八觸) : 초선이 일어날 때 나타나는 여덟 가지 몸의 감촉. 뒤의 사선에 대한 설명을 참조.

다음에 부정관문에 포함되는 선근은 세 종류로 구분할 수 있으니 ① 구상 ② 팔배사 ③ 대부정관이다. 먼저 구상(九想)의 선근은 다음과 같다. 욕계정이나 미도지정의 고요한 마음 상태에서 홀연히 남녀의 불어 터진 시신이 보인다. 그 때 깜짝 놀라면서 미혹하게 보내던 자신의 과거가 근심스러워지고 오욕(五欲)이 영영 싫어지는 마음이 생긴다. 혹은 시신이 퍼렇게 변한 것이나 피가 흐르는 것, 썩어서 고름이 흐르는 것, 뜯어 먹히고 남은 살과 백골이 낭자하게 흩어져 있는 것 등이 보이기도 한다. 이러한 것들은 숙세에 구상을 수행한 선근이 발현하는 것이다.

두 번째로 배사(背捨)의 선근도 역시 욕계정이나 미도지정 중에 일어난다. 홀연히 자신의 36가지 부정물이나 불어터진 시신이 보인다. 혹은 자신이 백골만 남아 머리끝부터 발끝까지 수많은 뼈가 서로 이어져 앉아 있고 내지는 거기서 휘황하게 광명이 비추어 나오는 모습을 볼 수 있다. 이 때 선정심이 안온하고 오욕이 싫어지면서 자아에 대해 집착하는 마음이 없어지면 이것은 팔배사(八背捨)를 닦은 선근이 발현하는 모습이다.

세 번째로 대부정관(大不淨觀)의 선근이 나타나는 모습은 다음과 같다. 욕계정이나 미도지정의 고요한 단계에서 자신의 몸이나 남의 몸, 그리고 일체의 짐승들 의복·음식·산천초목이 모두 더럽게 보인다. 혹은 한 집안에 있는 것들이 더럽게 보이기도 하고 혹은 한 마을·한 나라 내지는 시방의 모든 것들이 더럽게 보이기도 한다. 또 백골이나 내지는 자신의 백골에서 밝은 빛이 나오는 것이 보이기도 하는데, 이러한 것들은 대부정관인 승처(勝處)를 수행한 선근이 발현하는 양상이다. 이 관이 발현할 때는 능히 일체의 집착을 깨뜨릴 수 있다.

다음에 자심문(慈心門)의 선근이다. 자심관에는 세 가지 선근이 다르게 발현하니 그것은 ① 중생을 인연한 자비 ② 법을 인연한 자비 ③ 인연이 없는 자비이다. 욕계정이나 미도지정 단계의 고요한 마음에서 홀연히 중생들에 대한 자심(慈心)이 생기는데, 먼저 친한 이들이 즐거워하는 모습이 보이면서 이로 인해 선정이 일어나 마음이 안온하고 즐겁다. 내지는 중간쯤 친한 이들이나 원수들까지 즐거워하는 모습이 보이며 화내는 마음이나 원한이 모두 사라진다. 이렇듯 즐거워하는 모습들이 무한히 늘어나 시방에 가득 차고 원한이 다 사라지는 것은 중생을 인연한 자심을 수행한 선근이 발현하는 모습이다. 혹은 중생을 인연한 비심(悲心)이나 희심(喜心) 그리고 사심(捨心)도 이와 같다.

두 번째로 법을 인연한 자심이 일어나는 모습은 다음과 같다. 역시 욕계정이나 미도지정의 단계에서 홀연히 자신이나 다른 중생이 오온·십이처의 법일 뿐이라는 것을 자각한다. 생기는 것은 단지 법이 생기는 것일 뿐이고, 멸하는 것도 단지 법이 멸하는 것일 뿐이니 중생이라든가 아(我)·아소(我所)를 볼 수 없다. 다만 오온만 있을 뿐인데 수온(受蘊) 가운데는 즐거운 느낌[樂受]만 있다. 이렇게 자각한 뒤에 이 즐거운 느낌을 인연하여 자무량심 선정이 일어나니, 성내는 마음이나 원한이 사라지고 내지는 광대하고 무량하게 일어나 시방에 가득 차면 이것은 법을 인연한 자비가 발현하는 것이다. 내지는 법을 인연한 비심이나 희심·사심의 선근도 이와 같은 양상으로 일어난다.

세 번째로 인연이 없는 자심의 선근이 일어나는 모습은 다음과 같다. 욕계정이나 미도지정 중에 홀연히 일체의 법은 있는 것도 아니고 없는 것도 아님을 깨달아 치우친 견해가 없어진다. 중생이거나 중생이 아니거나, 법이거나 법이 아니거나 어떻게 말하여도 모두 붙잡을 수 없으니 인연의 대상으로 삼을 것이 없다. 연(緣)이 없으니 전도몽상이 다 그치고 적연히 안락하게 되어 마음이 자무량심 선정과 상응한다. 일체의 대상을 평등하게 보아 똑같이 안락하게 느껴지니 성내는 마음이나 원한이 다 사라진다. 내지는 이러한 마음이 광대하고 무량하게 일어나 시방에 가득 차는 것은 인연이 없는 자심을 수행한 선근이 일어나는 모습이다. 인연이 없이 일어나는 비심이나 희심 그리고 사심도 이와 같다.

다음으로 인연문의 선근을 설명하면, 인연관에는 세 가지의 선근이 있다. ① 삼세 십이인연 ② 과보 십이인연 ③ 일념 십이인연이 그것이다. 먼저 삼세(三世) 십이인연관을 닦은 선근이 발현하는 모습은 다음과 같다. 역시 욕계정이나 미도지정 단계에서 홀연히 삼세를 미루어 살펴보는 마음이 생기는 것을 느낄 수 있다. 그러면 오랜 과거에 무명에 덮인 이래 아상(我相)이나 인상(人相)을 볼 수 없고 무명 등의 법은 단절되는 것도 아니고 영원히 이어지는 것도 아님을 알 수 있어서 62가지 각종 사견의 그물을 제거할 수 있다. 이리하여 바른 정이 얻어지고 마음이 고요하고 안온 하며, 관하는 지혜가 밝아져 일체의 번뇌에 걸림 없이 통달하게 된다. 그리고 신업 (身業)과 구업(口業)이 청정해져서 바른 수행이 성취된다. 이것이 삼세 십이인연관을 행하였던 지혜가 선근으로 발현하는 모습이다.

두 번째로 과보(果報) 십이인연관을 수행한 선근이 발현하는 모습이다. 욕계정 이나 미도지정 중에 홀연히 의식이 밝고 예리해지면서 다음과 같은 생각이 일어난 다. "내가 처음 생겨날 때는 부모의 신체 일부를 취하여 내 존재를 삼았으니 이것을 가라라(歌羅邏)라고 부른다. 가라라 때를 무명이라 하고 이를 인연으로 행과 식, 내지 는 늙고 죽음이 있게 되는 것을 십이인연이라고 부른다. 가라라는 다만 세 가지가 화 합하여 생기는 것인데 이 세 가지는 알맹이[實]가 없으므로 인(人)이나 아(我)가 없다. 그러므로 무명 등의 열두 가지 인연법이 무엇을 의지하여 있다고 하겠는가? 만일 무 명 등의 법이 결정적으로 있는 것이라고 볼 수 없다면 또한 없다고도 할 수 없지 않는 가?" 이와 같이 생각할 때 있다거나 없다는 견해가 깨어지고 바른 도에 돌아가 바른 정과 상응하게 되니 지혜가 개발되고 여러 그릇된 행을 여의게 된다. 이러한 십이인 연관은 『대집경』[151]에 자세히 나와 있다. 이와 같이 십이인연을 밝혀보면 고제·집제 와 똑같으니 이에 의거하여 사제(四諦)를 관한 선근이 발현하는 것도 밝힐 수 있다.

세 번째로 일념(一念) 십이인연관을 행한 선근이 발현하는 모습은 다음과 같다. 마음이 고요한 욕계정이나 미도지정의 단계에서 홀연히 찰나에 일어나는 마음에는 인(人)도 아(我)도 없고 본래 자성이 없음을 자각하게 된다. 어째서 그러한가? 한 생각 이 일어날 때는 반드시 인과 연을 의지하는데, 십이인연을 다 살펴보아도 자성을 가 진 것은 없으니 한 생각에 어떻게 고정된 실재가 있겠는가? 만일 실재하는 한 생각을 얻을 수 없다면 세간의 근본 성질을 찾으려는 그릇된 집착이 깨어진다. 그리하여 마 음이 바른 정과 상응하여 지혜가 샘물처럼 개발되며 이에 따라 신업과 구업이 청정

---

150) 『대방등대집경』15(『대정장』13), 103하 등.

해져서 온갖 그릇된 행위를 여의게 된다. 이것이 일념 십이인연관을 행하였던 선근이 발현하는 양상인데 이 또한 『대집경』에 자세히 밝혀져 있다. 이와 같은 일념 십이인 연관에 준하여 일심에 사제가 갖추어짐을 관한 선근이 발현하는 양상도 알 수 있다.

마지막으로 염불삼매문의 선근이 나타나는 양상을 밝힌다면, 염불문에서도 세 가지로 선근이 다르게 나타나는데 그것은 ① 염응불 ② 염보불 ③ 염법불이다. 이 세 가지 불신(佛身)의 뜻에 대해서는 『능가경』에 잘 설해져 있다. 첫 번째, 응신불(應身佛)을 염한 선근이 발현하는 모습은 다음과 같다. 욕계정이나 미도지정 중에 홀연히 부처님의 공덕이 떠오르면서 이렇게 생각한다. "여래께서는 과거 아승기 겁 동안 일체 중생들을 위해서 육바라밀을 모두 닦았다. 그리하여 일체의 공덕과 지혜를 갖추었기 때문에 몸에는 32상 80종호의 광채가 있고 마음에는 완전한 지혜가 생기게 되었다. 마군을 조복하고 스승 없이 깨달은 뒤 남도 깨우치기 위해 바른 법륜을 굴려서 일체 중생을 널리 제도하셨다. 열반에 드신 뒤에는 사리와 경전으로써 중생들을 널리 이롭게 하셨으니 이러한 공덕들이 끝없이 무량하게 많으시다." 이러한 생각을 할 때 공경심이 생기고 삼매가 개발되어 안락한 선정에 들게 된다. 혹은 선정 중에 부처님의 상호를 보고 선한 마음이 개발되기도 하고 혹은 부처님의 설법을 듣고 청정하게 믿고 이해하는 마음이 생기기도 한다. 이러한 뛰어나고 훌륭한 경계는 한 두 가지가 아니다. 이것이 과거에 응신불을 염한 선근이 발현하는 모습이다.

두 번째로 보신불(報身佛)을 염한 선근이 발현하는 모습은 다음과 같다. 욕계정이나 미도지정 중에 홀연히 다음과 같은 생각이 떠오른다. "시방 부처님들의 진실하고 원만한 과보신은 고요히 항상 머무르고 계신다. 그 색신과 마음은 청정하고 미묘하며 적멸하면서도 공덕과 지혜가 법계에 충만하다. 생김이 없고 멸함도 없으며 작위적인 행도 없으니 어찌 왕궁에서 탄생함이 있으며 사라 쌍수에서 열반함이 있겠는가? 다만 중생들을 교화하기 위하여 시방의 불국토에 두루 태어나고 돌아가시는 모습을 보이신 것일 따름이다. 이러한 공덕들은 무한하게 많고 불가사의하다." 이렇게 염할 때 마음이 정에 들어 안온하고 삼매가 개발되며 지혜가 밝아진다. 혹은 선정 가운데 불가사의한 불법의 경계가 보이고 무량한 서원행과 무량한 공덕, 내지는 무량한 지혜 등의 삼매법문이 생겨나니 이것이 보신불을 염한 선근이 발현하는 모습이다.

세 번째로 법신불(法身佛)을 염한 선근이 발현하는 모습은 다음과 같다. 역시 욕계정이나 미도지정 중에 홀연히 이런 생각이 일어난다. "시방 부처님들의 법신의 실상은 마치 허공과도 같다. 그렇다면 일체의 제법은 본래 생겨남이 없으니 이제 멸함도 없다. 있는 것도 아니고 없는 것도 아니며 오는 것도 아니고 가는 것도 아니다. 늘지도 줄지도 않고 경계도 지혜도 아니며, 인도 과도 아니고 항상하는 것도 단멸하는 것도 아니다. 얽매인 것도 아니고 해탈한 것도 아니며 생사의 세계도 열반의 세계도 아니다. 항상 고요하고 청정하여 부처가 있으나 없으나 그 모양과 성질 등은 항상 그러하다. 중생과 모든 부처님들은 똑같이 한 실상인 것이 바로 법신불이다. 『대품반야경』에 '모든 법의 여실한 상[諸法如實相]'이라고 하였으니, 모든 법이 여실한 것이 바로 부처이고 이것을 떠나서 달리 부처는 없는 것이다." 이와 같이 생각할 때 삼매가 발현되고 진실한 지혜가 개발되어 무량한 법문에 통달하게 된다. 적연하게 움직이지 않는 일체의 불가사의한 경계가 모두 선정 중에 나타나 성취하게 되니, 이러한 모습은 『법화경』의 육근청정을 설명하는 곳152)에 자세히 나타난다. 이것이 법신불을 염했던 선근이 발현하는 모습이다.

지금까지 지(止)를 닦을 때 발현하는 십오문선의 모습을 설명하였다. 이들은 모두 초선에 드는 첫 경계에 의거하여 대략 분별한 것이다. 무릇 일체의 선정을 증득하는 모습은 글로써 다 전할 수 없을 뿐 아니라 여기서는 다만 수행자의 과거 습인이 각각 다르므로 발현하는 선정도 다른 것을 보인 것에 불과하다. 십오문선의 깊은 행법과 이치에 대해 자세히 알고자 하면 제7 수증장을 보기 바란다. 선정 하나하나에 대해 시작부터 마칠 때까지 상세히 분별해 놓았다.

이밖에도 욕계정이나 미도지정 중에 몸과 마음이 맑고 고요할 때 무상상·고상·무아상·부정상·세간불가락상·식부정상·사상·단상·리상·진상 등의 십상

---

151) 『묘법연화경』 「상불경보살품」을 가리킨다.

(十想)이나 염불·염법·염승·염계·염사(捨)·염천 등 육념(六念)이 발현하는 경우도 있다. 또 사념처·사정근·사여의족·오근·오력·칠각지·팔정도 등 37조도품이나 공·무작·무원의 삼삼매, 그리고 사제십육행 등의 관이 발현하기도 하고 혹은 육바라밀·사섭법·사무애변 등의 각종 행원 공덕이 나타나기도 한다. 또 천이통·타심통·숙명통 등의 신통이나 내공·외공·내외공 내지 무법유법공 등의 십팔공, 혹은 자성선·십력·종성삼마발제(種性三摩跋提)·수능엄삼매·사자후삼매 등 각종 삼매, 혹은 선다라니·백천만억선다라니·법음방편다라니 등 일체 다라니문이 나타나는 등 제선삼매가 나타나는 경계가 각각 다르니 역시 아래의 제7 수증장에서 분별하겠다.

석선바라밀차제법문

권3
下

釋禪波羅蜜次第法門

6. 선바라밀의 전방편前方便 (3)

6.2.2.1.3 ▸ 허와 실을 알아냄

6.2.2.1.3.1 ▸ 허와 실을 밝힘

선정 중에 숙세에 선정을 닦아서 생긴 선근들이 발현할 때는 진짜도 있고 거짓된 것도 있으니 취사를 잘 해야 한다. 왜냐하면 여러 삼매가 발현할 때 그것을 식별하지 못하여 혹 마로써 일어난 정을 선근이라고 여겨서 취착하는 마음이 생기면 이로 인해 미치는 병을 얻을 수 있기 때문이다. 반대로 진짜 선근이 일어났는데 마사라고 의심하여 버린다면 좋은 것을 잃는 결과가 된다. 이것을 구별하기는 쉽지 않은데 두 가지 방법을 쓰면 진위를 구별할 수 있다.

6.2.2.1.3.1.1 ▸ 상相으로써 구별함

6.2.2.1.3.1.1.1 ▶ 잘못된 상

예를 들어 근본 사선의 팔촉이 일어날 때 치우친 법이 따르면 잘못된 상이다. 치우치게 일어나는 법은 다양하지만 하나의 감촉에 의거하여 대략 10쌍을 열거할 수 있는데 이것이 지나치거나 모자라면 치우친 것이다. ① 감촉이 넘치는 것[增]과 모자라는 것[減]으로, 예를 들어 동촉(動觸)이 일어날 때 몸이 흔들리고 팔다리가 들려서 남들이 보기에 위태롭게 흔들리는 것은 넘치는 상이다. 또 귀신이 붙은 것처럼 몸과 팔이 어지럽게 요동하기도 하고 혹은 좌선할 때 여러 이상한 경계를 보는 경우도 있다. 이와 반대로 동촉이 처음 일어날 때 위에서 시작하거나 밑에서 시작하거나 몸에 두루 퍼지기도 전에 점차 사라져버리고 이로 인해 경계를 모두 잃어버리면 모자라는 것이다. 또 좌선하는데 쓸쓸하게 몸을 지탱해주는 법이 아무 것도 없는 것도 역시 모자라는 모양이다. ② 고정되는 것[定]과 어지러운 것[亂]이니 동촉이 일어날 때 몸과 마음이 정에 묶여서 자유롭지 못하거나 다시 이로 인해 사정(邪定)에 들어 이레가 되도록 깨어나지 못하는 것이 고정된 모양이다. 이와 반대로 동촉이 일어날 때 마음이 어지럽게 느껴서 경계에 머물지 못하는 것이 어지러운 모양이다. ③ 없는 것[쯏]과 있는 것[有]으로, 감촉이 일어날 때 도무지 몸에 대한 감각이 없어서 공처정을 증득한 것과 같은 것은 없는 것이고 반대로 몸이 나무나 돌처럼 단단하게 느껴지면 있는 모양이다. ④ 밝은 것[明]과 어두운 것[暗]으로, 감촉이 일어날 때 바깥의 각종 색채가 보이거나 내지는 해와 달과 별, 청황적백 등의 각종 광명이 보이는 것이 밝은 것이다. 어둡다는 것은 암실에 들어간 것처럼 신심이 캄캄하게 어두운 것이다. ⑤ 근심스러운 것[憂]과 기쁜 것[喜]이다. 감촉이 일어날 때 뜨거운 번뇌로 애가 타고 기쁘지 않은 것이 근심스러운 것이고 반대로 너무 뛸 듯이 기뻐서 가라앉힐 수가 없는 것은 기쁜 것이다. ⑥ 괴로운 것[苦]과 즐거운 것[樂]이니, 감촉이 일어날 때 신심이 여기저기 아픈 것이 괴로운 것이고 너무 즐거워서 헤어 나오지 못할 정도로 탐착하게 되는 것은 즐거운 것이다. ⑦ 선한 것[善]과 악한 것[惡]으로, 감촉이 일어날 때 선정 외의 산선(散善)에 대한 분별이 자꾸 생각나 삼매를 깨뜨리는 것이 선한 것이다. 감촉이 일어날 때 무참(無慚)이나 무괴(無愧)[152] 등 온갖 악심이 생기는 것은 악한 것이다. ⑧ 우둔한 것[愚]과 영리한 것[智]이니, 감촉이 일어날 때 마음이 미혹하여 혼미하게 전도되는 것이 우둔한 것이고 반대로 오리사(五利使)153)와 같은 지견 때문에 마음에 잘못된 생각이 일어나 삼매를 깨뜨리는 것은 영리한 것이다. ⑨ 매이는 것[縛]과 벗어난 것[脫]으로, 감촉이 일어날 때 오개(五蓋) 및 여러 번뇌가 마음을 가리는 것이 매이는 모양이다. 또 감촉이 일어날 때 공처정(空處定)이나 무상정(無想定)을 증득하였다고 여겨서 도를 얻어 해탈하였다고 증상만을 일으키는 것은 벗어난 모양이다. ⑩ 강한 것[强]과 약한 것[軟]이니, 감촉이 일어날 때 마음이 강고하여 출입이 자유롭지 못하고 마치 기와나 돌처럼 변화시키기 어려워 선도(善道)를 따르지 못하는 것은 강한 것이다. 반대로 감촉이 일어날 때 의지가 유약해져서 무너지기 쉬운 것이니, 마치 너무 무른 진흙처럼 그릇을 만들 수 없는 것이 약한 것이다. 이와 같이 스무 가지의 나쁜 촉감이 좌선하는 마음을 동요시켜 선정을 파괴하고 마음을 치우치게 만드는 것은 잘못된 선정이 발현하는 모습이다.

이 스무 가지 잘못된 법 가운데 어느 하나가 발현하였는데 그것이 잘못된 것인 줄 모르고 애착을 한다면 이로 인해 실성하는 경우도 있다. 혹은 노래를 부르거나 통곡을 하거나 웃거나 눈물을 흘리기도 하고 혹은 두려움으로 미쳐서 정처 없이 돌아다니기도 하며 혹은 병을 얻어 죽음에 이르기도 한다. 혹은 절벽이나 불 속에 뛰어들려 하고 스스로 목을 매거나 자해하기도 하니 이와 같은 장애는 한두 가지가 아니다.

또한 스무 가지 법 가운데 하나가 일어나 96종 외도법이나 귀신법 가운데 어떤 것과 상응하는데도 깨닫지 못하면 그 도만 떠오르고 그 법을 행하게 되어 귀신이 침

---

152) 무참(無慚) 무괴(無愧) : 모두 번뇌를 일으키는 나쁜 심소법이다. 무참이란 자신이 저지른 악에 대해 부끄러워하지 않는 마음이고, 무괴란 타인에 대해 배려하는 마음이 없어서 남에게 해를 끼치고도 부끄러워하지 않는 것이다.

153) 오리사(五利使) : 탐욕·성냄·어리석음·자만·의심·신견·변견·사견·견취견·계금취견은 근본적인 번뇌로 10수면(隨眠) 혹은 10사(使)라고 부른다. 사(使)란 중생들을 부린다는 의미이다. 이 가운데 뒤의 다섯 가지, 즉 오견(五見)은 진리에 미혹하여 생기는 번뇌로 성질이 날카롭기 때문에 리사(利使)라고 부른다. 앞의 다섯 가지는 둔사(鈍使)라고 한다.

입하는 경우도 있다. 이로 인해 귀신의 법문을 증득하게 되면 귀신이 그 세력을 더 키우게 되니, 혹은 사정(邪定)으로 지혜와 말재주가 늘어나 세간의 길흉을 알게 되고 신통과 이적을 나타내 중생들을 감동시켜 사교(邪敎)를 퍼뜨리기도 한다. 그리하여 큰 악을 지어서 사람들의 선근을 끊어버리기도 하고, 설사 선을 행해도 그것은 거짓되거나 잡된 것인데도 지혜 없는 사람들은 그가 성현이라고 여겨 믿고 따른다. 그러나 그의 마음은 전도되어 있어서 귀신법을 행하고 귀신법으로 사람들을 가르치므로 신도들이 바른 계와 바른 견해를 깨뜨리고 바른 위의와 깨끗한 생활을 잃게 된다. 혹은 더러운 것을 먹고 나체로 있으면서 부끄러워하지 않고 삼보나 부모·스승을 공경하지 않으며 경전이나 불상·사탑을 훼손하고 오역죄를 지어 선근을 끊어버리기도 한다. 혹은 모든 것은 평등하므로 자신은 평등을 행한다면서 도가 아닌 것을 행하면서 아무 거리낌도 없으며 남들이 선을 닦으면 바른 도가 아니라고 비웃기도 한다. 혹은 인과가 없다고 설하고 혹은 인과를 엉뚱하게 설하는 등 이와 같은 사특한 법을 수없이 설하여 정법을 어지럽게 만드니 그것을 듣는 사람들은 마음이 잘못된 법에 젖는다. 사선(邪禪)을 증득하면 삼매의 힘으로 여러 지혜와 공덕 법문을 얻게 되니 한량없는 말재주로 대중들을 감동시켜 명망을 얻고 제자들에게 공양과 존경을 받게 된다. 그러므로 『구십육종도경』[154]에 이르기를 "사람들이 설법을 할 때 귀신이 가세하면 듣는 이마다 믿지 않는 사람들이 없고 보는 이마다 공경심이 생긴다."고 하였다. 이러한 여러 신기한 일이 있기 때문에 깊이 애착하여 되돌리기 어렵다. 사특하고 전도된 행은 한두 가지가 아닌데 만일 이와 같이 행하면 정법에서 멀어져 죽은 뒤에 삼악도에 떨어지게 되니 이러한 것은 『대품반야경』과 『대지도론』에 잘 설해져 있다. 만일 귀신의 상에 대해 알고자 하면 『구십육종도경』을 보아 잘 유추하여 분별하면 알 수 있을 것이다.

---

154) 『구십육종도경(九十六種道經)』: 『출삼장기집』5, 『내전록』10, 『개원석교록』18 등에 의위경(疑僞經)의 하나로 명칭은 있으나 전하지 않는다.

문 잘못된 법이 상응하여 악을 행하는 것은 현생의 허물이므로 죽은 뒤에 당연히 삼악도에 떨어지겠지만 허위의 마음[有僞心]으로 선을 행하는 경우 현생의 허물은 어떠하며 죽은 뒤에는 어느 곳에 태어납니까?

답 그런 사람이 몸과 입으로 선을 행하는 것은 비록 불법(佛法)인 것 같지만 그 마음은 잘못되고 편벽한 것이다. 만일 이러한 장애를 모른 채 삼승의 무루법이 일어나면 진여는 깨닫지 못해도 전도된 마음 상태에서 삼보를 공경하고 사람들에게 선을 닦으라고 권유할 수가 있다. 이 사람이 죽으면 지옥이나 축생이나 아귀세계에 떨어지지는 않아도 가는 곳마다 귀신법과 상응하며 혹시 인간이나 천상에 태어나도 그 귀신과 한 곳에 나서 그의 부하가 된다. 그러므로 『구십육종도경』에서 "위로 60여 가지 도는 사특한 전도로서 죄장이 무거우므로 주문을 설하여 다스리고 아래의 20여 가지 도는 사특한 미혹으로서 죄장이 가벼우므로 잘못이라고 깨닫기만 하면 된다."고 하였다. 또한 이 사람이 비록 천상이나 인간세계에 나도 암암리에 항상 사특한 마의 도와 연계되어 잘못된 스승과 가까이하기 좋아하고 잘못된 법 듣기를 좋아하며 잘못된 도를 행하기 좋아한다. 사도(邪道)를 닦는 사람을 찬탄하고 공양하며 정도를 익히는 삼승의 수행자를 보면 가까이 하려 하지 않고 때로는 어지럽게 한다. 그러므로 『법화경』에 "마나 마의 아들이나 마의 딸이나 마의 백성이나 마가 들린 사람이거나…"155)고 하였고 『대품반야경』에서도 "마천(魔天)이거나 마인(魔人)"156)이라는 말이 나오는 것이다. 이러한 사람들은 인간이나 천상계에 난다고 하여도 여전히 마에 소속되어 항상 마업을 일으키고 내지는 비록 출가하여도 역시 마업을 짓는다. 그러므로 『열반경』에서는 "부처님께서 세상을 떠나시고 후오백세에는 마의 도가 점점 흥성하여 마가 비구의 모습을 하고 불법을 어지럽게 할 것이다."고 한 것이다. 또한 『대집경』에도 마의 업이 잘 설해져 있으니 그것을 참고하여 잘 분별하여

---

155) 『묘법연화경』「보현보살권발품」(『대정장』9), 61상.

156) 『마하반야바라밀경』(『대정장』8)「등각품(等覺品)」「일념품(一念品)」등에 마천(魔天)이라는 말은 나오지만 마인(魔人)이라는 표현은 찾을 수 없다.

야 한다.

앞에서 보았듯이 동촉 한 가지에서 일어나는 잘못된 양상이 이와 같으며 나머지 7촉에도 역시 이러한 잘못된 상이 다 있으니 잘 분별하여야 한다. 또한 이러한 근본선 중의 잘못된 상처럼 나머지 14문선 내지는 사선(事禪)이거나 이선(理禪)이거나 간에 모든 선에도 다 잘못되고 거짓인 법이 있으니 그것을 일일이 설할 수는 없다.

문 잘못된 감촉이 일어날 때 앞에서 설하신 스무 가지가 모두 발현해야 잘못된 선입니까? 아니면 일부만 발현해도 잘못된 선입니까?

답 다 갖추어 일어나거나 혹 일부만 일어나거나 상관없다. 감촉이 일어날 때 다만 한 가지만이라도 잘못된 법이 있으면 즉시 제거해야지 그렇지 않으면 곧 사정(邪定)에 떨어지는데 하물며 스무 가지를 다 갖추었다면 말해 무엇하겠는가? 비유하자면 스무 사람이 함께 가는데 이중 한 명이 도적이라면 나머지 열아홉 명도 오도되는 것과 같다. 선정을 닦을 때 한 가지 악법이 있어서 여러 선(善)을 파괴하면 정정(正定)이라고 부르지 않는데 하물며 악법이 많다면 어떻게 잘못된 선이 아니겠는가?

간략히 하나의 촉감을 놓고 이처럼 밝혔는데 나머지 7촉의 잘못된 상도 이와 같다. 또한 나머지 다른 문의 선정에서도 잘못된 법으로 정에 드는 것이 있으니 응당 알아채야 한다. 예를 들어 부정관문의 어떤 선정에 들어갔을 때도 역시 스무 가지의 잘못된 법이 이 정에 들어올 수 있다. 나머지 14문선도 이처럼 하나하나 분별하여 설하여야 한다. 수행자가 만일 이러한 법에서 빠져나오고자 하면, 모름지기 선지식이 방편으로 비추어보거나 잘못된 선정에 집착하지 않으면 곧 스스로 물러간다.

6.2.2.1.3.1.1.2 ▸ 바른 선정의 상

예를 들어 동촉이 일어날 때 앞의 스무 가지 악법이 없고 열 가지 선법이 갖추어지면 바른 선정이다. 열 가지 선법이란 ① 감촉이 여법한 것 ② 안정됨이 여법한 것 ③ 없는 상이 여법한 것 ④ 밝은 상이 여법한 것 ⑤ 기쁜 상이 여법한 것 ⑥ 즐거운 상이 여법한 것 ⑦ 선한 상이 여법한 것 ⑧ 지혜로운 상이 여법한 것 ⑨ 벗어나는 상이 여법한 것 ⑩ 마음이 조절되는 것이 여법한 것 등이다. '여법(如法)하다'는 것은 무엇을 말하는가? 스무 가지 잘못된 상과는 달리 안온하고 청정하여 적당하게 조화가 되는 것이 여법한 것이고 이를 바른 상이라고 하는 것이다. 이것은 제7장에서 근본 초선에서 증득하는 각지(覺支)를 설명할 때 자세히 분별할 것이다. 나머지 7촉의 바른 상도 동촉의 바른 상을 미루어 알 수 있을 것이다.

문 여기서는 오로지 외형적 현상만 따라 설하시는데, 만일 이렇게 상을 분별하여 이것은 옳고 저것은 그르다, 이것은 거짓이고 저것이 진짜다, 이것은 버려야 하고 이것은 취해야 한다고 하면 어찌 전도된 억측으로 편벽한 것에 떨어지는 것이 아니겠습니까?

답 바른 것에는 두 가지 종류가 있다. 하나는 세간의 바름이고 하나는 출세간의 바름이다. 만일 세간의 선한 법상(法相)으로 말한다면 이것이 바로 세간의 바른 상이고, 출세간의 해탈하는 선한 법상으로 말한다면 이것이 바로 출세간의 바른 상이다. 조금 전에 밝힌 근본선의 열 가지 바른 상은 바로 세간의 바른 것을 분별한 것이다. 『대지도론』에 이르기를 "세간의 정견을 인하여 출세간의 정견을 얻으니, 만일 세간의 정견을 깨뜨린다면 이는 바로 출세간의 정견을 깨뜨리는 것"[157]이라고 하였다. 그러므로 지금 출세간의 정법을 밝히기 위해서는 모름지기 세간의 정법을 먼저 밝혀야만 하니, 나타난 일로써 감춰진 이치를 드러내고 가까운 것을 빌어 먼 것을 밝히기 위해 먼저 근본선의 외형 가운데 처음 일어나는 감촉의 바른 상을 분별한 것이다.

또한 감촉이 일어날 때 혹 36물이 보이거나 자심관이나 인연관, 염불관 등의 여러 선정이 일어나는데 그것이 공덕이 있고 여법하게 안온하여 감촉의 즐거움을 더욱 증장시키면 이것도 역시 숙세의 선근이 발현하는 것이다. 이 각각의 선정에 열 가지 바른 상이 갖추어지면 모두 바른 선정이다. 다만 근본선을 닦아서 성취하고자 하는 수행자라면 이러한 상들을 취하지 않으면 되는데, 그것이 물러가거나 물러가지 않거나 근본선에는 장애가 되지 않는다. 그러나 말세의 수행자들은 선근이 미약

---

157) 『대지도론』 503하, 680상 등에서 취의.

하여 촉감을 증득할 때 다른 선정 경계가 일어나지 않는 경우가 대부분이어서, 혹시 경계가 발하는 경우 그것을 모르는 사례가 있을까 봐 이 뜻을 간략히 밝히는 것이다. 다른 14문의 선에서 바른 상이 발현하는 모습도 이와 같으니 하나하나 유추하면 잘 분별할 수 있다.

6.2.2.1.3.1.2 ▸ 법으로써 옳고 그름을 실험함

잘못된 선정 가운데 그 상이 미세하여 구별하기 어려운 것이 있다. 바른 상과 비슷하여 상을 통해 구별하지 못할 때는 세 가지 법으로써 실험하면 된다. 첫 번째는 정심(定心)으로 연마하는 것이고, 두 번째는 본 수행법을 더 닦는 것이고 세 번째는 지혜로 분석하는 것이다. 『열반경』에 "진짜 금인지 알려면 세 가지로 시험해 보아야 하니 태우는 것과 두드리는 것과 갈아보는 것이다."[158]고 한 것과 같다. 또 "수행자도 구별하기 어려울 때는 세 가지로 시험해야 하니 함께 일을 해 보는 것이고 함께 해도 모르면 함께 오랫동안 거처해 보고 그래도 모르겠으면 지혜로 관찰해야 한다."[159]고도 하였다. 지금 이 이치를 빌어 선정의 바르고 그른 상을 밝히는 것이다.

예를 들어 동촉이 일어났는데 그른지 바른지 모르겠거든 정에 더욱 깊이 들어가 발현한 경계를 취하거나 버리지 말고 평상심으로 정에 머문다. 만일 발현한 것이 선근이라면 정의 힘이 더욱 깊어지고 선근도 더 뚜렷이 발현할 것이다. 그러나 마의 행위라면 오래지 않아 스스로 사라지고 말 것이다. 두 번째 본 수행법을 더 닦는다는 것은, 예를 들어 부정관의 선이 발현하였을 경우 그 부정관을 계속 수행하여 보는 것이다. 수행을 진전시킴에 따라 경계가 더욱 분명해지면 이것은 거짓이 아니지만 오히려 경계가 점점 사라져 버리면 이것은 잘못된 상임을 알 수 있다. 세 번째 지혜로 관찰한다는 것은 다음과 같다. 발현한 법을 관해서 그 근원까지 점차 미루어 보면 생겨난 곳을 찾을 수 없어서 공적한 것임을 깊이 알 수 있다. 그리하여 그 경계

---

158) 『대반열반경』13(『대정장』12), 692상.
159) 위와 같은 책, 773중.

에 마음이 머물거나 집착하지 않으면, 잘못된 것이라면 스스로 없어지고 바른 것이면 스스로 뚜렷이 드러나게 된다. 마치 진금을 불로 태우면 그 광채가 더욱 증가하지만 가짜 금이면 검게 타버리는 것과 같다. 이처럼 세 가지 법으로써 실험하여 구별한다면 잘못된 것과 바른 것을 알 수 있다. 정에 더 깊이 드는 것은 가는 것과 같고 본 수행법을 더 닦는 것은 두드리는 것과 같으며 지혜로 관찰하는 것은 불로 태우는 것에 비교할 수 있다. 또 오랫동안 함께 거처하는 것은 가는 것과 같고 일을 함께 하는 것은 두드리는 것과 같으며 불로 태우는 것은 지혜로 관찰하는 것과 같다. 다른 선정들도 이를 적용하여 실험해보면 그릇된 것과 바른 것을 알 수 있을 것이다.

6.2.2.1.3.2 ▸ 마사인지 아닌지 분별함

선정이 마로 인한 것인지 혹은 마가 아니라 다른 이유로 일어난 것인지 구별할 수 있어야 한다. 마로 인한 선정에는 두 종류가 있으니 먼저, 처음 일어난 선정은 마의 장난이 아니지만 마가 선정 중에 들어오는 경우가 있다. 그것은 수행자가 정심(正心)으로 선정을 일으키면 악마가 그 도가 높아질까 두려워 그를 어지럽히려고 선정에 들어온 것이다. 이때 탐착을 일으키거나 두려워하면 마가 그 틈을 탈 수 있으니 위와 같은 방법으로 용심하여 물리쳐야 한다. 삿된 마가 사라지면 마치 구름이 걷히고 해가 난 것처럼 선정심이 더욱 밝고 깨끗해진다. 두 번째로 처음부터 마가 선정을 일으켜 수행자를 미혹하게 하는 경우가 있다. 만일 진짜가 아니라고 깨달아지면 앞의 방법으로 다스려야 하는데, 마가 물러난 뒤에는 선정법이 조금도 남아있지 않게 된다.

마가 아니라 죄가 선정을 장애하는 경우가 있으니, 마가 짓는 것과 비슷하지만 실제로는 마가 아니다. 이것은 식별하기가 어렵지만 앞의 방법을 사용하면 물리칠 수 있다. 그러나 끝내 사라지지 않으면 진실한 마음으로 참회해야 한다. 그리하여 죄가 사라지면 선정이 자연히 분명해진다. 또 정에 들 때 방편이 좋지 못하여 경계가 제대로 발현하지 못하는 경우도 있는데 이때는 다시 방편을 잘 사용하면 증득되는 것이 밝고 깨끗해지므로 마의 작용이 아님을 알 수 있다.

6.2.2.1.4 ▸ 일정하지 않게 발현하는 선정의 분별

문 앞에서 삼지(三止)가 있다고 하셨는데 계연지와 제심지는 사지(事止)이므로 행위적인[事] 선정이 발현해야 할 것이고 체진지는 이지(理止)이니 이치적인[理] 선정이 발현해야 할 것입니다. 그런데 어째서 삼지 가운데 하나를 통해서 행위적인 선정이나 이치적인 선정이 모두 발현합니까? 이것은 인과가 섞여서 분별이 되지 않는 것입니다.

답 그렇지 않다. 지금 우리가 분별하고 있는 사수(事修)와 이수(理修)는 모두 수행자의 근기와 인연에 따라 발현하는 것이지 애초에 정해져 있는 것이 아니다. 위에서 밝힌 삼지는 간략히 말하면 그대가 질문한대로 사수와 이수로 나눌 수 있다. 그러나 자세히 분별하면 4수(四修)로 나눌 수 있는데, 지문(止門)에 의한 4수와 관문(觀門)에 의한 4수의 두 종류가 있다. 먼저 지문에 의거하여 네 가지 수행을 분별하면 ① 사지(事止)가 있으니 계연지와 제심지가 사수이다. ② 이지(理止)가 있으니 체진지가 바로 이수이다. ③ 사리지(事理止)가 있는데 속제를 인연한 체진지가 바로 사리수이다. ④ 비사비리지(非事非理止)가 있으니 이른바 식이변분별지(息二邊分別止)가 바로 비사비리수이다. 두 번째로 관문에 의거하여 네 가지 수행을 분별할 수 있다. ① 사관(事觀)인 수식관과 부정관 등은 사수이고 ② 이관(理觀)인 공관·무상관 등은 이수이다. ③ 사리관(事理觀)이 있으니 이른바 공제와 가제를 쌍관하는 것[160]은 바로 사리수이고 ④ 비사비리관(非事非理觀)이 있으니 이른바 중도정관이 바로 비사비리수이다. 지금 지문을 통해 여러 선정이 일정하지 않게 발현하는 이치를 밝히기 위해 다만 네 가지 지로써 수행을 분별해보면 하나하나의 수행 가운데 각각 네 가지 선이 다르게 발현하므로 네 가지 수행에는 도합 열여섯 가지의 선정이 일정하지 않게 발현하게 된다. 수행자가 이 상을 잘 알면 저절로 사수와 이수를 통해 일체의 선정이나 삼매를 발현하게 됨을 이해할 수 있으니 의혹이 없어질 것이다.

---

160) 공제와 가제를 쌍관하는 것 : 종공입가관(從空入假觀)을 지칭하는 듯하다.

6.2.2.1.4.1 ▶ 사수事修와 이수理修로 인한 부정선

네 가지의 지가 각각 네 가지의 다른 선정을 일정하지 않게 발현하게 한다는 것은 무엇인가? 먼저 사수를 수행할 때 일정하지 않게 선이 발현하는 것을 설명하겠다.

6.2.2.1.4.1.1 ▶ **사수事修로 인한 부정선**

사수를 수행할 때 선이 일정하지 않게 발현하는 양상은 네 가지로 나눌 수 있다. 첫 번째, 어떤 수행자는 계연지나 제심지 등의 사지(事止)로 마음을 안정시켜서 다시 사선(事禪)을 일으키는 경우가 있다. 사선이란 근본사선·사무량심·사무색정·구상·팔배사·승처·일체처 등에서 일어나는 여러 선정 삼매를 말한다. 두 번째로 사지로 마음을 안정시켰는데 다만 이선(理禪)만을 일으키는 수행자가 있으니, 그것은 공삼매·무상삼매·무작삼매·37조도품·사제관·십이인연관 등의 혜행(慧行)으로써 이치를 관하는 여러 선정 삼매를 말한다. 세 번째로 어떤 수행자는 사지를 닦았는데 사선과 이선을 모두 일으키는 경우가 있다. 근본사선·사무량심·사무색정·구상·팔배사·승처·일체처 등에서 일어나는 여러 선정 삼매와 공삼매·무상삼매·무작삼매·37조도품·사제관·십이인연관 등의 혜행(慧行)으로써 이치를 관하는 여러 선정 삼매, 그리고 십육특승·통명관 등은 모두 사리선정에 속한다. 네 번째로 어떤 수행인은 사지로 마음을 다스리는데 비사비리선정이 발현하는 경우가 있다. 그것은 자성선·일체선 등의 구종대선과 법화삼매·일행삼매·수능엄삼매·사자후삼매 등 중도(中道)에 속하는 여러 선정 삼매와 내지는 십력·사무외·십팔불공법 등을 말한다.

문 사지를 닦으면 다만 사선만이 일어나야지 어째서 이선이나 비사비리 등의 여러 선정 삼매, 내지는 십팔불공법 등이 일어나는 것입니까?

답 선정이 발현하는 데는 두 종류가 있다. 하나는 현재 수행하는 방편으로써 얻는 것이고 하나는 숙세의 선근이 발현하는 것이다. 만일 사수를 닦았는데 다시 사선이 발현한다면 이것은 대부분 현재 수행으로 얻은 것이고, 사수를 닦았는데 이선 내지는 비사비리선이 발현한다면 모두 숙세에 선정을 닦은 선근이 나타난 것이다. 이것은 설일체유부에서 두 가지 수행의 이치로 득수(得修)와 행수(行修)를 구별한 것과 같다. 득수란 본래 얻지 못했던 것이고 행수란 본래 이미 증득했던 것이니, 지금 이것과 비슷하게 사수를 닦아도 선정이 네 가지로 다르게 발현하는 것이다.

지금은 다만 내방편 가운데 지를 닦아서 숙세의 선근이 발현하는 것을 설명하고 있는 중이기 때문에 사선과 이선 등을 설하는 것이 간략하고 얕을 수밖에 없다. 여러 선정을 수행하여 거기에 부합하는 결과를 얻기까지의 과정을 자세하고 깊게 밝히는 것은 제7장에 있으니 참조하라.

문 만일 사수를 닦아서 비사비리 등의 여러 선정 삼매나 십팔불공법 등이 발현하는 것이 모두 전생의 습인(習因)에 기인하는 것이라면 어떤 사수를 닦아도 모두 수능엄삼매나 십팔불공법 등을 얻을 수 있어야 할 것입니다. 그렇다면 어째서 시방의 모든 부처님들께서 간절히 반야바라밀을 찬탄하시면서 들은 대로 행한다면 수행자들은 일체의 불법을 갖출 수 있다고 설하셨습니까?

답 이 질문이 오히려 그 이치를 증명한다. 무슨 까닭인가? 만일 수행자가 과거에 이미 무량한 부처님들을 만나 반야바라밀을 설하시는 것을 듣고 말씀대로 행했었다면 현세에서 수행하는 대로 온갖 비사비리의 선정 삼매와 십팔불공법 등이 자연히 개발될 것이다. 그러나 만일 과거에 반야바라밀을 듣지 못하고 닦지 못했다면 현세에 비록 듣고 닦아도 발현하지 못할텐데 하물며 듣지도 않고 닦지도 않는데 발현하겠는가? 또한 현세에 반야바라밀을 듣고 수행하여도 발현하지 못하였다 해도 만일 후세에 제불·보살을 만나 반야바라밀 설하시는 것을 듣고 그대로 행하면 일체의 대승선정과 삼매, 불공법 등이 모두 개발될 것이다. 그러므로 반야바라밀을 듣고 그대로 행하여 개발되는 것은 인연 없이 되는 것이 아님을 알 수 있다. 그러므로 시방의 모든 부처님들이 간절히 반야바라밀을 찬탄하시면서 그대로 행한다면 일체의 불법을 갖출 수 있다고 말씀하신 것이다. 또한 수행자가 반야바라밀의 방편력으로 인해 능히 사수 가운데 비사비리수를 갖출 수 있으니, 항상 용맹정진으로 수행하여 온갖 비사비리의 선정 삼매와 불공법을 개발할 수도 있다.

문 방금 그 말씀은 앞의 설명과 어떻게 다릅니까?

답 여기에는 4구의 구별을 할 수 있으니 ① 인강연약(因强緣弱) ② 인약연강 ③ 인과 연이 모두 강한 것 ④ 인과 연이 모두 약한 것이다. [과거에 심은] 인은 강하지만 [현재 수행하는] 연은 약하면서 비사비리의 선정 삼매와 불공법이 발현하는 것은 답변의 앞에서 밝힌 경우와 같다. 두 번째로 인은 약하지만 연이 강하여 비사비리의 선정 삼매와 불공법을 개발하는 것은 방금 전에 설명한 경우이다. 세 번째로 인과 연이 모두 강하여 능히 비사비리의 선정 삼매와 불공법이 발현하는 것은 앞과 뒤의 설명을 합한 경우로서 이 수행자가 얻는 법이 가장 수승하다. 네 번째로 인과 연이 모두 약하면 금생에 혹은 발할 수도 있고 혹은 발하지 않을 수도 있다. 설령 선이 발하여도 미약하고 얕아서 강고하지 못하므로 사라지거나 잃어버리기 쉽다. 상법이나 말법시대에는 뛰어난 수행인이라야 겨우 이 정도이고 앞의 세 가지 경우는 만 명에 한 명이 있을까 말까한 정도이다.

6.2.2.1.4.1.2 ▸ 이수理修로 인한 부정선不定禪

이수로 인한 부정선도 네 가지 경우로 나눌 수 있다. 먼저 체진지로 마음을 안정시켰는데 다시 공삼매·무상삼매 등 이선이 발현하는 경우가 있다. 두 번째로 어떤 수행인은 이지를 닦았는데 그만 근본선·팔배사 등 사선만 발현한다. 세 번째로 이지를 닦았더니 사선과 이선을 모두 발현하는 수행자가 있고, 네 번째로 이지를 닦았는데 자성선 등 중도에 속하는 선정 삼매와 불공법 등의 비사비리선을 일으키는 수행자가 있다. 상세한 내용은 앞의 사수에서 설명한 것과 같다.

6.2.2.1.4.1.3 ▸ 사리수事理修로 인한 부정선

사리수로 인해 부정선이 일어나는 것도 마찬가지로 네 가지 경우가 있다. 첫 번째로 사리수인 연속체진지(緣俗體眞止)로써 마음을 안정시켜서 다시 사리선정을 일으키는 경우이니 그것은 근본선·팔배사·공삼매·무상삼매 등 일체의 사선과 이선 및 삼매이다. 두 번째로 어떤 수행인은 사리지를 닦았는데 다만 근본선·팔배사 등 사선만 발현하는 경우가 있다. 세 번째로 사리지를 닦았는데 공삼매·무상삼매 등 이선만 발현하는 수행인이 있고, 네 번째로 사리지를 닦았는데 자성선 등 중도에 속하는 일체의 선정 삼매와 불공법을 일으키는 수행인이 있다. 이 또한 자세한 내용은 앞에서 설명한 것과 같다.

6.2.2.1.4.1.4 ▸ 비사비리수非事非理修로 인한 부정선

비사비리수로 인해 선이 일정하지 않게 일어나는 경우도 네 가지가 있다. 먼저 비사비리지인 식이변분별지(息二邊分別止)로 마음을 안정시켰더니 다시 자성선 등 중도에 속하는 일체 선정 삼매와 불공법(不共法) 등 비사비리선이 일어나는 수행인이 있다. 두 번째로 비사비리지를 닦았는데 다만 근본선·팔배사 등 사선만 발하는 수행인이 있고, 세 번째로 비사비리지를 닦았는데 다만 공삼매·무상삼매 등 이선만 발현하는 수행인이 있다. 네 번째로 비사비리지로 마음을 안정시켰는데 근본선·팔배사 등의 사선과 공삼매·무상삼매 등의 이선이 모두 발현하는 수행인이 있다. 이 자세한 내용은 앞의 4수에서 설명한 것과 같다.

지금까지는 다만 지문에 의거하여 4수로 분별하였으므로 선이 부정으로 일어나는 경우가 열여섯 가지였다. 여기에 관문과 결부시켜 4수를 분별하면 역시 선이 발현하는 경우가 열여섯 가지로 나누어지니 지와 관을 합쳐서 분별하면 도합 서른두 가지의 선이 부정으로 발현할 수 있다. 게다가 이 서른두 가지는 다만 법행인(法行人)만 분별한 것이고, 신행인(信行人)[161]이 지관의 가르침을 듣고 선정을 닦아 깨닫는 경우도 서른두 가지로 다르게 나타나므로 그 내용을 다 설할 수는 없지만, 이것만으로도 예순두 가지의 경우가 있는 것이다. 만일 삼승의 근기별로 구별하면 발

---

161) 신행(信行)과 법행(法行) : 불법을 다른 이로부터 듣고 믿음이 생겨 수행하는 것을 수신행(隨信行) 혹은 신행(信行)이라 하고 스스로 바른 법에 따라 수행하는 것을 수법행(隨法行) 혹은 법행(法行)이라고 한다. 『구사론』23(『대정장』29, 122중)에 신행인은 둔근(鈍根)이고 법행인은 이근(利根)이라고 하였다.

현하는 선정이 도합 1백92종류가 되고, 다시 선을 세분하고 게다가 그 옳고 그름을 나누어 발현하는 양상을 분별하면 그 수는 무량하게 된다. 이것은 모두 수행자의 마음 상태를 가지고 분별한 것으로서 가정으로 하는 말이 아니다. 마땅히 선정이 발현하는 법은 불가사의함을 알아야 하니, 제불보살의 경계는 이승의 성인조차 측량할 수 없거늘 범부가 어찌 헤아릴 수 있겠는가? 만일 수행자가 자행화타(自行化他)의 보살도를 행하려면 조금이라도 아는데 잘못이 있어서는 안 된다. 스승으로서 자신도 그릇되고 남도 그릇되게 하는 과실이 있는 것은 자신이 행하는 것에 바른 지혜가 없기 때문이다.

6.2.2.1.4.2 ▶ 선정이 발현하는 이유

각종 선정 삼매가 발현하는 연유에 대해 두 가지 설이 있다. 하나는 "다만 지(止)만 닦아서 정에 들면 각종 선이 저절로 발현하므로 다른 노력은 필요 없다."는 것이다. 이것은 오로지 지법으로서 제자를 가르치는 것으로서, 옛날 의사가 한 가지 약만 쓰는 것과 같으니 지금은 이와 다르다. 왜냐하면 지란 하나의 법이므로 발현하는 법도 응당 하나일 것인데 실제로 수행자들이 지로 인해서 발현하는 선은 다양하니 어찌 오로지 지에만 연유한 것이겠는가? 이것은 이치상으로 맞지 않고 부처님의 가르침과도 어긋난다. 두 번째는 "숙세에 익힌 여러 선정의 선근이 인이 되고, 금생에 지를 닦아 정에 든 것이 연이 되므로 발현하는 것이 다르다."고 하는 것이니 이 뜻이 타당하다. 비유하면 땅 위에 비록 약초와 나무와 숲이 다양하게 있어서 그 색깔과 모양이 다르다 해도 만일 똑같이 비를 맞지 않는다면 각각 다르게 생장할 수 없는 것과 같다. 만일 대승에서 어두운 방에 놓인 그릇이나 우물 안에 있는 칠보의 뜻162)에 의거한다면 이것은 별도로 논해야 한다.

---

162) 『열반경』에 나오는 비유로서 칠보는 불성(佛性)을 말하는 것. 즉 대승 여래장의 입장에서 보면 모든 중생이 성불할 바탕을 가지고 있으므로 근기를 나누는 것이 불가능하다는 의미이다.

6.2.2.1.4.3 ▶ 발현하는 선정의 많고 적음

앞에서 지로 인하여 일체의 선정 삼매가 공통적으로 발현한다고 하였지만, 수행자의 근기가 같지 않아서 발하는 법의 많고 적은 차이가 없을 수 없다. 어떤 이는 다만 한 가지 선정문만 발현하고 어떤 이는 2문, 3문, 4문, 5문 혹은 한 명이 열다섯 문 모두 발현하여 일체의 선정 삼매에 이를 수도 있는 등 한 가지로 정할 수 없다. 그 까닭은 모두 과거에 닦은 습인이 치우쳐 있거나 원만한 차이, 혹은 두텁게 닦았거나 엷게 닦았다는 차이에 기인한다. 또 금생에 열심히 정진하는가 아니면 게으른가 하는 것과 지혜의 방편이 있는가 없는가 하는 데서도 기인한다. 이러한 까닭에 발현하는 법에 우열이 있고 온갖 차이가 생기는 것이다.

6.2.2.1.4.4 ▶ 선근의 완전발현과 불완전발현

선근이 모두 발현하는 경우와 다 발현하지 않는 경우가 있으니, 특징이 뚜렷한 부정관(不淨觀)을 가지고 분별해 보겠다. 수행자 중에는 숙세에 부정관을 닦아 백골에서 빛이 나는 단계까지 겪었는데, 지금 지를 닦는 중에 다만 부정관만 발현하고 백골에서 빛이 나는 단계까지는 이르지 못하는 경우가 있다. 이것을 불완전 발현이라고 하고 만일 끝까지 다 발현하면 완전발현이라고 한다. 만일 과거에 익혔던 힘이 다해서 다시 지를 닦아도 증진되지 않는 경우에는 다시 마음을 모아 백골을 관하면서 꾸준히 연마하면 경계가 점차 개발되면서 팔배사를 이룰 수 있고 관(觀)·련(練)·훈(熏)·수(修)[163]의 모든 단계도 갖출 수 있다. 이것은 금생에 방편을 잘 써서 열심히 정근하여 성취한 것이지 과거의 습인으로 발현한 것이 아니다.

문 지를 닦아서 경계가 더 나아가지 않는 것이 꼭 습인의 힘이 다했기 때문입니

---

163) 관(觀)·련(練)·훈(熏)·수(修) : 출세간선을 닦아 점차 완숙해지는 단계를 넷으로 나눈 것이다. 즉 팔배사·팔승처·십일체처는 관하는 선[觀禪]이고 구차제정(九次第定)은 이를 더욱 단련하는 선[練禪]이며 사자분신삼매는 훈습될 정도로 익숙해진 선[熏禪], 초월삼매는 자유자재로 출입할 수 있는 선[修禪]이다. 수선은 가장 완숙해진 선정이라는 의미로 정선(頂禪)이라고도 한다.

까? 혹 죄장이 있어서 숙세의 선근을 장애하여 더 증장되지 않거나 발현하지 않는 경우는 없습니까?

답 실로 질문한 것과 같지만 분별을 하나로 하여도 상관없다. 완전히 발현하는 수행인 가운데는 죄업이 장애하지 않아도 반드시 방편을 써서 관법대로 수습해야 성취할 수 있는 사람도 있다. 이와 관련하여 근성을 다섯 가지로 나눌 수 있다. ① 퇴보하는 사람 ② 지키는 사람 ③ 머무는 사람 ④ 나아가는 사람 ⑤ 통달하는 사람이 그것인데, 지금 그것을 다 분별하지는 않겠다. 나머지 열네 가지 선문도 완전히 발현하는 경우와 덜 발현하는 경우가 있으니 미루어 알 수 있을 것이다.

6.2.2.1.4.5 ▸ 유루와 무루의 분별

문 지금까지 15문의 여러 선정 삼매가 발현하는 양상을 설명하셨는데 그 가운데는 유루(有漏)도 있고 무루(無漏)도 있습니다. 이 가운데 유루의 선행은 과거에 닦았던 것이 습인으로서 발현할 수 있지만 무루는 아직 얻어 본 적이 없는데 어떻게 과거의 습인으로서 발현할 수 있습니까?

답 무루에는 두 가지가 있으니, 하나는 행행(行行)무루이고 또 하나는 혜행(慧行)무루이다. 행행무루는 특정한 번뇌를 다스리는 사법(事法)으로서 반드시 공제(空諦)에 의거하는 것은 아니므로 과거의 습인으로서 발현할 수 있다. 그러나 혜행무루는 공제에 의거한 것이므로 과거의 습인이 발현한 경우가 있다거나 없다고 단언할 수 없다. 혜행무루에도 다시 두 가지가 있다. 첫 번째는 공제에 집중하여 반야를 밝히는 수행이고, 두 번째는 반야를 발하여 공제에 집중하게 됨으로써 반야를 밝히는 수행이다. 공제에 집중하는 수행은 습인의 선근이 발현한 것인 경우가 있다. 반야를 발하여 공제를 보는 것은 다시 공제에 집중하게 되어도 습인의 선근이 발현한 경우는 없다. 반야를 발하여 공제를 보는 것도 다시 두 종류가 있다. 하나는 상사혜(相似慧)를 발한 것이고 하나는 진실혜를 발한 것이다. 상사혜를 발하는 것에는 혹 습인의 선근이 발현한 경우가 있지만 진실혜를 발하는 것에는 습인의 선근이 발현한 경우가 없다. 진실혜를 발하는 것도 두 종류가 있다. 고법지인(苦法智忍) 등 사제를 보고 무루를 발하는 경우와 무애도·해탈도 등으로 삼계의 사혹을 깨뜨리고 무루를 발하는 경우가 있다. 고법지인 등 사제를 보고 무루를 발하는 것은 습인의 선근이 발현하는 경우가 없다. 그러나 사혹을 깨뜨리고 무루를 발하는 경우에는 설이 같지 않다. 설일체유부의 견해를 따르면 퇴법164)의 사다함·아나함·아라한이 초과인 수다원과로 떨어졌다가 다시 제 과위를 증득하는 경우에는 습인의 선근이 발현한 것일 수 있다. 하지만 불퇴법의 삼과(三果) 수행인은 거듭 발현하는 이치가 없으므로 습인의 선근이 발현하는 것으로 보지 않는다. 이에 비해 담무덕부(曇無德部)165)는 사과(四果)에서 참된 무루를 발현하는 것은 습인의 선근이 발현하는 경우가 없다고 해석한다.

문 아비달마에서 분별하는 바에 따르면 다만 처음 초과에서 무루를 일으킬 때만 스스로 인을 심은 경우가 없다고 하는데 지금은 어째서 네 가지 성인과[四果]에서 일으키는 진무루는 모두 습인의 선근이 발현하는 경우가 없다고 하십니까?

답 여러 선정 삼매에서 습인이 발현하는 이치를 밝히는 것은 그 뜻이 다르다. 나는 다만 과거에 이미 얻었던 선을 중간에서 잃어버렸다가 지금 지를 수행함으로써 다시 발현하는 것을 말한 것이니 아비달마와는 다르다. 만일 첫 단계의 마음에서 무루의 참된 앎을 발하는 것이 바로 두 번째 단계의 무루를 발하는 인을 심는 것이라고 하고 이와 같이 아홉 번째 단계에까지 이른다고 하여 이것을 습인의 선이라고 말한다면, 네 가지 성인과에서 발하는 무루는 모두 습인의 선이 발현한 것이라고 할 수 있다. 하지만 지금은 습인의 선을 이러한 의미로 사용한 것이 아니므로 네 가지 성인과에서 발하는 무루는 모두 습인의 선근이 발한 것이 아니라고 설하는 것이다.

---

164) 퇴법(退法) : 어떤 인연을 만났을 때 다시 아래 단계로 떨어지는 약한 근기의 수행자를 말한다. 퇴법아라한 등으로 부른다.

165) 담무덕부(曇無德部) : 20부파의 하나. 부법장 제4조인 우바국다(Upagupta)의 제자인 담무덕(Dharmaguptaka)이 『사분율』에 의거해 세운 부파. 법장부(法藏部)라고도 한다.

또한 수행자가 과거에 사선(事禪)과 이선(理禪) 등의 선정 삼매를 수행하였지만 성취를 보지는 못하였다가 그것이 금세에 선근을 닦을 때 익어서 지를 수행하는 것을 연으로 삼아 개발되는 것도 역시 습인의 선근이 발현하는 경우이다. 부처님께서 "어서 오라." 하고 명하시자 바로 무루가 일어나 삼명과 팔해탈을 일시에 갖춘 사례와 같다. 역유루역무루를 분별하는 것이나 내지는 비유루비유루를 분별하는 것도 유추해 보면 알 수 있을 것이다.

석선바라밀차제법문

권4

釋禪波羅蜜次第法門

6. 선바라밀의 전방편前方便 (4)

【원주(原註)】　내방편의 후반부로서 악근을 증험하는 것을 밝힌다.

6.2.2.2 ▸ 악근의 증험

6.2.2.2.1 ▸ 번뇌의 종류

번뇌에 대해서 『열반경』에서는 "번뇌란 곧 악법을 말한다."고 하였으니 악법을 모두 논하려면 그 종류가 매우 많다. 지금은 대략 다섯 가지의 선하지 않은 악법으로 분별하여 이를 나누거나 합쳐서 종류를 밝히겠다. 다섯 가지의 불선법이란 ① 각관(覺觀) ② 탐욕 ③ 성냄 ④ 어리석음 ⑤ 악업이다. 이를 나누면 8만4천 가지 번뇌가 있지만 그 근본을 논하면 삼독으로 분별될 뿐이다.

만일 다섯 불선법을 합쳐서 네 부류의 번뇌[四分煩惱]로 한다면 삼독은 그대로 세 부분이 되어 모두 습인(習因)에 속하고 각관과 도를 장애하는 악업의 두 가지 불선법은 합쳐서 한 부분이 된다. 왜냐하면 각관은 삼독에 수반하여 생기는 것으로서 역시 습인과 공통의 부분(等分)이라고 할 수 있고 도를 장애하는 악업은 보인(報因)의 등분에 속하는데, 습인과 보인을 합쳐서 논하면 다만 하나의 등분이 되기 때문이다. 그러므로 다섯 가지 불선법을 합쳐서 설하면 다만 네 가지로 분별된다.

이를 나누면 8만4천 번뇌가 된다는 것은 『대지도론』에 밝혀져 있다.[166] 즉 탐욕번뇌는 2만1천 가지를 갖추고 성냄의 번뇌도 2만1천 가지를 갖추며, 어리석음의 번뇌도 2만1천 가지를 갖추고 등분의 번뇌 역시 2만1천 가지를 갖추므로, 네 부류의 번뇌가 합쳐서 8만4천 가지의 무수한 번뇌를 내는 것이다. 부처님께서 이들을 다스리기 위해 8만4천 법문을 설하셨다. 하지만 여기서는 다만 다섯 가지 불선악법에 의거하여 악근이 발현하는 양상을 분별한다. 앞에서 선근을 분별할 때 이미 다섯 가지로 분별하였으니 지금 악근이 발현하는 것도 다만 다섯 가지로 해야 하지 않겠는가? 이것은 약과 병이 대응하듯이 법상도 같은 것이니 수행자가 선정을 닦고자 한다면 반드시 잘 분별해야 하는 것이다.

6.2.2.2.2 ▶ 악근의 발현

수행자 가운데는 선정을 수행할 때 번뇌와 죄업이 두터워서 앞의 설명대로 지로써 마음을 고요하게 머물게 해도 내선근이나 외선근이 전혀 일어나지 않고 오직 번뇌만 치성하게 일어남을 느끼는 사람이 있다. 그러므로 다음으로 악근성이 발현하는 것을 밝힌다. 악법이 발현하는 것도 역시 다섯 가지 불선으로써 분별할 수 있는데 하나의 불선법에 각각 세 가지가 있어서 도합 열 다섯 가지의 불선법이 된다. 실제로 수행자에게 불선법이 발현할 때는 정해진 차례가 없지만 지금은 교문에 의거하여 앞과 마찬가지로 차례로 분별하겠다.

6.2.2.2.2.1 ▶ 각관(覺觀)이 발현하는 양상

각관(覺觀)이 발현하는 양상은 세 가지가 있으니, 첫 번째는 마음이 밝고 또렷

---

166) 『대지도론』59, 478중.

한 가운데 각관이 발현하는 것이다. 수행자가 과거에 선근을 깊이 심지 않았으면 선정을 닦을 때 아무 선법도 일어나지 않고 다만 각관만 일어나 생각이 쉬지 않는다. 때로 탐욕에서 비롯되기도 하고 때로 성냄이나 어리석음 등에서 비롯되는 등 뚜렷이 삼독 가운데 어느 하나에서 비롯되는 것은 아니지만 떠오르는 일들이 분명하고 뚜렷하다. 이처럼 여러 달, 여러 해를 보내도 선정이 일어나지 않는 것은 밝고 또렷한 가운데 각관이 발현하는 모습이다.

두 번째로 마음이 반은 밝고 반은 어두운 가운데 각관이 발현하는 경우가 있다. 어떤 수행자가 마음을 고요히 지키고 있을 때 비록 각관의 번뇌가 계속 일어나는 것을 느끼기는 하지만 떠오르는 대상을 따라갈 때 때로는 밝고 때로는 어두운 것을 말한다. 즉 밝을 때는 각관에서 비롯되는 사(思)와 상(想) 작용이 쉬지 않고, 어두울 때는 희미하여 느껴지는 것이 없는 것을 반은 밝고 반은 어두운 가운데 각관이 발현하는 것이라고 한다.

세 번째로 오로지 마음이 혼침한 가운데 각관이 발현하는 경우가 있다. 수행자가 정을 닦을 때 마음이 어두워서 마치 잠자는 것 같지만 어두운 중에도 온갖 대상에서 비롯하여 각관이 멈추지 않는 것을 말한다.

6.2.2.2.2 ▶ 탐욕이 발현하는 양상

탐욕이 발현하는 모습에도 세 가지가 있으니 첫 번째는 외부에 대한 탐욕이다. 수행인이 정을 닦을 때 탐욕심이 생기는데 예를 들어 남성은 여성을, 여성은 남성을 대상으로 하여 그 외모나 자태, 목소리 등이 떠올라 자신을 속박할 정도의 번뇌로 작용하면서 생각이 그치지 않는 경우가 있다. 이것은 바로 외부에 대한 탐욕이 번뇌로 발현하는 양상이다.

두 번째로 내외의 탐욕이 번뇌로 발현하는 것이다. 수행자가 정을 닦을 때 욕심이 발동하는데 때로는 다른 남녀의 외모나 자태에 대해 탐착이 일어나고 때로는 자신의 외모를 대상으로 하여 머리를 어루만지고 목을 쓰다듬으면서 쉬지 않고 애욕을 일으킨다. 그리하여 선정을 방해하는 것은 내외의 탐욕이 번뇌로 발현하는 것이다.

세 번째로 모든 것에 두루 탐욕이 일어나는 수행자가 있다. 이 사람이 내부와 외부에 대한 애착이 일어나는 것은 앞과 같지만 이 외에도 다섯 경계[五境] 일체에 대해 탐욕을 일으킨다. 예를 들어 동물이나 식물, 전원이나 주택, 혹은 의복이나 음식 등 일체의 대상에 탐욕을 일으키는 것이 모든 것에 두루 탐욕을 일으키는 모습이다.

6.2.2.2.3 ▶ 성냄이 발현하는 양상

성냄이 발현하는 것도 세 종류가 있으니 첫 번째는 이유도 없이 성나는 것이다. 수행인이 선정을 닦을 때 성난 마음이 홀연히 일어나는데 타당한 이유가 있는지 없는지, 다른 이가 해를 끼쳤는지 안 끼쳤는지를 불문하고 괜히 화가 난다. 이것이 이유도 없이 잘못 성이 나는 모습이다.

두 번째로 타당하게 성나는 것이다. 예를 들어 선정을 닦을 때 다른 사람이 실제로 와서 방해를 했는데 이로 인해 성난 마음이 생겨 쉬지 않고 계속 이어지는 것과 같은 경우이다. 또 계를 잘 지키는 사람이 법을 어기는 사람을 보고 성난 마음이 일어나는 경우도 있다. 그러므로 『대지도론』에 보면 "청정한 불국토에는 비록 잘못된 삼독은 없지만 바른 삼독은 있다."[167]는 설법이 있으니 바로 타당하게 성내는 사람을 두고 한 말이다.

세 번째로 논쟁으로 성나는 경우이다. 수행인이 선정을 닦을 때 자신의 이해가 옳다고 집착하여 다른 이들이 설하는 것은 모두 그르다고 여기면 이미 남들의 말이 자신의 마음에 맞지 않으니 번뇌심이 생긴다. 세상에는 비록 재물은 잃어도 참을 수 있지만 조금이라도 논쟁이 생겨 마음에 맞지 않으면 크게 화를 내어 왕래를 끊어버리는[168] 사람이 있으니, 이것이 바로 논쟁으로 성나는 경우이다.

---

167) 『대지도론』 34, 312하.
168) 풍마불교(風馬不交) : 풍마불접(風馬不接)과 같은 의미. 풍마우불상급(風馬牛不相及)에서 온 말로 마 소가 발정을 하였어도 서로 관계하기 어려울 정도로 멀리 떨어져 있다는 뜻의 고사.

6.2.2.2.2.4 ▶ 어리석음이 발현하는 양상

어리석음이 발현하는 것에도 세 가지 모습이 있으니 단상(斷常)을 헤아리는 것과 유무(有無)를 헤아리는 것, 그리고 세성(世性)을 헤아리는 것이 그것이다. 이들은 모두 잘못된 견해에 집착하여 생사를 벗어나지 못하게 만드는 것이므로 어리석음이라고 부른다. 먼저 단상을 헤아리는 어리석음이란, 수행자가 선정을 닦을 때 홀연히 다음과 같이 잘못된 사유가 일어나 또렷하게 분별한다. "과거의 아와 법들이 멸해서 현재의 아와 법들이 있는 것인가, 아니면 멸하지 않아서 현재의 아와 법들이 있는 것인가." 이러한 사유로 인하여 삼세를 옮겨다니며 찾는데 만일 과거의 아와 법이 멸한다고 생각하게 되면 단견(斷見)에 떨어지는 것이고, 멸하지 않는다고 생각한다면 상견(常見)에 떨어지는 것이다. 이러한 어리석은 생각이 끊임없이 이어지면 이로 인해 예리한 지혜와 걸림 없는 말솜씨가 생겨 희론(戱論)을 놓고 다투면서 온갖 악행을 하게 된다. 이는 세간을 벗어나는 바른 선정을 장애하는 법으로서 단상을 헤아리는 어리석음이 발현하는 모습이라고 할 수 있다.

두 번째는 유무를 헤아리는 어리석음으로서 역시 선정을 닦을 때 홀연히 분별이 일어나는데 "지금 나와 오온 등의 법은 고정적으로 있는 것인가 아니면 없는 것인가, 내지는 있는 것도 아니고 없는 것도 아닌가?" 하고 사유한다. 이와 같이 추론하다가 나름의 견해가 일어나면 그 견해를 따라 집착이 생겨서 그것이 분명한 진실이라고 여기게 된다. 잘못된 생각이 꼬리에 꼬리를 물고 일어남으로써 예리한 지혜로 희론하며 논쟁하고 온갖 잘못된 행과 장애를 일으켜 바른 선정이 일어날 수 없다. 이러한 것이 유무를 헤아리는 어리석음이 일어나는 모습이다.

세 번째로 세성을 헤아리는 어리석음이란, 선정을 닦을 때 홀연히 다음과 같이 생각한다. "미진(微塵)169)이 있기 때문에 실법(實法)이 있는 것이고 실법이 있으므로 사대(四大)가 생기며 사대가 있으므로 가명으로서의 중생과 일체 세계가 생기는 것이다." 이와 같이 사유하여 나름의 견해가 생기면 이것이 꼬리에 꼬리를 물고 생각

---

169) 미진(微塵): 물질을 계속 쪼개었을 때 가장 작은 입자. 이것을 쪼개면 허공이 된다.

을 일으켜 예리한 지혜와 말솜씨가 생기니 능숙하게 질문도 하고 설법도 하여 교만한 마음이 일어난다. 시비를 쟁론하고 잘못된 행만 골라 행하니 진실한 도에서 멀어지며, 내지는 분별 사유하는 찰나의 마음도 이와 같다. 이러한 인연으로 선정들이 일어나지 못하고 설령 일어난다 해도 사정취(邪定聚)에 떨어지니, 이것이 세성을 헤아리는 어리석음이 발현하는 양상이다.

6.2.2.2.5 ▶ 수행을 방해하는 악업이 발현하는 양상

악업으로 장애가 되는 양상은 세 가지가 있으니 첫 번째는 혼침으로 어두운 것이다. 선정을 닦으면서 용심하려고 하면 곧 어둠에 빠져 캄캄하게 지각이 생기지 않아서 선정이 일어나지 못하는 것이다.

두 번째는 악념이 일어나는 장애이다. 수행자가 선정을 닦으려 하는데 비록 혼침으로 어둠에 빠지지는 않지만 악념이 계속 일어나는 것이다. 혹은 십악이나 4바라이죄, 오역죄 등을 저지르고 싶기도 하고 계를 깨뜨리고 환속하고 싶은 생각이 일어나기도 한다. 이러한 악념이 잠시도 쉬지 않고 이어져 선정이 일어나지 못하도록 방해한다면 이것은 악념의 장애가 일어나는 모습이다.

세 번째로 경계가 핍박하는 장애가 있다. 선정을 닦을 때 앞과 같은 장애는 없지만 대신 몸에 갑자기 아픔이 느껴지거나 핍박하는 일이 일어난다. 예를 들어 바깥의 경계가 보이는데 머리나 팔다리·눈이 없는 사람이거나 혹은 옷이 다 찢어져 땅속에 들어가거나 혹은 불길이 닥쳐 몸을 태우는 모습이 보인다. 또 높은 벼랑에서 떨어지거나 두 산에 끼이기도 하고 나찰·호랑이가 덤비기도 한다. 혹은 꿈에서 여러 무서운 형상을 보기도 하는데, 이러한 것들은 모두 도를 장애하는 죄가 일어나 수행자를 핍박하는 것으로서 혹은 수행자를 두렵게 하고 혹은 고통스럽게도 한다. 이러한 일들은 다 말할 수 없을 정도로 많으니 이것이 경계가 핍박하는 장애가 일어나는 모습이다.

지금까지 설명한 다섯 가지 불선법은 다시 세 가지 장애로 나눌 수 있다. 즉 탐욕과 성냄과 어리석음의 삼독은 습인으로 인한 번뇌장이 되고, 마음이 평정한 가운데 각관이 어지럽게 일어나는 것은 4온(蘊)이 거칠기 때문이므로 보장(報障)이라 부를 수 있으며 세 가지 악업은 업장이라고 할 수 있다. 왜냐하면 과거에 지은 악으로 미래에 악보를 받는 것은 업으로 이 악을 유지하기 때문인데, 만일 행자가 아직 보를 받기 전에 선을 닦으면 선과 악이 상충하므로 업이 악을 의지하여 일어나서 선을 장애하게 되는 것이다. 그러므로 이것은 업장임을 알 수 있다. 이처럼 번뇌장과 보장과 업장의 세 가지는 일체 수행자의 선정과 지혜를 일어나지 못하도록 방해하므로 '장애'라고 부른다.

6.2.2.2.3 ▸ 악근을 대치하는 법

대(對)라는 것은 '주로 대응한다(主對)'는 의미이고 치(治)라는 것은 '다스린다[爲治]'는 것을 말한다. 예를 들어 부정관은 주로 음욕을 다스리고 염불삼매는 주로 도를 방해하는 악업을 다스리므로 '대치'라고 부르는 것과 같은 경우이다. 대치를 하는 것은 여섯 가지 이치가 있으니 ① 대치 ② 전치 ③ 부전치 ④ 겸치 ⑤ 겸전겸부전치 ⑥ 비대비전비겸치이다.

6.2.2.2.3.1 ▸ 대치對治

앞에서 선악의 근성이 발현하는 것을 밝히면서 15가지로 나누었는데 여기서도 역시 15가지로 나누어 밝히겠다.

문 그것은 너무 번거롭게 중복되는 것이 아닙니까?

답 그렇지 않다. 앞에서는 증험하여 알기 위해 설한 것이고 여기서는 대치하기 위해 설하는 것이다. 또 앞에서는 선근으로 자연히 발현하는 것을 설한 것이고 여기서는 일부러 닦기 위해 설하는 것이므로 중복이 아니다.

6.2.2.2.3.1.1 ▸ 각관이 많은 병을 다스리는 법

경전에 "각관이 많은 사람은 수식을 행하도록 가르친다."고 하였다. 앞서 각관의 병이 세 가지가 있다고 하였으니 수식으로 대치하는 법도 세 가지가 있다. 첫 번째로 마음이 밝고 또렷한 가운데 각관이 발현하는 것이니, 수행자가 좌선 중에 마음이 밝고 또렷한 가운데 외부 대상에 대해 생각이 쉬지 않고 일어날 때는 숨을 세는 법[數息]을 행하도록 가르쳐야 한다. 숨을 세면 마음이 숨에 고정되기 때문에 산만하게 어지러운 것을 다스리기에는 좋다. 만일 하나에서 열까지 세면서 중간에 잊지 않는다면 반드시 정에 들어가 산란한 생각을 깰 수 있다. 숨을 세는 법은 마음이 가라앉아서 살피는 가운데 수를 기억하는 것인데, 가라앉아 살피는 것은 밝고 또렷한 것을 다스릴 수 있으므로 수식으로써 밝고 또렷한 가운데 일어나는 각관을 능히 제거할 수 있는 것이다.

두 번째로 마음이 반은 밝고 반은 어두운 가운데 각관이 일어날 때는 숨을 따르는 법[隨息]을 가르쳐야 한다. 숨이 드나드는 것을 의식이 따라가면 마음이 항상 숨에 의지하게 되니, 숨이 거칠면 마음도 거칠어지고 숨이 미세하면 마음도 미세하게 된다. 미세하게 숨이 드나드는 것을 마음이 계속 따라가면서 집중하면 능히 각관을 깨뜨릴 수 있고, 고요한 마음으로 숨이 드나드는 것을 살피면서 숨이 가는 곳과 길고 짧은 것을 또렷하게 비추어 보면 혼침을 깨뜨릴 수 있다. 만일 숨을 세는 것만을 행하면 혼침을 부추기는 잘못이 있고, 숨을 관찰하는 것을 행하면 산란해지는 과실이 있으므로 좋은 대치라고 할 수 없다.

세 번째로 마음이 혼침한 가운데 각관이 일어나는 것은 숨을 관찰하는 법[觀息]으로써 대치한다. 숨이 들어올 때 '이 숨이 어디서부터 왔는가,' '중간에 어느 곳을 거치는가,' '들어와서는 어느 곳에 머무는가' 하는 것 등을 자세히 관찰한다. 숨이 나갈 때도 마찬가지 방법으로 관찰한다. 이 법은 뒤에 다시 자세히 설할 것이다. 이와 같이 숨의 근원을 찾아보면 나가도 분산되지 않고 들어와도 쌓이지 않아 고정된 상을 볼 수가 없다. 명료한 마음으로 관하니 심안이 열려서 혼침의 병을 깨뜨릴 수 있고 숨에 의지하여 마음이 고요하니 산란함도 깨뜨릴 수 있다. 그러므로 관식으로써 혼침한 가운데 각관이 일어나는 병을 대치하는 것이다.

6.2.2.2.3.1.2 ▸ 탐욕이 많은 병을 다스리는 법

경전에 "탐욕이 많은 사람은 부정관을 가르친다."고 하였다. 탐욕의 병이 세 종류로 분별되므로 대치법도 세 가지이다. 첫 번째로 외부에 대한 탐욕이 많은 것을 다스리는 법이다. 이 병은 바깥의 대상에 집착하는데서 생기니, 예를 들면 남녀의 용모나 자태, 목소리, 부드러운 피부 등에 매혹되어 음욕의 불길이 꺼지지 않는 것을 말한다. 이것을 대치하기 위해서는 구상관(九想觀)을 닦으라고 가르쳐야 한다. 묘지에 가서 시신의 모습을 살펴보고 또한 애착하는 대상이 땅바닥에 놓여있는 모습을 상상한다. 그 시신을 관찰해 보면 몸이 부르트고 썩어서 고름이 흐르며 벌레들이 우글거린다. 내가 사랑하는 사람도 이와 같으니 애착할 곳이 어디 있는가? 이와 같이 관찰하고 나면 자연히 음욕이 그치게 되니 구상은 바깥의 대상에 집착하여 음심이 일어나는 중병을 다스리는 좋은 방법이다.

두 번째로 내외의 탐욕을 다스리는 것이니 번뇌의 병이 생기는 모습은 앞에서 설한 것과 같다. 이를 다스리려면 초배사(初背捨) 등의 관법을 가르쳐야 한다. 자신의 몸이 깨끗하지 못하여 애착할 것이 없음을 관하여 자신에 대한 탐욕을 깨뜨리고 외부의 대상도 깨끗하지 못하여 애착할 것이 없음을 관하여 외부에 대한 탐욕을 여의는 것이 초배사이다. 이렇듯 부정하다는 마음을 가지고 자신과 외부의 모든 색을 관하여 내외에 대한 애착과 탐욕의 병을 다스리는 것이다.

세 번째로 모든 것에 두루 탐욕이 일어나는 것으로서, 이 병이 나타나는 모습은 앞에서 이미 설명하였다. 이것을 다스리는 방법으로는 일체를 대상으로 삼는 대부정관을 가르쳐야 한다. 일체의 경계를 모두 관하되, 남녀·자신·타인·논밭·집·의복·음식 등 세상에 있는 일체의 존재가 모두 깨끗하지 않아서 탐욕심을 일으킬 만한 것이 하나도 없다고 보는 것이다. 그 때에 모든 대상에 염증이 일어나 일체의 탐욕이 다시 생기지 않으니 이것을 일체의 대상에 대한 탐욕병을 대치하는 것이라고 한다.

6.2.2.2.3.1.3 ▸ 성냄이 많은 병을 다스리는 법

경전에 "화가 많이 일어나는 사람은 자심관으로 다스린다."고 하였다. 성나는 병을 세 종류로 나누었으니 대치법도 세 가지이다. 먼저 옳지 않게 성나는 것이니, 밤낮으로 잘못 사유하여 나쁜 일로 남을 괴롭히고 싶어지는 성냄이다. 이를 다스리기 위해서는 중생을 대상으로 한 자심관을 닦아야 한다. 가까운 한 사람이 즐거워하는 모습을 떠올려 여기에 집중함으로써 선정에 든다. 가까운 사람이 즐거워하는 모습을 보는 가운데 원수 등도 모두 즐거움을 얻게 하여 그들이 즐거워하는 모습을 보면 능히 좋아하는 마음이 생기게 되니 중생들에 대해 성내고 해치려는 마음을 파할 수 있다.

두 번째로 타당하게 화가 나는 경우가 있으니, 보통 때는 성내는 마음이 없다가 다른 사람이 악을 행하거나 계율을 어기는 것을 보면 화가 나는 것이다. 이 병이 일어나는 모습은 앞에서 이미 설명하였는데, 이를 다스리기 위해서는 법을 대상으로 한 자심관을 닦으라고 가르쳐야 한다. 오온을 관해 보면 허망하게 임시로 있는 법이어서 '자아'라고 할 것이 없다. 그러니 어찌 계를 지키거나 범한다고 시비할 일이 있겠는가? 다만 법락(法樂)을 그에게 주어 자심으로 아끼며 괴롭히려 하지 않으면 시비가 사라져 성내는 마음이 자연히 그치게 된다. 이것이 법을 대상으로 자심관을 행하여 타당하게 성이 나는 것을 다스리는 것이다.

세 번째로 일체의 법에 논쟁이 일어나 성나는 경우이다. 이 병이 발현하는 모습은 앞에서 설명하였고, 이를 다스리기 위해서는 대상이 없는 자심관을 닦도록 가르쳐야 한다. 어째서인가? 이 사람은 자신이 터득한 법이 옳고 남은 그르다고 여겨서 자신에게 동의하면 좋아하고 거스르면 화를 내는 것이다. 혹은 4구에 의거하거나 혹은 4구를 끊은 데서 집착이 생기며, 때로는 중도에 집착하기도 한다. 이처럼 나름대로 의지하는 것이 있으므로 시비다툼이 생기는데 이것을 헤아리다가 문득 성내는 마음이 일어나는 것이다. 이에 대한 대치법으로는 대상이 없는 자심관을 닦도록 해야 하니, 이때는 언어가 끊기고 마음작용이 사라져 일체의 법을 생각하지 않는다. 만일 생각하는 것이 없다면 어떤 논쟁으로 화가 일어나겠는가? 대자비는 평등하여 똑같이 본래 청정한 즐거움을 주고 남을 괴롭히려는 생각을 여의게 되므로 자심으로 능히 즐거움을 준다고 하고, 또한 모든 중생을 위하는 보살이라고 할 수 있는 것이다. 이같은 법을 대자비라고 하니, 대상이 없는 자심관으로써 일체법 가운데서 논쟁을 일으켜 성내는 병을 다스릴 수 있음을 알아야 한다.

6.2.2.2.3.1.4 ▸ 어리석음이 많은 병을 다스리는 법

경전에 설하기를 "어리석음이 많은 사람은 인연관을 가르친다."고 하였다.

문 인연법은 그 뜻이 매우 심오한데 어떻게 어리석은 사람에게 인연을 관하라고 가르칩니까?

답 어리석은 사람이라는 것은 소나 양같이 어리석다는 것이 아니다. 총명하고 근기가 뛰어나기는 한데 분별심으로 헤아려 바른 지혜를 얻지 못하고 잘못된 마음으로 이치에 집착하는 사람을 말하는 것이다. 앞에서 어리석음의 병이 세 가지라고 하였으니 대치법도 세 가지가 있어야 할 것이다. 첫 번째는 단상을 헤아리는 병을 다스리는 법이다. 잘못된 사유로 집착을 일으키는데, 혹은 상견(常見)을 일으키거나 혹은 단견(斷見)을 일으켜 인과법을 거스르는 경우가 있다. 이 병은 삼세 십이인연을 관하라고 가르쳐서 대치하여야 한다. 과거에 [무명과 행] 두 가지가 있고 현재 [식 내지 유] 여덟 가지가 있으며 미래에 [생과 노사] 두 가지가 있는 것이 십이인연이 된다. 삼세가 서로 인이 되어 영원불변하지도 않고 단절되지도 않는 것이다. 이를 경전에서 다음과 같은 게송으로 설하였다.

> 나의 참된 불법에서는
> 비록 공이지만 단절되지는 않고
> 계속 이어지지만 영원 불변하지도 않으며
> 선악 또한 잃어버리지 않네.[170]

---

170) 『대지도론』 1, 64하.

수행자가 십이인연을 잘 관하여 단견이나 상견에 집착하지 않으면 잘못된 견해를 갖는 마음이 그친다. 또한 이 대치법으로는 상속가(相續假)[171]에 대한 미혹을 깨뜨릴 수 있다.

두 번째로 유무를 헤아리는 어리석음을 다스리는 법이다. 아에 대해 있다고 하거나 없다고 하고, 오온이 있다고 하거나 없다고 하는 등의 어리석음인데 그 병상은 앞에서 이미 설명하였다. 이를 다스리기 위해서는 과보 십이인연을 관하라고 가르쳐야 한다. 현재의 가라라시를 관해 보면 이를 무명이라고 부르고 내지 현재의 생과 노사 등에서는 오온·십이처·십팔계가 성취되니 이는 모두 인과 연으로부터 생기는 것이다. 가라라시에는 명근[命]과 온기[暖]와 식(識)의 세 가지가 있게 되므로 무명이라고 부른다. 이것은 이미 인연으로부터 생긴 것이어서 자성이 없으니 유(有)라고 말할 수도 없고 무(無)라고 말할 수도 없다. 내지 노사도 이와 같이 관한다. 만일 공도 아니고 유도 아니라는 것을 알게 되면 공견과 유견이 깨어지니 과보 십이인연관은 유무견의 병을 다스릴 수 있음을 알 수 있다. 또한 이것으로는 인성가에 집착하는 미혹을 깨뜨릴 수 있다.

세 번째로 세성(世性)을 헤아리는 어리석음을 다스리는 법이다. 미세한 입자들에서 만물이 다 생겨난다고 잘못된 생각을 하는 것을 세성을 헤아린다고 하니, 앞에서 이미 설명한 대로다. 이를 다스리기 위해서는 다시 일념 십이인연관을 행해야 한다. 수행자가 한 생각 가운데 열두 가지가 모두 갖추어짐을 관하면, 하나는 열둘이 아니고 열둘도 하나가 아니지만 지금 하나에 의거하여 열둘을 설하고 열둘에 의거하여 하나를 설하니 하나란 정해진 성질이 아님을 알 수 있다. 정해진 하나가 없으므로 세성이라는 것은 얻을 수 없다. 이 일념 십이인연관으로는 대개 같다거나 다르다는 견해[一異見]를 깨뜨릴 수 있고 또한 상대가(相待假)에 집착하는 미혹을 깨뜨릴 수 있다.

---

171) 상속가(相續假) : 일체의 법은 상속하면서 끊임없이 변하므로 임시적인 것[假]이라는 의미. 인연이 화합하여 생겼다는 인성가(因成假), 분별은 상대적이라는 상대가(相待假)와 함께 삼가(三假)라고 하며 일체법이 공(空)으로서 임시적으로 존재하는 것임을 밝힌 것.

6.2.2.2.3.1.5 ▸ 수행을 방해하는 악업의 병을 다스리는 법

경전에 "수도에 장애가 있으면 염불을 행하도록 가르친다."고 하였다. 앞에서 수도를 방해하는 장애를 세 가지로 분별하였으니 대치법도 역시 세 가지를 세운다. 첫 번째로 혼침으로 어두운 장애가 일어나면 응신불을 관하도록 가르쳐야 한다. 부처님의 32상 가운데 한 가지 상을 취하는데, 예를 들어 먼저 미간의 백호상을 취한다면 눈을 감고 그 상호를 관하는 것이다. 만일 마음이 어둡고 둔하여 백호가 잘 떠오르지 않는다면 단정한 불상을 마주 보아 일심으로 상호를 쳐다본 뒤 여기에 집중하여 선정에 든다. 만일 명료하게 떠오르지 않으면 다시 눈을 떠서 쳐다본 뒤 눈을 감고 집중한다. 이처럼 한 상호를 명료하게 취한 뒤에 차례대로 다른 상호들도 두루 관하여 심안을 밝게 열면 혼침으로 어두운 마음을 다스릴 수 있다. 염불의 공덕으로 업장이 제거되기 때문이다.

문 상을 취하는 게 명료하여 혼침을 깰 수 있다면 구상이나 백골관 등으로도 깰 수 있지 않습니까?

답 구상이나 백골관 등은 다만 생사를 거듭하는 이 몸의 부정함을 알게 하는 것이지 죄를 없애는 이치는 열등하기 때문에 이 경우의 대치법으로 사용하지 않는다.

두 번째로 악념으로 사유하는 장애가 일어날 때는 부처님의 공덕을 염하도록 가르쳐야 한다. 어떻게 염하는가? 정념의 마음으로 "부처님께서는 십력·사무소외·십팔불공법과 일체종지로써 법계를 두루 비추어 보시고 상적광토에서 움직이지 않으면서도 육신을 널리 나타내어 일체 중생에게 이익을 주시니 그 공덕은 무량하고 불가사의하다."고 생각한다. 이같이 계속 염하면 장애가 대치된다. 어째서 그러한가? 부처님의 공덕을 염하는 것은 뛰어나고 선한 법에 집중하는 데서 생긴 마음작용[心所]이고, 악념을 사유하는 것은 악법에 집중하는 데서 생긴 마음작용인데 선은 능히 악을 깨뜨릴 수 있기 때문이다. 보신불을 염하는 것은 마치 누추하고 어리석은 사람이 단정하고 지혜로운 사람 앞에 서면 스스로 부끄러워지는 것과 같아서 악도 선심 앞에 서면 부끄러워 스스로 그치게 되는 것이다. 부처님의 공덕에 집중하여 계속 염하는 가운데 일체의 장애는 멸하게 된다.

세 번째 경계가 핍박하는 장애를 다스리기 위해서는 법신불을 염하도록 가르친다. 법신불이란 바로 법성이니, 평등하여 생기거나 멸하지 않고 형색이 없으며 공적(空寂)한 무위법(無爲法)이다. 무위 가운데는 이미 경계가 없는데 어떻게 핍박하는 상이 있을 수 있겠는가? 경계가 공한 것임을 알게 되면 대치가 된다. 32상을 염하는 것은 대치법이 아니다. 왜냐하면 이 사람이 아직 상에 집중하지 않았을 때 이미 경계로 인해 어지러운데 다시 상을 취하면 대부분 이로 인해 마가 붙어서 그 마음이 더욱 심하게 어지러워지기 때문이다. 지금 공임을 관하는 것은 온갖 경계를 파하여 없애는 것이다.

이처럼 마음을 모아 염불하는 것은 공덕이 무량하다. 그러므로 무거운 죄를 멸할 때는 이것으로 대치할 수 있음을 알 수 있다. 이로써 대치를 간략히 설하였다.

6.2.2.2.3.2 ▶ 전치轉治

전치에 대해서는 『대지도론』에서 십력(十力) 가운데 '선정과 번뇌의 정도를 분별하는 지혜력'을 밝히는 부분에 나온다. 그곳에 다음과 같이 설하여져 있다. "탐욕스러운 사람은 자심관을 수행하도록 가르치고 성을 잘 내는 사람은 부정관을 행하며, 어리석음이 많은 사람은 끝이 있는가 없는가를 사유하도록 가르친다. 들떠서 산만한 사람은 지혜로 분별함을 가르치고 어둡게 가라앉은 사람은 마음을 거두어들이도록 한다. 이렇게 행하는 것을 전치[轉治:바꾸어서 대치함]라 부르고 그렇지 않으면 부전치(不轉治)라고 부른다." 172) 이것은 위의 대치에서 설한 것과 반대이다.

전치에는 두 종류가 있다. 첫 번째는 병이 바뀌어 치료법도 바꾸는 것이고, 두 번째는 병은 바뀌지 않았지만 치료법을 바꾸는 것이다. 이제 앞에 설명한 관법 가운데 한 가지에 의거하여 전치의 의미를 설명하겠다. 대치법에서 탐욕심이 많은 사람

---

172) 『대지도론』24, 238하.

은 부정관을 행하도록 가르치는데, 관이 이루어지면 부정한 것을 볼 때 그 대상이 싫어져서 성내는 마음이 일어난다. 예를 들어 부처님 당시에 비구들에게 부정관을 행하도록 가르쳤더니 관을 이루고 난 뒤에 주변 사람들에게 자신을 죽여달라고 부탁한 사례가 있었던 것과 같다. 이럴 때 관법을 바꾸어 자심관을 수행하도록 하여 성내는 마음을 다스리는 것을 전치라고 부른다. 이와 같은 설은 세밀하고 익숙하게 검토해도 여전히 가르침의 뜻을 헤아리지 못한다. 두 번째는 병은 바뀌지 않았는데 약을 바꾸는 것은, 탐욕심의 병이 바뀌지 않았는데 부정관을 자심관으로 바꾸어 대치하는 것이다.

문 탐욕심이라는 것은 사람들의 좋은 상을 취하는 것이고 자심 역시 사람의 좋은 상을 취하는 법인데 어떻게 그것으로 대치가 됩니까?

답 보살계본에 다음과 같은 글이 있다. "모든 남자는 나의 아버지이고 모든 여인은 나의 어머니이다."[173] 그런데도 보살이 자비를 일으키지 않으며 육친(六親)도 가리지 않고 절도 없이 음행을 하여 바라이죄를 범하겠는가? 만일 앞의 남녀가 모두 나의 아버지이고 어머니라고 관한다면 저절로 애경심이 생길 것이니 자심으로 능히 탐욕을 깰 수 있게 된다. 비유하면 부모는 끝내 자식이 못할 짓을 행할 대상이 되지 않는 것과 같다. 또한 자심이란 남에게 즐거움을 주는 것인데, 탐욕은 선하지 못하여 남의 번뇌를 늘이니 즐거움을 주는 도가 아니다. 이와 같이 사유하며 의식을 자심에 묶어두어 자무량심(慈無量心)의 선정이 일어나면 탐욕이 치료된다. 왜냐하면 무량심은 색계의 법으로서 탐욕심이 생겨날 수 없기 때문이다.

이것이 병은 바뀌지 않았지만 관법을 바꾸어 치료하는 것이다. 지금 부정관문을 가지고 예를 들었는데 나머지 14문의 선도 모두 두 종류의 전치가 있음을 미루어 알 수 있을 것이다. 또한 관을 바꾸는 것에도 두 종류가 있다. 하나는 마음을 바꾸고 대상은 바꾸지 않는 것이고, 하나는 마음과 대상을 모두 바꾸는 것이다. 잘 연구하

---

173) 『범망경』하(『대정장』24), 1006중.

면 그 이치를 스스로 알 수 있을 것이다.

6.2.2.2.3.3 ▶ 부전치不轉治

부전치에도 두 가지가 있다. 하나는 병이 바뀌지 않으니 관도 바꾸지 않는 것이고, 또 하나는 병이 바뀌었는데 관은 바꾸지 않는 것이다. 첫 번째로 병이 바뀌지 않아서 관도 바꾸지 않는다는 것은, 탐욕이 많은 사람이 부정관을 행하는데 탐심이 그치지 않으면 더욱 상을 늘여 관을 행하고 관을 바꾸지 않는 경우와 같은 것이다. 예를 들면 농란상이나 혈도상, 괴상 등을 더 닦거나, 한 사람을 연상하여 탐심이 그치지 않으면 더욱 많은 사람을 연상한다. 이처럼 한 도시나 한 마을에 가득 찬 사람들이 모두 부정한 모습을 연상한다. 이것은 선경(禪經)에 설해져 있다. 혹은 백골이 빛을 발하는 단계에까지 진입하여 치료하면 탐욕심이 비로소 그치게 되기도 하므로 부전치라고 한다. 비록 이러한 이치가 있더라도 추진하는데 오히려 가르침의 바른 뜻이 아닐까 두렵다.

두 번째로 병이 바뀌었는데 관은 바꾸지 않는 경우가 있다. 수행자가 탐욕의 병을 다스리기 위해서 부정관을 행하는데, 탐욕이 바뀌어 성내는 마음이 생겼을 때 부정관을 바꾸지 않고 상을 더욱 늘려 부정관을 행한다. 그리하여 백골이 광채를 발하는 단계까지 정(定)에 들면 성내는 마음이 자연히 사라진다. 이 또한 두 가지 뜻이 있으니 경계가 바뀌지 않았으나 마음은 바뀌는 것과 경계가 바뀌지 않고 마음도 바뀌지 않는 것[174]이다. 나머지 열네 가지 대치에서 법을 바꾸지 않는 이치도 이와 마찬가지이다.

6.2.2.2.3.4 ▶ 겸치兼治

겸치에 대한 내용도 『대지도론』에서 팔념(八念) 가운데 염사(念捨)를 풀이하는 글 가운데 나온다. 논에 보면[175] 보살의 법보시란, 혹은 법을 설하고 혹은 신통을 나

---

174) 원문(504중)에는 '心亦不不轉'으로 되어 있으나 문맥상 '不'자 하나가 잘못 들어간 것으로 보인다.

타내며 혹은 방광(放光)을 하여 중생을 제도하는 것을 말한다. 또한 법보시를 행하려면 응당 중생의 번뇌가 많은지 적은지를 알아야 하니, 다만 번뇌의 병이 하나만 있거나 혹은 번뇌의 병이 둘이 섞여 있거나 혹은 세 가지가 섞인 경우가 있다. 만일 번뇌가 하나면 법을 하나만 설하여 치료하고 둘이 섞여 있으면 두 가지를 설하여 치료하고 세 가지가 섞여 있으면 세 가지를 설하여 치료하도록 한다고 되어 있다. 이것이 바로 겸치의 경우이다. 병이 하나일 때 한 법을 설하여 치료하는 것은 앞에서 설한 것과 같다. 병이 두 가지여서 두 법으로 치료하는 것은, 예를 들어 탐욕의 병이 있는데 더하여 성냄의 병까지 있다면 부정관과 자심관을 함께 사용하여 치료하는 것이다. 왜냐하면 한 가지 법만 쓰면 한 병은 치료가 되나 다른 한 병을 오히려 늘릴 수 있기 때문이다. 두 가지 법상을 겸하면 병이 모두 치유될 수 있다. 혹은 부정관에 자심관을 겸하기도 하고 혹은 자심관에 부정관을 겸할 수도 있는데, 병이 일어나는 것을 살펴 그에 알맞게 사용한다. 세 가지를 겸하거나 네 가지, 혹은 다섯 가지를 겸하는 것은 모두 그 뜻이 있지만 일일이 설명하지 않는다.

6.2.2.2.3.5 ▶ 겸전겸부전치|兼轉兼不轉治

이 내용은 전치와 부전치에서 설명한 것과 같은데 다만 겸치를 행할 때 발하는 병의 다소(多少)에 따라 전치와 부전치의 요령을 응용하는 것이다. 잘 미루어보면 알 수 있을 것이다.

6.2.2.2.3.6 ▶ 비대비전비겸치|非對非轉非兼治

대치도 아니고 전치도 아니고 겸치도 아니라는 것은 바로 제일의실단으로서 반야의 정관(正觀)을 말한다. 이 관은 능히 열다섯 종류의 병을 한꺼번에 치료할 수 있을 뿐 아니라 열 다섯 문의 선을 모두 일으킬 수 있다. 대치가 아니고 전치가 아니고 겸치도 아니라는 이유는 무엇인가?바로 관해 보면 법성이 바로 법이니 법으로써

---

175) 『대지도론』 22, 227중의 내용을 요약한 것.

법을 상대할 수 없으므로 대치가 아니라고 한다. 또한 정관은 치우침이 없어서 다른 병을 늘이지 않으므로 전치가 필요 없고 관의 힘이 커서 능히 모든 병을 두루 깰 수 있으므로 겸치가 필요 없다. 비록 깨는 주체나 대상을 얻을 수 없으나 모든 나쁜 것을 다스려 없앨 수 있으므로 '치료한다[治]'고 한다. 『대지도론』에 "삼매 가운데는 다만 탐욕만 제거하고 성냄과 어리석음은 제거하지 못하는 것이 있고, 삼독을 모두 제거할 수 있는 것도 있다."176)고 한 것은 바로 이 정관인 제일의실단을 말하는 것이다.

반야 한 가지를 관하여서 능히 다섯 가지 병을 치료할 수 있다는 실례를 들어 보이겠다. 첫 번째 정관이 능히 탐욕을 다스린다는 것은 『사익경』에 "탐욕이 많은 사람은 청정함을 관하여 해탈할 수 있지 부정함을 관하여 해탈하는 것이 아님을 세존께서는 스스로 알고 계신다."177)고 한 데서 알 수 있다. 두 번째로 정관으로 성냄을 다스린다는 것은 『반야경』에 "내가 옛날 가리왕에게 신체가 절단될 때 아상·인상·중생상이 없었기에 성내는 마음이 생기지 않았다."고 하였다.178) 그러므로 실상을 알면 능히 성내는 마음을 다스릴 수 있다는 것을 알 수 있다. 세 번째로 정관이 어리석음을 깨서 치료한다는 것은 이치상 당연한 일이다. 『열반경』에 이르기를 "밝을 때는 어둠이 없고 어두울 때는 밝음이 없다. 지혜가 있을 때는 번뇌가 없고 번뇌가 있을 때는 지혜가 없다."고 하였다.179) 네 번째로 정관으로 각·관을 다스릴 수 있다. 정관을 행하는 마음에는 언어의 길이 끊기고[言語道斷], 마음이 작용하는 곳이 없어지는데[心行處滅] 각과 관이 어디로부터 생길 수 있겠는가? 그러므로 『유마경』에 이르기를, "어찌하여 반연함을 그치는 것을 마음에 얻을 것이 없는 것이라고 하는가?"180)고 하였다. 다섯 번째로 정관으로 능히 업장을 다스린다는 것은 앞에서 인용한 『관보현경』에 설하여져 있다. 게송 중에 "단정히 앉아 실상에 집중하는 것을 으

---

176) 『대지도론』7, 109상.
177) 『사익범천소문경(思益梵天所問經)』(『대정장』15), 51상.
178) 『마하반야바라밀다경』에는 나오지 않고 『대지도론』14, 166상에 고사가 나온다.
179) (남본)『대반열반경』29 「사자후보살품」(『대정장』12), 793중.
180) 『유마힐소설경』중 (『대정장』14), 545상.

뜸가는 참회라고 한다. 뭇 죄는 이슬과 같나니 지혜의 해로 능히 없애네."181) 하는
것이 있다.

또한 세상의 여러 약들은 각각 한 가지 병을 치료하지만 일체의 병을 두루 치료
하지는 못하는 것과 같다. 그러나 아갈타약은 일체의 병을 다 치료할 수 있으니 대
치도 아니고 전치도 아니고 겸치도 아니라고 부른다. 여기에는 일체의 선문이 다 갖
추어진다. 『대품경』에 설하기를 "일체의 좋은 법을 익히기 위해서는 응당 반야를
익힐 것이라. 왜냐하면 왕이 행차하면 반드시 시종이 따르는 것과 같아서 반야의 지
혜가 생기면 일심에 만행이 갖추어지기 때문이다."고 하였다. 이는 여의주로써 비
유하여도 같다.

6.2.2.2.4 ▶ 네 가지 실단悉檀

지금까지 설명한, 악근이 발현하였을 때 대치하는 방법은 『대지도론』에 나오
는 네 가지 실단에 대응된다. 즉 15가지의 선하지 못한 경계가 발현하는 것은 바로
세계실단(世界悉檀)이고, 그 앞에서 설명한 선근이 발현하는 것도 역시 세계실단에
속한다. 그것들은 모두 인연으로 생기는 오온·십이처·십팔계에 포함되는 것이기
때문이다. 다음에 악근을 대치하는 15종의 선문은 바로 대치실단(對治悉檀)이니, 여
기서 병에 대응하는 약을 분별하기 때문이다. 그 다음에 설명한 전치 내지 겸전겸부
전치는 위인실단에 속한다. 이것은 사람들의 일정하지 않은 근기와 인연을 따라 방
편으로 이익을 주는 것이므로 위인(爲人)이라고 부른다. 마지막으로 밝힌 비대비전
비겸치가 바로 제일의실단이니 그 뜻은 알 수 있을 것이다. 그러므로 『대지도론』에
서 "이 네 가지 실단은 십이부경을 포함하고 8만4천법을 담는다."182)고 하였으니,
이치로 미루어보면 알 것이다. 선문의 뜻은 넓고 커서 거두지 못하는 것이 없음을
알아야 한다.

---

181) 『관보현보살행법경』(『대정장』9), 393중.
182) 『대지도론』1, 59중.

6.2.3 ▸ 편안한 선정을 택하는 법

자신의 근기에 맞는 선문을 택해야 선정에 마음을 안주할 수 있다. 그 방법은
다섯 가지가 있다.

6.2.3.1 ▸ 편의에 따름

앞의 '선근의 증험'에서 열다섯 가지 선문으로 나누어 설명한 것과 같이, 선근
이 발현하였을 때 그것이 과거에 이미 수행했던 것이어서 다시 수행을 하면 성취될
것임을 안다면, 그 발현한 법을 따라서 편안히 수행하는 것이 바로 편의에 따르는
것이다. 예를 들어 지를 수행하다가 팔촉이 일어나는 것을 느낀 뒤에 마음이 편안하
게 닦고자 한다면 수식(數息)을 가르치는 것이다. 왜냐하면 근본선의 초선은 대부분
수식을 통해 발현하므로 이 수행자가 과거에 이미 수식으로 선을 닦았음을 알 수 있
기 때문이다. 지금 수식을 통해 도에 들어가서 본래 닦던 것과 서로 돕는다면 선정
이 쉽게 발현할 수 있다. 그리하여 공력을 계속 기울이면 능히 사선과 사무색정을
다 얻을 수 있고 나아가 삼승이 도를 이루는 것과 똑같은 일을 겪을 수 있다.

제련사의 자식에게 수식을 가르친 것은 바로 근본을 따른 사례라고 할 수 있다.
선근이 발현한 뒤에 편안한 선정법을 가르치는 것이다. 이와 마찬가지로 나머지 열네
종류의 선근이 발현하였을 때도 그 편의에 따라 편안한 선정법을 선택하도록 한다.

6.2.3.2 ▸ 대치에 따름

예를 들어 수행인이 본래 탐욕이 많아서 장애가 된다면 이 병을 다스리기 위해
서는 부정관을 행해야 한다. 관이 이루어져 탐욕병은 사라졌는데 아직 깊은 불법을
체득하지는 못하였다면 더욱 공력을 들여 부정관을 수행하는 것이 좋다. 여러 가지
부정한 상을 관한 뒤에 몸의 피부를 벗겨서 백골에서 빛이 나오는 것을 관하여 팔배

사에 들어간다면 삼계의 결혹을 끊고 삼승의 도를 이룰 수 있다. 이렇게 하면 그 공력을 잃지 않는 결과가 된다. 하지만 다른 선정법으로 마음을 안정시킨다면 새롭게 공력을 지어야 하므로 성취하기가 어렵다. 다른 열네 가지 대치법을 성취하는 것을 통해 마음을 안정시키는 법도 이와 같다. 이것이 대치에 따라 편안한 선정을 택하는 방법이다.

6.2.3.3 ▸ 원하는 것에 따름

만일 대치행이 이루어져 욕계의 번뇌와 불선(不善)을 끊었다면 열다섯 가지의 선정을 모두 장애 없이 닦을 수 있다. 그때는 수행자가 원하는 바에 따라 어떠한 삼매든지 닦으면 모두 개발되어 시작부터 끝까지 이룰 수 있다. 이것은 유부(有部)에서 다스리는 법으로 삼는 것과 같은 부류이다.

6.2.3.4 ▸ 차례에 따름

장애가 이미 제거된 수행인 가운데는 얕은 것에서부터 깊은 것까지 일체의 선정을 모두 닦고자 하는 사람이 있다. 그러한 경우에는 아나파나문 가운데 수식(數息)을 먼저 가르쳐 근본선인 사선과 사무색정을 증득토록 한다. 다음에 수식(隨息)을 가르쳐 십육특승을 증득한 뒤에 관식(觀息)을 따라 통명관을 갖추도록 한다. 다음에 부정관문을 가르쳐 구상·팔배사 등의 선정에 들도록 하고 내지는 심성(心性)을 관하여 구종대선에 들도록 한다. 이러한 선정의 차례는 앞의 '제4 선바라밀을 수행하는 차례'[183]에서 설명한 것과 같다. 이들을 수행하는 방법은 뒤에 모두 설명하겠다. 여기서는 선근과 악근을 증험한 뒤에 편안한 선정을 선택하는 방법을 설명하는 것이 목적이므로 자세히 밝히지 않는다.

---

183) 본문(505중)에는 "第五明禪次第"라고 되어 있으나 실제로는 제4장에 차례가 나온다.

6.2.3.5 ▸ 제일의第一義를 따름

열반의 진여법은 보배의 창고로서 온갖 종류의 문을 모두 낳을 수 있다. 열다섯 종류의 선근이 발현한 뒤나 다섯 가지 대치법으로서 장애를 제거한 뒤에 쉽게 깨달을 수 있는 하나의 법문을 따른다면 바로 이 제일의(第一義)로써 마음을 안주해야 한다. 수행인은 대부분 이 문을 통해 성도에 들어간다.

6.2.4 ▸ 병을 치료하는 것

수행자가 마음을 안정시켜 도를 닦아 가는 데 때로는 본래 몸의 사대에 병이 있다가 지금 용심하느라 마음과 호흡이 그것을 발동시켜 병으로 발현하는 경우가 있다. 혹은 몸과 호흡과 마음을 잘 조절하지 못하거나 안팎에 어긋나는 것이 있어서 발병하는 경우도 있다. 무릇 좌선의 법이란 용심을 잘 하기만 하면 4백4가지 병이 자연히 치유되지만 용심을 잘못하면 4백4가지 병을 발동시킨다. 그러므로 자행화타(自行化他)를 행하려면 응당 병의 근원과 좌선 중에 일어나는 병을 치료하는 방법을 잘 알아야 한다. 만일 치료하는 방법을 모르는데 병이 발동하면 도를 닦는 데 장애가 될 뿐 아니라 목숨까지 잃을 수 있다.

6.2.4.1 ▸ 병의 증세

병이 생기는 것은 비록 여러 가지 원인이 있지만 요약하면 세 가지를 벗어나지 않는다. 첫 번째는 사대가 조화를 잃어 병이 발동하는 것이고 두 번째는 오장(五臟)에서 병이 생기는 것이며 세 번째는 오근(五根)에 병이 생기는 것이다. 먼저 사대의 병을 간략히 밝힌다.

지대가 증가하면 종기가 생기며 몸이 가라앉고 여위는 등 101가지의 병이 생긴다. 수대가 증가하면 담음(痰飲)이 생기고 배가 더부룩해지며 소화가 되지 않는 등 101가지의 병이 생긴다. 화대가 증가하면 오한[184]과 고열이 나고 사지 관절이 쑤시며 입이 마르고[185] 대소변이 원활하지 못하는 등 101가지의 병이 생긴다. 풍대가 증가하면 현기증이 나고 떨리며 몸이 쑤시고 근육에 경련이 생기며, 구토와 기침이 나서 숨쉬기가 어려워지는 등 101가지의 병이 생긴다. 그러므로 경전에 이르기를 "1대(大)가 조화를 잃으면 101가지 병이 생기고 사대가 조화를 잃으면 4백 4가지 병이 일시에 촉발된다."고 하였다. 사대의 병이 생기는 것은 각각 특징이 있으니 좌선할 때나 꿈 중에서 잘 살펴야 하는데, 그 상이 매우 많아서 일일이 다 기록할 수 없다.

두 번째로 오장에서 생기는 병에 대해 밝히겠다. 심장에서 병이 생기면 대체로 오한과 열이 나고 입이 마르는 등의 증세가 나타난다. 심장은 입을 주관하기 때문이다. 폐로부터 병이 생기면 대부분 몸이 붓고 사지가 아프며 코가 막히는 등의 증세가 나타나니 폐는 코를 주관하기 때문이다. 간에서 병이 생기면 근심이 많고 염세적이 되며 화를 잘 내고 두통·안통 등이 생기니 간은 눈을 주관하기 때문이다. 비장에서 병이 생기면 피부나 얼굴에서 바람이 나오고 온 몸이 저리고 아프며 입맛을 잃는다. 이는 비장이 혀를 주관하기 때문이다. 신장으로부터 병이 생기면 인후가 막히거나 배가 더부룩하며 귓병[耳滿][186]이 생긴다. 신장은 귀를 주관하기 때문이다. 오장으로부터 생기는 병은 매우 많은데 각각 그 증세가 있으니 좌선할 때나 꿈 중에서 잘 살피면 알 수 있을 것이다.

세 번째로 오근에서 생기는 병을 간략히 밝히겠다. 신근에 병이 생기면 몸에 통증이 있고 마디가 아프며 종기가 생기는 등의 증세가 나타난다. 설근에 병이 생기면 종기가 잘 생기고 입맛을 잃는다. 비근에 병이 생기면 코가 막히고 콧물과 고름이

---

184) 원문(505중)의 '煎寒'은 문맥상 '戰寒(오한이 매우 심한 증상)'이라야 맞을 것 같다.
185) 원문(505중)의 '口爽'은 '口不爽(담음이나 습이 있게 되면 설태가 끼면서 입이 텁텁해지는 증상)'이거나 '口渴'일 텐데 열이 심한 경우이므로 구갈 쪽이 문맥에 맞는 것 같다.
186) 이만(耳滿): 이명(耳鳴: 귀에서 소리가 나는 증상)을 말하는 것인듯.

흐르는 등의 증세가 나타난다. 이근에 병이 생기면 귀가 아프고 소리가 잘 안 들리며 때로는 시끄러운 소리가 나는 등의 증세가 있다. 안근에 병이 생기면 헛것을 보거나 눈에 백태가 끼고 통증이 생기는 등의 증세가 생긴다. 이처럼 사대와 오장 및 오근에서 기인하는 병은 수를 셀 수 없을 정도로 많다.

문 오근의 병은 오장의 병과 증상이 다르지 않고 원인도 같은데 어찌하여 따로 설하십니까?

답 좌선 중에 치료하는 법이 각각 다르기 때문에 따로 설명해야 한다. 만일 수행자가 선정을 닦으려 하는데 병이 생겼다면 응당 어떤 원인에 의해 일어난 것인지 스스로 살펴야 한다. 세 종류의 병은 모두 안과 밖의 원인에 의해 일어난다. 바깥의 원인이라면 상처를 입거나 너무 춥거나 덥거나 음식을 잘못 먹은 경우인데 병은 이 세 군데에서 발동하게 되니, 이때 바깥의 원인으로 병이 생긴 것을 스스로 알아야 한다. 만일 용심을 잘못하거나 관행이 편벽되거나, 혹은 안에서 심법이 일어났는데 이를 양생할 줄 모르면 이 세 군데에 병이 일어나니 이것은 안의 원인으로 병이 생긴 것이다.

또한 수행자는 병을 얻는 데 세 가지 원인이 있음을 알아야 한다. 첫 번째는 앞에서 보았듯이 사대가 너무 늘거나 줄어서 병이 생기는 경우가 있고, 두 번째는 귀신이나 마구니로 인하여 병이 생기는 경우가 있다. 세 번째는 업보로 인한 병이 있다. 이러한 병들은 일어날 때 바로 알아서 치료하면 쉽사리 나을 수 있지만 오래 경과하여 병이 깊어지고 몸이 허약해진 뒤에는 치료하여도 낫기가 어렵다.

6.2.4.2 ▸ 병의 치료법

병의 원인을 알았다면 방법을 써서 치료해야 한다. 치료법은 여러 가지가 있지만 중요한 것만 들어서 말한다면 다섯 가지를 넘지 않는다.

6.2.4.2.1 ▶ 기식법氣息法

첫 번째는 호흡으로써 치료하는 것이니 소위 6종식(種息)이니 12종식(種息)이니 하는 것이 그것이다. 6종식이란 무엇인가? 취(吹)·호(呼)·희(嘻)·가(呵)·허(噓)·희(呬)를 말한다. 이 여섯 가지 호흡은 입술과 혀의 모양을 여러 가지 방법으로 바꾸어 행하는 것이다. 좌선할 때에 몸에 한기가 들면 취식의 호흡을 하고 열이 날 때는 호식의 호흡을 한다. 호흡으로 병을 치료한다면, 취식으로써 한기를 없애고 호식으로써 열기를 없앤다. 희식으로는 통증을 없애며 아울러 풍기도 다스린다. 가식으로는 번열을 없애고 기를 내린다. 허식으로는 담을 풀어주고 또한 만(滿)을 삭힌다. 희식(呬息)으로는 피로한 것을 보해 준다. 오장을 다스릴 경우, 호식과 취식으로는 심장을 다스릴 수 있고 허식은 간장을, 가식은 폐를, 희식은 비장을, 희식(呬息)은 신장을 다스릴 수 있다.

또한 12종식이 있어서 여러 가지 병을 고칠 수 있다. 그것은 상식·하식·만식·초식·증장식·멸괴식·난식·냉식·충식·지식·화식·보식 등인데 이 열두 가지는 모두 마음 속으로 상상하여 작용하는 것이다. 이제 간략히 12종식이 병을 다스리는 상에 대해 설명하면 다음과 같다.

상식(上息)은 무겁게 가라앉는 병을 다스리고 하식(下息)은 헛되이 들뜬 것을 다스리며 만식(滿息)은 파리하게 여위는 것을 다스리고 초식(燋息)은 붓고 찌는 것을 다스린다. 증장식(增長息)은 기운이 감손하는 병을 치료하고 멸괴식(滅壞息)은 기운이 증장하는 병을 치료하며 난식(暖息)은 냉병을 치료하고 냉식(冷息)은 열병을 치료한다. 충식(衝息)은 막혀서 통하지 않는 것을 다스리고 지식(持息)은 떨리고 동요하는 병을 다스리며 화식(和息)은 사대가 조화를 잃은 것을 전반적으로 다스리고 보식(補息)은 사대를 보충해 준다. 이러한 호흡들을 잘 사용하면 능히 뭇 병을 두루 다스릴 수 있지만 잘못 사용하면 오히려 각각의 병이 생기니 그 내용은 미루어 알 수 있을 것이다. 옛 선사들이 호흡을 사용하여 병을 다스리는 방법은 매우 많은데 운운… 모두 설하지 않고 간략히 한 두 조목을 보여 그 대의를 알도록 하였다.

6.2.4.2.2 ▸ 가상법假想法

구체적인 내용은 『잡아함경』의 선병을 치료하는 비법(秘法) 72법에 자세히 설해져 있다. 다만 요즘 사람들은 신근(神根)이 이미 둔해져서 이 관상법을 행해도 대부분 성취하지 못한다. 만일 그 본 뜻을 제대로 알지 못하면 병을 다스리지 못할 뿐 아니라 다른 병들을 오히려 더욱 늘이는 결과가 된다. 그러므로 그 방법을 잘 아는 스승들이 비법을 가지고 있다면 가상법으로써 병을 치료하여 낫지 않는 것이 없지만 글로 다 쓸 수는 없다.

6.2.4.2.3 ▸ 주술법

모든 법에는 서로 억누르는 대치법이 있게 마련이니 그 술법을 잘 알아 사용하면 고치지 못할 것이 없다. 주법(呪法)은 여러 경전과 선경(禪經)에 나오지만 술법은 선사(先師)들이 비장하고 함부로 전하지 않아서 대부분 전하지 않는다.

6.2.4.2.4 ▸ 의식집중[用心住境]

어떤 이는 다음과 같이 말한다. "마음은 과보로 받은 한 주기 정보(正報)[187]의 주인이다. 비유하면 왕이 머무는 곳에는 도둑들이 흩어져 달아나는 것과 같다. 심왕(心王)도 이와 같아서 병이 생긴 곳에 마음을 집중하여 오래 흩어지지 않도록 하면 병이 곧 사라진다." 다음과 같이 말하는 이도 있다. "마음을 모아 우다나(憂陀那)에 집중한다. 우다나는 이곳 말로 단전(丹田)으로서 배꼽 아래 두 치 반 되는 지점인데 이러면 대부분의 병은 치료할 수 있다." 또 어떤 이는 다음과 같이 말한다. "마음을 발바닥에 두면 치료되는 것이 많다." 이렇듯 치료법은 매우 많지만 지금은 다 설하지 않는다.

---

187) 정보(正報) : 과거에 지은 업에 의해 과보로 받은 중생의 몸을 말한다. 과보로 받은 국토·가옥·의복·식물 등의 환경인 의보(依報)와 함께 이보(二報)라 한다.

6.2.4.2.5 ▸ 관하여 분석함[觀析]

바른 지혜로써 생각해보면 병이란 얻을 수 없는 것이니 사대(四大)의 병은 저절로 소멸된다. 만일 귀신이나 마라로 인해 생긴 병이라면 마음을 강하게 먹고 주문을 외우며 관조(觀照) 등의 방법으로 보조하여 치료한다. 만일 업으로 인한 병이라면 반드시 복을 닦고 참회하며 경전을 읽는 등의 방법을 보조로 삼으면 저절로 병이 사라진다.

수행자가 이상의 다섯 가지 치병 방법 가운데 한 가지만이라도 잘 터득하면 자신이 활용할 수 있을 뿐 아니라 다른 이들도 낫게 해줄 수 있는데 하물며 모든 방법을 다 통달한다면 얼마나 유용하겠는가? 만일 이 가운데 하나도 모르면 병이 생겨도 치료할 방도가 없으니 비단 정업(正業)을 진전시킬 수 없을 뿐 아니라 성품과 목숨까지 해를 입을 우려가 있으니 어찌 스스로 닦고 남을 가르칠 수 있겠는가? 그러므로 선을 닦고자 하는 사람이라면 반드시 자신의 마음으로써 병을 치료하는 법을 잘 터득하여 한다. 마음으로써 병을 다스리는 방법은 여러 가지가 있지만 어찌 글로 다 전할 수 있겠는가. 만일 이를 익히고 싶다면 앞에서 언급한 여러 경전들을 더 찾아볼 것이요, 여기서는 그 대의만을 보인 것이다. 그렇지 않고 이 글에만 의거한다면 글이 너무 간략하므로 활용하기 어려울 것이다. 그 방법을 잘 알아서 상황에 따라 자유롭게 쓸 수 있는 지혜로운 스승을 의지하는 것이 좋지만 만일 그러한 선지식이 없는 곳이라면 방편으로 여기에 의지하여 급한 상황을 구할 수도 있다.

문 의식집중으로 병을 치료하는 것이 꼭 효과가 있습니까?

답 열 가지가 갖추어지면 효과를 보지 못하는 경우가 없다. 그것은 믿음·실천[用]·노력[勤]·항상 대상에 집중하는 것[恒住緣中]·병이 일어나는 원인을 구별하는 것[別病因起]·방편·오래 지속하는 것[久行]·버리고 취할 것을 아는 것[知取捨]·잘 보호하는 것[善將護]·장애를 막는 것[識遮障]이다. 먼저 믿음이란 이 법이 반드시 병을 고칠 수 있다는 것을 믿는 것을 말한다. 다음에 실천이란 때를 놓치지 않고 항상 실천하는 것이다. 노력이란 열심히 정성스럽게 힘쓰면서 땀이 날 때까지 쉬지 않는 것이다. 항상 대상에 집중한다는 것은 세밀한 마음으로 늘 생각하여 법에 의지하여 산만해지지 않는 것을 말한다. 병이 일어나는 원인을 구별한다는 것은 앞에서 말하였다. 방편이란 숨을 내쉬고 들이쉬며 마음을 움직여 대상을 연상할 때 교묘하게 하여 그 적당함을 잃지 않는 것이다. 오래 지속하는 것이란 만일 한 방법을 실천하게 되면 효과가 날 때까지 날짜를 따지지 않고 항상 행하면서 폐하지 않는 것을 말한다. 버리고 취할 것을 안다는 것은 효과가 있으면 열심히 하고 해 보아도 효과가 없으면 버리고 점차 마음을 바꾸어 다스리는 것이다. 잘 보호한다는 것은 다른 대상이 침범해 들어오는 것을 잘 깨달아 아는 것이다. 장애를 막는다는 것은 효과가 있다고 하여 남에게 말하지 않는 것이고, 피해를 입지 않았다면 의심하거나 비방하지 않는 것이다. 만일 이 열 가지 법에 의지한다면 다스리는 데 반드시 효과가 있을 것이다.

6.2.5 ▸ 마사魔事를 깨닫는 것

마라(魔羅 ; māra)는 번역하면 '죽이는 자[殺者]'라고 한다. 수행인이 쌓은 공덕의 재물을 빼앗고 지혜의 목숨을 죽이기 때문에 마라라고 부르는 것이다. 그렇다면 마사(魔事)란 무엇을 말하는가? 부처님의 경우에는 공덕과 지혜로써 중생을 제도하여 열반에 들게 하는 것을 일로 삼는다. 마군도 이와 같아서 항상 중생의 선근(善根)을 무너뜨려 생사에 유전하도록 하는 것을 일로 삼는다. 만일 도를 잘 닦아서 도가 높아지면 마군도 치성하게 되므로 모름지기 마사를 잘 알아야 한다. 이제 세 단락으로 나누어 풀이하고자 한다.

6.2.5.1 ▸ 마장의 종류

마에는 네 종류가 있으니 ① 번뇌마(煩惱魔) ② 음입계마(陰入界魔) ③ 사마(死魔) ④ 욕계천자마(欲界天子魔)이다.

첫 번째로 번뇌마(煩惱魔)란 곧 삼독(三毒) 98사(使)를 비롯하여 4취(取), 유 (有),[188] 4폭류(瀑流), 4액(軛), 3박(縛), 오개(五蓋), 10전(纏), 뇌(惱), 결(結) 등을 말한다. 이들은 모두 도 닦는 것을 깨뜨릴 수 있기 때문이다. 그러므로『대지도론』에는 다음 과 같이 게송으로 설한다.

욕심은 그대의 첫 번째 군대이고
근심 걱정은 두 번째 군대.
기갈(飢渴)은 세 번째 군대이고
촉(觸)과 애(愛)는 네 번째 군대.
수면은 다섯 번째 군대이고
두려움은 여섯 번째 군대.
의심과 후회는 일곱 번째 군대이고
성냄은 여덟 번째 군대.
이양(利養)과 허망한 칭송은 아홉 번째 군대이고
교만심과 깔보는 마음은 열 번째 군대.
이같은 군졸들이
출가인들을 퇴타케 하나니
내가 선정과 지혜의 힘으로
이러한 군대들을 깨뜨리고
불도를 이루고 난 뒤
일체 중생들을 구제하리.[189]

두 번째로 음입계마(陰入界魔)란 오온 십이입 십팔계를 말한다. 일체의 명(名)과

---

188) ·유(有) : 사유(四有)라는 것이 있지만 이것은 번뇌가 아니므로 무엇을 가리키는지 불분명하다.
189)『대지도론』5, 99중.

색(色)은 중생을 묶어놓고 수행자의 청정한 선근공덕을 가려서 지혜가 늘어나지 못하도록 하므로 마라고 부른다. 즉 욕계의 오온과 십이입처, 내지는 색계와 무색계의 오온과 십이입처를 말한다. 만일 수행자가 마음 속으로 깨닫지 못하여 받아들이고 애착을 가진다면 모두 마라고 부르며, 만일 받아들이거나 애착을 갖지 않고 마치 허공을 보듯이 한다면 장애로 작용하지 못하니 마사가 깨어진다.

세 번째로 사마(死魔)란, 일체의 생사 업보는 돌고 돌아 그치지 않으므로 마라고 부른다. 또한 수행자가 발심하여 도를 닦으려 하여도 갑자기 병을 얻어 죽거나 남에게 해를 입어 도를 못 닦는다면 발심한 것이 허사가 된다. 이번 생에 성인의 도를 닦았다 해도 다음 생에 이르러 혹 인연이 다르게 바뀌면 본심을 잃어버리니 이러한 것을 마라고 부른다. 또한 수행자가 도를 닦을 때 죽으면 안된다고 근심하여 그 몸에 애착을 일으키면 또한 도를 닦을 수 없으니 이러한 것도 사마에 포함된다고 하겠다.

네 번째로 욕계천자마(欲界天子魔)란 바로 파순(波旬)을 가리킨다. 이 마군은 불법의 원수이니, 항상 수행인이 자신의 경계를 벗어날까 두려워 여러 권속 귀신들로 하여금 온갖 어지러움을 일으키도록 하여 수행자의 선근을 깨뜨린다. 이는 타화자재천(他化自在天)의 천자이다.

6.2.5.2 ▸ 마장이 발현하는 양상

번뇌마가 일어나는 모습은 앞의 불선근 중에서 삼독을 세분하여 번뇌를 밝히는 곳에서 자세히 설명하였다. 음입계마가 발현하는 모습은 앞의 불선근과 선근을 설하는 곳에서 여러 가지 색과 심의 경계가 나타나는 곳에서 밝혔다. 사마가 일어나는 모습은 앞의 병환법에서 자세히 밝혔다. 왜냐하면 병은 죽음의 원인이 되기 때문이다. 여기서는 귀신마에 대해 분별하여 설하겠다. 귀신마에는 세 가지 종류가 있으니 ① 정미(精媚)와 ② 부척귀(埠惕鬼)와 ③ 마라(魔羅)가 그것이다.

첫 번째로 정미란 12시의 짐승이 변화하여 여러 가지 모양을 짓는데 혹은 소년이나 소녀나 노인의 모습을 짓그 내지는 무서운 형상을 짓는 등 여러 가지 모습으로 써 수행인을 괴롭힌다. 각기 그 시간에 맞추어서 오므로 잘 구별해야 한다. 예를 들어 묘시에 많이 오는 것이라면 필시 여우나 토끼나 오소리이니 그 이름을 부르면 정미는 흩어지고 만다. 나머지 11시의 형상도 이것으로 유추하면 알 수 있을 것이다.

두 번째 부척귀도 여러 가지 형상으로 수행인을 괴롭힌다. 혹은 벌레처럼 머리나 얼굴에 붙어서 기분 나쁘게 물거나 찌르고 혹은 겨드랑이 밑을 치기도 하며 혹은 사람을 갑자기 껴안기도 한다. 혹은 말을 반복하여 시끄럽게 하거나 온갖 짐승의 형상을 짓기도 하는 등 여러 가지 이상한 모습으로 와서 수행인을 어지럽게 한다. 이러한 것들을 깨달으면 눈을 감그 마음을 한데 모아 조용히 다음과 같이 꾸짖어야 한다. "나는 이제 그대를 안다. 그대는 이 염부제에서 불을 먹고 향기를 맡는 투랍길지(偷臘吉支)[190]라는 파계승이다. 삿된 견해로 계를 깨뜨리기 좋아하는 종자이다. 나는 계를 지키고 있으니 끝내 그대를 두려워하지 않는다." 그리고 출가자라면 계의 서문을 외우고 재가자라면 삼귀의, 오계, 보살의 10중 48경계 등을 외우면 귀신이 곧 슬금슬금 기어서 가버린다. 이와 같은 종종의 괴롭히는 형상과 그것을 제거하는 방법은 모두 선경(禪經)[191]에 자세히 설명되어 있다.

세 번째, 마라가 괴롭히는 것을 설명한다. 이 마군은 대개 세 가지 형상으로 나타나서 수행인을 괴롭힌다. 첫 번째는 감정에 거슬리는 일이니 곧 두려운 5경(境)이고, 두 번째는 감정에 맞는 것이니 곧 애착할 만한 5경으로 집착하게 만드는 것이다. 세 번째는 거슬리지도 않고 맞는 것도 아닌 일로서, 즉 보통의 5경으로 수행자를 어지럽히는 것이다. 그러므로 마군을 이름하여 '죽이는 자[殺者]'라고 하는 것이다. 또한 '꽃화살[華箭]'이라고도 하고 5근(根)을 쏜다는 뜻으로 '5전(箭)'이라고도 한다. 각 근마다 세 종류의 대상[境]이 있어서 근에 상대하여 수행자를 괴롭히니 5근을 합하면 도합 열다섯 종류의 대상이 있게 된다. 예를 들면 색경(色境)에는 세 가지가 있으

---

190) 투랍길지 : 구나함모니불 시절에 파계한 뒤 야차가 된 사람. 『마하지관』 8하, 116상 참조.
191) 『치선병비요법(治禪病秘要法)』하(『대정장』 15), 341중.

니 먼저 감정에 맞는 색으로서, 혹은 부모 형제나 부처님의 형상으로 나타나거나 혹은 잘 생기고 사랑스러운 남녀의 경계로 나타나서 사람의 마음에 집착이 일어나도록 한다. 두 번째는 감정에 거슬리는 색으로서 승냥이나 사자, 혹은 나찰의 모습 등 종종의 두려운 형상으로 나타나서 수행자를 무섭게 한다. 세 번째로 색경 가운데 감정에 거슬리지도 않고 맞지도 않는다는 것은, 다만 보통의 형색으로 나타나 애착을 일으키거나 공포를 일으키지 않으면서도 능히 수행자의 마음을 동요시켜서 선정을 잃게 하므로 마군이라고 부르는 것이다. 5근의 나머지에 대해서도 이와 같이 분별할 수 있지만 대경(對境)의 모습만 다르다.

　　수행자가 이런 헛된 경계를 분별하지 못하면 선정이 깨지면서 미치거나 죄를 짓게 된다. 벌거벗고도 부끄러운 줄 모르고 온갖 허물을 일으키며 남의 선한 일을 방해하기도 하고 삼보(三寶)를 훼손하기도 하는 등 다 열거할 수 없다. 심지어는 병을 얻어 죽음에 이르기까지 하니 반드시 조심하여 잘 알아채야만 한다.

문 　어찌하여 의근(意根)과 법경(法境)에 대해서는 세 종류의 마사를 말씀하시지 않는 것입니까?

답 　많은 것을 따라서 말했기 때문이다. 일체의 마사는 대부분 5근을 통해 들어오기 때문에 5근만을 분별하였다. 그러나 세밀하게 조사한다면 의근에도 세 가지의 어지러운 일이 없는 것은 아니다. 그 내용은 유추하여 알 수 있을 것이다. 또한 여러 대승경전을 보면 육근 가운데 일어나는 허황한 경계를 여러 가지로 분별하고 있는데 의근에 대해 일어나는 마사에 대해서도 자세히 밝히고 있으니 참조하라. 그러므로 『대품반야경』에서는 "이와 같은 마군의 일이나 마군의 죄를 설하지 않고 가르치지 않는다면 이는 곧 보살의 악지식임을 알아야 한다."[192]고 설하고 있다.

---

192) 『마하반야바라밀경』4(『대정장』8), 241중.

6.2.5.3 ▸ 마장을 파하는 법

마장으로 인해 죄를 짓는 것을 없애기 위한 방법은 세 가지가 있다. 첫 번째는 보고 듣고 느끼는 경계가 모두 실제로 있는 것이 아님을 알아서 이를 받아들이거나 집착하지 않는 것이다. 또한 그에 대해 걱정하지도 않으면서 분별하지 않으면 그것은 더 이상 나타나지 않게 된다.

두 번째는 다만 보고 듣고 느끼는 그 마음을 돌이켜 관하는 것이다. 이 마음을 보면 생겨나는 곳이 없는데 무엇 때문에 번민하는가. 이처럼 관하여 받아들이지 않고 분별하지 않게 되면 마장은 곧 스스로 사라져 버린다.

세 번째로 만일 위처럼 관했는데도 사라지지 않는다면 다만 바른 생각[正念]을 일으켜 두렵다는 생각을 내지 않는다. 목숨에 집착하지 않고 정심으로써 동요하지 않으면서 마계(魔界)는 진여(眞如)로서 바로 불계(佛界)의 진여에 상즉해 있음을 생각한다. 마계의 진여와 불계의 진여는 하나로서 진여는 둘인 적이 없다. 마계에 대해서 버리는 것이 없고 불계에 대해서 취하는 것이 없으면 바로 불법(佛法)이 현전하여 마는 저절로 물러나 흩어진다. 이미 가고 옴을 보지 않으니 또한 기뻐하거나 슬퍼함도 없다. 그런데 어떻게 마 때문에 번뇌하겠는가?

또한 일찍이 선정을 닦다가 마가 호랑이의 모습으로 나타나서 사람을 잡아먹는다는 일은 본 적이 없었다. 피와 살이 낭자하게 흩어지는 것 같아 정말로 이 사람이 공포에 떤다 해도 다만 그 마음을 두렵게 할 뿐이지 실제로 이런 일이 일어나지는 않으니 헛되고 속이는 것임을 알아야 한다. 이렇게 알고 나면 마음이 공포에 떨지 않게 된다.

다시 다음과 같이 생각한다. "설령 이것이 사실이라 해도 나는 지금 도를 닦다가 죽는 것인데 무엇이 두려운가. 이 몸은 그대를 따라 분별하지만 마음만은 금강과 같아서 되돌릴 수 없다." 이처럼 하여 한 달이나 두 달, 내지는 1년이 경과하여도 마가 떠나가지 않는다면 응당 마음을 바로잡아 정념을 더욱 견고히 하며 근심이나 두려움을 품지 않아야 한다. 그리고는 대승경전에 있는 마를 다스리는 여러 주문을 조용히 외우면서 마음 속에 삼보를 둔다. 선정에서 나왔을 때도 주문을 외워 스스로 대비하면서 부끄럽고 두려운 것을 참회하고 내지는 계 조목을 암송하여야 한다. 삿된 것은 바른 것을 침범할 수 없는 법이니 오래도록 이렇게 하면 마는 저절로 사라지게 된다.

일이나 이치를 통해 마를 없애는 법은 매우 많기 때문에 다 갖추어 설할 수 없다. 수행자는 모름지기 이것을 잘 알아서 방편으로써 없애야 한다. 그러므로 초심의 수행자가 좌선을 닦으려고 할 때는 반드시 선지식을 가까이 두어서 이러한 어려움에 대비하여야 한다.

마가 마음에 들어올 때는 능히 수행자로 하여금 온갖 선정 삼매와 지혜, 신통력, 다라니 등을 증득하게 할 수 있는데 하물며 이러한 소소한 경계를 만들지 못하겠는가? 만일 좀더 자세히 알고 싶으면 여러 대승경전이나 『구십육종도경(九十六種道經)』에 어느 정도 설명이 되어 있으니 참고하라. 이제 이들을 간략히 설명한 까닭은 수행자들이 이 뜻을 깊이 알면 여러 경계를 함부로 받아들이지 않을 것이기 때문이다. 요점을 말한다면, 만일 삿된 것을 버리고 바른 법에 돌아가고자 한다면 응당 제법실상(諸法實相)을 관해야 한다. 그러므로 『대지도론』에서 말하기를 "제법실상을 제외하고 일체의 다른 법들은 모두 마사(魔事)이다"[193]라고 한 것이다. 또한 게송으로는 다음과 같이 설하였다.

분별하여 온갖 생각 일으키는 것은
바로 마라의 번잡한 그물.
동요하지 않고 분별하지 않아야
바로 법의 도장[法印]이 되네.
항상 공(空)의 이치를 생각하고 있다면
이 사람은 도를 행하는 것이 아니니

---

193) 『대지도론』 5, 99중.

생기지도 않고 멸하지도 않는 가운데

분별하는 생각을 지어야 하네.194)

다시 마를 파하는 내용이 서로 다른 것에 대해 간략히 밝히겠다. 예를 들어 『대지도론』에서는 "보살도를 얻으면 번뇌마를 파할 수 있고 법성신(法性身)을 얻으면 음입계마를 파할 수 있으며 보살도와 법성신을 얻어야 사마를 파할 수 있다. 부동삼매(不動三昧)를 얻어서 일체법에 걸림 없이 자재로와야 욕계의 타화자재천자마를 파할 수 있다."195)고 하였다. 그러나 『대집경(大集經)』에서는 사념처(四念處)를 얻으면 네 가지 마를 파할 수 있다고 하였으니, 이 두 가지 설법은 이름은 다르지만 뜻은 같은 것이다. 『영락경』에서는 등각(等覺)의 여래는 세 가지 마를 넘어섰고 오직 한 가지 사마(死魔)만이 남아있다고 하였고 『법화경』에서는 이승 수행자들은 오직 세 가지 마만 파하였을 뿐 욕계 천자마는 파하지 못하였다고 설하고 있다. 이처럼 경론의 설이 서로 다른 것은 다 깊은 뜻이 있기 때문이다.

그러나 만일 네 가지 마를 통틀어 논한다면 대각의 경지에 올라야 비로소 다 없앨 수 있다. 어째서인가? 번뇌마의 경우 무명(無明)에서 오는 미세한 미혹은 부처님의 깨달음이 있어야 능히 끊을 수 있으며, 음입계마의 경우에는 부처님께서 교진여에게 "색은 무상한 것이다. 이 색을 멸해야만 변치 않는 색을 얻을 수 있다. 수상행식도 이와 같다."고 한 것과 같다. 사마는 앞에서 『영락경』을 취하여 설한 내용과 같다. 욕계 천자마는 참선을 할 때면 바야흐로 찾아와서 보살과 큰 전투를 벌인다. 그러므로 네 가지 마는 궁극의 보리를 얻어야만 영영 없어지는 것임을 알 수 있다. 보살 마하살은 마음이 크고도 넓으므로 부동의 경지에 안주하여 깊은 선정을 닦는다. 그리하여 초발심 때부터 불과(佛果)에 이르러 네 가지 마를 항복시킬 때까지 불사를 행하여 중생을 널리 제도하면서 마음이 퇴전하지 않는다.

194) 『대지도론』 20, 211상.
195) 『대지도론』 5, 99중.

『열반경』에는 여덟 가지 마가 있다고 설하여져 있고 『화엄경』에는 열 가지 마가 설해지고 있지만 그 뜻을 잘 이해하면 모두 네 가지 마에 포함되는 것이지 별도의 법은 없다는 것을 알 수 있다. 여러 경전에서 마사에 대해 분별해 놓은 것이 매우 많지만 다 설하지 않고 이만 줄인다.

석선바라밀차제법문

권5

釋禪波羅蜜次第法門

7. 선바라밀의 수증修證 (1)

지금까지 내방편과 외방편을 자세히 설하였으니 수행자가 한 마음으로 수행하여 마음을 선문에 묶어 두면 반드시 증험이 있을 것이다. 때문에 일곱 번째로 수증(修證)을 밝힌다. 경전에 이르기를 "내 법을 닦는 사람은 증득하여 스스로 알게 되리라."고 하였다. 이제 수증을 밝히는데 넷으로 나눌 것이니 첫 번째는 세간선을 수증하는 모습이고 두 번째는 역세간역출세간선을 수증하는 모습이며 세 번째는 출세간선을 수증하는 모습, 네 번째는 비세간비출세간선을 수증하는 모습이다.

7.1 세간선世間禪의 수증

7.1.1 ▸ 사선四禪

사선이란 ① 초선 ② 제2선 ③ 제3선 ④ 제4선을 말한다. 지금 색계의 근본이 되는 정정(正定)을 논하면 다만 네 가지만 설한다. 만일 방편정(方便定)이나 중간선(中間禪)까지 미치면 설이 일정하지 않다. 유부(有部)의 논사들은 미도지정(未到地定)과 중간선을 인정하여 이들을 사선과 합하여 여섯 단계의 정(定)이 있다고 설한다. 담무덕부(曇無德部)의 논사들은 미래선은 설하지 않고 욕계정과 중간선을 인정하여 이로써 여섯 단계의 정으로 삼는다. 그러나 『대지도론』과 구사(瞿沙)[196]가 밝힌 바로는 욕계정과 미도지정, 그리고 중간선을 모두 인정하여 사선과 합쳐서 일곱 단계의 정이 있는 것으로 한다. 여기서 이들을 융회하여 설명한 것은 이치로써 추론한 까닭이다. 하지만 정선(正禪)에 근거하여 논할 때는 다만 네 단계가 있을 뿐이라고 할 수 있다.

7.1.1.1 ▸ 초선

초선에 대해 경전에서는 다음과 같이 게송으로 설하고 있다.

욕심과 악법을 여의고
각과 관이 있으며
여읨에서 생기는 기쁨과 즐거움을 얻으면
이 사람은 초선에 든 것이라
이미 음욕의 불길이 꺼졌으니
청량한 정(定)을 얻었네.
마치 뜨거운 열기로 괴로워하던 사람이
찬 연못에 들어가면 즐거워지듯이
가난한 사람이 보물창고를 얻으면
큰 기쁨을 느껴 마음이 동요하듯이

---

196) 구사(瞿沙) : 범어 Ghoṣa의 음사로서 묘음(妙音)이라고 번역하며 유부의 4대 논사 가운데 한 명이다. 저서로 『아비담감로미론』이 있다.

분별하는 것이 관인데

초선에 드는 것도 이와 같다.[197]

부처님께서는 이 게송에서 초선을 수증하는 모습을 다 밝히고 있는데, 다만 그 뜻을 이해하기가 어려우므로 이제 상세히 분별하여 설명하겠다.

7.1.1.1.1 ▶ 이름의 풀이

초선이라고 할 때 선(禪)이란 '가지의 숲[支林]'을 말한다. 수행자가 처음 지림의 법을 얻었기 때문에 '처음의 선[初禪]'이라고 부른다. 그리고 각과 관 등의 법을 '가지'라고 하는데, 수행자가 초선을 닦으면 각과 관 등의 법이 반드시 먼저 일어나기 때문에 각과 관이 일어나는 것을 일러 초선이라고 설하는 것이다.

문 앞에 일어나기 때문에 초선이 된다고 하면, 욕계정이나 미도지정이 가장 먼저 일어나는데 어찌하여 이들이 초선이라는 명칭을 얻지 못하였습니까?

답 선(禪)이란 '공덕의 숲[功德叢林]'이라는 의미이다. 그러나 욕계정이나 미도지정 등은 공덕이 되는 가지의 숲이 없기 때문에 먼저 일어나기는 하여도 초선이라고 부르지 않는다. 또한 대승에서는 욕계정이나 미도지정, 그리고 중간선은 모두 지혜는 많지만 정이 적기 때문에 즐겁지 않은 곳이라고 설한다. 이렇듯 정지(正地)가 아니기 때문에 초선이라는 명칭을 얻지 못한다.

초선은 또 유각유관삼매(有覺有觀三昧)라고도 한다. 어떤 이가 각과 관이 있는 마음에는 정이 없다고 하니까 부처님께서 각관삼매라고 설하신 것이다. 『지지론(地持論)』에서는 '각관구선(覺觀俱禪)'이라고 부른다 하였는데, 이 선정이 일어날 때는 반드시 각과 관이 함께 일어나기 때문이다. 또 '성설법정(聖說法定)'이라고도 하니, 이 정 안에는 각과 관이 있어서 언어의 길이 아직 끊어지지 않았기 때문에 설법이라

---

197) 『대지도론』 17, 185하. 『선경(禪經)』의 '禪義偈'에 설해진 것이라며 『대지도론』에 인용된 문장.

는 이름을 붙인 것이다. 초선은 이와 같이 여러 가지 이름을 갖고 있다.

7.1.1.1.2 ▸ 수행 방법

7.1.1.1.2.1 ▸ 닦는 대상

아나파나(阿那波那)로써 근본 초선을 닦는 법으로 삼는다.

7.1.1.1.2.1.1 ▸ 호흡의 이름

아나파나(ānāpāna)라는 것은 인도말이니 중국어로 하면 아나는 입식(入息)이고
파나는 출식(出息)이 된다. 『안반수의삼매경』에서는 "안(安)이란 생(生)을 말하고 반
(般)이란 멸(滅)을 말한다."[198]고 하였는데 만일 호흡의 생멸에 의거하여 밝히면 경
문의 말과 같으나 마음의 생멸에 의거하여 말한다면 일정하지 않다. 여기서는 입식
과 출식으로써 그 뜻을 삼는다.

7.1.1.1.2.1.2 ▸ 호흡의 상

호흡의 상은 풍(風)·천(喘)·기(氣)·식(息)의 네 가지가 있는데 앞의 외방편 가운
데 조식(調息)에서 상세히 설하였다. 다만 덧붙인다면 풍상의 호흡을 세면 마음이 흩
어지고 천상의 숨을 세면 맺히며 기상의 숨을 세면 지치게 된다. 오직 식상의 호흡
을 하면서 수를 세어야 마음이 안정되므로 수행자는 응당 세 가지 숨을 버리고 식상
을 유지하도록 한다. 즉 소리 나지 않고 맺히지 않으며 숨이 있는 듯 없는 듯 면면히
이어지는 상을 잘 취하여 써야 한다.

7.1.1.1.2.1.3 ▸ 사용하는 호흡

마음을 날숨 세는 데 집중하라고 가르치는 법사가 있다. 날숨을 세면 기가 급하

---

198) 『대안반수의경(大安般守意經)』상(『대정장』15), 163하.

지 않고 배가 팽만하지 않으며 신심이 경쾌하여서 삼매에 빨리 들어갈 수 있기 때문이다. 어떤 법사는 들숨을 세라고 가르친다. 왜냐하면 첫 번째, 들숨을 세면 숨을 따라서 마음이 안으로 수렴되기 때문에 정(定)에 빨리 들어갈 수 있고 두 번째 외부 경계가 끊어지며 세 번째 안의 36물을 쉽게 볼 수 있기 때문이다. 네 번째로 몸의 힘이 가볍고 왕성해지고 다섯 번째로 실제로 탐욕이나 성내는 마음이 그치기 때문이다. 이같이 뛰어난 점이 한두 가지가 아니므로 들숨을 세는 것이 가장 좋다는 것이다. 또 어떤 법사는 들숨이든 날숨이든 상관없이 편한 대로 취하여 세면 된다고 가르친다. 한 쪽만을 주장할 것이 아니라 수행자가 마음이 편해지는 쪽을 따라서 세되 허물없이 정에 들 수 있다면 그 방법을 쓰면 된다는 것이다. 이 세 법사들은 한결같이 날숨과 들숨을 동시에 세면 안된다고 가르치고 있다. 왜냐하면 인후에 호흡이 막히는 병이 생길 수 있기 때문이다. 마치 풀잎을 삼킨 것처럼 토해도 나오지 않고 삼켜도 들어가지 않는 병이 생긴다는 것이다. 또 어떤 법사는 사계절에 따라 세는 법을 달리 쓴다고 하는데 지금은 자세히 알 수 없다.

7.1.1.1.2.2 ▸ 닦는 마음

7.1.1.1.2.2.1 ▸ 세는 마음

미세하게 염(念)하는 마음으로 호흡을 대하여 하나에서 열까지 이르도록 조섭하여 마음이 흩어지지 않도록 하는 것이므로 수식(數息)이라고 한다. 만일 수를 세는데 10을 채우지 못하면 수가 줄었다[數減] 하고 11에 이르면 수가 늘었다[數增]고 하는데, 수가 줄거나 느는 것은 모두 삼매를 얻는 도가 아니다. 하나에서 열에 이르기까지 항상 열을 정확히 채워서 하나라도 거르지 않게 되면 세는 법이 성취되었다고 부른다. 만일 그 중간에 마음이 슬쩍 다른 대상을 생각하면 세는 법이 어지러워지므로 느낌에 산란의 뜻이 강하게 된다. 만일 하나만 센다면 사이가 없기 때문에 다른 대상이 끼어 들어와도 바로 느껴지지 않으므로 호흡수를 하나만 세면 산란함을 제거할 수가 없다. 만일 열을 넘게 센다면, 열 이상은 다시 한 법이 일어나는 것이므로[199]

한 마음으로 두 군데 집중하는 것이 되어 산란함이 생긴다. 그러므로 늘었다고 말한다. 무릇 수식이란 단지 마음을 세밀하게 호흡에 묶어 두어 뚜렷하게 수를 세기만 하면 되지 수에 대한 생각을 많이 취하면 안 되는 것이다. 만일 숨이 많으면 기가 팽만하여 배가 부르고 몸이 탱탱해져서 좌선하는 것이 안정되지 않는다.

7.1.1.1.2.2.2 ▸ 방법의 변화

처음에 호흡의 숫자를 세다가[數] 호흡이 그윽하고 미묘하게 됨을 느끼면 호흡 세는 것을 놓아두고 호흡이 자연스럽게 들어오고 나가는 것에 의식이 따라가는 것[隨]으로 바꾸어야 한다. 그러다가 마음이 고요해지려 하면 다시 따르는 것을 버리고 마음을 응집하여 머무르게[止] 한다. 혹시 마음이 어두워지면 곧 고요하게 색과 호흡을 관하고[觀], 반대로 마음이 들뜨면 관을 버리고 다시 숨을 세는 것이나 따르는 것으로 돌아가 마음을 머무르도록 한다. 그러므로 '돌아감[還]'이라고 한다. 더 이상 마음이 제멋대로 돌아다니지 않고 정신을 집중하여 고요하게 사려하는 것을 '청정함[淨]'이라고 한다.[200] 수행자가 이렇게 마음을 훌륭한 방편으로 다스릴 수 있으면 마음이 쉽사리 삼매에 들 수 있다.

7.1.1.1.2.2.3 ▸ 요간

호흡을 세는 것이 첫 관문이 되는 것에 대해 밝힌다.

문 일체의 법문은 모두 처음으로 삼을 수 있는데 왜 다만 아나파나만을 첫 관문으로 삼는다고 설하십니까?

답 그렇지 않다. 지금까지의 설명은 부처님의 가르침에 의거한 것이다. 경전에

---

199) 열하나, 열둘을 세면 열과 하나, 열과 둘이 되므로 집중대상이 둘이 된다는 뜻.
200) 이것은 수(數)·수(隨)·지(止)·관(觀)·환(還)·정(淨)의 육묘문이 수식관에 적용되는 것을 설명하는 것이다.

"아나파나는 삼세의 모든 부처님께서 도에 들어가는 첫 관문이다. 그러므로 석가모니 부처님은 처음 보리수에 나아가 불법을 익히기 위해 안으로 아나파나를 생각하였으니, 첫 번째는 수(數)요, 두 번째는 수(隨)이며, 내지는 환(還)과 정(淨)이다." 하고 설하신 것이 있다. 자세한 것은 『서응경(瑞應經)』에 나온다.[201]

또 제바(提婆)[202]가 처음 세상에 나왔을 때 외도들을 조복시키고 나니 사람들이 모두 그를 믿고 존경하였으며 그가 제도하여 출가시킨 제자들이 셀 수 없이 많았다. 제바가 어느날 재가·출가의 칠중제자[203]와 크샤트리아·바라문 등 대중들을 크게 모아 놓고 사자좌에 올라 눈물을 비 오듯이 흘렸다. 이에 대중들은 제각기 마음 속으로 걱정하였다. "불법이 멸하려는 것인가? 외도가 다시 일어나는가? 나라에 큰 변란이 있으려는가? 역병이 크게 유행하려는가?" 제바 보살은 대중들이 마음 속으로 걱정하는 것을 알고 흰 수건으로 눈물을 닦고 복장을 단정히 한 뒤 오른손을 들고 말하였다. "불법이 멸하려는 것이 아니고 외도가 흥성하거나 나라가 불안하거나 역병이 유행하려는 것도 아니다. 다만 부처님의 해가 빛을 숨기고 현성(賢聖)의 달이 가사 속으로 져서 없는 것을 슬퍼하였을 뿐이다." 대중들은 이 말을 듣고 각자 슬픈 감정이 일어나 소리내어 크게 울었다. 또한 하늘을 나는 여러 무리의 새들도 허공에서 수없이 어지러이 떨어지면서 슬프게 울었다. 이때 보살은 자비롭고 부드러운 음성으로 대중들을 위로하면서 다음과 같이 게송을 읊었다.

부처님의 해는 항상 세상에 있으나
눈이 없어 보지 못할 뿐이요
현성의 달은 지지 않으나
장애가 있어 보지 못할 뿐이네.

---

201) 『태자서응본기경(太子瑞應本起經)』상(『대정장』3), 476하.
202) 제바(提婆) : 가나제바(Kāna-deva)의 약칭. 3세기 남인도의 승려로서 외도의 사설을 누차 굴복시켰다. 『백론(百論)』등의 저서가 있다.
203) 칠중제자(七衆弟子) : 비구·비구니·사미·사미니·식차마나·우바새·우바이를 말한다.

만일 자신의 눈병을 깨끗이 치료하면
응당 스스로 볼 수 있으련만
어찌 근심의 바다에 빠져서
어린애처럼 어리석게 구는가.

이때 대중들은 보살의 자비로운 음성을 듣고 각기 각성되어 다시 마음을 거두어 편안히 앉았다. 소리 없이 조용히 앉아 보살을 주시하면서 설법을 듣기 원하였다. 이에 보살은 널리 대중들에게 다음과 같이 게송을 읊었다.

부처님께서 감로문을 설하셨으니
이름이 아나파나문인데
여러 가지 법문 가운데
가장 안온한 도라네.
인연이 차례로 일어나
망상들이 섞이지 않으니
비유컨대 석류의 씨를 심으면
싹과 줄기가 차례로 생겨나서
빛깔 좋은 꽃이 피고 맛있는 열매가 열리는 것은
자연히 그런 것이지 일부러 짓는 것이 아니듯이
때가 이르면 스스로 증득하는 것은
지분으로 화장하는 것과는 다르다네.
그대들이 잘 조숙된 마음 밭에
그대들의 석류 씨앗을 베풀어
마음이 감로문에 들어가도록 한다면
도법이 차례로 생겨나리.

이때부터 인도에는 법사들이 끊이지 않고 이어졌는데, 그들은 대부분 이 아나파나법으로써 도를 배우는 시초로 삼았다. 사의대사(四依大士)[204]나 육신통을 얻은 보살들도 법을 설하여 중생들을 제도할 때 아나파나를 가장 먼저 가르치니 어찌 이것이 도에 들어가는 첫 관문이 아니겠는가.

그러나 후대로 내려오면서 법을 설하고 가르치는 전통만 이어져 스스로 선을 닦지 않게 되었다. 이미 속에 도가 없으니 입만 열면 사람들이 선정 닦는 것을 훼방하고 있다. 제바가 설한 것을 본다면 선정을 중요하게 여겼는데 세상 사람들이 그만 전도되었으니 실로 애통한 일이 아닐 수 없다. 어떤 이는 "선법은 대중을 향하여 설하면 안 된다."고 한다. 삼가 제바의 사례를 살펴보면 대중 가운데서 선정을 널리 설하였는데 지금은 어찌 갑자기 입을 닫아야 한다는 말인가. 다만 "나는 이러한 법을 증득하였다. 누구는 저러한 법을 증득하였다." 하고 말하는 것은 안 된다. 선의 비밀스럽고 미묘한 경계를 사람들에게 설하는 것은 죄가 가볍지 않다.

7.1.1.1.3 ▸ 증득의 양상

방편정까지 포함하여 증득을 논한다면 자고로 세 단계가 있으니 첫 번째는 욕계정을 증득하는 양상이고 두 번째는 미도지정을 증득하는 양상이며 세 번째는 바로 초선을 증득하는 양상을 밝히는 것이다.

7.1.1.1.3.1 ▸ 욕계정의 증득

7.1.1.1.3.1.1 ▸ 증득의 양상

욕계에서는 증득하는 양상은 세 단계를 거친다. 첫 번째는 추주심(麤住心)이고 두 번째는 세주심(細住心)이며 세 번째가 욕계정을 증득하는 것이다. 먼저 추주심이

---

204) 사의대사(四依大士):『열반경』6「사의품」(『대정장』12, 637상)에 나오는 말로서, 세상에 의지가 되는 4종류의 사람. 즉 계를 지키며 불법을 전하는 사람, 수다원과 사다함, 아나함, 아라한을 말한다.

란, 앞에서 호흡법과 여러 가지 방편을 닦음으로써 마음이 점차 비고 응결되어 더 이상 바깥 경계[緣]에 이끌리지 않는 상태를 말한다. 세주심(細住心)이란 추주심 이후에 마음이 점차 없어지는 듯이 미세하게 바뀐 것을 말한다. 이러한 추주심과 세주심을 얻었을 때나 혹은 막 얻으려는 때에는 반드시 몸을 지탱하는 법[持身法]이 일어난다. 이 법이 일어나면 몸과 마음이 저절로 바르고 곧아져서 마치 어떤 물건이 몸을 지탱해주는 것처럼 좌선하는 것이 피로하거나 권태롭지 않게 된다. 이 지신법이 미묘하게 일어나는 경우에는 다만 미미하게 몸의 기운을 도와줄 뿐이다. 하지만 거칠게 일어나면 너무 강력하여 몸이 긴장되고 고통스럽다가 사라지고 나면 몸이 늘어지면서 노곤해지니 좋은 법이 아니다.

세주심의 단계에 들어서면 알아차리는 의식[覺心]이 자연히 맑고 밝아지면서 정(定)과 상응하게 된다. 정의 법으로 마음을 유지하면서 임의로 동요하지 않을 수 있으면 얕은 곳으로부터 깊은 곳으로 들어간 것이니 한 번 앉으면 좌선이 끝날 때까지 마음이 흩어지지 않게 된다. 이 상태를 욕계정이라고 부르는 까닭은 이 정에 들어갔을 때 과보로 받은 욕계의 몸에 대한 상이 아직 남아있기 때문이다.

7.1.1.1.3.1.2 ▸ 욕계정을 얻는 것과 잃는 것

욕계정은 아직 단계와 마음이 깊지 않고 지탱해주는 가지[支]가 없기 때문에 얻기 어려워도 잃기는 쉽다. 그러므로 모름지기 잃어버리는 인연을 알아야 한다. 정을 잃게 되는 이유는 크게 둘로 나눌 수 있는데, 첫 번째는 밖의 인연 때문에 잃어버리는 것이다. 즉, 정을 얻었을 때 용심을 잘못하여 중도에서 내외의 방편을 어김으로써 선정을 잃어버리는 것이다. 또한 수행자가 정을 얻었을 때 남에게 얻은 사실을 말하거나 선정의 상을 드러내어 남들이 알도록 하는 경우, 혹은 갑자기 어떤 일이 발생하여 연이 깨어지는 경우 등도 있다. 이러한 여러 가지 바깥의 일이 일어날 때 바로 깨달아 알아차리지 못하면 장애가 생겨나서 정을 잃어버리게 된다. 그러나 만일 본래 얻은 것을 잃지 않도록 이러한 일을 잘 막으면 장애가 생겨날 수 없으므로 정을 얻었다고 부른다.

두 번째로 안의 마음에 의거하여 얻음과 잃음을 논한다면 대략 여섯 가지 법이 선정을 잃게 만든다. 그것은 ① 바라는 마음 ② 의심 ③ 놀라는 마음 ④ 크게 기뻐하는 마음 ⑤ 지나친 애착 ⑥ 후회 등이다. 이 가운데 선정에 들기 전에는 ① 바라는 마음이 장애를 일으키고, 선정에 든 뒤에는 ② 의심부터 ⑤ 애착까지 네 가지가 선정을 잃게 하며, 선정에서 나온 뒤에는 주로 ⑥ 후회하는 마음이 선정을 깨뜨려 마음이 퇴실(退失)하게끔 한다. 그러나 통틀어 말한다면 입정 전, 선정 중, 출정 후 모두 이 여섯 가지 법이 있어서 능히 정을 잃어버리게 만든다. 만일 이 여섯 가지 마음을 잘 여읠 수 있으면 쉽게 정을 얻을 수 있는데, 잃어버리지 않기 때문에 정을 얻었다고 부르는 것이다. 이러한 것은 비근한 일이지만 만일 설해 주지 않으면 사람들이 모른다. 그러나 이 뜻을 잘 알아서 지키면 장애를 막는 법을 알게 된다.

7.1.1.1.3.2 ▶ 미도지정의 증득

욕계정 뒤에 몸과 마음이 없어진 듯 비어 욕계의 몸을 잃어버리는 단계가 온다. 좌선하는 중에 마치 허공에 뜬 것처럼 머리나 손, 깔개 등을 느낄 수 없으니 이것은 미도지정(未到地定)을 증득한 것이다. 미도지라고 부르는 것은 이 단계에서 능히 초선이 생기므로, 즉 이것이 초선의 방편정(方便定)이기 때문이다. 미도지정은 또 '아직 오지 않은 선[未來禪],' '갑자기 깊어진 마음[忽然湛心]'이라고도 부른다. 이 정을 증득할 때 얕고 깊은 상이 없지 않지만 지금은 상세히 밝히지 않는다.

이러한 욕계정이나 미도지정 가운데는 거짓된 것도 있다. 수행자가 증득할 때 나타나는 거짓 선정의 양상은 여러 가지이지만 간략히 두 가지만 설명하겠다. 정에 들었을 때 마음이 지나치게 밝은 것과 지나치게 어두운 것은 모두 그릇된 선정이다. 밝다는 것은, 정에 들었을 때 청·황·적·백으로 빛나는 밖의 경계가 보이거나 해·달·별·궁전 등이 보이는 것이다. 혹 하루나 내지는 7일이 되도록 선정에서 나오지 않으면서 마치 신통을 얻은 것처럼 일체의 일을 보게 되는 것은 삿된 것이니 빨리 떠나야 한다. 두 번째로 만일 이 정에 들었을 때 깜깜하게 어두워 마치 깊이 잠든 것처럼 아무것도 알아채거나 느끼지 못한다면, 이것은 바로 심상(心想)이 없는 법이다. 이는 수행인으로 하여금 전도된 마음을 일으키게 하므로 급히 버려야 한다. 이 것이 삿된 선정의 상을 간략히 설한 것인데, 이 가운데 방해하는 여러 작용들은 모 두 글로써 전할 수가 없다.

『성실론』이나 아비달마 논서에서는 욕계정과 미도지정을 분별하지 않고 있는 데 여기서는 구사(瞿沙) 존자의 설명에 의거하여 둘로 나누었다. 둘 사이에 다름이 있어도 잘못은 아니니, 자세한 것은 앞에서 인용한『대지도론』의 풀이와 같다. 그러 나 실제로 대부분의 참선 수행자들은 정을 증득할 때 욕계정과 미도지정이 구별되 는 것을 볼 수 있으므로 여기서는 두 가지를 각기 다른 것으로 설하였다.

7.1.1.1.3.3 ▸ 초선의 증득

7.1.1.1.3.3.1 ▸ 초선의 발현상

7.1.1.1.3.3.1.1 ▸ 초선의 발현

수행자가 미도지정 중에서 16촉을 증득하는 것이 바로 초선이 발현한 상이다. 어떻게 증득하는가? 수행자가 미도지정에서 정(定)이 점점 깊어져 몸과 마음이 빈 듯이 고요해지고 자신이나 바깥의 대상물이 보이지 않게 된다. 그리하여 하루를 경 과하고 내지는 7일, 혹은 한 달이나 1년 동안 정심(定心)이 흐트러지지 않도록 지키 고 증장시키면, 이 정에 든 중에 홀연히 몸과 마음이 응집되면서 조금씩 움직이는 것을 느끼게 된다. 움직일 때 다시 몸에 대한 감각이 점차 생겨나 마치 구름 같고 그 림자 같다고 느끼게 된다. 이러한 동촉(動觸)이 일어날 때는 위에서부터 생기는 경우 가 있고 혹은 아래나 허리에서 생겨 점차 온몸으로 퍼져나간다. 위에서부터 생기면 대개 선정이 끝나고 아래에서 생기면 더욱 진전된다.

동촉이 일어날 때는 공덕이 무량한데 대략 설하면 10종류의 선법(善法)이 동촉 과 더불어 생겨난다. 열 가지란 ① 안정[定] ② 걸림이 없음[空] ③ 밝고 깨끗함[明淨] ④ 희열[喜] ⑤ 즐거움[樂] ⑥ 좋은 마음이 생김[善心生] ⑦ 지견이 밝아짐 [知見明了] ⑧ 번뇌에서 벗어남[無累解脫] ⑨ 경계가 나타남[境界現前] ⑩ 마음이 유연하게 조복됨[心調柔軟]을 말한다. 이러한 열 가지는 동촉과 함께 생겨나기 때문에 '동촉의 권속'이라거나 '수승하고 묘한 공덕'이라거나 '동법을 장엄하는 것'이라고 부른다. 자세히 분별하면 다 설명하기 어려우므로 여기서는 처음 동촉이 일어나는 상만을 간략히 설하였다.

　이와 같이 하루가 경과하거나 혹은 열흘, 1개월, 4개월, 1년이 경과하기도 하는데 이러한 현상이 지나가면 다시 다른 감촉이 차례대로 일어난다. 이러한 감촉은 보통 팔촉(八觸)이라 부르니 그것은 ① 움직임 ② 가려움 ③ 시원함 ④ 따뜻함 ⑤ 가벼움 ⑥ 무거움 ⑦ 거칠음 ⑧ 매끈함 등이다. 이 외에도 여덟 감촉이 있으니 ① 흔들림 ② 치우침 ③ 차가움 ④ 뜨거움 ⑤ 들뜸 ⑥ 가라앉음 ⑦ 딱딱함 ⑧ 유연함 등이다. 이 여덟 가지 촉감은 앞의 팔촉과 비슷하기는 하지만 세밀히 분별해 보면 약간 차이가 있으므로 다시 별도로 이름을 붙였는데, 앞과 합쳐서 16촉이 된다. 이 16촉이 일어날 때는 모두 앞에 동촉에서 설명한 선법 공덕이 따라서 생긴다. 수행자가 미도지정을 바탕으로 이러한 종종의 촉감과 선법 공덕이 생기므로 초선(初禪)이 처음 일어났다고 부른다. 이들은 모두 색계의 청정한 사대(四大)[205]가 욕계의 몸에 의지하여 일어나기 때문에 생기는 현상이다. 그러므로 『대지도론』에서 "색계의 사대로 이루어진 색이 욕계의 몸에 붙어 있다."고 하였다.

문　왜 27촉과 비교할 때 버리고 취하는 것이 있습니까? 다른 촉감의 이름을 더 들어본다면 운운.

7.1.1.1.3.3.1.2 ▸ 선이 아닌 법을 가림

문　수행자가 처음 좌선을 할 때 아직 정심(定心)을 얻지 못했어도 이같이 차갑거나 따뜻하거나 흔들리는 등의 감촉이 생기는 경우가 있습니다. 하지만 앞에서 말씀

---

205) 청정한 사대(四大) : 색은 지수화풍의 사대로 이루어지는데 욕계의 색은 추색(麤色)이고 색계의 색은 세색(細色)으로서 청정하다고 한다.

하신 공덕은 없을 경우 이에 대한 설이 다릅니다. 어떤 분은 다음과 같이 말합니다. "이것은 병든 법이 일어난 것이다. 왜 그런가? 무겁거나 거친 느낌은 지대(地大)의 병이 생긴 것이고 가볍거나 움직이는 감촉은 풍대, 뜨겁거나 가려운 느낌은 화대, 차갑거나 매끄러운 느낌은 수대의 병이 생긴 것이다. 또한 따뜻하고 뜨겁고 가려운 느낌 등은 탐욕개(貪欲蓋)를 낳고, 무겁고 매끄럽고 가라앉는 느낌 등은 수면개(睡眠蓋), 움직이고 들뜨고 차가운 느낌 등은 도회개(掉悔蓋), 강하게 거친 느낌 등은 의개(疑蓋)를 낳고, 무겁고 견고하고 거친 느낌 등은 진에개(瞋恚蓋)를 낳는다. 촉감 등의 현상이 일어날 때 사대로 하여금 병을 일으키게 하고 나아가 오개(五蓋)의 장애가 생기게 한다는 것을 알아야 한다." 또 어떤 분은 "이것들은 마군의 장난이다. 그러므로 동촉 등이 생겨날 때는 앞에서 말한 여러 허물이 있다."고 말합니다. 이와 같이 모두 마에 의해 촉감이 생긴 것이라고 말하고 있는데 어째서 이런 현상이 일어나는 것을 초선이라고 하십니까?

답　그렇지 않다. 그대가 한 말과 같이 촉감이 일어나는 것은 물론 병이 생기거나 오개가 생기는 잘못된 촉감이다. 앞의 말과 같거나 증가된 것 또한 마촉이 생겨난 것이지만 지금 설하고 있는 것은 그와 다르다. 만일 미도지정을 얻지 못한 상태에서 먼저 촉감이 일어나는 경우는 대체로 오개가 생기는 병촉이거나 마의 장난이 많다. 팔촉이 일어날 때 앞에서 설한 열 가지 공덕이 뒤따르지 않는 경우도 오개가 생기는 병촉이거나 마촉이다. 지금 설한 팔촉은 미도지정을 바탕으로 생긴 것이고 또한 열 가지 공덕이 뒤따라 일어나므로 이를 초선이 일어난 특징으로 삼는 것이다. 의심할 것이 무엇인가?

문　미도지정이 일어나기 전에 생기는 팔촉은 오직 오개를 일으키는 병법이거나 마촉뿐입니까? 병을 치료하고 오개를 제거하며 마촉이 아닌 경우는 없습니까?

답　그런 경우도 있다.

문　그렇다면 초선에서 일어나는 팔촉과 어떻게 다릅니까?

답　차이가 있다. 욕계에서도 병을 치료하고 오개를 제거하며 마촉이 아닌 팔촉이 일어날 수 있지만 이는 초선의 팔촉이 아니다. 이는 욕계의 사대 색법일 뿐으로서 정을 일으킬 수가 없고 또한 열 가지 공덕과 5지(支)같은 선법(善法)이 없기 때문에 초선이라고 부르지 않는 것이다. 이것은 욕계의 바른 팔촉과 잘못된 팔촉을 간략히 밝힌 것이다. 다만 수행자가 처음 좌선할 때는 혹 이것을 한 가지나 두 가지를 증득하는 경우도 있고 하나도 증득하지 못하는 경우도 있지만 이미 이 법이 있기 때문에 간략히 밝힌 것일 뿐이다.

문 미도지정 중에도 역시 욕계의 바른 팔촉이나 잘못된 팔촉을 일으킬 수 있습니까?

답 그런 경우가 없는 것은 아니다.

7.1.1.1.3.3.1.3 ▶ 초선이 발현하는 인연

초선이 발현하는 인연은 두 가지가 있다. 첫 번째는 처음 선정을 시작한 이후 힘들고 피곤하다는 생각을 하지 않는 것이니, 좋은 마음과 공력이 성취되면 과보가 자연히 이르는 법이다. 『법화경』에서 "공에 따라 상을 내려주듯이… 선정과 오근(五根)과 오력(五力) 등으로 보답한다."[206]는 것과 같다. 또한 어떤 조사는 이것이 십선(十善)과 상응한다고 하였는데, 이 뜻은 알기 어렵다. 두 번째는 색계의 오온이 욕계의 몸에 머물면 추색과 세색이 서로 어긋나므로 흔들리거나 움직이는 등의 팔촉이 생기게 되는 것이다. 비유하면 어떤 사람이 마음에 슬픔이나 근심 등의 번뇌가 일어나면 뭉치고 막혀서 사대가 뜨거워지고 내지는 병을 얻어 죽기까지 하는 것과 같다. 이것은 마음에서 생긴 것이지 밖으로부터 생긴 고통이 아니듯이 지금 선정 중에 팔촉으로 즐거움이 일어나는 등의 현상도 마음에서부터 생긴 것이다. 수식을 행하면 마음이 부드럽고 미세해져서 여러 정법(定法)을 닦게 되고, 색계의 정법이 욕계의 몸에 머물게 되니 색계 정법이 욕계 보신(報身)과 서로 접촉하므로 16촉이 차례로 일어나는 것이다. 이것은 밖에서부터 온 것이 아니지만 능히 깨달아 알 수 있으므로 촉(觸)이라고 부른다.

---

206) 왕이 전쟁에 승리한 뒤 공로에 따라 상을 나누어 주듯이 여래도 마군을 조복할 때 선정, 오근, 오력 등으로 보답한다는 「안락행품」의 설법.

16촉은 모두 사대에 의거하여 생긴다. 지대에 속한 네 가지는 무거움·가라앉음·딱딱함·거칠음이고 수대에 속한 것은 시원함·차가움·매끈함·유연함이며, 화대에 속한 것은 따뜻함·뜨거움·치우침·가려움이다. 풍대에 속한 것은 움직임·흔들림·가벼움·들뜸의 네 가지이다. 그러므로 『금광명경』에 "지와 수 두 마리 뱀은 밑으로 가라앉는 성질이고, 풍과 화 두 마리 뱀은 성질이 가벼워서 위로 오른다."[207]고 하였다.

문 만일 사대로 인하여 촉감이 생긴다면 네 가지만 있어야지 왜 열여섯 가지입니까?

답 서로 겸하기 때문에 그렇다. 예를 들어 뜨거운 것은 화를 체(體)로 하지만 수를 겸하면 따뜻함이 있고 풍을 겸하면 가려움이 있게 되며 지를 겸하면 치우침이 있게 된다. 다른 세 가지를 겸할 때는 본래의 뜨거운 상을 잃어버리므로 네 가지가 있게 된다. 나머지 3대도 각각 나머지를 겸하는 이치가 있으니 이를 유추해 보면 알 수 있을 것이다. 또한 이 16촉은 각각 열 가지의 공덕 선법이 있어서 합하면 160법이 있게 되지만 초심자의 경우는 꼭 이 법이 모두 일어나는 것이 아니라 세 가지나 다섯 가지쯤 일어나므로 간략히 밝힌 것이다.

문 이 팔촉은 일어나는 차례가 있습니까? 여러 가지 촉감 가운데 먼저 일어나는 것은 무엇입니까?

답 순서를 말하자면 정해진 선후가 없다. 사대의 인연이 합쳐질 때 강한 것이 먼저 일어나는데 수행자들을 보면 대체로 움직임부터 일어나는 경우가 많다.

7.1.1.1.3.3.1.4 ▶ 정사正邪를 분별함

이 내용은 앞서 내방편 가운데 선·악의 근성을 증험하면서 그 허와 실을 밝히는 곳에서 설명하였으니 그것을 통해 분별하라.

---

207) 『금광명경(金光明經)』(『대정장』16), 340중.

초선에는 5지(支)가 있으니, 그것은 각(覺)·관(觀)·희(喜)·낙(樂)·일심(一心)지이다. 각이란 어떤 대상을 깨달아 아는 첫 마음을 말한다. 관이란 뒤따라서 세밀하게 분별하는 마음이다. 기쁜 마음을 희라 하고 깨끗하고 편안한 마음을 낙이라 하며 고요하여 흩어지지 않는 것을 일심이라고 한다. 5지로 나눈 이유는 무엇이냐면, 만일 불선법(不善法)에 상대하면 이를 통해 오욕과 오개를 깨뜨릴 수 있고 선법에 대비하면 오법[208]을 행하게 되기 때문에 이에 맞춘 것이다. 그러므로 『대지도론』에 "오개를 여의고 오법을 행하여 5지를 갖추면 초선에 든 것이다."[209]고 하였다.

5지의 지(支)를 설명하겠다. 『영락경』에 보면 "선은 지림(支林)을 말한다."[210]고 하였다. 이것은 전체와 개별, 두 가지에 의거하여 뜻을 밝힌 것이다. '지'란 '나뉜다'는 뜻인데 마치 나무의 뿌리와 줄기로 인해 가지가 있게 되는 것과 같다. 뿌리와 줄기는 하나이지만 가지는 다른 것처럼 선 가운데 지도 같은 이치로 하나의 정심(定心)에서 다섯 가지가 나오는 것이다. 이것이 전체 가운데 있는 개별의 뜻이다. '림'이라고 한 것은 수많은 나무가 모여 숲이라는 이름을 얻는 것과 같이 5지가 화합하여 한꺼번에 '선'이라는 이름을 받는 것이다. 이는 개별에 의거하여 있는 전체의 의미이다. 그러므로 만일 숲이라는 이름을 들으면 반드시 나무와 그에 딸린 가지가 있음을 알아야 하듯이 선을 설한다면 5지가 있음을 알아야 한다.

또 어떤 사람은 이를 "가지로 지탱한다는 뜻"이라고 설명한다. 욕계정이나 미도지정에는 비록 하나의 고요한 정심(定心)이 있지만 각·관 등의 5지가 있어서 서로 지탱해주는 현상이 없기 때문에 정심이 얕아서 쉽게 깨어진다. 그러나 초선을 얻으면 각과 관 등의 법이 있기 때문에 정심이 안온하고 견고하여 깨지기가 어렵다는 것이다.

---

208) 오법(五法) : 욕구·정진·념·교혜·일심이다. 앞의 내방편조에서 나왔다.

209) 『대지도론』에 이와 꼭 같은 문장은 없으나 185쪽을 전후하여 나오는 초선의 설명을 요약하면 이와 같은 내용이 된다.

210) 『보살영락본업경』 상(『대정장』 24), 1015상.

지의 상(相)을 논하는데 있어서 설일체유부의 논사들은 22가지의 심소를 버리거나 취하여 5지의 상을 밝히고 있다.[211] 운운. 이제 여기서는 이와 달리 개별과 전체의 두 가지로 간략히 분별하겠다.

먼저 5지의 상을 개별로 풀이한다. 무엇을 각이라고 하는가? 각이란 촉각(觸覺)을 말하니 여기에는 선을 이루는 것과 선을 깨뜨리는 각이 있다. 마치 바람이 비를 이루기도 하고 비를 흩어버리기도 하는 것과 같다. 앞에서 말한 16촉은 각각 선정을 안온하게 하는 열 가지 선법이 뒤따른다고 하였는데 이것은 선을 이루게 하는 감촉이고 앞의 설명처럼 하나의 감촉이 가지고 있는 20가지 악법은 선을 깨뜨리는 감촉이다. 또한 각이란 신근(身根)에 속하는 것이다. 신근이 있는 유정은 목석과 달라서 감촉에 맞닿으면 감각이 생긴다. 경전에서 설하는 '견문각지(見聞覺知)'의 뜻과 같으니, 견(見)은 눈에 속하고 문(聞)은 귀와 코에 속하며,[212] 각(覺)은 몸에 속한다. 지(知)는 뜻에 속하며 또한 혀에 상대하기도 하는데, 혀에는 뛰어난 작용이 있기 때문이다.

문 경전에 "육촉(六觸)의 인연으로 느낌[受]이 생긴다."고 하였는데 어찌하여 촉감을 느끼는 것이 몸에만 속합니까?

답 경전의 글은 전체적으로 설한 것이다. 전체로서 말하면 보는 가운데에도 듣는 것을 설하고 나머지도 마찬가지이다. 지금은 개별의 뜻에 입각하여 각지(覺支)를 논하는 것이므로 바로 몸에 대응하는 것이다. 미도지정 중에 16촉이 일어나는 것은 신근(身根)을 촉발하여 식이 생기면서 앞의 촉감을 느끼는 것이므로 각지라고 한다. 또한 각은 '놀라서 깨닫는 것'을 말한다. 수행자가 초선에 들면 일찍이 경험하지 못했던 선법과 여러 공덕을 얻게 되므로 마음이 크게 놀라면서 깨닫게 되는 것이다. 마치 과거에는 항상 욕심의 불에 타고 있다가 초선을 얻었을 때 청량한 연못에 들어

---

211) 『구사론』5(『대정장』29), 29하에 초선에서 작용하는 심소법이 나온다.
212) 문(聞)에는 '소리를 듣는다'는 뜻과 '냄새를 맡는다'는 뜻이 있다.

가는 것과 같다. 다만 이 촉감은 욕계의 신근에서 생기는 촉감과 다르다. 왜냐하면 안정 등의 열 가지 선법과 동시에 일어나기 때문이다. 게송에 이르기를 "가난한 이가 보물 창고를 얻어 크게 기쁜 느낌이 마음을 동요시킨다."213)고 하였다. 그러므로 첫 마음에 일어나는 거친 생각을 각이라고 한다. 이는 설일체유부에서 밝힌 뜻과 조금 차이가 있다. 운운.

두 번째로 관지(觀支)를 풀이한다. 각 뒤에 미세한 마음으로 분별하는 것을 관이라고 한다. 촉감이 일어나는 것을 분별한 뒤 정념(正念)으로 헤아려 분별해 보면 앞에 일어난 촉감은 욕계정이나 미도지정 때의 좋은 법과는 크게 다름을 알 수 있다. 왜냐하면 이 촉감에는 욕계에는 없는 진귀한 보배 같은 여러 가지 좋은 법이 함께 일어나기 때문이다. 또 분별한다는 것은 16촉과 함께 일어나는 보배같은 법의 양상이 또한 다르다는 것을 알아 그것이 거친 것이면 버리고 좋은 것이면 계속 닦아나갈 수 있도록 세심하게 분별하는 것이다. 그러므로 경전에 "분별하는 것이 관"이라고 하였다.

문 그렇다면 각과는 어떻게 다릅니까?

답 논서에 "마음이 거칠게 대상에 있는 것을 각이라 하고 세심하게 분별하는 것을 관이라 한다."214)고 하였다.

문 아비달마 논서에서는 "각과 관은 한 마음에 있다."고 하였는데 왜 여기서는 둘이라고 하십니까?

답 두 법이 비록 한 마음에 있기는 하지만 두 가지 상이 함께 하지 않기 때문이다. 즉 각이 작용할 때는 관이 명료하지 않고 관이 작용할 때는 각이 명료하지 않으니, 비유하면 종을 치면 종소리는 비록 하나이지만 거칠고 미세한 차이가 있는 것과 같다. 그리고 신근과 신식이 상응하면 각이라 하고 의근과 의식이 상응하는 것은 관

---

213) 『대지도론』 16, 185하.
214) 『대지도론』 16, 186상.

이다. 신식은 외부에 있어서 둔하기 때문에 거칠다 하고 의식은 안에 있어서 예리하기 때문에 능히 분별할 수 있어서 세밀하다고 한다. 이렇듯 비록 똑같이 한 촉감을 대상으로 삼지만 두 가지의 상이 서로 다르기 때문에 따로 관지라고 한다.

세 번째로 희지(喜支)를 설명하겠다. 세심하게 분별하여 사량하면 16촉 등은 과거에 얻어보지 못했던 미묘하고 진귀한 보배임을 알게 되니 경사스럽고 기쁜 마음이 든다. 또한 잃어버린 오욕락은 매우 적고 지금 얻은 초선의 공덕은 즐거움이 매우 많다는 것을 알게 된다. 이처럼 각과 관은 내게 주는 이로움이 적지 않으니 마음 깊이 뛸듯한 기쁨이 무량하게 솟아난다. 그러므로 희지라고 한다.

네 번째로 낙지(樂支)를 설명하겠다. 수행자가 기쁨에 젖은 뒤에는 마음이 편안해지면서 촉감에서 오는 즐거움을 느끼게 된다. 즐거움의 법이 마음을 기쁘게 하여 안온하고 편안해지기 때문에 낙지라고 한다.

문 기쁨[喜]와 즐거움[樂]은 어떤 차이가 있습니까?

답 앞에서 각과 관을 분별한 것과 같다. 거친 즐거움을 희라 하고 섬세한 즐거움을 낙이라고 한다. 반대로 거친 기쁨을 희라 하고 섬세한 기쁨을 낙이라고 할 수도 있다. 또한 희와 낙은 모두 기쁨을 얻는 모양이지만 두 상에 차이가 있다. 희근과 상응하는 것을 기쁨이라 하고 낙근과 상응하는 것을 즐거움이라고 한다. 뛸 듯이 기쁜 마음을 희라 하고 편안하고 고요한 마음을 낙이라고 한다. 또한 수행자가 처음 낙을 얻은 인연으로 마음에 환희가 생겨 그 즐거움을 온전히 느끼기 전에는 희라 하고 뒤에 기쁜 감정이 식은 인연으로 즐거움을 누리게 되므로 낙이라 한다. 비유를 한다면 굶주린 사람이 음식을 얻었을 때, 처음에는 환희에 차서 그 맛을 느끼는데 이르지 못하였으면 희라 하고 뒤에 음식을 먹고 그 맛에서 오는 즐거움을 비로소 느끼게 되면 낙이라 하는 것이다. 또한 제3선에서는 낙은 있으나 희는 없으므로 두 뿌리[根]가 다름을 알 수 있다.

다섯 번째로 일심지(一心支)를 설명한다. 시간이 지나서 즐거움을 느끼던 마음이 그치면 비록 촉감이 일어나는 현상이 지속되어도 마음이 그곳에 쏠리지 않게 된다. 이렇게 분산됨이 없이 고요한 상태에 머물게 되기 때문에 일심지라고 한다. 지금까지 초선에 들어서 5지가 차례로 일어나고 아울러 성취하는 것에 의거하여 각 지의 뜻을 세운 것을 간략하게 설하였다.

문 그렇다면 16촉에 의거하면 그 각각에 모두 다섯 가지 뜻이 있는 것입니까?

답 실로 그렇다. 그러므로 초선에서 연(緣)에 상대하면 매우 많은 지(支)가 있음을 알 수 있다. 그러나 비록 대하는 촉감이 많기는 하여도 5지를 벗어나지 않으니 비유하자면 오온이 5근에 대하면 각 근마다 오온이 있다고 설하므로 매우 많지만 제6온이 있다고 말할 수 없는 것과 같다.

다음에 전체적인 관점에서 5지를 밝히자면 하나의 촉감이 일어날 때는 거기에 5지가 다 갖추어진다. 즉 촉감이 일어나면 그것에 마음이 상대하여 차갑다거나 따뜻하다고 느끼는 것이 각지이고, 이것을 분별하여 찬 것과 따뜻한 것이 다르다고 아는 것은 관지이다. 또 이 촉감이 일어날 때는 기쁨이 그 가운데 있으니 마치 어떤 사람이 미인을 보면 생각할 것 없이 바로 기쁜 마음이 드는 것과 같다. 이를 『대지도론』에서는 "큰 기쁨의 느낌[喜覺]이 마음을 동요시킨다."[215]고 표현한 것이다. 또한 촉감이 일어날 때는 반드시 몸 전체가 기쁨으로 이완되니 이것이 낙지이고, '각관을 갖춘 삼매'라는 명칭에서 알 수 있듯이 이 현상은 반드시 정(定)과 함께 일어나므로 여기에 일심지가 갖추어져 있음을 알 수 있다. 이것이 바로 5지가 동시에 일어나서 하나하나 성취됨을 기다리지 않는 것이다. 다만 외형적으로는 아직 드러나지 않았기 때문에 이루어지는 것에 의거하여 앞에서와 같이 별도로 설명하는 것이다.

---

215) 『대지도론』 16, 185하.

문 그렇다면 마음이 곧 사려하는 작용과 함께 하는 것이 되지 않습니까?

답 마음은 비록 갖추고 있지 않다 해도 법이 함께 하는 것이 무슨 허물이 되는가? 마치 심왕에 10대지법의 심소가 갖추어지는 것과 같은 이치이다.

문 만일 각 지에 또 5지가 있다면 5지에 응당 25가 있게 됩니다.

답 불경에서 오온을 설하면서 각각의 온에 또 다섯이 있다고 하였으니 도합 25가 되지만 오온의 뜻과 어그러지지 않는 것과 같다.

7.1.1.1.3.3.3 ▶ 인과因果와 체용體用

정이 일어나는 인과를 먼 곳에서부터 논하자면 내방편과 외방편을 행하여 미도지정에 들게 된 것 등이 원인이 되어 결과로서 초선을 감득하게 된 것이다. 가까운 곳에서 초선에 의거하여 논하여도 역시 인과가 있다. 어떤 이는 4지(支)가 원인이고 마지막의 일심지가 결과라고 설하지만 이것은 경전에 근거가 없다. 『영락경』에서 선지(禪支)를 풀이한 것에 의하면 5지가 원인이고 여섯 번째인 성묵연심(聖默然心)이 정의 체(體)라고 하니[216] 이 체가 바로 결과가 된다. 그러나 인과를 전체적으로 논하면 각 지가 서로 원인이 되므로 모든 것에서 인과 과를 분별할 수 있다.

정의 체(體)와 용(用)을 밝히자면 성묵연심이 정의 체가 되고 묵연심 상태에서 촉감이 다시 일어나 5지를 일으키는 것이 용이 된다. 왜냐하면 체로부터 용이 일어나는 법이므로 용은 뒤에 있고 인은 앞에 있기 때문이다.

문 그렇다면 인과 용, 체와 과는 차이가 없습니까?

답 그렇지 않다. 비록 똑같이 5지에 의거하여 인과 용을 말하고 성묵연정을 가지고 체와 과를 삼지만 뜻에는 차이가 있다. 인 가운데 있는 5지가 성묵연정이라는 과를 일으키지만, 만일 성묵연정이라는 과가 인이 되어 5지를 일으킨다고 하면 이는 성묵연정을 체로 삼고 5지를 용으로 삼아 말하는 것이다. 마치 37조도품이 도를

---

216) 『보살영락본업경』 상(『대정장』 24), 1015상.

얻기 전에는 인이 되고 도를 얻은 후에는 용이 되는 것과 같다.

문 성묵연정이라는 체를 인하여 더 뛰어난 5지를 일으키고 이를 바탕으로 뒤에 더 수승한 성묵연정을 얻는다고 하면 어떻겠습니까?

답 그것은 다시 인과 과로 설하는 것이 된다. 더 수승한 성묵연정이 없다고 보면 다만 체와 용이 된다.

7.1.1.1.3.3.4 ▸ 정의 깊이

초선이 일어날 때는 5지와 묵연심에 전후가 있고, 또 거칠고 미세한 차이가 없지 않다. 이에 따라 얕고 깊은 차이가 있으니 분별해야 한다. 논서에 "불제자가 선정을 닦을 때는 하·중·상이 있으니 이를 3품이라 한다."고 하였는데 이 세 품에 각기 또 세 단계가 있어서 9품의 깊이로 나눌 수 있다. 외도들이 정을 얻을 때도 역시 깊이의 차이가 있지만 그 깊이를 나누어 설하지 않는 이유는 그들의 마음이 거칠어 정에 들어도 그 차이를 깨닫지 못하기 때문이다. 또한 무루의 관혜(觀慧)를 닦아서 비추어보지 않기 때문에 마음이 깨달아 알지 못한다. 품수를 나누어 정의 깊이를 논할 때는 동류(同類)와 이류(異類)로 구분할 수 있다.

동류란, 예를 들어 동촉이 일어날 때 그 느낌이 점점 깊어져 내지는 9단계까지 나아가는 것을 말한다. 이류란 동촉이 사라지고 난 뒤 다른 촉감이 일어나는데, 비록 촉의 상은 다르지만 정이 점차 깊어져 앞의 촉감을 느낄 때보다 더 수승해지는 것을 말한다.

또 5지에 의거하여 깊이를 논할 수도 있다. 이때는 5지가 일어날 때 깊이가 다른 것이 동류이고, 5지가 차례로 증가하면서 각 지가 일어날 때마다 깊이가 다른 것을 이류라고 한다.

문 16촉이 모두 갖추어져야만 초선이라고 합니까, 아니면 어느 한 촉감만 일어나도 역시 초선이라고 합니까.

답 초선에는 두 종류가 있으니 갖추어진 것과 다 갖추지 못한 것이다. 만일 16촉이 모두 일어나면 이는 갖추어진 초선으로서 뛰어난 것이고, 한두 촉감만 일어나도 역시 초선이라고 한다. 왜냐하면 각 촉감마다 열 가지의 선법이 뒤따라오고 5지가 성취되기 때문이다. 다만 이 초선은 갖추어진 초선이라고 부르지 않는다.

7.1.1.1.3.3.5 ▸ 진퇴進退

초선을 증득하였을 때 수행자는 네 종류의 근기로 나누어진다. 첫 번째는 퇴보하는 사람으로서, 초선을 증득하고 어떤 인연이 있거나 혹은 인연이 없을지라도 곧 퇴보하여 잃어버리는 것이다. 잃어버리는 경우도 둘로 나누어지는데, 하나는 다시 닦으면 도로 얻어지는 경우이고 하나는 다시 닦아도 얻어지지 않는 경우이다. 이는 과거나 현세의 장애법이 일어나기 때문인데 말세에는 이렇게 퇴보하는 사람이 많다. 두 번째는 머무는 사람이니 초선을 증득하고 나서 잃어버리지 않고 마음이 안온하게 머물러 있는 경우이다. 여기에도 두 가지가 있어서 자연히 정심에 머물러지는 경우와 애써서 지켜야 머물러지는 경우가 있다. 세 번째는 진전하는 사람으로서 초선을 얻은 뒤에 더 뛰어난 정을 얻거나 내지는 2선을 증득하게 되는 경우이다. 여기에도 공력을 더하지 않아도 저절로 진전하는 경우와 힘써서 닦아야 비로소 진전하는 경우로 나누어진다. 네 번째는 통달하는 사람이다. 어떤 사람은 초선을 얻었을 때 견혹과 사혹을 끊는 무루심을 일으켜 열반에 이르기도 한다. 통달하는 것에도 두 종류가 있으니 자연히 통달하는 경우와 관(觀)을 닦아 비로소 통달하는 경우가 있다.

이 네 종류 각각을 다시 네 종류의 근성으로 나눌 수 있다. 예를 들어 퇴보하는 사람을 네 종류로 나누어보면 첫 번째는 ‘퇴퇴(退退)’의 경우이니 초선을 제9품까지 얻은 뒤에 점차 퇴보하여 마침내 다 잃어버리는 사람이다. 두 번째는 ‘퇴주(退住)’이니 9품을 얻은 뒤 퇴보하여 8품이나 7품으로 떨어져 안주하는 경우이다. 세 번째는 ‘퇴진(退進)’이니 9품을 얻은 뒤 8품이나 7품, 내지는 제1품까지 퇴보하였다가 다시 진전하는 경우이다. 네 번째는 ‘퇴달(退達)’로서 제9품을 얻은 뒤에 8품, 7품 내지는 제1품까지 퇴보하는데 그 사이에 홀연히 참된 무루심을 일으키는 경우이다. 나머지 머무는 경우나 진전하고 통달하는 경우도 각각 네 종류가 있다. 이 가운데 혹은 방일한 것이 장애가 되어 퇴보하는 사람도 있고 혹은 청정하게 참회하여 머물거나 진전하거나 통달하는 사람도 있는데 이러한 경우는 너무 다양하여 다 분별할 수 없다.

7.1.1.1.3.3.6 ▶ 초선의 공덕

초선을 얻은 공덕은 앞의 게송에서 "이미 음욕의 불길을 껐으니 청량한 정을 얻었네."[217] 하고 설한 것과 같다. 이 게송은 두 가지 공덕을 담고 있으니 첫 번째는 허물을 여읜 덕이요, 두 번째는 선심을 얻은 덕이다. 이것은 지선(止善)과 행선(行善)[218]에 대응시킬 수 있고 또한 지덕(智德)과 단덕(斷德)[219]에 비교할 수 있다. 그러므로 『대집경』에 "초선이란 여읜 것[離]을 말하고 또한 갖춘 것[具]을 말한다. 여의었다는 것은 오개(五蓋)를 여읜 것을 뜻하고 갖추었다는 것은 5지(支)를 갖춘 것을 뜻한다."[220]고 하였다. 지금 그 까닭을 설명하겠다.

초선을 얻을 때 오개를 여읜다는 것은, 욕계의 즐거움은 거칠고 얕지만 지금 얻은 초선의 즐거움은 미세하고 묘한데 뛰어난 것은 가벼운 것을 빼앗는 법이므로 능히 탐욕개, 즉 오욕을 여의게 되는 것이다. 진에개를 여의는 까닭은, 욕계의 괴로운 인연이 자신을 핍박하기 때문에 화가 나는 법인데 초선을 얻으면 이러한 핍박이 없고 마음에 즐거운 경계만 있게 되기 때문에 화가 나지 않게 되는 것이다. 수면개를 여의는 이유는, 초선을 얻으면 신심이 밝고 깨끗해져서 정법으로 유지되기 때문에 마음이 혼란하지 않고 또한 촉감의 즐거움을 누리므로 어두운 마음이 사라지는 것이다. 도회개를 여의게 되는 까닭은, 마음에 흔들림[掉]이 있기 때문에 후회[悔]가 있기 마련인데 정심으로 인해 흔들림이 없기 때문에 후회도 없게 되는 것이다. 의개를

---

217) 『대지도론』 16, 185하.
218) 지선(止善)과 행선(行善) : 악을 그치는 소극적 선을 지선이라 하고 선을 행하는 적극적 선을 행선이라고 한다.
219) 지덕(智德)과 단덕(斷德) : 진리를 비추어 보는 것을 지덕이라 하고 번뇌를 끊어버리는 것을 단덕이라 한다.
220) 『대방등대집경』 22(『대정장』 13), 161상.

여의게 되는 이유는, 초선을 얻지 못했을 때는 정이 정말로 있는지 의심하다가 지금 몸소 정을 증득하니 의심이 사라지는 것이다. 이러한 까닭에 초선을 얻으면 허물을 여의게 되는 공덕이 있다고 하는 것이다.

다음에 초선을 얻었을 때 선심을 갖추는 공덕이란 앞에서 5지에 의거하여 선한 법이 공덕으로 나타나는 것을 설한 것과 같다. 또한 초선을 얻으면 믿음·지계·평정심·정(定)·문(聞)·지혜 등의 선심을 갖추게 된다.

7.1.1.2 ▸ 제2선

게송에서 다음과 같이 설하고 있다.

[각과 관] 두 법이 마음을 어지럽히는 것을 안다면
비록 좋은 법이라도 여의어야 하나니
마치 맑고 고요한 큰 물이라도
파도가 거세면 속을 볼 수 없는 것과 같다.
마치 어떤 이가 크게 피로하여
곤하게 잠을 잘 때
누군가 크게 소리쳐 부르면
그 마음이 대단히 어지러워지듯이
마음 모아 선정에 들어갔을 때에는
각과 관이 번거로움이 되나니
각과 관을 제거해야만
의식이 하나 되는 경지에 들어가리라.
마음이 청정하므로
정(定)이 생겨 기쁨과 즐거움을 얻게 되는
제2선에 들어가면

기쁨이 용솟음쳐 마음이 크게 기쁘리라.[221]

부처님께서는 이 게송에서 중간선과 제2선의 특징을 자세히 설하고 계신다.

7.1.1.2.1 ▸ 이름의 풀이

제2선이라는 것은 초선 뒤에 오기 때문이며 또한 각과 관을 여의면 두 번째 마음으로서 더욱 수승한 지림공덕을 얻게 되므로 제2선이라고 부른다. 이것을 무각무관삼매(無覺無觀三昧)라고도 부르는 것은, 중간선을 얻으면 각이 끊어지고 2선에서는 내정(內淨)이 일어나서 관이 끊어지기 때문이다. 또한 성묵연정(聖默然定)이라고 부르기도 하는데 각과 관에 의한 언어가 없어지기 때문에 '묵연'이라고 하는 것이고 무루(無漏)의 바른 지혜를 얻으면 이 정에 들게 되므로 '성묵연'이라고 하는 것이다. 『보살지지론』에서는 희구선(喜俱禪)이라고 부르는데 이는 이 정이 생길 때 기쁨[喜]과 함께 일어나기 때문이다.

7.1.1.2.2 ▸ 수행 방법

제2선을 얻는 방법은, 만일 수행자가 범부라면 먼저 육행관을 닦아야 한다. 불제자인 경우에는 대개 팔성종관을 닦는데 이 의미는 앞에서 이미 설하였다. 육행관이란 초선의 제6묵연심에서 각과 관을 여의려고 초선을 낮은 단계이고 고(苦)라고 관하는 것이다. 즉 각과 관의 두 가지 법이 어지럽게 동요시켜 선정의 마음을 핍박하므로 고(苦)이고 각과 관에서 기쁨과 즐거움이 생긴 선정이므로 거칠며[麤], 이 두 법이 제2선의 내정(內淨)을 가로막으므로 장애[障]라고 관한다. 더 수승하고 높은 단계인 제2선에 오르면 내정이 생겨 안온한데 이는 각과 관이 동요를 일으키는 선정인 초선보다 수승[勝]하다. 또한 제2선에서 일어나는 기쁨은 내정으로부터 생기는 것이므로 미묘[妙]하고 제2선을 얻으면 마음이 각과 관 등의 장애를 여의게 되므로

---

221) 『대지도론』 16, 185하.

벗어난다[出]고 관하는 것이다.

또한 수행자가 초선에서 생기는 허물이 제2선을 장애한다고 알아서 그것을 여의고 싶다면 응당 세 가지 방편에 의거하여야 한다. 첫 번째는 받아들이거나 집착하지 않는 것이고 두 번째는 꾸짖는 것이며 세 번째는 관하여 분석하는 것이다. 비유하자면 어떤 사람과 일을 함께 하였다가 그에게 잘못이 있는 것을 보고 그를 떠나게 하려고 할 때 세 가지 방법을 쓰는 것과 같다. 지혜로운 사람이라면 그 사람에게 눈길을 주지 않는다. 그러면 그가 스스로 떠나갈 것이다. 만일 가지 않는다면 그를 자주 꾸짖어서 떠나게 할 것이고 그래도 가지 않는다면 몽둥이로 때리면 떠나갈 것이다. 이러한 세 가지 방법을 이해한다면 초선에서 생기는 각과 관의 허물을 여읠 수 있을 것이다.

수행자가 이렇게 초선의 각과 관을 깊은 마음으로 가책할 수 있으면 각과 관이 없어지면서 5지(支)와 성묵연정이 모두 사라지게 된다. 초선을 떠나고 제2선이 아직 일어나지 않았을 때 이 중간에도 선(禪)이라는 이름을 얻을 수 있는 정법(定法)이 있으니 바로 중간선(中間禪)이다. 하지만 이때는 5지 등의 도와주는 법이 없어서 정이 견고하지 못하다. 그 마음이 미세하게 작용하기 때문에[222] 많은 조사들이 이를 전적심(轉寂心)이라고 불렀다. 즉 초선의 묵연심이 바뀐 마음이라는 뜻이다. 『대지도론』에서는 이를 '관상응(觀相應)'이라고 불렀다. 이 정은 육행관으로써 체(體)를 삼는다. 이 정에 머무를 때 만일 육행관을 행하지 않으면 대개 근심과 후회가 생긴다. 그러면 제2선은 영영 일어나지 않고 전적심도 잃어버리게 된다. 때로는 다시 초선이 일어나는 경우도 있고 때로는 초선마저도 합쳐서 잃어버려 자신이 머물 법이 없어지는 경우도 있다. 이 정에 이른 것은 이미 산을 이루어내는 공을 쌓았지만 아직 한 삼태기의 흙이 모자란 것이니 신중해야 한다.

경전에서는 이 중간선을 무각유관삼매(無覺有觀三昧)라고 설하였는데 이는 초

---

222) 원문(513중)은 '蔑蔑屑屑'이다. '멸멸'이란 잔 모양, 사소한 모양이란 의미이고 '설설'이란 잗단 모양, 마음이 안정되지 못한 모양이란 의미라고 하는데 마음이 미세하게 작용하는 것을 가리키는 듯하다.

선과 묵연심이 사라지고 나서 제2선을 수행하기 위해 관만이 상응하는 마음에 머문다는 것이다.

7.1.1.2.3 ▸ 증득의 양상

먼저 제2선이 증득되는 모양을 설명하겠다. 수행자가 중간선의 상태에서 걱정하거나 후회하지 않고 일심으로 공을 들이면서 마음을 오롯이 하여 그치지 않으면 다음에 마음이 맑고 고요해지면서 흩어지지 않는 단계에 이르는데 이를 미도지정이라고 한다.『대지도론』에서는 "식이 하나로 되는 곳에 들어간다."[223]고 하는데 이것이 바로 제2선의 방편정이 일어난 것이다.

문 『대지도론』에 보면 초선 앞에서만 미도지정이 있다고 설하였는데 왜 다시 미도지정이 있다고 설하십니까?

답 논에서는 한꺼번에 밝힌 것이기 때문에 한 번만 설한 것이다. 그러나 사리불이 설한 아비달마 논서에서는[224] 네 번의 미도지정과 네 번의 중간선이 있다고 하였는데 지금 그것에 의거했기 때문에 다시 미도지정과 중간선이 있다고 설하는 것이다.

미도지정에서 오래 지나도록 잃어버리거나 퇴보하지 않고 마음을 오로지 하기를 그치지 않는다면 그 뒤에 마음이 활연히 밝고 깨끗해지면서 선정심이 기쁨과 함께 일어난다. 마치 사람이 깜깜한 방에서 나와 바깥의 광명을 보는 것처럼 마음이 탁 트이면서 밝아진다. 내정(內淨)이 생길 때 열 가지 공덕을 이끌고 함께 일어나는 것은 앞서 초선에서 설명한 것과 같다. 다만 내정으로부터 정이 함께 일어나는 것만 다를 뿐이다. 그리고 제2선에서 기쁨과 즐거움이 생기는 것은 바깥에서부터 오는 것이 아니라 일심이 되어 맑고 고요하기 때문에 크게 기뻐지는 것이니 미묘하고 청

---

223) 『대지도론』16, 185하.
224) 『대정장』28에 실려 있는 『사리불아비담론(舍利弗阿毘曇論)』을 가리키는가?

정하기가 초선보다 뛰어나다. 그러므로 『대지도론』에서 "안으로 마음이 청정하니 선정이 일어나면서 기쁨과 즐거움을 얻네. 이 2선에 들면 기쁨이 용솟음쳐 마음이 크게 환희하네."[225] 하고 읊고 있는 것이다.

여기서 말하는 내정(內淨)이란 무엇인가? 멀리 말하면 외경(外境)에 대비되므로 내정이라 하고 가까이 말하면 안의 때에 대비되므로 내정이라고 한다. 즉 초선에 들어 팔촉의 즐거움을 얻으면 몸이 밝고 깨끗해지고 이로 인해 마음도 깨끗해진다. 이 팔촉은 신식(身識=意識)과 상응한 것이므로 외정(外淨)이라고 하고 지금 제2선에서 생긴 것은 심식(心識)과 상응한 것이므로 초선에 대비하여 내정이 되는 것이다. 내정이 되면 몸도 깨끗해지는데 몸을 깨끗이 하므로 외정이라고 부르고, 내정은 마음이 깨끗해진 것인데 깨끗함이 마음으로부터 나와서 몸도 깨끗하게 만드는 것이므로 내정이라고 부르는 것이다. 그리고 안의 때에 대비하여 내정이라고 한다는 것은, 초선에서는 마음이 각과 관에 의해 동요하므로 안의 때라고 부르는 것에 대하여 제2선에 들면 안의 마음에 각과 관의 때가 없기 때문에 내정이라고 부르는 것이다.

게송에서 "정이 생겨 기쁨과 즐거움을 얻는다."고 하였는데 초선에서는 '여읨[離]이 생겼다.'고 하고 여기서는 '정이 생겼다.'고 하는 의미는 무엇인가? 초선에서는 욕계를 여의고 색계의 정법이 생겨났기 때문에 여읨이 생겼다고 하는 것이고 2선에는 이런 뜻이 없으므로 다만 정이 생겼다고 말하는 것이다.

문 그렇다면 색계를 벗어나 무색계에 처음 들어간 공처정(空處定)도 응당 여읨이 생겼다고 해야 하지 않습니까?

답 그렇지 않다. 앞에서 이미 이름을 받았으므로 거듭 말하지 않는 것이다. 또한 공처정에 들면 색계를 여의게 되지만 정이 일어날 때 지림(支林) 등의 공덕이 생기지 않으므로 여읨이 생겼다고 설하지 않는다.

문 초선에도 기쁨과 즐거움이 있는데 2선에서 생기는 기쁨·즐거움과는 어떤

---

225) 『대지도론』16, 185하.

차이가 있습니까?

답 　초선에서는 각과 관으로부터 생기는 기쁨과 즐거움이므로 신식(身識)과 상응하는 것이지만 2선에서 생기는 기쁨과 즐거움은 안의 마음으로부터 생기는 것이므로 다시 의식과 상응하는 것이 다르다.

두 번째로 2선에서 일어나는 특징을 설명하겠다. 제2선에는 4지(支)가 있으니 그것은 내정(內淨)·희(喜)·락(樂)·일심(一心)이다. 지(支)라는 말은 전체적인 뜻과 개별적인 뜻이 있는데, '지탱한다'는 의미와 '나누어진다'는 의미가 있음은 앞의 초선에서 이미 설한 것과 같다. 첫 번째는 이미 말하였던 내정(內淨)지이다. 이미 각과 관을 여의어서 안이 깨끗해진 마음에 의하여 정이 일어나는데, 그것은 밝고 분명하여 번뇌나 때가 없으므로 내정지라고 부른다. 두 번째는 희(喜)지로서 정이 기쁨과 함께 일어나면 수행자가 마음 깊이 환희하여 마음 속에 기쁨이 생기는 것이다. 이때 안정되는 등의 열 가지 공덕이 생기고 기쁨이 무량하므로 희지라고 부른다. 세 번째는 낙(樂)지이니 수행자가 기쁨 가운데서 즐거움을 느끼되 고요하고 편안하면서 면면히 즐거움이 이어지기 때문에 낙지라고 부른다. 네 번째는 일심(一心)지이다. 마음의 즐거움이 잦아들면 정 안에서 느끼는 기쁨과 즐거움에 더 이상 반연하지 않게 되고 또한 밖의 인연을 대상으로 하는 생각도 없어서 한 마음이 되어 동요하지 않게 되니 일심지라고 한다.

문 　『영락경』226)에서는 어째서 일심지 앞에 의(猗)지를 둡니까?

답 　그것은 내정과 같은 것인데 희와 낙 뒤에 다른 이름으로 두어 설명하고 있는 것이다. 어째서 그런가. 의라는 것은 내버려둔다[縱]는 말이고 내버려둔다는 것은 맡긴다[任]는 뜻이다. 안에 더러움의 장애가 없으니 자유롭게 맡겨두어도 소리의 자극이나 각과 관의 방해에 생각이 매이지 않으므로 의(猗)라고 이름 붙인 것이다.

---

226) 『보살영락본업경』상「현성학관품(賢聖學觀品)」(『대정장』24), 1015상.

문 『대집경』에서는 왜 3지만 세우고 내정지는 없습니까?

답 그 경전에서는 간략하게 설하였기 때문에 없는 것이다. 제2선은 희구정(喜俱定)이라고 하는데 이는 각과 관을 여의었기 때문에 즐거워지는 것이니 반드시 내정(內淨)이 되어 정이 일어나는 것임을 알 수 있다. 이것의 전체적인 뜻과 개별적인 뜻은 앞의 설명을 미루어 알 수 있을 것이다.

세 번째로 제2선의 체와 용, 인과 과를 밝히겠다. 『영락경』에 따르면 제2선은 앞의 4지가 인이 되고 다섯 번째로 오는 성묵연심(聖默然心)이 정의 체라고 한다.[227] 이렇게 인·과·체·용의 뜻을 밝혀보면 초선과 다르지 않다.

네 번째로 정의 깊이를 논하자면 초선과 같다. 즉 초품으로부터 차례로 더 수승한 품으로 발전하는데, 이것이 얕고 깊은 상이 됨을 알 수 있을 것이니 별도로 밝히지 않겠다.

다섯 번째로 진퇴의 이치도 초선과 같고 다음 여섯 번째로 공덕을 밝히겠다. 제2선의 공덕은 둘로 나누어 볼 수 있으니 하나는 허물을 여읜 덕이요 또 하나는 선심을 얻은 덕이다. 『대집경』에 이르되 "2선은 여의었다[離]고도 하고 갖추었다[具]고도 한다."[228]고 하였다. 여의었다는 것은 오개를 떠났다는 것이고 갖추었다는 것은 4지(支)를 갖추었다는 말이다. 앞에서처럼 허물을 여의었다고 하는 것은 각과 관의 허물을 여의었다는 것이고 선심을 얻었다는 것은 내정으로부터 즐거운 마음이 갖추어져서 믿음·공경[敬]·참(慙)·괴(愧) 및 여섯 가지 선한 법[229]이 생기는 것을 말한다.

---

227) 앞과 같은 곳.

228) 『대방등대집경』22 (『대정장』13), 161상.

229) 『구사론』에 나오는 심소법 가운데 대선지법(大善地法)으로 분류되는 것은 信·勤·捨·慙·愧·無貪·無瞋·不害·輕安·不放逸이다. 여기서는 "信·敬·慙·愧 및 여섯 가지 선한 법"이라고 하니 敬이 勤의 오자인지 아니면 다른 것을 지칭하는지 분명하지 않다.

7.1.1.3 ▸ 제3선

제3선의 모습은 다음의 게송과 같다.

제일 가는 정에 마음을 모아서
고요히 보는 것이 없으며
괴로움을 근심하여 버리고자 하고
또한 각과 관처럼 버려야 하네.
애착하기 때문에 괴로움이 있고
기쁨을 잃으니 근심이 생기네.
괴로움과 즐거움을 여의면 몸이 편안하니
생각과 방편을 버려야 하네.[230)]

이 게송에 제3선을 수중하는 모습이 다 밝혀있다. 이제 이에 따라 3선의 뜻과 수행법 등에 대해 자세히 설명하겠다.

7.1.1.3.1 ▸ 이름의 풀이

수행자가 세 번째 단계의 마음에서 정 가운데 일어나는 선법인 다섯 가지의 지림공덕을 얻기 때문에 제3선이라고 부른다. 『보살지지론』에서는 낙구선(樂俱禪)이라고 부르는데,[231)] 이는 이 정에 따르는 공덕이 몸 전체에 퍼지는 즐거움과 함께 일어나기 때문이다. 이 정도 무각무관삼매이고 성묵연정에 포함된다. 이 이름은 공통

---

230) 『대지도론』16(185하)에 나오는 게송인데 원문과 차이가 나는 부분이 적지 않아서 원문 번역을 다음에 실는다. "마음을 으뜸 가는 정에 모아서 / 고요히 생각하는 것이 없으며 / [2선의]기쁨을 근심스럽게 여겨 버리려 하여 / 역시 [2선에 들고자] 각과 관을 버리듯 하라. / 받아들임이 있기에 기쁨이 있는 법 / 기쁨을 잃으면 근심이 생기네. / 기쁨과 즐거움, 몸의 느낌을 여의고 / 생각과 방편을 버려라.

231) 『보살지지경(菩薩地持經)』6(『대정장』30),922상.

되지만 앞의 두 선정에서 이미 이것을 사용하였으므로 거듭 풀이하지 않는다.

7.1.1.3.2 ▸ 수행 방법

게송 가운데 앞의 한 송 반에 설해진 "제일 가는 정에 마음을 모아서 고요히 보는 것이 없으며 괴로움을 근심하여 버리고자 하고 또한 각과 관처럼 버려야 하네. 애착하기 때문에 괴로움이 있고 기쁨을 잃으니 근심이 생기네." 하는 내용에 제2선의 희지를 가책하여 제3선을 닦는 모습이 잘 설해져 있다. 이제 수행자가 제2선의 허물을 보고 제3선을 얻으려 할 때에는 육행관을 닦아야 함을 설해야 하지만 여기서는 2선의 허물을 간략히 밝힘으로써 육행관의 이치를 담고 있다. 제2선은 비록 내정으로부터 정이 생기는 것이지만 큰 기쁨이 용솟음쳐서 정이 견고하지 못하다. 다만 미혹한 마음으로 이곳이 안온하다고 생각하지만 마치 부인이 나찰녀임을 알면 버리듯이 좋아하고 집착하는 마음을 일으키지 말아야 한다. 오로지 한 마음으로 3선의 공덕을 생각하면서 큰 기쁨과 성묵연정을 함께 버려야 한다. 이때는 응당 앞에서 말한 세 가지 법으로 이들을 버리는 것이니, 첫째 받아들이지 않는 것이고 둘째 꾸짖는 것이며 셋째 마음을 끝까지 관하는 것이다. 그리하여 더 이상 기쁨이 일어나지 않게 되면 기쁨과 성묵연정이 자연히 사라진다. 3선이 아직 일어나지 않은 중간에도 정이 있다는 것은 앞에서 설한 것과 같은데 다만 얕고 깊은 차이가 있을 뿐이다. 수행자가 이때 조심하여 걱정하거나 후회하지 말아야 하니, 그 이유도 앞에서 설한 것과 같다.

7.1.1.3.3 ▸ 증득의 양상

공력을 더하여 그치지 않으면서 일심으로 닦으면 그 마음이 잠잠하게 편안하고 고요해지니 이것이 3선의 미도지정이다. 이 뒤에 마음이 사라진 듯이 정에 들어가는데, 안과 밖의 대상에 의지하지 않고 즐거움과 더불어 일어난다. 즐거움이 일어날 때도 역시 앞에 설명한 것과 같은 공덕이 따라서 일어나는데 다만 뛸 듯한 기쁨이 없다는 것이 다르다. 면면히 이어지는 즐거움이 마음 안에서부터 일어나는데 이 즐거움은 무엇과도 비교할 수 없을 정도로 미묘하다.

이 선정이 처음 일어나면서 즐거움이 아직 온 몸에 퍼지지 않았을 때 중간에 대개 세 가지 잘못이 있다. 하나는 선정이 아직 얕은데 마음이 가라앉아 지혜의 작용이 너무 적은 것이고, 두 번째는 선정이 미미한데도 지혜작용이 지나치게 일어나 안온하지 못한 것이다. 세 번째는 선정중의 마음이 지혜력과 같아서 미묘함이 면면히 이어지지만 이에 대해 탐착심이 많이 일어나 마음이 혼미해지는 것이다. 그러므로 경전에 이르기를 "이 즐거움은 성인이어야 버릴 수 있고 나머지 사람들은 버리기 어렵다."고 하였다. 3선이 일어나려고 할 때 이 세 가지 잘못이 있다면 선정이 온 몸에 두루 퍼질 수 없으므로 수행자가 잘 조절하여야 한다. 어떻게 조절하는가? 세 가지 방법이 있다. 첫 번째로 만일 마음이 가라앉으면 염(念)·정진(精進)·혜(慧) 등의 법을 써서 격려하고 일으킨다. 두 번째로 마음이 지나치게 치솟으면 삼매의 정법을 생각하여 거두어들여야 한다. 세 번째로 마음이 미혹하여 탐착하게 되면 응당 뒤에 올 더 큰 기쁨과 수승하고 묘한 법을 생각하여 스스로 깨어남으로써 집착하지 않도록 한다. 수행자가 이 세 가지 법을 잘 닦아서 3선을 조절할 수 있다면 이 즐거움이 반드시 더욱 늘어나서 몸 전체에 두루 퍼질 것이다. 그러므로 경전에 "3선에서는 온 몸에 두루 퍼진 즐거움을 느낀다."고 하였다.

문 만일 즐거움이 온몸에 충만하게 퍼진다면 몸에는 5근이 있는데 이 5근 모두에 즐거움이 있게 되는 겁니까?

답 즐거움이 몸에 퍼질 때 신체의 모든 모공에서 다 기쁨을 느낀다. 그때 5근에서는 비록 바깥의 대상이 없이 식이 일어나지만 즐거운 법이 안으로부터 나와서 모든 근에 충만하여 5근 전체로 즐거움을 느끼게 되는 것이다. 다만 바깥에 상대하는 외경이 없어서 5식이 일어나지는 않지만 정식이 몸에 의하여 일어나 온 몸에 즐거움이 충만하면 모든 근에 즐거움이 통하고 의식과도 상응한다. 이 식이 안에 충만하니 온 몸에서 즐거움을 느끼는 것이다. 그러므로 부처님께서 "3선의 즐거움을 온 몸에서 느낀다."고 말씀하신 것이다. 또한 초선의 즐거움은 바깥에서 일어나 바깥의 식만 상응하고 의식은 상응하지 않으니 안에 즐거움이 충만하지 못한다. 2선의 즐거움은 비록 안에서부터 생기는 것이지만 희(喜)로부터 생겨서 희근과 상응할 뿐 낙근과는 상응하지 않는다. 즐거움이 기쁨에 의거한다면 기쁨이 오히려 두루 퍼지지 못하는데 어떻게 즐거움이 두루 퍼지겠는가. 지금 3선의 즐거움은 안으로부터 생길 뿐 아니라 즐거움이 위주가 되어 안에서 기쁨으로 인한 동요가 없고 염(念)과 혜(慧)의 인연으로 즐거움을 온몸에 두루 퍼지도록 하여 안과 밖이 즐거움으로 충만하게 된다. 이 안온한 즐거움은 세상에서 제일이고 즐거움 가운데 최고이다. 그러므로 부처님께서 "자비를 행한 과보는 변정지(遍淨地)[232]가 제일이다."[233]라고 설하신 것이다.

문 부처님께서는 3선을 설하면서 두 시기의 즐거움이 있다고 하셨습니다. 하나는 수락(受樂)이고 또 하나는 쾌락(快樂)인데 [지금의 즐거움은] 어떤 즐거움에 의거하여 설하신 것입니까?

답 실로 그렇다. 쾌락이란 3선이 처음 일어나서 아직 몸 전체에 퍼지기 전의 즐거움이고, 수락이란 즐거움이 다 자라나서 몸 전체로 느끼는 것을 말한다. 비유하자면 바위틈에 샘이 있어서 안에서 솟아오른 물이 바깥으로 흘러 넘쳐서 도랑에까지 가득 차는 것과 같은 것이 3선의 즐거움이다.

3선에는 5지(支)가 있으니, 그것은 사(捨)·염(念)·지(智)·낙(樂)·일심(一心)이다. 사(捨)란 즐거움이 큰 선정인 3선을 얻었을 때, 2선의 기쁨[喜支]을 버려도[捨] 후회하지 않는다는 것이다. 또한 3선이 처음 일어날 때 빠지기 쉬운 세 가지 잘못을 잘 버린 것[捨]이라고 말할 수도 있다. 두 번째인 염(念)지란, 이미 3선의 즐거움을 얻은 뒤에 앞에서 말한 세 가지 조절법을 써서 이를 잘 지킬 것을 상기함[念]으로써 즐거움을 계속 증장시키는 것을 말한다. 세 번째로 지(智)지란 세 가지 조절법을 잘 사용하

---

232) 변정천(遍淨天) : 색계 제3선천.
233) 『대지도론』16, 186중에 부처님께서 설하신 것으로서 나오는 내용인데 본래 문장이 "行慈果報 遍淨地中第一"이라고 끝에 第一이라는 말이 들어 있으므로 이대로 해석하였다.

여 세 가지 잘못을 저지르지 않도록 하는 것을 말한다. 네 번째 낙(樂)지란 앞에서 말한 쾌락의 즐거움이 온 몸 전체에 퍼져서 느끼는[受樂] 것을 말한다. 다섯 번째로 일심(一心)지란 즐거움을 느끼는 마음이 잠잠해져서 한 마음으로 적정해진 모양을 말한다. 이는 앞의 2선을 증득하는 양상에서 설한 것과 같다.

이 5지의 이치에 대해서는 네 가지로 나누어 말할 수 있다. 첫 번째로 앞의 세 지는 방편지이고 뒤의 두 지가 증득지라고 할 수 있다. 즉, 사·염·지[234]의 세 지로써 3선정을 잘 조절하여 낙지와 일심지를 증득하는 것이다. 이 두 가지는 동시에 생기는 것으로서 바로 3선의 주체가 된다. 두 번째로, 네 가지는 3선 독자적으로 세운 것이고 한 가지는 아래 단계인 2선에 대비하여 세운 것이다. 즉, 염·지·낙·일심[235]의 네 지는 3선에 의거하여 독자적으로 세운 것이고 사(捨)지는 아래 단계의 희지를 버리고 후회하지 않았기 때문에 세운 것이다. 세 번째로 5지 모두를 방편지라고 할 수도 있다. 세 지가 방편지가 되는 이유는 앞에서 설한 것과 같지만 뒤의 두 지를 방편지라고 하는 이유는 무엇인가?바로 낙지의 즐거움이 늘어나도록 잘 닦으면 뒤의 즐거움을 불러들일 수 있기 때문이다. 일심도 마찬가지로 정의 체가 되는 뒤의 제6 묵연심에 대하면 방편이 되므로 5지 모두 방편지라고 불릴 수 있는 것이다. 네 번째로 5지를 모두 증득지라고 부를 수도 있다. 3선을 증득하면 마치 어머니가 자식을 보호할 때 다른 사람이 권해서 하는 것이 아니듯이 자연히 2선의 희지 등에 애착하는 마음을 버리게 되고, 지(智)지 등이 저절로 생기어서 알맞게 조절하기 때문이다.

문 앞에서는 모두 방편이 된다고 하고 뒤에서는 모두 증득이라고 설하시니 이것은 서로 상반되는 것이 아닙니까?

답 각각이 모두 이치가 있는 것이니 세심하게 살펴보면 알 수 있을 것이다.

---

234) 원문(514하)에는 "用念慧智三支"로 되어 있으나, 3선에 '혜지(慧支)'는 없으므로 대신 사(捨)지로 바꾸어 해석하였다.
235) 이 문장(515상)에서도 "慧念樂一心"으로 되어 있는 것을 "智念樂一心"으로 고쳐서 옮겼다.

다음은 5지가 생기는 순서를 논하겠다. 여러 경전과 논서를 보면 5지의 순서가 각각 다르게 밝혀져 있다. 예를 들어『성실론』에서는 5지의 차례를 사·념·지·수 락·일심으로 하였고 아비달마 논서에서는 혜·념·락·사·일심으로 밝히고 있다. 또『대집경』에 나오는 차례를 보면 염·사·혜·안(安)·정(定)으로 되어 있고『보살영 락경』에서는 낙·호(護)·념·지·일심으로 순서를 밝히고 있다.『대지도론』에 나오 는 5지의 차례는 일정하지 않아서, 때로는『성실론』과 같고 때로는『보살영락경』과 같다.

문　왜 여기서만 각 지의 차례가 각기 다름을 밝히고 다른 단계의 선에서는 밝히 지 않으십니까?

답　초선 등은 즐거움이 하나밖에 없지만 이 3선은 [쾌락과 수락] 두 가지의 즐거움 이 있기 때문이다. 이 두 즐거움은 전후의 차이가 있어서 중간에 겪는 것이 일정하 지 않으므로 각 경론마다 순서가 다른 것이다. 하지만 이들 모두 각각의 의미가 있 는 것이니 반드시 그 이유를 이해하여야 한다.

다음으로 3선의 체와 용을 밝히자면,『보살영락경』에서는 "5지가 원인이고 제 6묵연심이 정의 체"[236]라고 말하고 있다.

선정의 깊이와 진퇴는 앞에서 풀이한 것과 같으며, 마지막으로 3선의 공덕을 밝히겠다. 이것도 전과 마찬가지로 허물을 떠나고 선심이 생긴다는 두 가지 덕을 갖 추고 있다.『대집경』에 [이구선(離具禪)이라고 할 때] '이(離)'란 오개를 여의었다는 것을 말하고 '구(具)'란 5지를 갖추었음을 말한다고 하였다. 3선에 대해서만 말한다면 홀 로 '기쁨[喜]'의 허물을 떠난 덕이 있다. 나머지는 앞에서 설한 것을 유추해보면 알 수 있다.

---

236)『보살영락본업경』상(『대정장』24), 1015상.

7.1.1.4 ▶ 제4선

4선의 특징에 대해 경전의 게송에서는 다음과 같이 설하고 있다.

성인은 〔3선의 즐거움을〕 능히 버릴 수 있지만

다른 사람들은 버리기가 어렵네.

만일 즐거움이 병이 됨을 알고

동요 없는 마음이 크게 편안함을 본다면

근심과 기쁨을 앞에서 이미 없앴으니

괴로움과 즐거움도 이제 역시 끊어서

마음이 평정하고 생각이 청정해진

4선에 들어가게 되리.

제3선에서 얻는 즐거움은

무상하고 마음을 동요케 하므로 괴로움일 뿐

욕계에서는 근심을 끊었고

초선과 2선에서는 즐거움을 없앴네.

그러므로 불세존께서는

제4선 가운데서 설법하시기를

앞서 이미 근심과 기쁨을 끊었고

이제 괴로움과 즐거움을 없앴다고 하시네.237)

---

237) 『대지도론』16, 185하에 나오는 게송인데 이곳의 내용과 틀린 곳이 일부 있다. 즉 제3구 2행의 “第三禪中樂 無常動故苦”가 이곳에는 “無常動故棄”로 되어있고 4행에도 “初二禪除喜”가 “初二禪除苦”로, 마지막 구 제3행의 “先已斷憂喜”가 “先已斷憂苦”로 바뀌어 있다. 苦는 樂에, 憂는 喜에 짝하는 말이므로 『대지도론』의 원 문장이 옳다고 보고 그대로 해석하였다.

이 4행으로 된 게송이 제4선을 닦아서 증득하는 모습을 다 밝히고 있지만 다시 더 구체적으로 그 명칭과 수행방법, 그리고 증득하는 양상을 설명하겠다.

7.1.1.4.1 ▸ 이름의 풀이

선이란 가지[支]의 숲을 말하니 제4선은 4지를 총괄하여 정을 이룬다. 네 번째의 마음에서 증득하는 것이므로 제4선이라고 한다. 이는 무각무관삼매이고 성묵연정에 포함되며 부동정(不動定)이라고도 부른다. 『지지경』에서는 사구선(捨俱禪)이라고 부르는데[238] 이 정이 일어날 때 그 체(體)에 괴로움도 즐거움도 없고 미묘하고 평정한[捨] 느낌과 함께 일어나서 정이 사근(捨根)과 상응하기 때문이다.

7.1.1.4.2 ▸ 수행 방법

제4선에 들기 위한 수행 방법은 앞의 게송 가운데 첫 구절과 같다. 즉 이 즐거움은 "성인은 능히 버릴 수 있지만 / 다른 사람들은 버리기가 어렵네. / 만일 즐거움이 병이 됨을 알고 / 동요 없는 마음이 크게 편안함을 본다면"이라는 내용이다. 부처님께서는 이 게송에서 4선을 수행하는 방편을 모두 밝히셨다. 왜인가? 수행자가 제4선을 얻으려면 응당 3선의 즐거움이 허물이 된다고 깊이 살펴야 한다. 어째서 허물이라고 보는가? 처음에는 즐거움을 얻기 위해 일심으로 열심히 구한 것이 큰 신고(辛苦)가 되고, 즐거움을 얻은 뒤에는 그것을 잃을까 지키면서 애착하니 이 또한 괴로움이고 하루아침에 잃고 나면 다시 괴로움을 느껴야 하니 고통이다. 그러므로 경전에서 "제3선에서 얻는 즐거움은 / 무상하고 마음을 동요케 하므로 괴로움일 뿐"이라고 설하신 것이다. 또한 이 즐거움이란 법은 생각을 덮어서 청정하지 못하게 한다.

수행자가 이렇듯 제3선의 즐거움에는 큰 괴로움이 따르는 병이 있음을 깊이 살핀다면 응당 일심으로 이를 멀리 하고 부동정인 제4선을 구하게 된다. 그러면 3

---

238) 『보살지지경』6 (『대정장』30), 922상.

선의 끝 무렵에 육행관을 닦아야 하니 이는 앞에서 설명한 것과 같다. 또한 세 가지 방법으로 3선을 물리치는 것이니, 집착하지 않는 것과 꾸짖는 것과 관으로써 분석하는 것이다. 이 세 가지 법을 행한다면 3선이 물러난다. 4선의 미도지정에 이르기 전에 반드시 앞에 중간선이 일어나는데 이때 관과 상응하는 등의 모습은 앞의 2선에서 이미 설명한 것과 같다. 다만 다른 점은 근심과 즐거움의 허물이 없다는 것이다.

7.1.1.4.3 ▸ 증득의 양상

제4선이 일어나는 모습은 앞의 게송 가운데 뒤의 세 구절에 설해진 것과 같다. 수행자가 제3선이 물러간 뒤의 중간선에서 [육행관을 행하는] 수행을 그치지 않으면 미도지정에 들어가서 마음에 동요나 흩어짐이 없게 되니 이것이 바로 제4선의 방편정이다. 이후에 그 마음이 활연히 열리면서 정에 든 마음이 안온해지고 호흡이 끊어진다. 정이 일어날 때 사(捨)의 평정한 감정과 함께 일어나 괴로움도 즐거움도 없다. 걸림이 없고 밝고 깨끗해지는 등의 좋은 법이 권속으로서 함께 일어나는 것은 앞의 초선에서 설한 것과 같다. 다만 기쁨이나 즐거움이 동요시키는 일이 없다는 차이가 있을 뿐이다.

그 때 마음은 움직이지 않는 밝은 거울 같고 물결이 없는 맑은 물과도 같이 모든 어지러운 생각이 끊어지고 정념(正念)만이 견고하여 마치 허공과 같다. 이를 세간의 진실한 선정이라고 하니 세간의 온갖 때에 물들지 않기 때문이다. 수행자가 이 선정에 머물면 마음이 선에 의거하지 않고 악에도 기대지 않아 아무것도 의지하는 바가 없다. 형체[形質]가 없고 온갖 색상(色相)이 없지만 안으로 정색(淨色)의 법239)을 성취하게 된다. 어떻게 그것을 알 수 있는가 하면, 만일 정색(淨色)의 근본이 없다면 정 가운데서 어떤 인연을 상대하게 될 때 갖가지 색을 일으킬 수 없게 되기 때문이다. 예를 들어 사무량심이나 팔승처, 십일체처 등의 변화된 색은 모두 4선에 의거하

---

239) 5근(根)은 정색으로 이루어진 법이다.

여 발현하는 것이다. 만일 4선이 아무 색도 보지 않는다고 하여 무색(無色)이라고 말한다면 옳지 않으니, 마치 공처정(空處定)처럼 세 종류의 색[240]을 모두 멸해 버린다면 일체의 색법이 현현할 수 없기 때문이다. 지금은 일체의 색법이 자유롭게 현현하지만 정법(定法)에는 조금도 손상이 없으니 제4선이야말로 진실한 색계의 선정이다. 비유한다면 깨끗한 거울은 체가 정색(淨色)이기 때문에 온갖 상대하는 색에 따라 일체가 다 나타날 수 있는 것과 같다. 만일 근본이 되는 정색이 없다면 허공과 같아서 아무 색상도 나타날 수 없을 것이다. 이 4선은 지혜와 정(定)과 일심이 근본이므로 생각이 항상 청정하여 부동정이라고도 하고 부동의 지혜라고도 부른다. 이 선정에 의거하여 반연하는 대상을 바꾸어 일체의 일을 익히려 하면 뜻대로 성취할 수 있다. 모든 신통 변화나 때에 맞는 설법은 이 선정에서 나오지 않는 것이 없다. 그러므로 경전에서 "부처님은 제4선으로 근본을 삼는다."고 하였다.

제4선에는 4지가 있다. 그것은 불고불락(不苦不樂)·사(捨)·염청정(念淸淨)·일심(一心)지이다. 먼저 이 선정이 처음 일어날 때 사수(捨受)와 함께 일어나는데, 사수라는 심소법은 괴로움이나 즐거움과 상응하지 않기 때문에 불고불락지라고 부른다. 두 번째 사지(捨支)란, 불고불락의 선정을 얻은 뒤 전 단계인 3선의 수승한 즐거움을 버리고도 싫증을 내거나 후회하지 않는다는 의미이다. 또한 참된 선정이 아직 성취되지 않았다면 선정이 한 단계 올라갔을 때 마음이 생각에 따라 동요하게 되므로 부동정이라고 부르지 않는다. 그러나 4선에서는 정이 일어났을 때 마음이 생각에 집착하지 않고 능히 버릴 수 있으므로 사지라고 한다. 세 번째, 선정이 분명하여 평등한 지혜로 비추어 볼 수 있으므로 염청정지라고 한다. 마지막의 일심지는, 정에 든 마음이 적정(寂靜)하여 비록 여러 가지 인연을 대하더라도 마음이 동요하지 않으므로 일심지라고 한다. 이 지가 일어나는 차례를 말한다면 지금 살펴본 순서와 같

---

240) 세 종류의 색 : 가견유대색(可見有對色)과 불가견유대색(不可見有對色), 그리고 불가견무대색(不可見無對色)을 삼종색이라고 한다. 색경은 볼 수도 있고 장애가 있으므로 가견유대색이라고 하고, 성·향·미·촉 및 5근은 볼 수 없지만 장애가 되므로 불가견유대색이라 한다. 그리고 무표색은 보이지도 않고 아무데도 장애되지 않으므로 불가견무대색이라고 한다.

다. 하지만 전체적으로 말한다면 처음의 지에 네 가지가 모두 갖추어진다고 할 수 있다.

문 『대집경』에서는 불고불락지를 세 번째라고 하였는데 왜 여기서는 처음이라고 말씀하십니까?

답 모두 근거가 있다. 지금은 일어나는 것에 의거하여 설한 것이고『대집경』에서는 성취되는 것에 근거하여 세운 것이다. 이는 3선에서 낙(樂)지를 세우는데 그 선후가 일정하지 않은 예와 같다.

4선의 체와 용을 말하자면,『보살영락경』에서 설하듯이 4지가 용(用)이 되고 제5묵연심이 체(體)가 된다. 선정의 깊이와 진퇴는 앞에서 설한 것과 같다.

마지막으로 4선의 공덕에 대해 설하겠다. 4선도 역시 앞의 선정들과 마찬가지로 허물을 여의고 선심(善心)이 생기는 두 가지 공덕을 갖추고 있다.『대집경』에 "오개를 여의고 4지를 갖춘다."고 설한 것과 같다. 그러나 4선만이 근심과 기쁨, 괴로움과 즐거움의 허물을 떠났다는 것과 공경·믿음·참·괴 및 여섯 가지 선법(善法)을 갖추고 있다. 이들은 모두 부동정인 4선에서 생긴 선근 공덕이니 그 깊고도 두터움이 앞의 두 배는 된다.

문 지금 보살도를 행하는 것을 밝히는 중이므로 응당 제법실상(諸法實相)을 깨치는 깊고 깊은 공(空)의 선정 등을 설하셔야 할 것인데 어찌 하여 생사를 벗어나지 못하는 허망한 세간의 유루법(有漏法)인 범부의 사선을 설하십니까?

답 그렇지 않다.『대지도론』에 다음과 같은 문답이 있다. "이 반야바라밀의 논의에서는 모든 법의 상이 공이라는 것만 설하는데 보살은 어찌하여 공한 법 가운데서 능히 선정을 일으키는가?" "보살은 오욕(五欲)과 오개(五蓋)가 인연으로 생겨서 자성이 없으며, 이렇듯 공한 것은 실체가 없음을 알기 때문에 버리기가 매우 쉽다. 그러나 중생들은 전도된 인연 때문에 오욕락 등의 작은 즐거움에 집착하여 선정에서 얻는 묘한 즐거움을 잃는다. 보살은 이러한 중생들을 위하여 자비심을 일으켜 선정을 수행하는 것이다. 즉 마음을 한 가지 대상에 묶어두고 오욕과 오개를 떠나서 기쁨이 일어나는 초선에 들고, 각(覺)과 관(觀)을 없애고 마음을 거두어 청정함에 깊이 들어가서 더욱 미묘한 기쁨이 생기는 제2선에 들어간다. 깊은 기쁨은 마음을 산란하게 만들므로 다시 일체의 기쁨을 떠나서 온 몸에 가득한 즐거움이 생기는 제3선에 들어간다. 다시 일체의 괴로움과 즐거움, 근심과 기쁨을 떠나 호흡이 저절로 끊어지는 경지에 미쳐서 청정하고 미묘한 평정심[捨]으로 장엄한 제4선에 들어간다. 이 보살은 모든 법이 공하여 상이 없음을 알지만 중생들이 이를 모르기 때문에 선정의 모습으로써 중생을 교화하는 것이다. 만일 모든 법이 공함이 실제로 '있다'고 한다면 이는 공이라고 이름 붙일 수 없고 또한 오욕을 버리고 선을 얻을 수도 없다. 버림도 없고 얻음도 없기 때문에 선에 들어갈 수 있는 것이니 이러한 법의 공한 모습에서 '모든 법이 공한데 어떻게 선을 얻느냐?'고 물을 수는 없는 것이다. 또한 보살은 상을 취하여 애착하기 때문에 선을 행하는 것이 아니다. 마치 사람들이 약을 먹는 것은 병을 없애기 위한 것이지 약이 예뻐서 먹는 것이 아닌 것과 같이, 보살은 계를 청정하게 지키고 지혜를 성취하기 위해 선을 행하는 것이다. 보살은 하나하나 선에 들어갈 때마다 대자비를 행하며 선이 공함을 관하여 의지함이 없다. 이는 오욕이 거칠고 허망한 전도법이기 때문에 역시 허망하지만 미세하고 미묘한 법으로써 치료하는 것이니, 마치 독이 다른 독을 치료할 수 있는 것과 같다."241)

또 『대지도론』에 다음과 같이 설하고 있다. "비유한다면 국왕이 높은 절벽에서 떨어져 필시 죽게 된 자식을 보면 바로 부드러운 물건으로 그를 받아 죽지 않게 하는 것과 같다. 보살도 이와 같아서 중생들이 반야를 멀리 하여 거꾸로 떨어지는 것을 보고 사선이라는 공한 법을 설하여 중생들을 교화함으로써 법신과 혜명을 손실하지 않도록 하는 것이다." 이러한 까닭에 보살도를 행하는 것을 설하면서 사선을 밝히는 것은 이치상 아무 허물이 없다.

241) 『대지도론』20, 208중~하.

석선바라밀차제법문

권6

釋禪波羅蜜次第法門

7. 선바라밀의 수증修證 (2)

7.1.2 ▸ 사무량심四無量心

7.1.2.1 ▸ 수행 차례

사무량심을 사선의 다음에 밝히는 이유가 무엇인가? 수행자에는 두 종류가 있으니 하나는 세간의 수행자이고 다른 하나는 출세간의 수행자가 그것이다. 세간의 수행자인 범부들도 다시 세 종류가 있다.

첫 번째는 권력을 마음대로 휘두를 수 있는 고귀한 지위가 부러워서 범천왕이 되기를 바라는 사람이니, 이들은 사선을 성취한 뒤에도 더 나아가 사무량심을 닦는다. 왜냐하면 사선을 수행하면 비록 개인의 수행은 다 갖추어졌지만 타인에게 베푼 공덕이 없거나 너무 적어서 색계천(色界天)에 태어나도 왕 노릇을 할 수가 없기 때문이다. 하지만 사무량심을 수행하면 시방의 많은 중생을 인연으로 삼아 삼매에 들게 되므로 중생들을 자비심으로 널리 거둘 수 있고 이타심이 매우 커서 공덕이 훨씬 많게 된다. 이리하여 저 색계의 하늘에 태어나게 되면 반드시 범천왕이 되어 마음대로 중생들을 다스릴 수 있게 되므로 사선을 증득한 뒤에 다시 사무량심을 익히는 것이다.

두 번째는 외도의 수행자이다. 이들은 사선을 증득한 뒤 이 단계에는 아직 심식(心識)이 남아있어 근심거리가 됨을 보고 생각 없이 고요한 열반의 경지를 구하고자 한다. 하지만 색을 파하는 법을 알지 못하여 다만 잘못된 지혜로 마음을 멸하여 무상정(無想定)에 든다.

세 번째로 범부 가운데 어떤 외도 수행자는 색이 마치 감옥 같다고 여겨서 일심으로 색을 파하여 사무색정에 들기 위해 수행한다. 이들은 모두 범부의 수행자로서 똑같이 사선을 증득하여도 각자 지향하는 바가 다르므로 나름대로 익힌 것에 따라서 다른 길로 나아가는 것이다.

불제자인 경우에는 두 종류의 부류가 있으니 바로 소승과 대승이다. 이 두 부류의 수행자들이 사선을 얻은 후 더 나아가 사무량심을 닦는 이유는 각각 다르다. 소승의 경우는 스스로 마음을 잘 조절하여 복덕을 더욱 늘임으로써 열반을 쉽게 얻으려는 것이 이유이다. 대승의 수행자라면 중생 제도를 원하는데 이는 반드시 대비심(大悲心)을 근본으로 삼아야 하기 때문에 사선 다음에 사무량심을 닦는 것이다. 『대지도론』에 다음과 같은 가상의 문답이 있다.

문 이 사선(四禪)에는 사무량심 내지는 십일체처(十一切處) 등의 온갖 선정이 있다고 하면서 지금 무슨 까닭에 사무량심을 따로 설하십니까?

답 비록 사선 가운데 이러한 선정법이 모두 있기는 하지만 만일 따로 설하지 않는다면 사람들이 그 공덕을 알지 못하기 때문이다. 비유하자면 주머니 속에 보물이 있어도 사람들에게 보여 주지 않으면 아는 사람이 없는 것과 같다. 만일 대 복덕을 얻기 원하는 사람이라면 그를 위해 사무량심을 설해 주고 색이 감옥과 같다고 근심하는 사람이라면 사무색정을 설해 주며, 대상에 대해 걸림 없이 자유롭게 관하지 못하는 이에게는 팔승처(八勝處)를 설해 준다. 그리고 만일 장애가 있어서 도에 통달하지 못하는 수행자라면 팔배사(八背捨)를 설해 주고 마음을 길들이지 못하여 선정에서 일어나 차례로 다음 선정에 자유롭게 들어가지 못하는 사람이라면 구차제정(九次第定)을 설해 주며, 모든 대상을 임의대로 두루 비추어 보지 못한다면 십일체처(十一切處)를 설해 주는 것이다.242)

문 이 논서에서 설하는 대로라면 사선을 얻으면 사무량심 등 다른 선정들도 응당 다 얻어야 하는 것 아닙니까?

답 그것은 이치에 의거하여 설한 것이다. 만일 무루(無漏)의 사선을 얻었다면 그 안에 사무량심 등이 있다고 하여도 이치상 잘못이 없다. 왜냐하면 무루선에는 모든 관행(觀行)과 법문이 다 갖추어지기 때문이다. 그러나 유루(有漏)의 근본선에 대해 말한다면 우유 안에 발효유가 들어있다고 설하는 것과 같은 것일 뿐이다.

7.1.2.2 ▸ 이름의 풀이

사무량심 각각의 이름을 풀이하면 다음과 같다. 먼저 자무량심에서 자(慈)란 중생들을 사랑으로 늘 생각하는 마음이니, 항상 즐거운 일을 구하여 그들에게 이익을 주고자 하는 것이다. 비무량심의 비(悲)란 중생들이 오도(五道)를 윤회하며 온갖 고통을 받는 것을 늘 가련하게 여기는 마음이다. 희무량심의 희(喜)는 중생들이 즐거움을 얻어 환희하도록 하려는 마음을 말한다. 사무량심의 사(捨)는 앞의 세 가지 마음을 버리고 사랑도 미움도 없이 평정심으로 중생을 늘 생각하는 것을 말한다. 이러한 네 가지 법을 인연으로 '사(四)'라고 하고 마음이 시방에 두루 차서 간격 없이 평등하므로 '무량심(無量心)'이라고 한다.

자심을 수행하는 것은 중생에 대한 진각(瞋覺)을 없애기 위한 것이고 비심을 수행하는 것은 중생에 대한 뇌각(惱覺)을 없애기 위한 것이다. 희심을 수행하는 것은

---

242) 『대지도론』 20, 208하.

중생에 대해 기뻐하지 않는 마음을 없애기 위함이고, 사심을 수행하는 것은 중생들에 대한 사랑과 미움을 없애기 위함이다. 이 네 가지 선정을 차례대로 닦아나가는 내용은 밑에서 풀이하겠다.

7.1.2.3 ▸ 사무량심을 수행하는 단계

사무량심을 수행할 수 있는 선정의 단계는 두 가지로 나누어 말할 수 있다. 첫 번째는 사무량심 전체의 수행 단계를 밝히는 것이고, 두 번째는 사무량심 각각의 수행 단계를 밝히는 것이다.

먼저 전체적으로 수행할 수 있는 단계를 말한다면 사선과 중간선에서 모두 사무량심을 수행할 수 있다. 『대지도론』을 보면 "이 자무량심은 색계의 근본선에 있고 또한 중간선에도 있다."고 말하였다. 무색계에 들어가면 색이 없어져서 [색법인] 중생을 대상으로 삼기가 불편하고 욕계정이나 미도지정에서는 정(定)이 얕아서 공덕 닦는 것을 감당할 수 없다.

문 근기가 예리한 사람은 욕계정이나 미도지정의 단계에서 견사혹(見思惑)[243]을 타파하여 참된 지혜를 일으킬 수도 있는데 어찌하여 사무량심은 닦을 수 없다고 하십니까?

답 [호의] 진리에 인연한 지혜는 예리하여 [욕계정과 미도지정에서도] 일어날 수 있으나 신통이나 사무량심 등은 사법(事法)이므로 반드시 깊은 선정의 힘을 빌어야만 생길 수 있다. 욕계정이나 미도지정에서도 사무량심을 전혀 닦지 못하는 것은 아니지만 그것이 일어나면 곧 초선에 속하게 되니 그렇게 설하지 않은 것이다. 예를 들

---

243) 견사혹(見思惑) : 잘못된 견해로 일어나는 미혹이 견혹이고 잘못임을 알아도 습관으로 말미암아 일어나는 감성적 미혹을 사혹, 또는 수혹이라고 한다. 이 두 가지는 공(호)의 이치를 깨달으면 없어지므로 한꺼번에 견사혹이라고 부른다.

어 초선의 5지 가운데 각지(覺支)와 관지(觀支)는 욕계에 대해 분별하므로 비무량심을 일으키기가 쉽고 희지(喜支)로는 희무량심을 일으키기가 쉬우며 낙지(樂支)로는 자무량심이 생기기 쉽다. 그리고 일심지(一心支)가 일어나면 사(捨)무량심이 생기기 쉬우므로 초선을 사무량심의 수증처라고 설하는 것이다.

문 제4선과 중간선의 단계에는 기쁨[喜]과 즐거움[樂]이 없는데 어떻게 중생들에게 기쁨과 즐거움을 줍니까?

답 비록 안에는 기쁨과 즐거움의 연이 없으나 밖에서 기뻐하고 즐거워하는 사람의 형상을 취하여 평등하게 즐거움을 줄 수 있다. 비유하자면 욕망을 여읜 수행자라면 스스로 5경(境)²⁴⁴)을 필요로 하지 않고 또한 5경에 대해 욕망으로써 교감하지 않는다. 하지만 큰 복덕을 위해 오욕으로써 뛰어나게 묘한 즐거움을 갖추어 다른 사람들에게 나누어 주면서 스스로의 마음은 그에 물드는 바가 없다. 제4선에서 남들에게 기쁨과 즐거움을 주는 것도 이와 같으니, 미도지정이나 중간선의 경우도 이로써 유추하면 알 수 있을 것이다.

다음에 사무량심 각각을 수행할 수 있는 선정의 단계를 밝히겠다. 초선은 각지와 관지가 중심이 되므로 욕계 중생들이 고뇌하는 형상을 깊이 느낄 수 있어서 비무량심을 수행하기 쉽다. 제2선에 들어가면 큰 기쁨이 있으니 희무량심을 닦기가 용이하고 제3선의 안에는 온 몸에 두루 퍼지는 즐거움이 있으니 자무량심을 닦기가 용이하다. 그리고 제4선에 들어가면 묘한 평정심으로 장엄이 되니 이 단계는 사무량심을 닦기에 좋다. 이렇듯 선정의 단계별로 각기 편리한 것이 있다.

문 그렇다면 부처님께서는 어째서 제4선에 머물러야 사무량심을 얻기 쉽다고 설하셨습니까?

---

244) 5경(境) : 색·성·향·미·촉경을 말한다. 일반 사람들은 이러한 외부의 대상을 통해 즐거움을 느끼므로 이 다섯 대상에 대해 일으키는 욕망을 오욕(五欲)이라고 한다.

답 제4선에 들면 염청정(念淸淨)이라고 이름하듯이 부동의 선정을 얻을 수 있다. 이 단계에서는 어떠한 불법을 닦아도 공덕을 쉽게 얻을 수 있기 때문에 그렇게 설하신 것이다.

문 앞에서 초선에서 비무량심을 닦는다고 하셨는데 그렇다면 수행의 차례가 어긋납니다. 본래 자무량심이 앞에 있으니 응당 초선에서 자무량심을 닦고, 제2선에서 비무량심을, 제3선에서 희무량심을, 제4선에서 사무량심을 닦아야 할 텐데 어째서 그렇게 하지 않습니까?

답 앞에서 말한 것은 의미상의 편의에 따른 것이지 수행 차례에 따라 설한 것이 아니다. 비유하자면 부처님의 10대 제자가 각각 뛰어난 것이 하나씩 있는데 누군가 "어떤 사람이 지혜가 제일입니까?" 하고 물으면 응당 사리불이라고 답해야 할 것이지만, 만일 법랍이 제일 높은 사람을 물었는데 그렇게 답한다면 맞지 않는 것과 같다.

7.1.2.4 ▸ 수행 방법

7.1.2.4.1 ▸ 자무량심의 수행과 증득

자무량심을 수행하는 방법에 대해 부처님께서는 『처처경(處處經)』[245]에서 다음과 같이 설하고 있다. "어떤 비구가 있어 자(慈)를 마음에 상응시켜 성내는 마음이나 원한도, 번뇌도 없도록 하고 이를 광대하고 무량하게 확장시키는 것을 잘 닦는다."

이 구절 가운데 "자(慈)를 마음에 상응시킨다."는 것은 무엇인가? 『대지도론』에서 이를 풀이하고 있다. "시방의 중생들이 즐거움을 얻도록 할 것을 일심으로 생각

---

245) 『처처경』이라는 경전은 현재 『대정장』 17권에 실려 있으나 이러한 내용은 나오지 않는다. 대신 『중아함』에 속한 「설처경(說處經)」에 이와 유사한 내용이 있는데 『처처경』이란 이 「설처경」을 잘못 옮긴 것이 아닌가 한다.

[念]할 때 심소법 가운데 생기는 법을 자(慈)라고 이름하니 선(善)이 이에 상응한 것이다. 〈선정에 들려고 할 때 먼저 다음과 같이 서원하여야 한다. '일체의 중생이 모두 상쾌하고 즐거워하는 것을 내가 선정 가운데 모두 볼 수 있게 되기를 바랍니다.'〉[246] 수(受)·상(想)·행(行)·식(識)은 심소법이라고 하는데[247] 모든 신업과 구업 및 심불상 응행법 등이 이 법에 화합하면 모두 자(慈)라고 부른다. 이 법들은 모두 자가 위주가 되기 때문에 '자(慈)'라는 이름을 얻는다. 비유하자면 일체의 심소법이 모두 후세의 인연이 되지만 사(思)만이 [업으로서] 이름을 얻는 것[248]은 업을 지을 때 사(思)가 가장 유력한 작용을 하기 때문이다."[249] 이것을 이름하여 "자(慈)가 상응하는 모습"이라 고 한다.

또한 수행자가 처음 수행할 때 염청정(念淸淨)의 마음을 사용하여 사랑스럽고 친한 사람이 즐거워하는 모습을 취한다. 예를 들어 부모나 형제 등 가장 가까운 한 사람을 취하여 한 마음으로 그 대상에 집중하는 것이다. 만일 다른 생각이 끼어 들면 다시 마음을 거두어들여 대상으로 돌려서 영상이 뚜렷하고 분명하게 보이도록 한다. 그리하여 가까운 사람이 즐거워하는 모습을 잘 볼 수 있게 되면 자신의 마음 에 사랑하는 생각이 일어난다. 이러한 방식으로 중간쯤 친한 사람, 나아가서 원한 맺힌 사람에까지 이르도록 하고 나머지 5도(道)의 중생들도 이와 같은 방식으로 즐 거워하는 모습을 보도록 한다. 이처럼 수행할 때 만일 각종 선하고 악한 경계가 보 이거나 선정 중의 여러 가지 일이 일어나도 모두 취하지 않고 오로지 일심으로 가까 운 사람이 즐거워하는 모습만을 관하여 마음이 계속 이어지도록 한다. 이것이 자무 량심을 수행하는 방법을 간략히 설한 것이다.

자정(慈定)이 일어나는 양상은 다음과 같다. 수행자가 선정과 지혜, 복덕의 선

---

246) 〈 〉 속에 있는 내용(517중)은 『대지도론』에는 없는 내용이 삽입된 것이다. 전후 문맥을 볼 때 착간일 가능성이 많다.
247) 이 부분의 문장도 착간인 듯하다. 식(識)은 심소법이 아니고 심법이기 때문이다.
248) 업을 두 가지로 나눌 때 사업(思業)과 사이업(思已業)으로 하는 것을 가리키는 것.
249) 『대지도론』 20, 208하~209상.

근력이 청정하면 이처럼 자심으로써 중생을 일심으로 생각할 때 삼매가 일어난다. 그러면 삼매의 힘으로 인해 정심(定心) 가운데서 사랑스럽고 친한 사람이 즐거워하여 신심이 기쁘고 안색이 좋은 것을 뚜렷이 보게 된다. 이와 같이 친한 사람이 즐거움을 얻는 것을 본 뒤에는 다시 중간쯤 친한 사람 내지는 원한 맺힌 사람을 한 명 골라 정심 가운데 뚜렷이 보게 되는 데 이른다. 다음에는 열 사람, 천 사람, 만 사람, 한마을에 가득 찬 사람, 나라에 가득 찬 사람, 염부제에 가득 찬 사람, 사천하에 가득 찬 사람 내지는 시방 세계의 일체 중생들이 모두 즐거워하는 모습을 본다. 이렇듯 수행자가 정심 가운데 외부 사람이 즐거워하는 모습을 보면서 자신의 선정이 점점 깊어져 외부 대상과 상응하여도 마음이 고요하여 동요가 없다. 이를 일러 "자와 상응하는 마음"이라 하며 이것이 바로 수·상·행·식 및 오온·십이처·십팔계와 상응한 것이다. 이는 앞에서 설한 것과 같다.

문 자(慈)와 상응한 정(定)에서 중생들을 볼 때는 위에서 설한 것처럼 한 명에서부터 열 명으로 점차 늘여가며 보아야 합니까? 아니면 동시에 한꺼번에 보아야 합니까?

답 수행자의 근기에는 점(漸)의 근기와 돈(頓)의 근기, 그리고 부정(不定)의 근기가 있다.

"자(慈)와 상응하는 마음"이라는 구절에서 '자(慈)'란 심소법으로서 성냄, 원한, 인색함 등 마음을 어지럽히고 탁하게 하는 번뇌를 능히 제거할 수 있는 것이다. 비유한다면 물을 맑게 하는 명월주(明月珠)를 탁한 물속에 두면 물이 깨끗해지는 것과 같다.

"성내는 마음이나 원한, 뇌(惱)가 없다."는 것은 다음과 같은 의미이다. 중생에 대해서 인연이 있거나 없거나 간에 처음 화나는 마음이 일어나는 것을 '성냄[瞋]'이라 한다. 성내는 마음이 점차 자라나 속에 굳게 자리 잡았지만 아직 어떤 행동을 취할지 결정하지는 않은 것을 '한(恨)'이라 하고 '원(怨)'이라고도 한다. 만일 마음을 결정하여 거리낌 없이 남을 해치려 한다면 이를 '뇌(惱)'라고 한다. 자심으로써 이 세 가지를 제거하였으므로 "성내는 마음이나 원한, 뇌(惱)가 없다."고 한다. 이러한 까닭에 부처님께서는 자심의 공덕을 찬탄하셨다.

"광대하고 무량하다."는 말은 하나의 큰마음을 세 가지[250]로 분별한 것이다. 자심으로써 한 방향의 중생들을 본다면 '넓다[廣]'고 하고 사방의 중생들을 본다면 '크다[大]'고 하며 사유(四維) 및 상하까지 미친다면 '무량(無量)'이라고 한다. 또한 진심과 한심(恨心)을 깨뜨린다면 넓다고 하고 원심(怨心)을 깨뜨리면 크다고 하며 뇌심(惱心)까지 깨뜨린다면 무량하다고 한다. 자심으로써 가까운 사람을 본다면 넓다고 하고 중간 정도의 사람을 본다면 크다고 하며 원한 맺힌 사람까지 본다면 복이 매우 크므로 무량이라고 한다. 또한 좁은 인연에 상대하기 때문에 넓다 하고 적은 인연에 상대하면 크다 하며 한량이 있는 인연에 상대하면 무량하다고 한다.

"잘 닦는다"는 것은 자심이 아주 견고한 것을 말하니 처음 자심을 얻었을 때는 "잘 닦는다"고 하지 않는다. 단지 사랑하는 중생이나 호감 갖는 중생, 자신에게[251] 이익 되는 중생이나 한 방향의 중생에게 자심을 가진 것이 아닐 때 "잘 닦는다"고 한다. 수행자가 상친(上親)·중친·하친·상중인(上中人)·중중인·하중인·하원(下怨)·중원·상원 등 아홉 등급의 모든 사람들에게 사랑과 미움이 똑같아서 다름이 없고 내지는 5도의 중생들을 마치 부모나 형제, 친구처럼 오로지 자심으로써 보아 항상 좋은 일을 구하여 이익과 안락을 주고자 하는, 이런 마음이 시방에 가득 차야 비로소 "잘 닦는다"고 한다.[252] 또한 중생들에게 단지 욕계의 즐거움을 주면 잘 닦는다고 하지 않고 다만 초선의 즐거움을 주거나 제2선의 즐거움을 주어도 역시 잘 닦는다고 하지 않으며, 욕계의 즐거움과 내지는 제3선과 4선의 즐거움을 모두 주어야 비로소 잘 닦는다고 한다. 이와 같은 자심을 '중생을 반연한 자심[衆生緣慈]'이라고

---

250) 원문(517하)에는 '이(二)'라 하였으나 『대지도론』에는 '삼(三)'으로 되어 있고 뒤의 설명도 세 가지로 나누고 있으므로 '세 가지'로 번역하였다.
251) 원문(517하)에는 '익일(益一)'로 되어 있으나 『대지도론』의 '익기(益己)'라는 문장이 뜻이 잘 통하므로 이에 따랐다.
252) 이상의 구절은 『대지도론』20, 209상~중에 나오는 내용을 부분부분 인용한 것이다.

부른다. 이는 범부로서 수행하는 사람이거나 아직 유루를 다 끊지 못한 유학인(有學
人)들이 닦는 경지이다. 이 자심[253]으로써 마음을 닦으면 큰 복덕을 얻고 무루의 경
지에 들어갈 수 있기 때문이다.

'법을 반연한 자심[法緣慈]'이라는 것은 유루를 다 끊은 아라한이나 벽지불, 부
처님들의 자심이다. 이 성인들은 아상(我相)을 멸하여 중생과 내가 같다거나 다르다
는 생각을 끊었기 때문에 다만 인연으로부터 생겨 상속하는 것을 관할 뿐이다. 자심
으로 중생을 생각할 때는 인연이 화합하여 상속할 뿐이요 다만 공한 오온이 바로 중
생이라고 여긴다. 자심으로써 이 오온에 대하여 "중생들은 이 법이 공한 것을 모르
고 다만 일심으로 즐거움을 얻기를 바란다."고 생각한다. 그리하여 성인은 이를 가
엾이 여겨 그들이 뜻대로 즐거움을 얻도록 하여 세속의 법에 따르기 때문에 '법연
(法緣)'이라고 한다.

'반연함이 없는 자심[無緣慈]'이라는 것은 다만 부처님들만이 갖는 경지이다. 왜
냐하면 부처님들은 유위나 무위의 성품에 머무르지 않고 위나 아래, 과거 미래 현재
등에 의거하지 않기 때문이다. 모든 인연법은 실체가 없고 전도되어 헛된 것임을 알
기 때문에 마음에 반연하는 것이 없다. 부처님께서는 중생들이 이 제법의 실상을 알
지 못하여 5도를 윤회하며 마음은 온갖 법에 집착하여 분별하고 취사하고 있음을
아신다. 그리하여 부처님께서는 제법실상의 지혜를 중생들이 얻도록 하시기 때문
에 '무연(無緣)'이라고 하는 것이다. 비유한다면 가난한 사람들을 구제할 때 혹은 재
물을 주기도 하고 혹은 금·은·보물을 주기도 하며 혹은 여의주를 주기도 하는 것과
같으니 중생연자와 법연자와 무연자도 이와 같다. 이 뜻은 『대지도론』에 자세히 설
해져 있다.[254]

중생연자는 선정 가운데서 다만 중생들이 과보를 받아 즐거워하는 모습만을
볼 뿐이고 법연자는 온갖 법문을 듣거나 열반을 얻어 즐거워하는 모습을 보며 무연

---

253) 원문(518상)에는 '비(悲)'로 되어 있으나 전후 문맥을 볼 때 '자(慈)'가 맞다.
254) 『대지도론』 20, 209하.

자는 일체 중생이 똑같이 불성이 있어 평등하게 항상 즐거워하는 모습을 본다. 또한 중생연자는 근본선 가운데서 닦을 수 있고 법연자는 대개 십육특승이나 통명관, 배사 등 여러 가지 무루선 가운데서 닦으며 무연자는 대부분 수능엄정이나 법화삼매 및 구종대선 가운데서 수행한다.

7.1.2.4.2 ▸ 비무량심의 수행과 증득

비무량심(悲無量心)을 수행하는 방법에 대해 부처님께서는 다음과 같이 설하고 계신다. "어떤 비구가 있어 비(悲)를 마음에 상응시켜 성내는 마음이나 원한도, 번뇌도 없도록 하고 이를 광대하고 무량하게 확장시키는 것을 잘 닦는다."

여기서 "비(悲)를 마음에 상응시킨다."는 것은 무엇인가? 수행자가 자무량심의 삼매에 들어 항상 중생들에게 즐거움을 주려고 생각하지만 삼매에서 나오면 중생들은 여전히 갖가지 신체적 고통이나 정신적 고통을 겪고 있음을 보고 가련한 마음이 생긴다. 그리하여 "중생들이 이러한 여러 가지 고통을 겪지 않도록 하는 것이 마땅하다."고 생각하고 다시 사유한다. "나는 지금 눈이 없어 친한 이거나 보통 사람이거나 미워하는 중생들이 도두 5도 가운데에서 갖가지 신체적, 정신적 고통을 겪고 있는 것을 보지 못하고 있었다. 나태하여 그들을 구제하려는 마음을 내지 못하였다." 이렇게 생각하고는 다음과 같이 발원한다. "온갖 고통 받는 중생을 내가 삼매 가운데서 모두 볼 수 있어 구제에 힘쓰게 되기를 원하옵니다." 발원한 뒤에 선정에 들어가 염청정심(念淸淨心)을 사용하여 가장 가깝고 사랑하는 사람이 고통스러워하는 모습을 취한다. 마음을 오로지 그 대상에 매어두되 만일 다른 생각이 일어나면 거두어들여 다시 대상으로 되돌려서 그 모습이 분명하고 뚜렷해지도록 한다. 그러면 가련히 여기는 마음이 생기고 비심(悲心)이 무한히 솟는다. 이와 같은 방식으로 조금 덜 가까운 사람, 보통 사람, 미워하는 사람으로 대상을 바꾸어 가고 나아가 한 방향 내지는 시방에 가득 찬 중생들이 고통 받는 모습을 떠올린다. 또한 1도(道) 내지는 5도(道)의 중생들을 대상으로도 이처럼 행한다. 이것이 간략한 비무량심의 수행이다.

비무량심을 수행하여 삼매가 일어나는 모습은 다음과 같다. 수행자가 복덕과 지혜의 선근이 청정하여 이 관을 행할 때 삼매가 일어나면 가까운 사람이 고통스러워하는 모습이 뚜렷하게 보인다. 그 마음이 슬프고 안쓰러워 구제해 주고 싶어진다. 이렇게 가까운 사람이 고통스러워하는 모습을 보고 연민심이 일어난 뒤 차례대로 중간 사람, 미워하는 사람들을 보고 내지는 시방과 5도 중생 전체가 고통스러워하는 모습을 본다. 수행자가 삼매 중에서 다른 사람들이 고통스러워하는 모습을 보고 마음에 연민이 일어나면 선정에서 나와도 마음이 더욱 견고해지며 정심(定心) 중에 바깥 경계와 상응하여도 담담하게 동요함이 없다. 이를 "비(悲)를 마음에 상응시킨다."고 한다. 이하 "성내는 마음이나 원한도, 번뇌도 없도록 하고 이를 광대하고 무량하게 확장시키는 것"이란 앞의 자무량심에서 설명한 것과 같다.

"잘 닦는다"는 것은 비(悲)의 삼매에 들었을 때 다만 가까운 사람이 고통스러워하는 것을 보고 연민을 일으키는 것이 아니고 아홉 등급의 보통 사람, 미워하는 사람들 내지는 시방, 5도의 모든 중생들에 대해서도 연민을 일으켜 평등하게 구제해 주고 싶은 마음이 일어나는 것을 말한다. 또한 이렇듯 고통스러워하는 중생들을 보고 연민을 일으키고 즐거워하거나 고통도 즐거움도 없는 사람들을 보고서는 연민을 일으키지 않는다면 역시 "잘 닦는다"고 하지 않는다. 고(苦)·락(樂)·불고불락(不苦不樂)의 감정 모두가 사실은 괴로움이라고 보아 똑같이 연민을 일으켜야 잘 닦는 것이라고 한다. 또 5도의 중생들이 받는 괴로움에 차별이 있다고 보면 잘 닦는다고 하지 않고 그 고통이 다름이 없다고 보아 평등하게 연민을 일으켜야 잘 닦는 것이라고 한다. 만일 5도의 중생들이 같은 종류의 고통을 받는다고 보면 잘 닦는다고 하지 않고, 고통 하나하나의 차이를 다 분별할 줄 알아야 비로소 잘 닦는 것이라고 말할 수도 있다. 이처럼 "잘 닦는다"는 말의 의미를 간략히 분별하였다.

문 5도의 중생들은 과보가 같지 않아서 즐겁고 괴로운 차이가 있습니다. 예를 들어 삼악도의 중생들은 괴로움의 보(報)가 많고 인도(人道)의 중생들은 괴로움과 즐거움이 반반이며 천도의 중생들은 즐거움이 많습니다. 그런데 어찌하여 자무량심을 수행할 때는 모두 즐거워하는 것을 보고 비무량심을 수행할 때는 모두 고통스러워하는 모습을 보는 것입니까? 이들은 모두 전도된 생각이 아닙니까?

답 그렇지 않다. 이들은 이해[解]를 얻기 위한 도로서 수행자가 자무량심을 배우고자 할 때 먼저 모든 중생들이 갖가지로 즐거워하는 것을 보고자 원을 세워 그 모습을 보기 때문이다. 이렇게 원을 세워 마음을 조섭하여 삼매에 들면 곧 중생들이 모두 즐거워하는 모습을 보게 된다. 비유하면 나무를 비벼 불을 일으킬 때는 먼저 부드러운 풀이나 마른 쇠똥 등으로 불을 붙인 뒤 불길이 점차 거세지면 크거나 축축한 것들도 다 태울 수 있는 것과 같다. 대자심이 처음 일어나는 것도 이와 같으니 처음 불이 일어날 때는 가까운 사람에게만 미치고, 자심이 점점 넓어지면 미워하는 사람과 친한 사람이 똑같이 즐거워하는 모습을 보며 괴로운 모습은 없게 된다. 또한 중생들이 5도에서 윤회하므로 괴로움과 즐거움이 같지 않아서 잠깐 즐겁더라도 뒤에는 반드시 큰 고통을 받고 잠깐 괴롭더라도 뒤에 즐거움을 누리게 된다. 지금은 비록 그렇지 않더라도 뒤에는 반드시 괴롭고 즐거움이 있으니 수행자가 '이해를 얻으려는 마음[得解心]'을 써서 일체가 모두 즐거워하는 모습을 보는 것은 전도된 것이 아니다. 비심이나 희심, 사심도 이와 마찬가지이다.

7.1.2.4.3 ▶ 희무량심의 수행과 증득

희무량심(喜無量心)을 수행하는 방법에 대해 부처님께서는 다음과 같이 설하고 계신다. "어떤 비구가 있어 희(喜)를 마음에 상응시켜 성내는 마음이나 원한도, 번뇌도 없도록 하고 이를 광대하고 무량하게 확장시키는 것을 잘 닦는다."

"희를 마음에 상응시킨다."는 것은 다음과 같다. 수행자가 비무량심의 삼매에 들면 가련하고 아픈 마음이 생겨 이렇게 생각한다. "중생들은 윤회하는 긴 밤 동안 온갖 괴로움과 번뇌로 핍박받고 있는데 어떻게 그것을 구제할 수 있을까? 이 중생들이 고통을 벗어나 즐거움을 얻고 그리하여 환희심이 생기도록 하는 것이 마땅하리라." 그리고 중생들을 깊이 관하면 그 고통은 허망한 것이어서 본래 없는 것인데 지금 있는 것이니 없애기 쉽다는 것을 안다. 마치 어떤 사람이 병이 있어도 훌륭한 약을 만나면 곧 나을 수 있고 게다가 옷과 음식을 주면 무한하게 즐거워하는 것과 같다. 또 어떤 사람이 뜨거운 불로 신체적인 고통을 받을지라도 맑고 시원한 물을 얻으면 고통이 곧 사라지고 즐거움이 생기는 것과 같다. 어떤 사람이 현재 빈곤하여 인색하고 탐욕을 부리는 악을 행하더라도 진귀한 보물을 주고 보시 등의 선을 행하라고 가르치면 현생에서 빈곤의 병폐를 여의고 몸과 마음이 경쾌해지며 미래에도 오래도록 안락한 과보를 받게 되는 것과 같다. 그리고 어리석음으로 전도된 사람이 번뇌에 얽매여 갖가지 고통을 받다가 무루의 청정한 묘법을 듣고 설한대로 수행하면 번뇌의 병이 없어지고 선정과 지혜, 그리고 열반락을 얻게 되는 것과 같다. 이렇듯 여러 가지 인연이 있어서 고통이란 정해진 성품이 있는 것이 아니므로 쉽게 없애버리고 즐거움을 얻도록 할 수 있는 것이다.

수행자가 이처럼 관하고 난 뒤에 다음과 같이 원을 세운다. "원컨대 모든 중생들이 일체의 고통을 없애고 기뻐하는 것을 내가 삼매 가운데서 모두 보게 되기를 바랍니다." 원을 세운 뒤 곧 선정에 들어가 염청정심을 사용하여 가장 가까운 사람이 고통에서 벗어나 즐거워하는 모습을 떠올린다. 이를 일심으로 관하여 염하는 마음이 뚜렷하고 분명하도록 한다. 가까운 사람이 즐거워하는 모습을 보면 자신의 마음도 즐거워지고 기쁨이 무량하다. 이어서 보통 사람, 미워하는 사람 내지는 시방 5도의 중생들이 모두 기뻐하는 모습을 떠올리면 마음에 큰 기쁨이 생긴다. 이것이 간략한 희무량심의 수행방법이다.

이렇게 수행하여 염(念)하는 지혜와 복덕의 선근력으로 인해 삼매가 일어나면 선정 중에 가까운 사람이 괴로움을 여의고 즐거움을 얻어 환희하는 모습을 분명하게 보는 것이 자유롭게 된다. 삼매 가운데 자신에게 생기는 기쁨은 이루 말할 수가 없다. 내지는 시방 5도의 중생들이 기뻐하는 모습도 이와 같다. 삼매 중에 외부의 다른 사람이 기뻐하는 모습을 보아도 내부의 마음에 조금도 동요가 없고 삼매는 점점 깊어지니, 이것을 "희와 상응하는 마음"이라고 한다. "성내는 마음이나 원한도, 번뇌도 없도록 하고 이를 광대하고 무량하게 확장시키는 것을 잘 닦는다."는 구절의 의미는 자무량심에서 설한 것과 같다.

문 자심으로 중생들을 즐겁게[樂] 하고 희심으로 중생들을 기쁘게[喜] 하는데 즐거움과 기쁨은 어떤 차이가 있습니까?

답 이에 대해서는 『대지도론』에 잘 설명되어 있다.[255] 신체의 즐거움을 즐거움이라 하고 마음의 즐거움을 기쁨이라 하며, 전5식과 상응하는 것이 즐거움이고 제6 의식과 상응하는 것이 기쁨이다. 색·성·향·미·촉의 5경으로부터 생기는 즐거움을 즐거움이라 하고 법경(法境)으로부터 생기는 즐거움을 기쁨이라고 한다. 또한 욕계에서 전5식과 상응하는 것, 초선에서 3식과 상응하는 것, 3선에서 생기는 일체의 즐거움은 모두 즐거움이라 하고 욕계와 초선에서 의식과 상응하는 것, 2선에서 생기는 일체의 즐거움은 모두 기쁨이라고 한다. 또 즐거움은 거칠고 기쁨은 미세하며, 인시(因時)에는 즐거움이고 과시(果時)에는 기쁨이라고 한다. 처음 즐거움을 얻었을 때는 즐거움이라 하고 안에서 환희심이 일어나 즐거운 모습이 겉으로 드러나면서 뛸 듯이 기쁜 것을 기쁨이라고 한다.[256]

문 그렇다면 순서가 자무량심 다음에 희무량심이 되어야 하지 않습니까?

답 자무량심을 수행할 때는 중생들을 마치 갓난아이처럼 자애롭게 생각하여 즐거움을 주고자 하지만 삼매에서 나왔을 때 중생들이 여전히 각종 괴로움을 겪는 것을 보고 깊은 자애심이 일어 그 고통을 없애주고 안락하게 하고자 생각하게 된다. 그런데 처음 즐거움을 주고 이어서 기쁨을 주는 것을 설한다면 사이에 비심이 동떨어지게 되므로 자심 뒤에 희심을 설하지 않는 것이다. 비유한다면 어머니가 자식을 안락하게 하려고 항상 생각하는 것만으로는 기쁨을 준다고 말하지 않고 자식이 병이 들었을 때 근심하다가 병이 나아 가업을 물려줄 때 비로소 크게 환희하는 것과 같다. 그러므로 비무량심 뒤에 희무량심을 설하는 것이다.

문 앞에서 초선을 설하실 때는 기쁨이 거친 것이고 즐거움은 미세한 것이라고 하셨는데, 지금 무량심을 설하면서는 기쁨이 미세한 것이라고 하시는 이유가 무엇

---

255) 『대지도론』 20, 210상을 말하는데 부분부분 인용하였다.
256) 즐거움과 기쁨의 차이는 앞에서 초선의 5지 가운데 희지(喜支)와 낙지(樂支)를 설명할 때 나온 바 있으므로 비교해 보면 이해에 도움이 된다.

입니까?

답　선을 닦을 때는 삼매를 귀하게 여긴다. 즐거움을 느낄 때는 마음이 편안하고 조용하여 삼매를 돕기 때문에 [동요를 일으키는 기쁨보다] 수승한 것이다. 그러나 무량심을 닦을 때는 마음이 중생을 반연하여 그들이 환희하도록 하는 것이 수승하므로 기쁨이 미세한 것이 된다. 또한 수행하는 초반에는 삼매가 얕아서 다만 즐거움만을 중생들에게 주어야 한다. 왜냐하면 만일 그들이 기뻐하는 모습을 취한다면 마음이 산란해져서 조섭하기 어렵기 때문이니 삼매가 점차 깊어지면 뛸 듯이 환희하더라도 마음이 산란해지지 않으므로 기쁨을 미세한 것이라고 한다.

7.1.2.4.4 ▶ 사무량심의 수행과 증득

사무량심(捨無量心)을 수행하는 방법에 대해 부처님께서는 다음과 같이 말씀하셨다. "어떤 비구가 있어 사(捨)를 마음에 상응시켜 성내는 마음이나 원한도, 번뇌도 없도록 하고 이를 광대하고 무량하게 확장시키는 것을 잘 닦는다."

여기서 "사를 마음에 상응시킨다."는 것은 다음과 같다. 수행자가 희무량심의 삼매에서 나와서 이렇게 생각한다. "자심으로 중생들에게 즐거움을 주고 비심으로 고통을 없애주고자 하며 희심으로 기쁘게 해준다 할지라도 자신이 능히 이익을 준다고 여겨 이 세 가지[257]를 잊지 않는다면 또한 뛰어난 행이 아니다. 비유하자면 자애로운 부모가 자식에게 이익을 주더라도 그 보답을 바라지 않아야 비로소 참된 사랑이라고 할 수 있는 것과 같다. 또 중생들이 즐거움을 얻는 데는 다양한 인연이 있어서 나만을 인한 것이 아닌데도 내가 즐거움을 줄 수 있다고 말한다면 분수에 지나친 것이 된다. 게다가 지금 자무량심을 통해 중생들에게 즐거움을 주는 것은 다만 '이해를 얻는 것[得解]'일 뿐으로 중생들이 실제로 즐거움을 받는 것은 아니므로 이를 실제의 일로 여긴다면 전도된 생각이 되는 것이다. 그리고 중생들이 괴로움을 얻

---

257) 원문(519중)은 "不忘二事"로 되어 있으나 전후 문맥으로 보아 앞에서 즐거움을 주고 고통을 없애주고 기쁨을 주었던 것을 가리키므로 "세 가지"로 해석하였다.

어 근심이 생기고 즐거움을 얻어 기쁨이 생긴다면 이는 바로 번뇌[結使]가 되어 벗어나기 어려우니 내가 이제 청정한 선법(善法)을 주어 세 가지 마음258)에 머물지 않도록 하리라. 또한 내가 비록 자와 비로써 중생들을 아끼며 생각하더라도 그들에게는 아무 이익이 없으니 지금 이 세 가지 마음을 버리고 여러 선한 법을 행하여 중생들이 실제로 이롭게 하리라.”

　　이렇게 생각하고는 자(慈)·비(悲)·희(喜)의 세 가지 마음을 버리고 이렇게 일심으로 발원한다. “일체 중생들이 묘한 사심(捨心)으로 장엄되는 것을 내가 다 볼 수 있게 되도록 하여 주소서.” 그리고 선정에 들어가 염청정심(念淸淨心)을 써서 가장 가까운 사람이 괴롭지도 않고 즐겁지도 않은 감정을 느끼는 모습을 일심으로 떠올린다. 만일 다른 생각이 끼어들면 거두어 들여 생각을 되돌려서 앞의 불고불락의 마음을 느끼는 형상이 분명하고 뚜렷하게 보이도록 한다. 이와 같이 차례로 보통 사람, 미워하는 사람, 시방 5도의 중생들에게까지 넓혀 일체의 중생들이 모두 괴롭지도 즐겁지도 않고 그 마음이 평온한 것을 본다. 이것이 사무량심을 수행하는 간략한 방법이다.

　　이처럼 수행하다 보면 정념(正念)의 복덕과 선근의 힘으로 삼매가 일어나서 억지로 공력을 들이지 않더라도 가까운 사람이 괴롭지도 즐겁지도 않은 모습을 자유자재로, 또한 뚜렷하게 볼 수 있게 된다. 그리고 선정을 닦는 가운데 중생들을 볼지라도 마음에 미워하는 마음이나 애착심이 생기지 않는다. 이렇게 하여 내지는 시방 5도의 중생들에게까지 넓히는 것이다. 수행자가 이 선정을 닦을 때 수많은 중생들이 평정한 마음으로 있는 모습을 보아도 동요되지 않으며 삼매가 더욱 깊고도 묘하게 된다. 마음은 안온하고 평등하여 둘이 없으니 이를 “사(捨)와 상응하는 마음”이라고 한다. 나머지 구절의 의미는 앞에서 설명한 것과 같다.

---

258) 앞의 세 가지 무량심을 말한다.

문 앞의 세 가지 마음은 중생들에게 이익을 주려는 것이니 응당 복덕이 있겠지만 이 사심(捨心)은 중생들에게 기쁨도 즐거움도 없는 것인데 무슨 이익이 있습니까?

답 사무량심을 수행할 때는 수행자가 이렇게 생각한다. "모든 중생들이 고통을 떠나 즐거움을 얻는다 할지라도 이 즐거움을 잃을 때는 다시 고통스럽기 때문에 즐거움이나 고통이나 모두 번뇌에 속박되는 것이다. 그러나 불고불락을 얻으면 마음이 안온하고 시종 근심이 없으니 이 사심(捨心)으로써 이익을 주도록 해야겠다." 이러한 마음이므로 얻는 복도 역시 큰 것이다. 또 수행자가 자무량심으로 기쁨을 줄 때 애착심이 생기는 경우가 있고 비무량심을 행할 때 근심과 슬픔이 생기기도 한다. 애착심이나 근심이 생기면 공덕이 감소되므로 사심에 들어가 이러한 허물을 없애서 번뇌가 없도록 하는 것이다. 그러므로 사무량심을 행하는 복덕이 특히 크다는 것을 알아야 한다. 그리고 수행자가 사심(捨心) 가운데서 중생들에게 이익을 줄 수 있는 여러 가지 일을 할 수 있으므로 복덕이 더욱 증대된다.

문 비무량심부터 사무량심까지는 왜 법연(法緣)이나 무연(無緣)을 설명하지 않으십니까?

답 앞서 자무량심에서 설명한 것과 이치가 똑같기 때문에 번거롭게 거듭 설명하지 않았다.

문 이 사무량심(四無量心)에서 중생들이 얻는 즐거움은 즐거움[樂]과 기쁨[喜]의 두 가지로 나누었는데 괴로움은 어째서 두 가지로 나누지 않았습니까?[259]

답 즐거움은 모든 중생들이 소중히 여기는 것이므로 둘로 나누었지만 괴로움은 좋아하거나 원하지 않는 것이므로 둘로 나누지 않은 것이다.

문 사무량심 수행은 원을 세운 뒤 삼매에 들어가 중생들을 보게 되는데 이것은 실제의 모습을 보는 것입니까?아니면 마음 속에서 상상으로 보는 것입니까?

---

259) 이 부분은 원문을 완전히 고쳐 의역하였다. 즉 원문(519하)은 "是四無量心 樂爲二分 悲喜捨 何故不作 二分(사무량심은 즐거움을 두 가지로 나누는데 비・회・사무량심은 어째서 둘로 나누지 않습니까?)" 로 되어 있지만 이 문장 자체가 이상하고 답변과는 더욱 맞지 않으므로 답변에 맞게끔 문장을 완전히 고친 것이다.

답 본다는 것은 두 종류가 있다. 하나는 천안(天眼)의 무량심을 얻어 보는 것이니 이는 실제로 보는 것이고 다른 하나는 득해관(得解觀)을 사용하여 상상하는 것으로서 중생을 인연으로 삼아 삼매에 들어가면 삼매의 힘으로 보게 되는 것이니 삼매에서 나오면 보이지 않는다. 이 사무량심은 삼매의 득해력으로써 보는 것이지 실제로 보는 것이 아니다.

문 사무량심을 증득하는 것에 대해서는 왜 [사선과 같이] 5지, 4지 등이나 체(體)와 용(用), 얕고 깊은 것이나 진전되고 퇴보하는 등의 상을 분별하지 않습니까?

답 사무량심을 증득할 때도 이러한 이치가 없지는 않다. 하지만 이를 분명하게 밝혀 놓은 경문이 없기 때문에 굳이 분별하지 않는 것이다.

7.1.2.5 ▸ 사무량심의 수행 공덕

사무량심을 수행한 공덕은 현세에 받는 것과 미래세에 받는 것이 있다. 먼저 현세에 받는 공덕에 대해서 부처님께서는 『아함경』에서 이렇게 설하고 계신다. "만일 자심삼매에 들어간다면 현세에 다섯 가지의 공덕을 얻는다. 첫 번째 불에 들어가도 타지 않고 두 번째 중독되어도 죽지 않으며 세 번째 창칼에 다치지 않고 네 번째 횡사하지 않으며 다섯 번째 선신이 옹호하는 것이다. 무량한 중생들에게 이익을 주므로 무량한 복덕을 얻는 것이다."[260] 미래에 얻는 공덕은, 사무량심을 잘 수행하여 색계에 태어나면 범천왕이 되는 경우가 많다. 무량심으로써 중생들을 널리 거두었기 때문이다. 만일 초선에서 사무량심을 수행하면 초선천의 왕이 되고 내지 4선도 이와 같다.

---

260) 이러한 경문과 완전히 일치하는 내용은 『아함경』에서 찾을 수 없지만 『중일아함경』 48 「방우품(放牛品)」(『대정장』 2, 806상)에 자무량심을 수행하면 11가지 공덕이 있다는 내용이 나오는데 여기서 말하는 것과 거의 일치하고 있음을 볼 수 있다. 그 내용을 열거하면 다음과 같다. ① 편안하게 잠 ② 안온함을 느낌 ③ 악몽을 꾸지 않음 ④ 천신이 보호함 ⑤ 사람들이 좋아함 ⑥ 중독되지 않음 ⑦ 창칼에 해를 입지 않음 ⑧ 물난리를 당하지 않음 ⑨ 화재를 당하지 않음 ⑩ 도적이 침범하지 않음 ⑪ 죽은 뒤 범천에 태어남.

문 삼장(三藏)에서는 다만 초선천에 사바세계의 주인인 범천왕이 있다고 설하였는데 지금 어찌하여 내지 4선천에도 모두 범천왕이 있다고 말하십니까?

답 『영락경』에는 4선의 각 단계마다 모두 범왕이 있다고 밝혀 있다.

문 그렇다면 어째서 부처님께서는 자심을 수행한 과보로 범천에 태어난다고 설하셨습니까?

답 범천은 중생들이 존귀하게 여기고 있고 모두 그 이름을 들어서 알고 있기 때문이다. 부처님께서 인도에 계실 때는 바라문이 많았는데 이들의 법에서는 가진 복덕이 다하면 범천에 태어나기를 원한다. 그러므로 자심을 행하면 범천에 태어난다는 말을 들으면 대부분 가르침을 믿고 자무량심을 수행하게 된다. 이러한 까닭에 자심을 수행하면 범천에 태어난다고 설하신 것이다. 또한 음욕을 끊은 천신은 모두 범(梵)이라고 부르니, 범천을 말하면 사선과 사무색정이 모두 포함된다. 마치 오계(五戒) 가운데 어업(語業)에 관련된 율의[261]는 다만 한 종류만을 설하니 '거짓말을 하지 말라[不妄語]'는 한 가지가 나머지 [兩舌·惡口·綺語의] 세 가지를 다 포함하는 것과 같다. 또 사선에 의지하여 사무량심을 닦으면 [의지한 초선 내지 제4선의] 각 단계의 선(禪)을 따라 모두 후생을 받게 되므로 과보 역시 차이가 있게 되는데 어찌 저 천계에 태어나서 왕과 백성의 차별이 없겠는가? 부처님께서 『인왕경(仁王經)』[262]에서 설하신 18범천에도 왕과 백성의 구별이 있다. 또 사선에는 대정왕(大靜王)[263]이 있다고 하였는데 부처님께서 삼장(三藏)에서 초선에 대범왕이 있다고만 설하신 것은 초선에 각(覺)과 관(觀)이 있기 때문이다. 각과 관이 있으면 언어의 법이 있는 아래 세계의 중생들을 다스리기에 편리하지만 2선 이상은 이것이 없기 때문에 따로 내어 설하지 않은 것이다.

---

261) 원문(520상)은 "五戒中律儀但說一種"라고 되어 있지만 문맥상 "律儀" 앞에 "語"자를 넣어서 해석하였다.

262) 원문에는 "人王經"으로 잘못 되어 있다.

263) 대정왕(大靜王) : 범(梵;brahman)은 '적정(寂靜)', '청정(淸淨)' 등으로 번역되는 말이니 '대정왕(大靜王)'이란 대범(천)왕을 의역한 것이다.

문 그렇다면 부처님께서는 어찌하여 사무량심을 수행한 공덕을 말씀하시면서 자심을 잘 닦으면 복덕이 변정천(遍淨天)에 나는 것에까지 이르고 비심을 잘 닦으면 복덕이 공무변처에 나는 것에까지 이르며, 희심을 잘 닦으면 복덕이 식무변처에 나는 것에까지 이르고 사심을 잘 닦으면 복덕이 무소유처에 나는 것에까지 이른다고 설하셨습니까?[264] 앞에서는 자무량심을 수행한 과보로 초선천인 범천에 태어난다고 하시지 않았습니까?

답 불법은 불가사의하여 제도할 중생에 맞추어 이렇게 설하시는 것이다. 또 자삼매에서 나오면 제3선에 들어가기 쉽고 비삼매에서 나오면 공무변처에 들어가기 쉬우며 희삼매에서 나오면 식무변처에, 사삼매에서 나오면 무소유처에 들어가기가 쉽기 때문이다. 또한 자무량심을 닦을 때는 중생들에게 즐거움을 주길 발원하여 이 과보로 자신이 즐거움을 누리게 되는데, 삼계 가운데 변정천이 가장 즐거우므로 복덕이 변정천에 미친다고 말씀하신 것이다. 비무량심을 닦을 때는 중생들이 늙고 병들며 해를 입는 것을 관하여 연민의 마음을 일으킨다. "어떻게 해야 저 고통을 여의게 할 수 있을까? 안의 고통이 없어지면 다시 바깥의 고통이 오고 밖의 고통이 없어지면 마음의 고통이 찾아오는구나. 몸이 있는 한 고통은 따르는 법이니 오직 몸이 없어야 비로소 고통이 없어지겠구나. 공무변처에 들면 능히 색을 없앨 수 있으리." 수행자가 이렇게 사유하므로 복덕이 공무변처에 이르는 것이다. 희무량심을 닦을 때는 중생들에게 심식(心識)의 즐거움을 주고자 한다. 심식이 즐거운 이는 새장을 벗어난 새처럼 마음이 육신을 떠날 수 있는데, 허공에 처한 마음은 비록 몸은 떠났으나 여전히 마음이 허공에 매여 있어서 장애가 없지 않다. 일체의 법에는 모두 심식이 있으므로 마음이 끝없이 자유로울 수 있으니 희무량심을 수행한 공덕은 식무변처에 이르는 것이다. 사무량심을 닦을 때는 중생들이 괴로움과 즐거움을 모두 버리도록 함으로써 참된 법인 아무 것도 소유하지 않는 경지를 얻는다. 그러므로 사무량심을 수행하면 복덕이 무소유처에 이른다고 한다. 그러나 이렇게 사무량심[을 닦아

---

264) 『잡아함경』 제743경(『대정장』 2, 197하)에 이러한 요지의 경문이 있다.

무색계에 이르는 공덕을 밝히는 것은 지혜가 있어서 방편이 자유로운 성인들의 행하는 것으로서 범부들의 경지가 아니다. 왜냐하면 범부들은 초선 내지 제4선에 머물러 사무량심을 수행하고 그 의지한 선정에 따라 과보를 받는 것이고 무색계에 들어 사무량심을 수행할 수 있는 묘한 방편이 없기 때문이다. 또한 부처님께서는 미래의 제자들이 근기가 둔하여 여러 법을 분별하는 것에 집착하여 "이 사무량심은 성인만 아는 것이다."265) "중생을 반연한 자심은 유루법일 뿐이다." "다만 욕계만 대상으로 삼기 때문에 무색계에는 사무량심이 없다. 왜냐하면 무색계에서는 욕계를 반연하지 않기 때문이다." 등으로 잘못 설하는 것을 우려하셨다. 그리고 이러한 망견을 없애기 위하여 사무량심을 닦은 공덕이 무색계에 미치는 것을 설하신 것이다. 또한 사무량심으로써 널리 시방 중생을 반연하므로 무색계를 반연하지 않는다고 거듭 설하지 않으셨다. 이러한 설들은 대부분 법연자나 무연자의 경우이다. 또한 수행자가 중생을 반연한 무량심을 수행하다가 법연자나 무연자에 들어간다면 이때의 중생을 반연한 무량심은 바로 대승이 된다. 또한 중생을 반연한 사무량심이 비록 범부들이 행하는 것이라 해도 보살이 보리심을 일으켜 보살도를 행할 때는 이를 닦아 증득해야 한다. 다만 증득한 뒤에 이것은 자성을 얻을 수 없는 공(空)이라고 여겨 집착하지 않으며 묘한 방편으로 이 선정 가운데서 일체의 좋은 법을 갖추어 중생들을 제도한다. 이 밖에 사무량심 가운데는 관행(觀行)의 공덕이 매우 많지만 설명할 다른 내용이 많이 남아 있으므로 다 밝히지 못한다.

사무량심 뒤에는 응당 무상정(無想定)을 해설해야 한다. 까닭이 무엇인가? 외도들은 심식(心識)이 작위적으로 생멸하는 것을 싫어하여 고요하고 항상 즐거운 열반을 얻기를 원한다. 하지만 바른 지혜가 없어서 진실을 알지 못하므로 사선을 얻었을 때 미세한 색(色)의 허물을 보지 못하며, 다만 심식의 생멸이 허망함을 느껴서 그 마음을 근심거리로 여긴다. 색을 파하여 장애를 끊어버리는 법을 알지 못하므로 다만 잘못된 지혜로 자신의 마음을 멸해 없애고자 한다. 그리하여 잘못된 법이 상응하여

---

265) 『대지도론』에는 이 문장이 없다.

기억이나 연상 등의 마음작용이 없어지면 열반을 증득했다고 여기며, 아직 색의 장애를 끊지 못하였으므로 이 상태로 죽는다면 무상천(無想天)에 태어나게 된다. 하지만 무상천은 색계에 속하는 해탈하지 못한 생사의 세계로서 객천(客天)이라고도 불리는 곳일 뿐이다. 마치 아나함과에 이른 수행자가 5품의 훈선(熏禪)을 수행하지만 아직 색계의 사혹(思惑)을 다 끊지 못하여 색계에 의지해 살기 때문에 이를 객천(客天)이라고 부르는 것과 같다. 이 무상정은 잘못된 법이므로 불제자가 닦을 것이 아니지만 지금은 삼계의 선정을 모두 설명하는 중이므로 간략히 옳고 그른 상만을 보였다.

7.1.3 ▸ 사무색정四無色定

사무색정이란 공처정(空處定) · 식처정(識處定) · 무소유처정(無所有處定) · 비유상비무상처정(非有想非無想處定)을 말한다.

앞에서 설명한 사선(四禪)과 사무량정(四無量定)은 모두 색법(色法)에 의지하여 있는 것이다. 그러나 지금의 네 가지 정(定)은 무색법에 의지하고 있다. 의지하는 대상을 따라 이름을 지었기 때문에 무색정(無色定)이라고 한다. 경전에 "사공(四空)은 색을 멸한 곳이어서 전 마음이 다음 마음의 의지가 된다."고 하였다. 인용에서 보듯 사무색정은 또한 사공정(四空定)이라고도 한다. 형체나 재질이 없는 것이 허공과 같으므로 사공정이라고 하는 것이다. 이 선정은 또 사공정처(四空定處)라고도 한다. 즉 이 네 가지 정에 들었을 때의 마음을 정처(定處)라고 부르는 것인데, 선정에 들어서 관하는 대상을 처(處)라고 하기 때문이다. 마치 염처(念處), 승처(勝處), 일체처(一切處) 등이 관하는 대상을 따라 이름을 지은 것과 같다.

사무색정의 차례에 대해서는 다음에 밝히겠지만, 먼저 이를 선(禪)이라고 하지 않는 이유를 설명하겠다. 그것은 앞의 사선(四禪)에서 이미 선이라는 명칭을 사용하였기 때문에 거듭 사용하지 않고 더 나은 이름을 쓴 것이다. 또 이 사무색정은 지림공덕(支林功德)이 없기 때문에 선이라고 하지 않는다.

문 『영락경』에서 이르기를 "5지(支)가 (사무색정의) 원인이 되고 묵연(默然)이 정의 체(體)"[266]라고 하였는데 이는 어떻게 된 것입니까?

답 이것은 다만 이치에 의거하여 방편으로서 지(支)를 세운 것이지 사선에서 지림(支林)의 법을 모두 성취하는 것과는 다르다. 그러므로 각종 경론에서 사무색정에 지(支)가 있다고 설하지 않은 것이다.

7.1.3.1 ▸ 공처정空處定

7.1.3.1.1 ▸ 이름의 풀이

공처정(空處定)이라고 부르는 이유는 무엇인가? 이 정(定)은 최초로 세 종류의 색[267]을 떠나 마음이 허공을 반연하게 되는데 이렇게 색이 없는 것과 상응하기 때문에 허공정이라고 한다. 이 공처정과 윗 단계의 세 가지 무색정은 모두 무각무관삼매(無覺無觀三昧), 성묵연정(聖默然定) 및 사구선(捨俱禪)에 속한다. 그러므로 『대지도론』에서 "허공처정을 얻으면 괴롭지도 즐겁지도 않아서 그 마음이 더욱 증가한다."[268]고 하였다.

문 만일 (공처정에서 반연하는 대상인) 허공이 무색(無色)이기 때문에 허공정이라고 이름한다면 앞의 여러 가지 선정들도 또한 공상(空相)을 보는데 왜 허공정이라고 부르지 않습니까?

답 그렇지 않다. 앞의 여섯 단계[269]에서는 다만 선정에 들어 마음이 섬세해져서 거친 색상(色相)을 보지 않게 되면 심정적으로 공(空)이라고 하는 것일 뿐이다. 그러

---

266) 『보살영락본업경』상 (『대정장』24), 1015상.
267) 세 종류 색[三種色]: 가견유대색(可見有對色), 불가견유대색(不可見有對色), 그리고 불가견무대색(不可見無對色)을 말한다. 뒤에 설명이 나온다.
268) 『대지도론』17, 186하.
269) 앞의 여섯 단계[六地]: 초선, 2선, 3선, 4선 및 중간선과 미도지정을 말한다.

나 실은 아직 색을 관하여 색법을 흩어버리지 못하여 색의 구속을 끊지 못했다. 이 때문에 정에 들었을 때 혹은 색을 보기도 하고 혹은 색을 보지 않기도 하므로 완전히 색상을 끊어버린 허공정과는 같지 않은 것이다. 그러므로 앞의 여섯 단계 선정에서 비록 공상(空相)이 있다 하더라도 허공처나 무색정이라고는 부르지 않는다.

7.1.3.1.2 ▸ 공처정의 수행방법

수행자가 공처정에 들어가려고 할 때는 반드시 세 종류의 색을 멸해야 한다. 첫 번째는 보이면서 장애가 있는 색[可見有對色]이고 두 번째는 보이지 않지만 장애가 있는 색[不可見有對色]이며 세 번째는 보이지도 않고 장애도 없는 색[不可見無對色]이다. 그러므로 경전에서는 "일체의 색에 대한 생각을 지나쳐서 장애가 있는 대상에 대한 생각[有對想]을 멸하며 온갖 생각을 하지 않으면 끝없는 허공처(虛空處)에 들어간다."[270]고 설하고 있다. 이에 대해『대지도론』에서는 "(경전에서) '일체의 색에 대한 생각을 지나친다' 는 것은 보이면서 장애가 되는 색을 파하는 것이고 '장애가 있는 대상에 대한 생각을 멸한다' 는 것은 보이지 않지만 장애가 있는 색을 멸하는 것이며 '온갖 생각을 하지 않는다' 는 것은 보이지도 않고 장애도 되지 않는 색을 멸하는 것"[271]이라고 해설하고 있다.

일체의 색법은 11가지에 불과한데, 5경(境)과 5근(根), 그리고 1입처(入處) 중의 일부분[272]이니 바로 색으로 된 법경[色法境]을 말한다. 아비달마 논서에서는 "한 가지는 보이는 것이고 열 가지는 장애가 있는 색[有對色]이라고 말하며 1입처의 일부분은 보이지도 않고 장애가 없는 색"[273]이라고 설명하고 있다. 수행자가 공처정에 들

---

270) 공처정을 설하고 있는 여러 경전에 나타나는 전형적인 문구이다.

271) 『대지도론』20, 212상.

272) 1입처 중의 일부분이란 6외입처 가운데 법입처에 속하는 무표색(無表色)을 말한다. 유식에서는 이를 법처에 포함되는 색[法處所攝色]이라고 부른다.

273) 색경은 보이면서 장애가 있으므로 가견유대색이고 성·향·미·촉 4경과 5근은 보이지 않지만 장애가 있으므로 불가견유대색이라고 하며 무표색은 보이지도 않고 장애도 없으므로 불가견무대색이라고 한다.

어가고자 하면 반드시 이 세 종류의 색을 파해야 한다. 그러므로 이 세 종류 색을 장애하는 대상이라고 한다.

이에 비해 허공은 [5근으로 감각할 수 있는 것이 아니라] 지혜로써 반연할 수 있는 것인데 이로 인해 정으로 들어가므로 정을 이루게 하는 대상이 된다.

공처정을 수행할 때의 마음에 대해 논하면 두 가지 방법이 있으니 한편으로는 꾸짖고 한편으로는 찬탄하는 것과 관(觀)을 행하여 분석하는 것이다. 먼저 꾸짖고 찬탄하는 법이란 다음과 같다.

수행자가 공처정에 들어가고자 한다면 응당 색법의 죄과(罪過)를 깊이 사유해야 한다. 색신이 있으면 안으로는 배고픔·목마름·질병·대소변·때 등과 거칠고 무겁고 피곤하고 악하며 거짓되고 속이는 등의 온갖 고통이 있다. 밖으로는 추위·더위·폭력·족쇄·형벌 등이 또한 고통이다. 이 몸은 전생으로부터 여러 인연이 모여 과보로 얻은 것으로서 온갖 고통의 근본이니 아끼고 집착할 까닭이 없다. 또한 일체의 색법은 마음을 자유롭지 못하게 속박하니 바로 마음의 감옥이다. 그리하여 마음에 번뇌를 일으키므로 탐닉하고 즐길만한 것이 아니다. 이상이 색의 죄과를 꾸짖는 법을 간략하게 설한 것이다. 찬탄한다는 것은 허공을 찬탄하는 것이다. 허공은 색이 없으므로 이러한 죄과가 없고 텅 비어서 안락하다. 이곳은 고요하고 평온하여 각종 근심 번뇌가 없다. 지금까지 설명한 꾸짖고 찬탄하는 법은 앞에서 설명한 육행관(六行觀)의 실천방법과 같은 것이니 그것과 견주어보면 알 수 있을 것이다.

다음은 관하여 분석하는 방법이 있다. 수행자가 제4선에 들어 다음과 같이 생각한다. "내가 증득한 이 선정은 욕계의 몸에 의지한 것이므로 색법을 다 갖추고 있는데 어째서 보이지 않겠는가?" 이렇게 생각한 뒤 일심으로 자신의 몸을 자세히 관한다. 모공과 구공(九孔)²⁷⁴⁾ 등 몸 안의 일체의 공대(空大)는 모두 비고 트여서 마치 얇은 비단²⁷⁵⁾처럼 안팎이 서로 통한다. 또한 파초²⁷⁶⁾와 같이 겹겹이 싸여 알맹이가

---

274) 구공(九孔) : 신체에 있는 아홉 군데의 큰 구멍. 구규(九竅)라고도 한다.
275) 나곡(羅縠) : 얇은 주름진 비단.

없다. 이처럼 관할 때 곧 그 몸을 볼 수 있으니 몸을 보고 나면 다시 자세히 몸을 관찰해 본다. 그 몸은 마치 체나 시루와 같고 거미줄과도 같다. 이렇듯 계속 관찰하면 몸이 점차 미세해지다가 마침내 다 사라져서 몸과 5근(根) 등이 보이지 않게 된다. 이 몸이 다 사라지는 것과 마찬가지로 바깥의 다른 색도 (이렇게 관찰하여 분석하면) 다 사라진다. 어째서 그러한가? 내 몸을 이루는 사미(四微)[277]와 사대(四大) 등의 일체 색법(色法)은 남의 몸을 이루는 사미·사대 등 일체 색법과 다른 것이 아니기 때문이다.

수행자가 이처럼 관할 때 눈으로 보는 색이 허물어지기 때문에 "색을 지나친다[過色]"고 표현하고 귀로 듣는 소리, 코로 맡는 냄새, 혀로 느끼는 맛, 몸으로 느끼는 촉감 등의 느낌[覺]이 허물어지기 때문에 "장애가 있는 대상을 멸한다[滅有對相]."고 말한다. 두 종류의 나머지 색과 무표색에 대해 여러 가지 분별을 하지 않으므로 "온갖 생각을 하지 않는다."고 설한 것이다.

일체의 색법이 다 멸했으면 다만 일심으로 허공에 반연하면서 허공을 생각하여 버리지 않는다. 그러면 색계 선정이 물러나는데 아직 공처정이 일어나지 않았을 때에도 역시 중간선(中間禪)이 있다. 중간선이 일어났을 때 걱정하거나 후회하지 않도록 조심하면서 더욱 열심히 정진하여 일심으로 허공을 떠올리면[念空] 응당 색의 어려움을 건너게 된다. 이것이 간략한 공처정의 수행 방법이다.

7.1.3.1.3 ▶ 공처정의 증득과 특징

공처정을 증득하면 다음과 같은 상이 나타난다. 수행자가 일심으로 허공만을 생각하여 놓치지 않는다면 그 마음이 사라지는 듯하면서 저절로 허공에 마음이 머물게 된다. 이 또한 앞의 사선에서 미도지정(未到地定)이 증득되는 상과 흡사하다. 이 후에 활연히 허공과 상응하여 그 마음이 밝고 깨끗해진다. 괴롭지도 않고 즐겁지도 않음이 더욱 자라나 깊은 삼매 가운데서 오직 허공만을 보며 아무런 색상(色相)도 없

---

276) 파초(芭蕉) : 중국 원산의 식물로서 이 열매는 마치 양파처럼 계속 벗겨도 알맹이가 없다.
277) 사미(四微) : (色)·향(香)·미(味)·촉(觸) 등 물질계를 이루는 네 가지 요소를 말하며 사진(四塵)이라고 도 한다.

다. 비록 끝없는 허공을 반연하지만 마음이 분산되지 않는다. 이미 색의 속박이 없어서 심식이 맑고 고요하여 걸림없이 자유로운 것이 마치 새장을 깨고 나온 새가 자유롭게 날아오르는 것과 같다. 이것이 공처정을 증득한 상이다. 또한 공처정을 증득하면 색계를 벗어나므로 "일체의 색상(色相)을 지나친다."고 하고 공법(空法)으로 마음을 유지하여 온갖 색이 일어날 수 없으므로 "장애가 있는 대상을 멸한다."고 한다. 그리고 이미 수승한 공처(空處)를 증득하여 반드시 색법을 버리고 그리워하지 않을 수 있으므로 "온갖 생각을 하지 않는다."고 한다. 그러므로 경전에서는 대부분 이러한 뜻으로써 공처정을 증득하는 특징을 밝히고 있다.

앞의 문답과 같이 다른 경전들은 사무색정을 해설하면서 지(支)를 세우지 않는다. 다만 『영락경』에서는 "사무색정은 5지(支)가 원인이 되고 제6 묵연심(默然心)이 정(定)의 체(體)가 된다. 체와 용이 모두 비슷하므로 방편도(方便道)도 역시 같다."[278]고 설하고 있다. 이에 따르면 공처정에는 5지가 있으며 그것은 상(想)·호(護)·정(正)·관(觀)·일심(一心)이라고 한다. 하지만 앞 단계의 사선은 모두 5지나 4지 등 구별할 수 있는 특징이 있지만 이 공처정은 각 지로 분리되는 특징이 없으니 『영락경』의 설은 아마 공처정을 수행하는 방편에 의거하여 이치로서 5지를 세운 것이라고 보인다. 그러므로 "체와 용이 서로 비슷하므로 방편도가 같다."고 설한 것이다. 다른 경론에서 지를 세우지 않은 것은 자체에 별도로 증득되는 지림의 특징이 없기 때문인데도 『영락경』에서 지가 있다고 설한 것은 방편과 이치에 의거한 것이다.

방편에 의거하여 지를 세운다면 그 의미는 무엇인가? 첫 번째 상(想)이란 공처정을 닦을 때 몸이 체나 떡시루 같다고 연상하는 것이고, 두 번째 호(護)란 사(捨)와 같은 것으로서 세 종류 색에 대한 생각을 버린다는 뜻이다. 호는 또 지킨다[護持]는 의미로서 세 종류의 색을 차단하여 허공에 고정된 마음이 흩어지지 않게 지키는 것이다. 세 번째로 정(正)이란 그릇되지 않다는 뜻으로서 지금 공처정을 수행하는 것이 바른 것이고 만일 색상(色相)을 생각한다면 그릇된 것이 된다. 네 번째로 관(觀)이

---

278) 『보살영락본업경』 상(『대정장』24), 1015상.

란 관하여 통달한다는 것[觀達]으로서 바른 생각[正念]으로 세 종류의 색을 파하여 공(空)의 이치에 통달하는 것을 말한다. 다섯 번째로 관하는 마음이 허공에 머물러 분산되지 않는 것을 일심지(一心支)라고 한다. 지(支)라는 말은 '가지처럼 분리된다[支離]'는 뜻이다. 이렇듯 다섯 가지 법으로 분리되어 하나가 아니므로 '지'라고 하는데 수행의 방편에 의거하여 지를 말하면 이렇게 다섯 가지로 설명하는 것이 맞[지만 공처정을 증득하였을 때는 지가 없다. 부처님의 의중은 헤아리기 어렵고 분명한 경문이 없으므로 확정하여 판단할 수가 없다. 때로 공처정을 증득하였을 때 이치로서 5지를 세우기도 하니 『영락경』에서 "5지가 원인이 되고 제6 묵연심이 정의 체"라 한 것이 그것이다. 지금 공처정을 수행할 때에 의거하여 5지를 세우면 공처정 자체의 인과(因果)와 체용(體用)을 밝히기에 불편한 점이 있지만 공처정을 증득했을 때 이치에 의거하여 5지를 세우면 인과와 체용이 분명해져서 알기가 쉽다. 이러한 것은 깊이 생각해 보면 스스로 알 수 있을 것이다.

7.1.3.1.4 ▸ 공처정의 체용體用과 공덕

앞에서 설명하였듯이 공처정은 5지가 원인이 되고 제6 묵연심이 결과이며 결과 후에 다시 일어나는 5지가 용(用)이 되고 묵연심이 체(體)가 된다. 이는 앞의 사선과 다르지 않다.

문 앞에서 공처정을 증득하였을 때는 지(支)가 없다고 하시더니 어찌하여 이렇게 말씀하십니까?

답 공처정을 수행하는 방편으로서의 지의 의미를 다시 사용하여 증득했을 때의 지에 대응시킨 것이다. 이는 숨겨진 것을 드러내기 위한 것이므로 이치상 잘못이 없다.

선정의 얕고 깊음, 그리고 진전됨과 퇴보함을 설하겠다. 처음 공처정을 얻어서 세 종류의 색을 여의면 마음이 시방의 허공과 상응하고 이후에 정이 다시 일어나면 심식이 밝고 깨끗하여 허공을 보는 것이 넓어지고 정은 더욱 깊어짐을 느낀다. 그러면 처음은 정이 얕고 보는 대상이 좁지만 지금은 정이 깊고 대상도 넓어졌음을 자각하게 된다. 이와 같이 점점 깊고 넓어져서 9품에까지 이르게 되는 것이다. 공처정을 얻은 수행자는 네 부류로 진퇴가 나누어진다. 퇴보하는 경우, 머무르는 경우, 진전되는 경우, 통달하는 경우가 그것이다. 이것은 앞의 사선 설명에서 한 것과 비슷하므로 자세한 설명은 생략한다.

공처정을 수행하여서 얻는 공덕은 [사선과] 공통인 것과 다른 것이 있는데 공통적인 공덕은 앞에서 설한 것과 같다.[279] 허물을 여읜 공덕으로서 다른 것은 공처정을 얻어야 비로소 세 종류 색의 허물을 여읠 수 있다는 것이다. 선심을 얻는 공덕으로서 다른 것은 색을 여의고 공처정을 증득하면 수승한 믿음과 공경심, 부끄러움[慙愧] 등의 공덕이 더욱 늘어난다는 점이다.

7.1.3.2 ▸ 식처정識處定

7.1.3.2.1 ▸ 이름의 풀이

식처(識處)라고 이름 붙인 이유는 무엇인가? 공처정에서 반연하던 허공을 버리고 식(識)을 반연하여 식으로써 머무는 곳[處]으로 삼기 때문이다. 이는 바로 반연하는 곳을 따라서 이름을 얻어서 식처라고 하는 것이다.

7.1.3.2.2 ▸ 식처정의 수행방법

식처정을 수행하는 방법은 두 가지가 있다. 하나는 공처정을 책망하고 식처정을 찬탄하는 것이고 또 하나는 관을 통해 공처정을 파하고 마음을 식에 묶어두는 것이다. 공처정을 책망한다는 것은 어떻게 하는 것인가? 수행자가 다음과 같이 생각

---

279) 초선의 공덕을 설명하는 부분을 참조. 허물을 여읜 덕과 선심을 얻은 덕으로 나뉜다.

한다. "공처정은 허공과 상응하는 것이다. 그런데 허공은 끝이 없으므로 마음이 허공을 반연으로 삼으면 반연하는 것이 많다. 반연하는 것이 많다는 것은 산만한 것이므로 능히 삼매를 깨뜨릴 수 있다. 또한 허공은 내 바깥의 법이다. 바깥의 법을 대상으로 삼아 삼매에 들어가면 이 삼매가 바깥에서 생긴 것이기 때문에 안온하지 않고 허물이 많다." 이것이 공처정을 책망하는 내용이다. "이에 비해 식은 내 안의 법이다. 안의 법을 대상으로 삼아 삼매에 들어가면 훨씬 적정하고 안온하다." 이렇게 생각하는 것이 식처정을 찬탄하는 것이다.

두 번째로 관으로 공처정을 파하는 것은 다음과 같이 한다. "허공을 반연하고 있는 수·상·행·식을 관해 보면 이는 병 같고 악창 같고 부스럼 같고 가시와 같다. 또 무상·고·공·무아인데 인연이 화합해서 존재하는 것일 뿐이니 사람을 속이는 것이며 실재하는 알맹이가 없다." 이렇게 관하는 것을 팔성종관(八聖種觀)이라고 한다. 여기서 앞의 네 가지는 대치방법으로서 사관(事觀)이고 무상 등 뒤의 네 가지는 진리를 반연하는 이관(理觀)이다. 이 팔성종관에는 종합적으로 관하는 방법과 개별적으로 관하는 방법이 있다. 종합적으로 관한다는 것은 이 여덟 가지 법을 동시에 써서 공처정을 관하는 것이다. 즉 "[수상행식의] 4온이 화합하여 이 선정이 생기는 것이므로 고통이 생길 수 있고 실제 알맹이가 없다."고 관한다. 개별적으로 관할 때는 앞의 네 가지로 4온을 개별적으로 대치한다. 병과 같다고 관하는 것은 수온(受蘊)을 대치하고 악창 같다고 관하는 것으로 상온(想蘊)을 대치하며, 부스럼 같다고 관하는 것으로 행온(行蘊)을 대치하고 가시 같다고 관하는 것으로 식온(識蘊)을 대치한다. 또 뒤의 네 가지로써 4온을 이치의 차원에서 대치한다. 무상이라고 관하는 것은 식온을 대치하고 고라고 관하는 것은 수온을 대치하며 공이라고 관하는 것은 상온을 대치하고 무아라고 관하는 것은 행온을 대치한다. 이 사관과 이관으로써 공처정의 현상과 이치를 종합과 개별로 관하여 그것이 탐내고 즐길 만한 것이 없음을 알면 마음에 쉽사리 싫증이 생겨 속히 버릴 수 있다. 사념처(四念處)의 의미를 잘 이용하면 이렇게 개별적으로 대치하는 이치를 알 수 있다.

문 제4선을 벗어나 공처정에 들 때는 세 가지 방편만 설하시더니[280] 지금 공처정을 비롯하여 사무색정을 벗어나고자 할 때는 어찌하여 팔성종관을 행하라 하십니까?

답 사무색정은 매우 미세한 것이어서 팔성종관을 행하지 않으면 그 허물을 보기 어렵기 때문이다.

문 그렇다면 범부들은 팔성종관을 행할 수 없는데 어떻게 벗어날 수 있습니까?

답 육행관을 잘 행해도 벗어날 수 있기는 하지만 팔성종관처럼 빠르지 못하다.

문 만일 유루선을 수행하면서 팔성종관을 행할 수 있다면 무루선과 무엇이 다릅니까?

답 지금 여기서 팔성종관을 행하는 것은 단지 얕은 단계를 빨리 벗어나서 더 깊은 단계의 선정을 닦으려는 것이다. 자신의 단계를 깊이 관하는 것에 나아가 무루혜를 얻을 수는 없으므로 무루선과는 다르다.

다음으로 마음을 식에 묶어둔다는 것은 다음과 같이 행하는 것이다. 수행자가 공처정의 허물을 잘 알게 되었다면 그에 대한 즐거움이 없어져서 곧 공처정을 버리게 된다. 일심으로 현재 일어나는 심식(心識)에 마음을 묶어두어 찰나라도 떠나지 않는다. 미래에 대해 일어나는 심식이나 과거에 대해 일어나는 심식에 대해서도 이와 같이 한다. 항상 식만을 생각하여 식과 상응하기만을 바라면서 공력을 쏟는다. 열흘이 지났는지 한 달이 지났는지 따지지 않고 일심으로 식에만 집중하여 다른 생각이 끼어들지 않도록 하는 것이다.

문 과거의 식은 이미 멸하였고 미래의 식은 아직 오지 않았으며 현재의 심식도

---

280) 세 가지 방편이란 육행관(六行觀) 가운데 앞의 세 가지를 가리키는 것이다. 제4선을 벗어나 공처정에 들고자 할 때 4선이 괴롭고[苦] 거칠고[麤] 장애[障]가 된다고 관하고 이에 비해 공처정은 수승하고[勝] 묘하며[妙] 벗어난다[出]고 관하는 것이 육행관이다.

머물러 있지 않습니다. 그런데 어떻게 그것을 반연하여 삼매에 들 수 있습니까?

답 심식이라는 법은 물론 그대의 질문과 같다. 삼세의 심식은 붙잡을 수 없지만[不可得] 또한 기억하여 보존할 수 있다. 예를 들어 과거에 성냈던 마음은 이미 사라져서 돌이켜 붙잡을 수 없지만 여전히 기억하여 알 수 있다. 또한 타심통을 얻으면 타인의 삼세의 마음을 알 수도 있다. 모든 법이 비록 공(空)이면서도 단멸하는 것이 아니기 때문이다. 그러니 어찌 자신의 삼세의 심식을 반연하는 것을 삼매에 드는 인으로 삼을 수 없겠는가. 이로 미루어 보면 식을 반연하여 삼매에 드는 이치가 있음을 알 수 있다.

수행자가 일심으로 식을 반연하면 공처정이 물러나며 식처정이 아직 일어나기 전에도 역시 중간선이 있으니 이는 앞에서 설명한 것과 같다.

문 그렇다면 중간선의 상은 어떠합니까?

답 앞에서 이미 설명하였으니 그 이치를 알 수 있을 것이다.

7.1.3.2.3 ▸ 식처정의 증득과 특징

식처정을 증득하는 양상을 설명하겠다. 수행자가 일심으로 식을 반연하면 곧 [다른 대상이] 다 사라진 듯이 임의대로 식에 마음을 머물 수 있다. 이후에 활연히 식과 상응하면서 마음이 고정되고 동요하지 않으니 삼매 가운데서 다른 일들을 보지 않게 된다. 오직 현재의 심식이 찰나찰나 머물지 않는 것을 보며 정심(定心)이 뚜렷해져서 식으로 사려하는 것이 광활하고 끝없다는 것을 분명히 안다. 또한 삼매 가운데서 과거에 이미 멸해버린 무한한 식을 기억하고 미래에 응당 일어날 무한한 식도 또한 현재의 선정 가운데서 다 보게 된다. 식법과 상응하여 식법으로 마음을 유지하니 분산되는 일이 없다. 이 정은 안온하고 청정하며 고요하여 심식이 밝고 뚜렷함은 이루 다 말할 수 없다.

문 수행자가 세 가지 신통[281]을 얻지 못하였는데 어떻게 삼세의 마음을 알 수 있습니까?

답 이것은 삼매의 힘에 의한 것이다. 앞에서 설명한 사무량심을 유추해 보면 그 이치를 알 수 있으리라.

식처정의 지에 대해서는 "사무색정은 5지가 원인이 되고 작용이 서로 비슷하므로 방편도 역시 같다."고 『영락경』에서 설하고 있다. 이는 앞의 공처정에서 설명하였으니 다시 설하지 않는다. 체와 용, 얕고 깊음, 나아가고 물러감과 공덕 등도 모두 앞의 공처정에서 설한 것과 같다.

7.1.3.3 ▸ 무소유처정無所有處定

7.1.3.3.1 ▸ 이름의 풀이

무소유처정은 불용처정(不用處定)이라고도 한다. 이 선정을 닦을 때는 안과 밖의 일체 경계를 쓰지 않기 때문이다. 즉, 공처정에서 반연하는 허공은 바깥의 경계이고 식처정에서 반연하는 식은 안의 경계인데 이 두 경계를 버리고 쓰지 않는다는 뜻으로 얻은 이름이다. 또한 소처정(少處定), 무소유처정(無所有處定), 무상처정(無想處定)이라고 부르기도 하는데 이 세 가지는 정의 체(體)를 따라서 붙인 이름이다.

7.1.3.3.2 ▸ 무소유처정의 수행방법

무소유처정을 수행하는 방법은 앞과 마찬가지로 두 가지가 있다. 첫 번째로 수행자가 식처정의 허물을 깊이 알아서 이를 책망하는 것이다. 식처정은 마음이 식법(識法)과 상응하는 것인데 삼매 가운데서 끝없이 무량하게 일어나는 과거·현재·미래의 식을 반연하다 보면 반연하는 대상이 많으므로 정이 산란하게 깨질 수 있다. 또한 앞에서 허공을 반연하여 삼매에 든 것은 외정(外定)이라 부를 수 있고 지금 식을 반연하여 삼매에 드는 것은 내정(內定)이라 할 수 있는데 안의 대상을 의지하거나

---

281) 세 가지 신통 : 과거를 아는 숙명통, 미래를 아는 천안통, 다른 사람의 마음을 아는 타심통을 말한다.

밖의 대상을 의지하는 것은 모두 진정 적정(寂靜)한 것이라고 할 수 없다. 안의 마음을 의지하는 식처정은 마음으로써 마음을 반연하여 삼매에 드는 것으로서 이 정은 이미 삼세의 마음을 의지하여 생기는 것이므로 진실한 것일 수 없다. 오직 심식이 없는 곳에 처하여 마음에 의지하는 것이 없을 때라야 비로소 안온한 정이라고 할 수 있다. 이렇게 식처정의 허물을 깊이 알고 나서 무소유처정을 찬탄한다.

두 번째로 관을 수행하는 방법이 있다. 식처정에서 반연하는 식을 깊이 관해 보면 수·상·행·식은 마치 병·악창·부스럼·가시와 같고 무상·고·공·무아인 법이 인연화합하여 존재하는 것일 뿐이어서 사람을 속이는 것이며 알맹이가 없다. 이 자세한 내용은 앞에서 이미 설명한 것과 같다. 이처럼 알고 난 뒤 식처정을 버리고 마음을 무소유처(無所有處)에 묶어둔다. '아무 것도 없는 곳[無所有處]'은 의지하는 것이 없고 반연하는 것도 없어서 안의 심식이 고요하게 쉬게 되기 때문이다. 그리하여 일체의 심식을 쓰지 않는 법을 구하면 무소유법은 허공도 아니고 식도 아니어서 무위법의 경계에 속하며 분별도 없음을 알게 된다. 이렇게 알고 난 뒤에 그 마음을 고요하게 그치고 무소유법만을 생각하면 이때 식처정이 사라진다. 무소유처정이 일어나기 전에 그 중간에도 선정이 있는데 이것이 일어나는 양상은 앞에서 설명한 것과 같다.

문 어떤 사람은 "무소유처정을 수행할 때는 약간의 식을 취하여 그것을 반연으로 삼아 삼매에 든다."고 말하는데 이것은 어떻습니까?

답 그렇지 않다. 응당 일체의 심식을 버리고 오로지 무소유법만 생각하므로 무소유처정이라고 부르는 것이다. 소처정(少處定)이라고 부르는 것은 의근이 다만 무소유라는 법경(法境)만을 상대하여 정을 일으키기 때문이지 약간의 식을 반연하여 정에 든다는 말이 아니다.

7.1.3.3.3 ▸ 무소유처정의 증득과 특징

수행자가 정 가운데서 다음에 근심이나 후회가 없고 오로지 집중하여 늦추지 않는다. 그리하여 일심이 되어 안이 청정해지면서 텅 비어 의지하는 것이 없으며 아무 법도 보지 않게 된다. 마음이 적연하고 안온하여 전혀 동요가 없게 되면 이것이 무소유처정을 증득한 모습이다. 이 정에 들어갈 때는 미미한 기쁨과 함께 모든 것과 절연된 듯 아무 상(想)도 일어나지 않는다. 마음조차 보지 않는데 하물며 어떤 법을 보겠는가? 이렇듯 아무런 분별도 일으키지 않는 상태를 무소유처정이라 하고 또한 무상정(無想定)이라고도 한다.

7.1.3.4 ▸ 비유상비무상처정非有想非無想處定

7.1.3.4.1 ▸ 이름의 풀이

비유상비무상처정은 흔히 비상비비상처정(非想非非想處定)이라고도 부른다. 이 의미에 대해서는 여러 가지 해석이 있다. 어떤 이는 이 정을 '일존일망관(一存一亡觀),' 즉 하나는 남아 있고 하나는 없애는 관이라는 의미에서 비상비비상이라고 부른다고 해석한다. '비상(非想)'이란 거친 생각이 아니라는 말이니 이는 거친 생각[麤想]을 없앤 것[亡]을 말하고, '비비상(非非想)'이란 미세한 생각이 아닌 것은 아니라는 말이니 이는 미세한 생각[細想]은 남아 있음을 말한다는 것이다. 또 어떤 이는 식처정은 상이 있는 것[有想]이고 무소유처정은 상이 없는 것[無想]인데 지금 식처정의 유상과 무소유처정의 무상을 버려 두 가지를 버렸으므로 비상비비상이라 한다고 풀이한다. 또 어떤 이는 이 정에 들면 일체의 상모(相貌)를 보지 않으므로 '비유상(非有想)'이 되고 수행 중에 "오로지 생각이 없다면 나무나 돌과 같이 아무런 인식 작용을 하지 않게 되는데 어떻게 '생각이 없다'는 것을 알 수 있단 말인가" 하는 생각을 하기도 하므로 '비무상(非無想)'이 되는 것이라고 해석한다.

문 비유상비무상처정에 든 가운데에도 실제로는 생각[想]이 있는데 어찌하여 무상(無想)이라고 부릅니까?

답 비유상비무상처정은 수·상·행·식의 4온이 함께 모여 이루어지는 것이니 생각이 없다고는 할 수 없다. 다만 범부들이 이 선정에 들어가면 생각[282]이 아주 미세하여 지각하기 어려우므로 '생각이 없다[無想]'고 부르는 것이다. 불법에서는 이 것이 4온으로 이루어진 것이라고 설하지만 그 본래의 이름을 따라서 비유상비무상 처정이라고 하는 것일 뿐이다.[283]

이에 따라 어떤 이는 다음과 같이 해석하기도 한다. 범부의 입장에서는 생각이 있는 것이 아니라고 말하지만 불법의 입장에서는 생각이 없는 것이 아니므로 두 입 장을 합쳐서 비유상비무상처정이라고 부른다.

7.1.3.4.2 ▸ 수행방법

비유상비무상처정에 들어가기 위한 방법도 두 가지가 있다. 먼저 무소유처정 의 허물을 깊이 알아서 다음과 같이 이를 책망하는 것이다. "이 무소유처정은 백치 같고 취한 것 같고 잠자는 것 같고 암흑 같다. 무명에 덮여 깨달아지는 것이 없으며 즐거움도 없다. 『대지도론』에서도 '식처정을 관해 보면 종기나 가시[284]와 같고 무 소유처정을 관해 보면 백치와 같으니 모두 마음의 병이요 참으로 고요한 곳이 아니 다. 이 위에 더욱 묘한 선정이 있으니 비유상비무상처정이다.' [285]고 하였다. 이곳이 야말로 안온한 곳이어서 아무 허물이 없으니 응당 그것을 구하리라."

두 번째 방법은 관을 행하는 것이다. 수행자가 그 때 무소유처정이 반연하고 있 는 수상행식을 자세히 관해 보면 그것은 병이나 악창, 가시와 같고 무상·고·공·무 아임을 안다. 거짓된 것이어서 실제 알맹이가 없으며 인연이 화합하여 있을 뿐 실재 하는 것이 아님을 안다. 이렇게 관하고 나서 곧 그 마음을 떠나서 비유비무(非有非無) 를 관한다. "어떤 법이 있는 것이 아닌가?바로 마음이 있는 것이 아니다. 과거나 현재,

---

282) 원문(523상)에는 '陰界入,' 즉 5온·12처·18계로 되어 있으나 비유상비무상정은 무색정이므로 실제로 는 색법을 제외하고 4온·2처·8계만으로 이루어진다. 이는 모두 마음에 속하므로 이렇게 번역하였다.
283) 이 문답은 『대지도론』17, 186하-에서 인용한 것이다.
284) 원문(523중)에는 '화살[箭]'로 되어 있으나 『대지도론』에 있는 대로 '가시[刺]'로 해석하는 것이 문맥 상 맞다.
285) 『대지도론』17, 186하.

미래의 마음을 구하여 보아도 도무지 얻을 수 없기 때문이다. 형상이 없고 처소가 없으니 있는 것이 아님을 알 수 있다. 무엇이 없는 것이 아닌가? 없다고 말한다면 무엇을 없다고 하는가? 마음이 없다는 것인가, 마음을 떠난 것을 없다고 하는가. 만일 마음이 없다고 한다면 마음이라고 이름 붙일 수 없다. 깨닫는 주체도 반연하는 대상도 없기 때문이다. 만일 마음이 없는 것이 아니라고 한다면 다시 별도의 없는 것이란 없다. 왜냐하면 없다고 하면 스스로 없는 것은 없고 있는 것을 없애야 없다고 말하기 때문이니 있음이 없다면 없음도 없다. 그러므로 비유비무라고 말하는 것이다." 이렇게 관할 때 있음과 없음을 보지 않게 되니, 일심으로 중도에 반연하고 나머지 일을 생각하지 않게 된다. 이것이 비유상비무상정을 수행하는 방법이다. 이와 같이 비유비무에 의거하여 항상 생각하며 이 생각을 놓치지 않는다면 무소유처정은 곧 사라져 버린다. 비유상비무상처정이 일어나기 전에도 중간정이 있으니 이는 앞에서 설한 것과 같다.

7.1.3.4.3 ▶ 증득과 특징

수행자가 한결같이 일심이 되어 공력 들이기를 그치지 않는다면 마음이 임의대로 집중 대상에 머물 수 있게 된다. 이후에 홀연히 진정한 선정이 일어나니 유상(有相)이나 무상(無相)의 모습을 보지 않고 텅 빈 듯한 적정(寂靜) 속에 들어가게 된다. 마음에 동요가 없고 평온하고 청정하니 마치 열반을 얻은 것과 같다. 이 선정은 삼계(三界) 안에서 가장 미묘하니 외도들이 이를 증득하면 중도실상·열반·상락아정(常樂我淨)을 얻었다고 여겨 애착하면서 더 이상 수행하지 않는다. 이 모습은 마치 자벌레[286]가 나뭇가지의 끝에 이르면 더 이상 나아가지 않고 되돌아가는 것과 같다. 경전에서도 "범부들이 이 선정법을 증득하면 마치 줄에 매인 새가 줄이 다하면 되돌아오는 것과 같다."고 설하고 있다. 이러한 까닭은 이 선정법이 4온이 화합한 것인지 모르고 자성이 있다고 여기기 때문이다. 사실 이 선정에 거친 번뇌는 없지만

---

286) 원문(523중)은 보굴충(步屈蟲)으로서 자벌레나방의 애벌레를 말한다. 보통 자벌레라고 부르는데 나뭇가지에 매달려 나뭇잎을 먹으며 산다.

열 종류의 미세한 번뇌가 일어날 수 있는데 이 사실을 모르기 때문에 '참된 실재[眞實]'라고 여기는 것이다. 외도가 이 선정에 들어가면 유(有)나 무(無)는 보지 않지만 비유비무라는 것을 능히 아는 주체로서 마음이 있음을 깨닫게 되니 바로 이 마음을 가리켜 멸하지 않는 '진짜 영혼[眞神]'이라고 억측하게 된다. 그리하여 "영혼은 지극히 미세하여 깨지지 않으며 지각하는 주체"라고 말한다.

하지만 불제자라면 이 선정은 4온이 화합하여 생긴 것일 뿐이어서 속이는 것이고 알맹이가 없지만 이 가운데 마음이라는 생각이 생기는 것임을 알며 그리하여 별도의 '영혼'이 있어서 아는 것이 아님을 안다. 또한 앞의 허공처정에서는 색을 파하므로 '허공'이라 설하고 식처정에서는 '허공'을 파하므로 '식'이라 설하는데 식을 일컬어 유상(有想)이라고 한다. 다시 무소유처정에서는 식을 파하므로 무식(無識)이 되고 무식을 일컬어 무상(無想)이라고 한다. 지금 이 선정은 무소유를 파하여 비무상(非無想)이라 설하므로 비유상비무상처정이라고 하는 것이다. 이 선정은 세간에서는 뜨고 가라앉는 것이 같아서 지혜와 선정, 공(空)과 유(有)가 균등하니 세간에서는 가장 안온하여 세속의 지혜로는 파할 수 없다. 그러므로 유부(有部)의 논사들은 "[비유상비무상정] 한 가지는 항상 유루"[287]라고 설한다. 또한 무상(無想)이라고 할 때는 세 가지 의미가 있다. 첫 번째는 무상천정(無想天定)이고, 두 번째는 비유상비무상처정이며, 세 번째는 멸수상정을 말한다. 방편이 없는 외도들은 마음을 멸하여 무상천정에 들어가고 방편이 있는 범부 외도들은 마음을 멸하여 비유상비무상처정에 들어가지만 불제자들은 마음을 멸하여 멸수상정에 들어간다.

문 무소유처정도 또한 무상정이라고 부르는데 어째서 이 세 가지 마음을 멸하는 것에 포함되지 않습니까?

답 무소유처정은 심소법을 잘 멸하지 못하므로 묘한 것이 아니다. 색계에서는

[287) 이는 『대지도론』 20, 212상에 나오는 말로 「선바라밀품」의 설이라고 한다. 공처정 등 나머지 무색정은 유루이기도 하고 무루이기도 하다는 것.

무상정이 가장 높고 무색계에서는 비유상비무상처정이 가장 높지만 불법에 들어가면 멸수상정이 더 있다. 무소유처정은 세 곳에서 모두 수승한 선정이 아니므로 포함시키지 않은 것이다.

반야는 일체의 법을 멸하여 능히 일체의 법을 낳는다. 예를 들어 초선에서 근심을 멸하는 것으로부터 내지 비상비비상처정에서 무소유처정의 상(想)을 멸하기까지 모두 반야 가운데의 전 방편으로서 갖가지 법을 멸하여 공에 들어가는 것이 된다. 이는 앞의 여러 법을 멸하기 때문에 능히 뒤의 수승한 법을 낳을 수 있는 것이니 바로 반야가 능히 만법을 낳는 것과 같다. 그러므로 이 십이문선(十二門禪)은 모두 반야의 기질[氣分]에 포함되는 것이다.

문 보살이 보리도를 행하여 제법실상의 공에 들어가도 오히려 공을 얻지 못하는데 지금은 어찌 실제 알맹이도 없는 전도된 공을 가지고 네 가지가 있다고[288] 분별합니까?

답 이에 대해서는 『대지도론』에서 사무색정의 뜻을 설명하는 부분에 잘 나와있다. "제법실상에 맞추어 반야지혜와 함께 하는 수행이면 사무색정에도 전도가 없으니 이것은 바로 대승의 사무색정인 것이다."[289]

문 무엇이 제법실상에 맞춘 지혜입니까?

답 모든 법은 자성(自性)이 공(空)이라는 것을 [터득한 지혜를] 말한다.

문 색법은 화합하여 생기는 것이어서 인(因)과 연(緣)이 분별되므로 공이라 하지만 이 무색정은 어찌하여 공이라 합니까?

답 색법 가운데 눈으로 볼 수 있고 귀로 들을 수 있는 거친 법들도 능히 공으로 돌아가는데, 볼 수 없고 장애도 없는 불가견무대색(不可見無對色)은 미세하여 괴로운

---

288) 사무색정은 사공정(四空定)이라고도 하는 것을 가리키는 것.
289) 『대지도론』 20, 213중. 이하 두 번의 문답도 『대지도론』의 같은 부분에서 인용한 것이다.

지 즐거운지 느낄 수도 없는데 어찌 공이 아니겠는가. 또한 색법을 계속 나누면 미진(微塵)에까지 이르고 미진 또한 모두 흩어져 공으로 돌아간다. 마음과 심소법은 한 달이나 하루 내지는 한 순간이라도 붙잡을 수 없으니 어찌 공이 아닌가. 이것을 일러 '진실(眞實)'이라고 하며 사무색정이 공인 이치이다.

보살은 이처럼 공인 진실을 알고 난 뒤에 갖가지 현상적 모습도 잘 분별할 수 있어서 대비방편으로 일체 중생들을 위한 행을 행하지만 집착하지 않는다. 그리고 이러한 공덕을 아뇩다라삼먁삼보리에 회향하여 일체 불법을 갖추어 중생들에게 널리 베푸는 것이 바로 보살도를 행하는 것이다.

석선바라밀차제법문

권7

釋禪波羅蜜次第法門

7. 선바라밀의 수증修證 (3)

7.2 역세간역출세간선亦世間亦出世間禪의 수증

이제 세 가지 법문에 의거하여 역유루역무루선(亦有漏亦無漏禪)을 설명하려 한다. 첫 번째는 육묘문(六妙門)이고, 두 번째는 십육특승(十六特勝), 세 번째는 통명관(通明觀)이다. 이 세 가지 법문도 역시 정선(淨禪)[290]이라고 할 수 있다. 이곳에서 설명하는 정선은 앞의 제5권 '사선(四禪)' 장에서 설명한 것처럼 아비달마에서 설명하는 것과 깊이나 계위 등에 있어서 조금 다르다. 지금 교문(敎門)에서 사선과 같이 호흡을 세면서 들어가는 식도(息道)의 선정을 셋으로 나눈 것은 중생들의 근기가 세 종류로 달라 이에 맞추어 제도하기 위한 것이다.[291] 세 종류의 근기란, 첫 번째 중생 가

---

290) 정선(淨禪) : 선정락에 대한 집착 등의 번뇌를 일으키지 않는 선.
291) 대정장으로 약 두 줄 가량 되는 이 부분(524상)의 문장은 착간이 있는 것같이 전후 문맥이 닿지 않아서 완전히 의역하였다.

운데 지혜의 성품[慧性]이 많고 선정의 성품[定性]이 적은 사람이 있으니 이들을 위해서는 육묘문을 설한다. 육묘문에는 지혜의 성질이 많아서 반드시 깊은 단계까지 이르지 않고 욕계 초선에서도 능히 무루(無漏)를 일으킬 수 있기 때문이다. 두 번째는 중생 가운데 선정의 근기는 많지만 지혜의 성품은 적은 사람이 있는데 이들을 위해서 십육특승을 설하신 것이다. 이 선정은 지혜의 성질이 적고 선정의 성질이 많아서 얕은 단계에서는 무루를 일으킬 수 없고 깊은 단계의 여러 선을 다 갖추어야 비로소 도를 얻을 수 있다. 세 번째는 선정과 지혜의 근성이 균등한 사람을 위해서는 통명관을 설하셨다. 이 선정에도 역시 근본선이 갖추어져 있지만 관하는 지혜가 근본선보다 한결 오묘하고 미세하여 얕은 단계에서부터 깊은 단계에 이르기까지 어디서나 무루를 일으킬 수 있다. 하지만 이것은 근기에 따른 설명이고 대치(對治)에 따를 때는 이와 또 다르다. 그 내용은 앞에서 오문선(五門禪)을 풀이한 내용을 보면 알 수 있을 것이다.

7.2.1 ▸ 육묘문六妙門

7.2.1.1 ▸ 이름의 풀이

육묘문이란 ① 수[數:수를 셈] ② 수[隨:의식이 따라감] ③ 지(止) ④ 관(觀) ⑤ 환[還:돌이킴] ⑥ 정[淨:청정]의 여섯 가지이다. 이 여섯 가지를 묘한 문[妙門]이라고 부르는데, 묘하다는 것은 열반을 말한다. 이 여섯 가지 묘한 법을 통하면 능히 열반에 이를 수 있기 때문에 묘문이라 하고 또 육묘문이라고 하는 것이다. 육묘문에서 앞의 세 가지는 정(定)의 법이고 뒤의 세 가지는 혜(慧)의 법으로서, 정에는 애착[愛]의 성질이 있고 혜에는 경계[策]의 성질이 있다. 육묘문을 역유루역무루선이라 부르는 이유가 여기에 있다.

7.2.1.2 ▸ 수행 단계

이 육묘문은 정해진 수행 계위가 없다. 만약 욕계 미도지정의 낮은 선정 단계에 서라도 이 여섯 가지 법을 교묘하게 행하여 여섯 번째 정심(淨心)을 성취한다면 삼승의 무루를 일으킬 수 있는 것이다. 하물며 더 윗 단계의 여러 선정에 나아간다면 도를 증득하는 것이 얼마나 빠르겠는가? 이러한 것이 앞과는 다른 점이니, 『서응경』에서도 "이 여섯 법을 행하여 서너 가지만 자유롭게 되어도 십이문선(十二門禪)[292]을 낼 수 있다."[293]고 한 것이다. 이로 미루어 보아도 이 육묘문은 정해진 수행계위가 없음을 알 수 있다.

7.2.1.3 ▸ 수행과 증득

이 여섯 가지 법의 수행에 대해서 널리 말하면 모든 선정이 이 육묘문에 포함된다. 하지만 지금은 다만 차례로 상생(相生)하여[294] 도에 들어가는 핵심만을 가지고 육묘문을 수증하는 양상을 밝히고자 한다. 육묘문을 닦아 증득하는 모습은 도합 12문이 있다. 수(數)를 수증하는 것은 수를 세는 것과 수와 상응하는 것으로 나눌 수 있고 내지 정(淨)도 정을 닦는 것과 정과 상응하는 것으로 나눌 수 있기 때문에 열두 가지가 되는 것이다.

7.2.1.3.1 ▸ 수數의 수행과 증득

수행자가 기식(氣息)[295]을 거칠거나 매끄럽지 않게 조절하여 편안하게 천천히

---

292) 십이문선(十二門禪): 사선·사무량심·사무색정을 십이문선이라고 한다.
293) 『태자서응본기경』상(『대정장』3), 476하.
294) 지의가 직접 찬술한 『육묘법문』에는 육묘문이 모든 선정을 포괄하는 모습을 열 가지로 보이고 있는데, 그 가운데 여섯 법을 차례로 닦아 도를 증득하는 모습을 보인 제2 차제상생(次第相生) 육묘문을 가리키는 것이다.

수를 센다. 하나부터 열까지 세면서 마음을 오로지 숫자 세는 데에만 붙잡아 매어서 흩어지지 않도록 한다. 이것을 수(數), 즉 숫자 세는 것의 수행이라고 한다. 그리하여 깨닫는 마음[296]을 임의로 운용하게 되어 하나부터 열까지 세는 것에 큰 힘이 들지 않게 되면 마음과 호흡이 저절로 머물게 된다. 호흡이 속이 빈 듯이 응집되어 마음의 상(相)이 점차 미세해지면 숫자 세는 것이 거추장스럽게 여겨져서 세기가 싫어진다. 그 때에 수행자는 응당 숫자 세는 것을 버리고 따라가는 수행을 하여야 한다.

7.2.1.3.2 ▸ 수隨의 수행과 증득

의식이 따라가는 것[隨]이란 숫자 세는 것을 버리고 일심으로 호흡이 출입하는 것을 따라가는 것이다. 마음을 호흡에 머물게 하여 의식이 흩어지지 않도록 한다. 그리하여 마음이 점차 미세해져서 호흡이 긴 것이나 짧은 것, 온 몸 전체에서 호흡이 이루어지는 것을 느낀다. 입식(入息)과 출식(出息)이 임의롭게 서로 의지하고 사려가 즐겁게 응집되어 고요해지면 이것을 따라가는 것과 상응하였다고 한다. 상응이 이루어지고 나서 따라가는 것이 거추장스럽게 느껴지면 이것을 버리고 싶은 욕구가 일어난다. 마치 심하게 피로하면 잠을 자고 싶어지면서 여러 가지 업무들이 즐겁지 않은 것과 같다. 그때 수행자는 응당 따라가는 것을 버리고 지(止)를 수행해야 한다.

7.2.1.3.3 ▸ 지止의 수행과 증득

지를 수행할 때는 삼지(三止)[297] 가운데 다만 제심지(制心止)만을 쓴다. 제심지란 모든 대상에 대한 생각을 쉬고 호흡의 숫자를 세거나 호흡을 따라간다는 생각을

---

295) 기식(氣息) : 호흡할 때 출입하는 기(氣)를 기식이라고 하는데, 뒤의 문장을 보면 호흡[息]과 혼용하여 쓰고 있기 때문에 호흡과 기식을 엄밀하게 구분하고 있지는 않은 것 같다.

296) 깨닫는 마음, 즉 각심(覺心)이란 자신이 지금 숫자를 세고 있음을 명확히 아는 각성된 마음을 말한다. 보통은 숫자를 세다가 다른 생각에 빠지더라도 그러한 사실을 깨닫지 못한다.

297) 삼지(三止) : ①의식을 한 대상에 묶어두는 계연지(繫緣止) ②마음을 스스로 제어하는 제심지(制心止) ③공을 체득하여 머무는 체진지(體眞止) 등 범부의 삼지를 말한다.

하지 않으면서 그 마음을 고요히 응집하는 것이다. 이것을 계속 수행하면 몸과 마음이 텅 빈 듯이 삼매에 들어가는 것을 느끼면서 자신이나 외부의 형상을 보지 않게 된다. 욕계정이나 미도지정 등의 정법(定法)이 마음을 지탱하면서 자유롭게 부동의 상태가 된다. 수행자는 그때 이렇게 생각을 한다. "지금 이 삼매는 비록 적정(寂靜)하기는 하지만 지혜의 방편이 없어서 생사를 깨뜨릴 수 없다." 그리고 다시 생각한다. "지금 이 선정은 모두 인연법에 속한 것으로서 오온·십이처·십팔계가 화합하여 생긴 것이니 허망하여 실재가 없다. 내가 지금 이것을 깨닫지 못하고 있으니 응당 비추어 보리라." 이렇게 생각하고는 지에 집착하지 않고 관을 일으켜 분별한다.

7.2.1.3.4 ▸ 관觀의 수행과 증득

관에는 세 가지 종류가 있다. 첫 번째는 혜행관(慧行觀)으로서 진여(眞如) 자성을 보는 지혜를 말한다. 두 번째는 득해관(得解觀)이니 바로 가상관(假想觀)[298]을 말하고 세 번째는 실관(實觀)으로서 현상으로 나타나는 사실 그대로 관하는 것이다. 지금의 육묘문이나 십육특승, 통명관 등은 모두 바로 실관을 사용하여 정법(定法)을 성취한 이후에 혜행관을 써서 실상의 이치를 관하여 도에 들어가는 것이다. 어찌하여 실관이라고 하는가? 중생이 한 시기에 받는 과보는 실로 사대(四大)가 있어서 부정한 36물로써 이루어진 것이지만 다만 무명에 덮여 심안(心眼)이 밝게 열리지 않은 탓에 실상 그대로 보지 못한다. 그러나 자세히 관찰하면 심안이 밝게 열려서 실상 그대로 보게 되므로 실관이라고 한다. 혜행관과 득해관은 아래에서 사제관이나 십이인연관, 구상, 팔배사 등을 설명하는 중에 자세히 밝힐 것이다.

실관은 어떻게 수행하는가? 수행자가 삼매에 든 가운데 자신의 몸 전체에서 미세하게 출입하는 호흡이 마치 허공 중의 바람과 같고 피부와 근육, 뼈와 살 등의 36물은 마치 양파처럼 알맹이가 없으며 안이나 바깥이 모두 깨끗하지 못하니 심히 혐

---

298) 가상관(假想觀) : 뒤에 설명이 나오지만, 시체가 부패하는 과정을 관하는 부정관처럼 어떤 가상의 모양을 상상하여 행하는 관이다.

오스럽다는 것을 심안(心眼)으로 자세히 관찰한다. 다시 삼매 가운데서 맛보는 기쁨, 즐거움 등의 느낌은 모두 깨질 수밖에 없는 것이기 때문에 결국 괴로움이라는 것을 관한다. 또한 선정 중에 일어나는 심식(心識)은 무상하게 생멸을 거듭하여 찰나라도 머물지 않으므로 붙잡을 수 없다는 것과 선정 중에 일어나는 선과 악 등의 법은 모두 인연법이어서 자성이 없다는 것도 관한다. 이와 같이 관할 때 능히 네 가지 전도[299]를 깨뜨리고 인상(人相)과 아상(我相)을 얻지 못하게 되니 선정이 무엇을 의지하게 되겠는가? 이것이 관을 수행하는 모습이다.

이처럼 관을 잘 행하면 몸 전체에 두루 퍼져 있는 모공(毛孔)에서 호흡이 출입하는 것을 느끼게 된다. 심안이 밝게 열려서 자신을 이루고 있는 36물과 몸 안의 벌레 구멍들을 명철하게 보게 되니 안과 밖이 모두 깨끗하지 못하며 온갖 고통이 핍박하고 있음을 알게 된다. 찰나마다 변하고 있는 일체의 법들은 모두 자성이 없으니 마음에 슬픔과 기쁨이 교차하며 의지할 것이 없게 되고 사념처(四念處)를 얻어서 네 가지 전도가 깨어진다. 이를 관과 상응한 것이라고 한다. 이렇듯 관을 통한 이해가 일어날 때 마음이 관하는 경계를 대상으로 분별하고 분석하면서 깨닫는 생각이 유동하게 되면 진실한 도가 아니다. 그때는 응당 관을 버리고 환을 닦아야 한다. 환(還)에도 수습하는 것과 상응하는 것의 두 가지 단계가 있다.

7.2.1.3.5 ▸ 환還의 수행과 증득

관하는 작용이 마음으로부터 일어나는 것임을 알고서도 경계를 따라가며 분석한다면 근본을 알지 못하는 것이다. 응당 관하는 이 마음이 어디에서부터 생긴 것인가 관으로부터 마음이 생긴 것인가, 관이 아닌 것에서 마음이 생긴 것인가를 돌이켜 관해야 한다. 만일 마음이 관에서부터 생겼다면 앞서 이미 관이 있어야 한다. 하지만 사실은 그렇지 않다. 왜인가? 수(數)와 수(隨)와 지(止) 등 앞에서 행한 세 가지 법 가운데에는 아직 관이 없기 때문이다. 만일 관이 아닌 것에서 마음이 생긴 것이라면

---

299) 네 가지 전도 : 무상·고·무아·부정인 법을 상·락·아·정이라고 보는 것.

관하지 않던 마음이 멸하고서 생긴 것인가, 멸하지 않고 생긴 것인가. 멸하지 않고 생긴 것이면 [관하는 마음과 관하지 않는 마음] 두 마음이 병립하는 것이고, 멸하고 생긴 것이라면 멸한 법은 이미 떠나갔으므로 현재의 마음을 낳을 수 없다. 역멸역불멸에 서 생긴 것이라고 하거나 내지 비멸비불멸에서 생긴 것이라고 하여도 모두 불가능 하다. 그러므로 마땅히 알아야 한다. 관하는 마음은 본래 생기는 것이 아니고 생기 는 것이 아니므로 있는 것도 아니다. 있는 것이 아니므로 공이니, 관하는 마음은 공 하여 없는 것이다. 관하는 마음이 없다면 관하는 경계가 어찌 있겠는가. 경계[境]와 분별지[智]를 모두 잊는 것이 근원에 돌아가는 요점이니 이를 일러 환(還)을 수행하 는 것이라고 한다. 마음속의 지혜가 개발되어 애써 공력을 들이지 않아도 자연히 [외 부 경계에 집착하는 마음을] 분석하여 깨뜨릴 수 있게 되고 마음의 본원에 돌아가게 되 는 것을 환(還)과 상응하는 것이라고 한다.

환과 상응하게 된 뒤에 수행자가 경계와 분별지를 여의고 이들이 없는 경지로 돌아가려 하면 오히려 경계와 분별지의 계박을 벗어날 수 없음을 알아야 한다. 마음 이 [有와 無의] 한 쪽을 따라가는 것이기 때문이다. 이때는 환(還)을 버리고 정(淨)의 도 에 마음을 안주하여야 한다.

7.2.1.3.6 ▶ 정(淨)의 수행과 증득

색이 청정함을 알면 망상 분별이 일어나지 않는다. 수·상·행·식 역시 청정함 을 알면 분별이 일어나지 않는다. 망상의 때, 분별의 때를 그치고 자아라고 집착하 는 때를 그치는 것을 정(淨)을 수행하는 것이라고 부른다. 요점만을 들어 말한다면, 만일 마음이 본래 청정함을 따를 수 있다면 정을 수행하는 것이라고 부른다. 이때는 수행하는 주체나 대상도 없고 청정함과 부정함도 없다. 이를 일러 정을 수행하는 것 이라고 한다.

이렇게 수행할 때 활연히 마음과 지혜가 상응하여 걸림 없는 방편이 저절로 개 발되고 삼매가 바르게 일어나며 마음에 의지하는 바가 없게 된다. 이리하여 정(淨) 을 증득하게 되는데 여기에는 두 종류가 있다. 첫 번째는 상사증(相似證)으로서 오방편위(五方便位)[300]와 같이 유사한 무루의 지혜가 일어나는 것이다. 두 번째는 진실증(眞實證)으로서 고법인(苦法忍) 내지 제9 무애도(無礙道) 등의 단계[301]에서 삼승의 참된 무루 지혜가 일어나는 것이다. 삼계의 번뇌 때가 다 없어지기 때문에 청정함을 증득한다고 부른다.

또한 중생이 공함을 관하면 관(觀)이라 하고 실법(實法)까지 공함을 관하면 환(還)이라 하며 똑같이 평등하게 공함을 관하면 정(淨)이라고 한다. 공삼매와 상응하므로 관이라 하고 무상삼매와 상응하므로 환이라 하며 무작삼매(無作三昧)와 상응하면 정이라고 한다. 일체의 외관(外觀)을 관이라 하고 일체의 내관(內觀)[302]을 환이라 하며 일체의 비내비외관을 정이라고 한다. 그러므로 선니(先尼) 범지(梵志)[303]는 "안을 관하여 이 지혜를 얻은 것이 아니요 바깥을 관하여 이 지혜를 얻은 것이 아니며 관함이 없어서 이 지혜를 얻은 것도 아니다."[304]고 말하였다. 또한 보살이 행하는 종가입공관(從假入空觀)을 관이라 하고 종공입가관(從空入假觀)을 환이라 하며 공가일심관(空假一心觀)을 정이라고 한다. 만일 능히 이와 같이 수행한다면 육묘문은 바로 대승이 됨을 알아야 한다.

삼세의 모든 부처님들이 도에 들어가는 처음에는 먼저 육묘문을 근본으로 삼는다. 석가모니의 경우 처음 보리수에 나아가 "안으로 아나파나(anāpāna)를 생각하였으니 첫 번째는 수(數)이고, 두 번째는 수(隨), 세 번째는 지(止), 네 번째는 관(觀), 다

---

300) 오방편위(五方便位) : 원교의 수행계위 가운데 하나인 오품제자위(五品弟子位)를 가리키는 것으로 보인다. 오품제자위는 육즉(六卽)으로는 관행즉(觀行卽)에 해당한다.

301) 번뇌를 끊고 지혜를 증득하는 것에 대해 견도(見道)에서는 8인(忍)과 8지(智), 수도(修道)에서는 9무애도(無礙道)와 9해탈도(解脫道) 등 도합 34단계가 있다고 한다. 『구사론』5, 『성유식론술기』1말(末) 등 참조.

302) 안과 밖 : 마음과 육체, 자신과 타인, 불교와 외도 등 안과 밖이라는 말은 다양한 의미로 쓰인다. 여기서 내관은 마음을 관하는 것, 외관은 외부의 경계를 관하는 것 정도로 이해할 수 있다.

303) 범지(梵志) : 일반적으로는 바라문(brāhmaṇa)과 같은 뜻으로 쓰이지만 천태 3대부의 주석자로 유명한 담연(湛然)의 『법화문구기(法華文句記)』9상(上)에서는 범지가 범천을 섬기는 재가자를 가리키는 말로서 출가한 외도들을 가리키는 니건(尼乾)과 상대되는 표현이라고 풀이하고 있다.

304) 『대품반야경』 「집산품(集散品)」(『대정장』8), 236상. 완전히 일치하지는 않는다.

섯 번째는 환(還), 여섯 번째는 정(淨)이다. 오직 세 번째와 네 번째만 나아갔어도 십이문선(十二門禪)을 모두 일으켰다.”[305]고 하였으니 이로 인해 일체 법문을 증득하고 마왕을 이겨 도를 이룬 것이다. 마땅히 알아야 한다. 보살이 육묘문에 잘 들어가면 일체의 불법을 갖출 수 있다. 그러므로 육묘문은 보살의 대승법이다. 지금 다시 논하고 싶지만 다른 일들도 있으므로 그만 줄이고 갖추어 설하지 않는다.

7.2.2 ▸ 십육특승十六特勝

7.2.2.1 ▸ 이름의 풀이

십육특승이란 다음과 같다. ① 숨이 들어오는 것을 아는 것[知息入] ② 숨이 나가는 것을 아는 것[知息出] ③ 숨의 길고 짧음을 아는 것[知息長短] ④ 숨이 몸에 두루 퍼짐을 아는 것[知息遍身] ⑤ 신체의 모든 작용을 제거함[除諸身行] ⑥ 기쁨을 느낌[受喜] ⑦ 즐거움을 느낌[受樂] ⑧ 마음의 모든 작용을 느낌[受諸心行] ⑨ 기쁨을 지음[心作喜] ⑩ 마음을 다잡는 것[心作攝] ⑪ 마음이 벗어남[心作解脫] ⑫ 무상을 관함[觀無常] ⑬ 나가서 흩어짐을 관함[觀出散] ⑭ 욕망을 관함[觀欲] ⑮ 멸함을 관함[觀滅] ⑯ 버림을 관함[觀棄捨].

왜 십육특승이라는 이름으로 통하는가? 십육은 숫자이고 특승(特勝)이란 다음과 같은 인연으로 얻은 이름이다. 부처님께서 세상에 나오지 않았을 때도 외도들은 이미 수행을 하여 사선과 사무색정을 얻었지만 대치(對治)[306]하는 관(觀)을 행하지 않았기 때문에 생사를 벗어나지 못하였다.[307] 여래께서 성도한 뒤 처음에 구린(拘

---

305) 『태자서응본기경』상 (『대정장』3), 476하.

306) 대치(對治) : 범어 pratipakṣa의 번역어로서 ‘[번뇌를] 끊다, 제거하다’ 는 뜻이다.

307) 이것은 매우 중요한 언급으로서, 출가한 싯다르타 태자에게 각각 무소유처정과 비상비비상처정 등 최고 단계의 무색계정을 가르쳤던 아라다 칼라마와 우드라카 라마푸트라가 어째서 해탈하지 못하였는지를 설명하고 있다.

隣)308)과 사리불 등 근기가 영리한 제자들에게 사성제를 설하니 곧 도의 자취를 얻었다. 다시 마하가섭과 구치라(Kauṣṭhila) 등은 곧바로 사성제 법문을 듣고서는 진리를 깨닫지 못하니 다시 부정관 수행으로 대치하여 번뇌를 파하도록 설하셨다. 이로 인하여 처음에 구상(九想)과 팔배사(八背捨) 등의 여러 가지 부정관 선법을 밝히신 것이다. 당시 이 관법을 수행하여 도를 얻은 사람이 매우 많았지만 이미 탐욕심이 적은 근기의 중생들에게는 맞지 않았다. 이들은 [욕심의 대상을] 혐오하는 마음이 강하므로 부정관을 수행하면 혐오심이 매우 무겁게 일어나 자신의 신체를 증오하기에 이르니 무루의 지혜가 일어나기도 전에 자신을 해쳐달라고 타인에게 부탁하게 되었다. 이러한 사례는 율장에 나와 있다.309) 부처님께서는 이 일로 인하여 비구들에게 부정관을 버리고 다른 수승한 법을 닦으면 도를 얻을 수 있을 것이라고 말씀하셨으니 그 수승한 법이 바로 십육특승이다.

십육특승에는 정(定)도 있고 관(觀)도 있으니 이 가운데 온갖 선정이 갖추어진다. [수행 중에 일어나는] 기쁨과 즐거움 등의 법으로 애착이 자라나니 스스로 해치는 허물이 없다. 그러면서도 실관(實觀)으로 관찰하는 법이 있어서 선정에 집착하지 않으니 능히 무루 지혜를 일으킬 수 있으며, [수행 가운데] 나아가고 물러남이 자연스러워 한쪽에 치우치지 않으므로 능히 도를 얻을 수 있다. 이러한 까닭에 '특별히 수승한 법[特勝]'이라고 부르는 것이다.

문 그렇다면 [구상 등] 관선(觀禪)의 뒤에 [십육특승 등] 정선(淨禪)을 설해야 하는 것 아닙니까? 교상문에서는 정선이 관선의 뒤에 있고310) 행법으로 논한다 해도 십육특승이 이미 두 가지 측면에서 뛰어나다고 하였으니 응당 뒤에 있어야 할 것입니다.

답 지금은 선정의 힘과 작용에 대해 그 얕고 깊음을 논하는 것이지 중생을 상대

---

308) 구린: 처음 법을 전한 다섯 비구 가운데 한 명으로서 아야교진여라는 이름으로 잘 알려져 있다.

309) 『사분율』, 『오분율』 등 율장 가운데 불살생계를 설하는 부분에 나온다.

310) 사선 등은 유루법이고 팔배사 등은 무루법, 십육특승은 역유루역무루법이므로 유-무-역유역무-비유비무로 설명되는 교상문에 입각하면 정선이 관선 이후에 놓이게 된다.

로 이롭게 하는 것을 논하는 때가 아니다. 배사(背捨)나 승처(勝處)는 모두 앎을 얻게 하는 관법[得解觀]으로서 관의 힘으로 능히 마음의 연상작용을 바꿀 수 있기 때문에 번뇌를 끊게 하는 이치가 강하다. 그러나 지금의 특승은 오직 실관(實觀)만을 행하기 때문에 몸속의 36물을 그대로 관찰할 뿐 그에 대한 집착과 번뇌를 속히 끊는 힘과 작용이 약하다. 이렇듯 공덕이 비교적 얕기 때문에 관선보다 먼저 설하는 것이다. 또한 부정관을 행할 때 뼈만 남은 골인(骨人)을 흩어버리면 다시 모공에서 호흡이 출입하는 상을 관할 수 없다. 그러나 실관을 행한 뒤에 구상이나 배사 등으로 바꾸어 행하면 이들을 모두 성취할 수 있으니 이치에도 손실이 없다. 『대품반야경』의 「광승품(廣乘品)」에서 십육특승으로 관하는 것을 밝힌 뒤에 구상·배사 등의 여러 관선을 설하고 있는 것으로도 증명이 되니 의심을 품지 말라.

7.2.2.2 ▸ 관문觀門 분별의 이설異說

십육특승의 관문(觀門) 분별에 대해 두 가지 견해가 있다. 첫 번째는 다음과 같다 : 아나파나 등 16법은 사념처(四念處)[311]와 상대하는 것이다. 만약 사념처에 의거해 밝히면 [십육특승의] 욕계정과 미도지정 내지는 초선에서 다 갖추어진다. [제2선 이상의] 윗 단계에 이르려 한다면 불가능하지는 않지만 관하는 방식이 조금 미흡한 점이 있다. 예를 들어 제4선은 드나드는 숨과 기쁨 및 즐거움이 없는 경지인데 숨과 기쁨 등에 의거하여 사념처를 밝히려면 불편한 것이다. [무색정 등] 더 위의 단계는 이를 미루어 알 수 있다.

사념처와 상대하여 밝히려는 입장에도 두 가지 풀이가 있다. 어떤 법사는 '앞의 다섯 가지는 신념처와 상대하고 가운데 세 가지는 수념처와, 다음의 세 가지[312]는 심념처와, 마지막 다섯 가지는 법념처와 상대하는 것'이라고 한다. 이 법사는 십

---

311) 사념처(四念處) : 신역에서는 사념주(四念住)라고 한다. 신체[身]·느낌[受]·마음작용[心]·법(法) 등 네 가지 대상에 대해 마음을 집중하여 그 본성을 깨닫게 하는 관법이다.
312) 원문(526상)에는 '次二'로 되어 있으나 '次三'이라야 맞다.

육특승에 대해 "선경(禪經)의 설에 의거한다." 면서 다음과 같이 밝힌다. : ① 숨이 들어오는 것을 관한다는 것은 숨기운이 멸할 때까지를 이르고 ② 숨이 나가는 것을 관한다는 것은 코끝에 이르러 멈추는 것이다. ③ 숨의 길고 짧음을 관한다는 것은, 만일 신체가 안정되지 않았다면 대개 마음이 산란하므로 들고 나는 숨이 모두 짧고 신체가 안정되고 마음이 고요하다면 들고 나는 숨이 모두 길어진다. ④ 숨이 몸에 두루 퍼진다는 것은, 몸과 마음이 안정되면 기도(氣道)에 막힘이 없으니 마치 기를 마셔서 전신을 통괄하게 되는 것과 같다. ⑤ 신체의 모든 작용을 제거한다는 것은 다음과 같은 의미이다. 육근의 느낌은 마음작용이 되고 각(覺)과 관(觀)은 언어작용[口行]이 되며 들고 나는 숨은 몸의 작용이 되는데 숨이 온몸에 퍼지면 각·관이 거친 생각을 일으킬 것이 우려되므로 거친 생각을 제거한다는 의미에서 신체의 작용을 제거한다고 하는 것이다. 이 다섯 가지는 신념처에 속한다. 수념처에 속하는 것은 다음의 세 가지이니, 거친 숨이 제거되어서 몸과 마음이 이제 안온해졌기 때문이다. ⑥ 기쁨을 느끼는 것 ⑦ 즐거움을 느끼는 것은, 비록 미미한 기쁨과 즐거움만 일어난다 할지라도 몸 전체에 신식(身識)으로써 느껴지는 것은 기쁨이고 마음속까지 기쁨으로 충만해지고 나면 즐거움이라고 부른다. ⑧ 마음의 모든 작용을 느낀다는 것은, 즐거운 느낌이 이미 마음속에 담겨있다면 반드시 마음작용[心所]이 즐거움을 느끼게 하는 대상에 의지하여 뒤따르게 되므로 마음작용을 느끼는 것이다. 심념처에 속하는 것은 세 가지가 있다. ⑨ 기쁨을 짓는다는 것은, 마음이 한 대상에 머물러 있으면서도 아직 지혜로 깨닫는 작용이 없다면 반드시 마음이 가라앉아 혼침에 빠지게 되니 기쁨으로써 마음을 일으켜서 빠지지 않게 해야 한다. 이를 기쁨을 짓는다고 한다. ⑩ 마음을 다잡는다는 것은 기쁨이 지나쳐 마음이 산란하게 되면 다시 단속하여 여러 경계를 따라다니며 산만해지지 않도록 하는 것이다. ⑪ 마음이 벗어난다는 것은 마음이 흩어지지 않고 평정하여 번거로움이 없는 것을 말한다. 법념처에 속하는 것은 다섯 가지이다. ⑫ 무상을 관하는 것은 마음이 자재로움을 얻어 가라앉거나 들뜨는 폐단이 없이 모든 법은 무상하여 찰나찰나 생멸을 하니 즐거워할 만한 것이 아님을 관할 수 있게 되는 것이다. ⑬ 흩어져 허물어지는 것을 관한다는 것은 이 몸은 오래지 않아 흩어져 허물어지고 사라지는 법으로서 진실로 존재하는 것이 아님을 관하는 것이다. ⑭ 욕망을 여의는 것을 관한다는 것은 이 육신은 괴로움의 근본임을 관하여 욕심을 여의게 되는 것이다. ⑮ 멸함을 관한다는 것은 이 마음은 잠시 머물다 멸하는 과정에서 온갖 허물과 근심이 있게 되니 머물 것을 바라지 않는 것이다. ⑯ 버림을 관한다는 것은 이러한 여러 법을 관하면 모두 허물과 근심뿐이니 버린다는 것이다. 이 아나파나 등 16가지 행법은 지혜를 본성으로 하는 것이다. 호흡이 출입할 때 하나도 놓치지 않고 알아채기 때문이다.

이 법사는 스스로 "경전에 의거하여 십육특승을 밝힌다."고 하고 있으나 지금 이러한 경문은 찾을 수 없다. 그러므로 그 내용을 서술만 할 뿐 옳고 그름을 논하지는 않겠다.

또 다른 법사는 다음과 같이 다르게 해석한다. : 사념처에 상대하여 십육특승의 행법을 일으킨다면 그렇게 되지 않는 것은 없다. 하지만 앞의 법사는 분속(分屬)시킴이 적당하지 않다. 무루의 16행313)을 사제에 묶으면 한 제마다 넷이 있어서 4·4 십육, 도합 열여섯이 되는 것과 같다. 유루법인 십육특승도 그렇게 되는 것이 마땅하니 사념처와 묶으면 한 염처마다 넷이 있어서 도합 열여섯이 되는 것이다. 앞서 신념처에 다섯 가지314)가 있다고 하면서 '신체의 작용을 제거하는 것'을 신념처에 속한다고 하였는데 이는 그렇지 않다. 만일 호흡을 신행(身行)이라고 한다면 『대집경』에서 호흡이 [신·구·의] 삼행에 통한다는 것315)과 어긋나니 호흡은 단지 신행에 속하는 것이 아니다. 지금 신행에 대해서 바로 밝히면 『대지도론』에 설하기를 "행은 신업을 칭한다."316)고 하였다. 모든 선업과 악업은 마음으로부터 생긴다. 그러나 신체

---

313) 무루의 16행 : 사제(四諦)를 관하는 16종의 관법으로서 '사제의 16행상(行相)'이라고 한다. 고제와 관련해서는 모든 법이 무상·고·동·무아라고 관하고 집제에 대해서는 인(因)·집(集)·생(生)·연(緣)을, 멸제에 대해서는 멸(滅)·정(靜)·묘(妙)·리(離)를, 도제에 대해서는 도(道)·여(如)·행(行)·출(出)을 관하는 것이다(『구사론』23 등).
314) 원문(526중)에는 '四'로 되어 있으나 '五'가 맞다.
315) 『대방등대집경』「성문품」(『대정장』13), 157하.
316) 『대지도론』2, 72상. 원문은 "行名身口業."이다.

적인 호흡은 앎이 없는 법으로서 선과 악을 지을 수 없고 다만 행을 짓기 위한 인연이 될 뿐이다. 지금 신업을 논하면 마음으로 인해 신체에 느낌을 생기게 하여 조작하는 것이 있도록 한 것을 '신행(身行)'이라고 한다. 지금 행이 마음으로 느끼는 것을 깨뜨리므로 행을 제거하는 것이니 이것은 수념처에 속하는 것이라고 해야 한다. 그러면 수념처에도 역시 네 가지가 있음을 알 수 있다. 또한 앞에서 무상을 관하는 것을 법념처에 속한다고 보아 법념처에 상대하는 것이 다섯 가지라고 하였는데 이 또한 그렇지 않다. 어째서 그러한가? 경전은 모두 "마음이 무상한 것을 관하고 법이 무아인 것을 관한다."고 하였으니 무상을 관하는 것은 심념처에 속하는 것이다.

이 주장에 따르면 하나의 염처마다 각기 네 가지의 특승법이 배대되어 도합 열여섯 가지가 된다는 것인데 일리가 있다.

십육특승의 관문을 분별하는 두 번째 견해는 다음과 같다. : 이 열여섯 가지 법은 종으로 4선8정에 배대되며 관법이 관여한 것이다. ① 숨이 들어오는 것을 아는 것 ② 숨이 나가는 것을 아는 것은 수식(數息)에 해당한다. ③ 숨의 길고 짧음을 아는 것은 욕계정에 배대되고 ④ 숨이 몸에 두루 퍼짐을 아는 것은 미도지정에 해당한다. ⑤ 신체의 모든 작용을 제거하는 것은 초선의 각지(覺支)에 짝하고 ⑥ 기쁨을 느끼는 것은 초선의 희지(喜支), ⑦ 즐거움을 느끼는 것은 초선의 낙지(樂支), ⑧ 마음의 모든 작용을 느끼는 것은 초선의 일심지(一心支)에 해당한다. ⑨ 기쁨을 짓는 것은 제2선의 내정(內淨)과 희지(喜支)에 상대하고 ⑩ 마음을 다잡는 것은 제2선의 일심지에 짝한다. ⑪ 마음이 해탈에 머무는 것은 제3선의 낙지(樂支)에 속하고 ⑫ 무상을 관하는 것은 부동정인 제4선에 배대된다. ⑬ 나가서 흩어짐을 관하는 것은 공처정에, ⑭ 욕망을 여의는 것을 관하는 것은 식처정에 배대되며 ⑮ 멸함을 관하는 것은 무소유처정에, ⑯ 버림을 관하는 것은 비상비비상처정에 짝한다.

이러한 설은 처음 마음을 조섭할 때부터 각 단계의 선정이 일어나는 것에 이르기까지 관행이 갖추어 있음을 밝힌 것으로서 뛰어난 해석이라고 할 수 있다.

7.2.2.3 ▸ 수행과 증득

수행과 증득의 의미는 무엇인가? 수행[修]이란[317] 마음을 일부러 일으켜 수습(修習)하면서 아직 마음이 상응하지 못한 것이고 증득[證]이란 마음이 저절로 개발되어 상응하게 된 단계를 말한다. 앞서 관문을 다르게 분별하는 세 법사의 설명[318]을 보았는데 거기에도 수행과 증득의 차이가 있다. 다만 앞의 두 법사는 욕계정과 미도지정, 그리고 초선 중에서 사념처에 의거하여 십육특승을 밝혔으나 이렇게 하여도 관법의 대체적인 의미는 다르지 않으니 앞서 육묘문에서 설한 관법과 같다. 비록 조금 같지 않은 점이 있고 명칭도 차이는 있지만 그 뜻을 잘 살펴서 비교해보면 이치를 알 수 있을 것이니 여기서는 별도로 수행과 증득에 대해 설명하지 않겠다.

이제 종으로 삼계에 배당하여 특승을 밝힌 후자의 설에 의거하되 거기서는 설하지 않은 관혜(觀慧)의 방법을 밝혀 수행과 증득의 상을 설명하겠다.

① 숨이 들어오는 것을 아는 것과 ② 숨이 나가는 것을 아는 것은 수식(數息)을 대신하는 것이다. 호흡을 조절하는 방법은 앞에서 수식(數息) 가운데 설한 것과 같다. 수행자가 면면히 끊이지 않고 숨을 조절하여 마음이 오로지 호흡을 따라가게[隨] 되면 숨이 들어올 때는 코끝으로부터 배꼽에 이르는 것을 안다. 또 숨이 나갈 때는 배꼽에서부터 코에까지 이르는 것을 자각한다. 이처럼 일심으로 비추어 호흡을 따라가는 것이 산란하지 않게 되면 호흡의 거칠고 미세한 상을 알게 된다. 풍상(風相)·천상(喘相)·기상(氣相)의 호흡은 거칠다고 알고 식상(息相)으로 호흡이 이어지면 미세하다고 안다. 비유하면 수문장이 문에 사람이 출입하는 것을 지켜서 알며 또 좋은 사람인지 나쁜 사람인지 알아서 좋은 사람이면 들여보내고 나쁜 사람이면 막는 것과 같다. 또한 거칠고 미세한 것을 구분하면 들숨은 거칠고 날숨은 미세하다. 왜

---

317) 원문(526중)에는 "修證者 卽是作心修習…證者 卽是任運開發"로 되어있으나 앞의 修證은 뒤의 證과 대비하여 설명하는 것이므로 證을 빼고 修만 있어야 맞을 것이다.
318) 십육특승을 사념처에 대응시킨 두 법사와 4선8정에 대응시킨 한 법사의 설.

냐하면 들어오는 기운은 원활하고 급하므로 상이 거칠고 나가는 숨은 껄끄럽고 느리므로 미세한 것이다. 그리고 호흡의 가볍고 무거운 것도 안다. 숨이 들어올 때는 가볍고 나갈 때는 무겁다. 들어온 숨은 몸 안에 있으므로 몸을 가볍게 하고 내쉴 때는 몸에 바람의 기가 없으므로 몸이 무겁게 느껴지는 것이다. 숨을 들이쉴 때는 매끄럽고 내쉴 때는 껄끄럽다는 것도 안다. 숨은 외부로부터 들어오는데 바람의 기운은 원활하므로 매끄럽고 안으로부터 내쉴 때는 안의 찌꺼기가 몸의 모공을 막기 때문에 껄끄러운 것이다. 또 숨이 차갑고 따뜻한 것도 안다. 들숨은 차갑고 날숨은 따뜻하다. 숨이 바깥에서 올 때는 차가운 기운이 들어오는 것이니 차고 안에서 나갈 때는 몸의 더운 기운이 나가는 것이므로 따뜻하다. 숨이 오래 이어지고 짧게 끝나는 것도 안다. 들숨일 때는 짧고 날숨일 때는 길다. 들어오는 호흡은 원활하여 쉽게 다하므로 짧고 나가는 숨은 껄끄러워 다하기 어려우므로 오래 걸리는 것이다. 이리하여 호흡으로 인해 일체의 고통과 번뇌가 있게 되며 생사를 오가면서 쉬지 않고 윤회하게 됨을 깨닫게 되니 놀라고 두려운 마음이 생긴다. 수행자가 호흡을 따라가면서 호흡에 이러한 여러 가지 상이 있음을 아는 것이므로 숨이 들어오고 나가는 것을 아는 것이라고 한다.

문 무슨 까닭으로 이 두 가지로 수식(數息)을 대신합니까?

답 수식을 할 때는 어두운 마음으로 다만 숫자만 셀 뿐으로 관행(觀行)이 없다. 때문에 증득할 때 애(愛)·견(見)·만(慢) 등 각종 번뇌의 병이 생기는 경우가 많다. 애란 수식 자체에 애착을 갖는 것이고 견이란 숫자를 헤아리는 자아가 있다고 착각하는 '아견'을 말한다. 만이란 숫자를 헤아리는[319) 자아가 있다고 생각하여 남을 업신여기는 마음이다. 지금 수식(隨息)으로써 수식(數息)을 대신하면 호흡할 때에 이 호흡은 무상하며 목숨은 호흡에 의지하고 호흡이 바로 목숨으로서 한 번 내쉰 숨이 돌아오지 않으면 바로 생명이 없어지는 것임을 깨닫는다. 호흡이 무상함을 깨달으니

---

319) 원문(527상)에는 '能敵'으로 되어있으나 문맥상 '能數'라야 맞을 것이다.

목숨도 연약한 것임을 알게 된다. 호흡이 무상한 것을 알아서 애착이 생기지 않고 호흡이 자아가 아님을 알면 아견이 생기지 않으며 무상함을 깨달으니 자만심이 생기지 않는 것이다. 이렇듯 방편의 초기부터 여러 가지 번뇌를 깨뜨릴 수 있으니 수식(數息)과는 같지 않다. 또한 [제1,2특승에서는] 수행자가 마음을 오로지 호흡에 의지하여 산란하지 않게 하므로 선정에 들어가게 되는데 이를 '애착도 있음[亦愛]'이라 부르고 무상을 깨닫는 것은 '경책도 함[亦策]'이라고 부른다. 정(定)과 상응하는 측면에서 역유루(亦有漏)라 하고 관을 행하여 집착하지 않는 측면에서는 역무루(亦無漏)라고 한다. 그리고 수식을 행할 때는 어두운 마음으로 세기만 하는데, 비추어보는 작용이 없으니 정을 증득할 때 마음에 보는 것이 없다. 하지만 수식(隨息)은 밝은 마음으로 호흡을 비추어보니 정을 증득할 때 심안이 밝게 열려 신체의 36물을 보고 애착과 아견과 자만심을 깨뜨리게 된다. 이러한 것들이 바로 특승이 수식보다 뛰어난 점이다.

③ 숨의 길고 짧음을 아는 것은 욕계정에 배대된다. 본래 욕계정을 증득할 때는 정이 밝고 깨끗하지만 호흡의 상을 도무지 지각하지 못한다. 하지만 여기서는 처음 정을 얻을 때 호흡의 길고 짧은 상을 지각한다. 어떻게 깨닫는가? 정에 들었을 때 들숨은 길고 날숨은 짧다고 지각한다. 왜냐하면 마음이 안에 고요히 머물게 되면 호흡은 마음을 따라 안으로 들어오게 되어 들숨이 길고, 마음이 바깥 경계에 반연하지 않아서 날숨이 짧아지기 때문이다. 또한 호흡이 길면 마음이 미세하고 짧으면 마음이 거칠다는 것도 안다. 마음이 미세하면 호흡이 미세해지고 호흡이 미세하면 코에서 배꼽까지 미미하고 천천히 숨이 들어오므로 길게 되는 것이다. 숨이 나가는 것도 마찬가지이다. 반대로 마음이 거칠면 호흡이 거칠어지고 호흡이 거칠면 코에서 배꼽까지 급하고 빠르게 숨이 들어오므로 짧아지며, 숨이 나가는 것도 마찬가지이다. 또 호흡이 짧으면 마음이 미세하고 길면 마음이 거칠다는 것도 자각한다. 왜냐하면 마음이 매우 고요하게 바뀌면 날숨은 배꼽으로부터 가슴에 이르러 다하고 들숨은 코에서부터 시작하여 목구멍 부근에서 끝나므로 짧다고 아는 것이다. 반대로 수행자가 마음이 거칠면 호흡이 배꼽에서부터 코에까지 이르고 코에서 배꼽까지 이르

러 끝나니 숨의 길이 길고 멀다. 이리하여 마음이 거칠면 호흡이 길다고 지각하는 것이다. 또한 호흡이 짧은데도 길게 느끼면 정이 미세한 것이고 긴 호흡을 짧게 느끼면 정이 거친 것이다. 예를 들어 호흡이 코에서 시작하여 가슴에서 끝나면 가는 길이 짧은 것인데 이때 마치 시간이 오래 걸려 배꼽까지 이르는 것처럼 느껴지는 경우가 있으니, 이것이 바로 가는 길은 짧은데 시간이 길다고 한다. 이러한 점에 입각하여 논하면 짧은 가운데 길게 느낀다고 하니 정이 미세한 것이다. 반대로 긴 가운데 짧게 느끼면 정이 거칠다고 한다. 예를 들어 마음이 거칠면 호흡이 코에서 시작하여 배꼽에까지 이르니 길이 긴 것인데 시간은 짧아서 갑자기 나와서 코에까지 이르는 경우가 있다. 이는 마음이 거칠어 호흡이 빠른 것이다. 이는 길어도 짧은 것이니 이렇게 호흡이 짧은 것은 마음이 거친 것이다. 그러므로 짧은 가운데 길면 미세하다 하고 긴 가운데 짧으면 거칠다고 한다. 이렇게 호흡하는 시간이 길고 짧음을 느끼는 가운데 무상함을 안다. 즉 마음이 일어나고 멸하는 것이 일정하지 않아서 호흡이 길기도 하고 짧기도 하여 다양하게 나타나는 것이다.[320] 이 정을 얻을 때는 무상을 깨닫는 것이 더욱 명확해진다. [제3특승에서는] 욕계정을 증득하므로 '역애(亦愛)'라 하고 관을 행하여 무상을 깨닫기 때문에 '역책(亦策)'이라고 한다. 이상 제3 숨의 길고 짧음을 아는 것으로 욕계정을 파하는 것을 간략히 설하였다.

　④ 숨이 몸에 두루 퍼짐을 아는 것은 미도지정에 해당한다. 근본선의 미도지정에서는 몸이 허공처럼 없는 듯이 느껴지는데 그때 사실은 몸에 대한 생각이 있지만 아직 심안이 열리지 않아서 느끼고 보지 못할 뿐이다. 지금 특승을 수행하여 미도지정이 일어날 때도 역시 텅 빈 듯이 정에 들어가지만 점차 몸이 구름처럼, 그림자처럼 있는 것을 느끼게 된다. 그리하여 나가고 들어오는 숨이 몸 전체의 모공에 두루 퍼져 있음을 깨닫는다. 이때도 역시 호흡의 길고 짧은 모양 등을 알면서 호흡이 들어오면 쌓이지 않고 나가면 흩어짐이 없어서 무상하게 생멸하고 있음을 보게 된다.

---

320) "호흡이 짧은데도 길게 느끼면" 부터 여기까지는 (527상~, 대정장으로 7행 가량) 문맥이 잘 연결되지 않고 중복되는 문장이 있어서 의역을 하였다.

몸이란 공한 것으로서 실체가 없이 임시로 있는 법임을 깨닫는다. 또한 생멸을 거듭하면서 찰나라도 머물지 않고[근·경·식] 삼사(三事)가 화합하여 정이 생기는 것도 알게 된다. 삼사가 모두 공한 것이니 정 또한 의지하는 바가 없으며 공 또한 공임을 알아서 정에 대해 집착하지 않게 된다. 이것이 바로 근본선의 미도지정을 파하는 것으로서 정에 대해 일으키는 애착과 경책의 이치가 그 가운데 있는 것이다.

문 『대지도론』이나 여러 경전에서는 대체로 호흡이 들어오고 나가는 것을 '관한다'고 하는데[321] 여기서는 왜 호흡이 들어오고 나가는 것을 '안다'고 말합니까?

답 그 경론에서는 '안다'는 것을 '관한다'는 것으로 설하고 있지만 실제로는 관법이 다 갖추어지지 않기 때문에 여기서 '안다'고 말한 것이다. 『대품반야경』의 「광승품(廣乘品)」에서는 십육특승을 밝히면서 모두 호흡이 들어오고 나가는 것, 길고 짧은 것을 '안다'고 말하고 있는 것[322]이 증거이니 안다고 설하여도 경문의 이치에 어긋나는 것이 아니다. 지혜로써 관하는 것은 아래에서 설할 것이다.

⑤ 신체의 모든 작용을 제거하는 것은 초선의 각지(覺支)와 관지(觀支)에 상대된다. 욕계의 몸 상태에서 [색계의 선정인] 초선이 일어나면 색계의 4대로 이루어진 색이 욕계의 몸에 부딪쳐서 욕계의 신근에 신식을 일으키니 이 색의 촉감을 느끼게[覺] 된다. 욕계와 색계의 색은 서로 의지하며 함께 머물기 때문에 '몸'이라고 한다. 신체의 작용[身行]이란 바로 초선의 관지(觀支)를 말한다. 이 관지는 신체로부터 생기는데 신체에 속한 법은 조작함이 있음을 알기 때문에 '신체의 작용'[323]이라고 부른다. '신체의 작용을 제거한다'는 것은 다음과 같은 것이다. 호흡이 몸 전체에 두루 퍼져 있음을 깨달으면서 초선이 일어나면 심안이 밝게 열려서 몸을 이루는 36물이 더럽고

---

321) 『대지도론』 11, 138상과 『대방등대집경』(『대정장』 13), 157하 및 『좌선삼매경』(『대정장』 15), 275하 등.
322) 『대정장』 8, 253하.
323) 여기서 말하는 행(行)은 오온의 행으로서 조작성, 즉 유위(有爲)를 의미하므로 유위법으로서 몸의 작용을 '신행'이라고 한다는 것이다.

냄새 나는, 싫어할 만한 것임을 보게 된다. 이때 36물은 사대로 인해 있는 것이며 머리 등 여섯 부분[324]은 하나하나가 몸이 아니고 사대 역시 각각 몸이 아님을 알게 된다. 이것이 욕계의 몸을 제거한 것이다. 이어서 욕계의 몸 가운데 색계의 사대를 구해도 얻을 수 없는 것을 초선의 몸을 제거한 것이라고 한다. 어째서 그러한가? 만일 색계[의 사대]가 별도로 있어서 색을 이룬 것이라면 이 색은 밖에서 온 것인가, 안에서부터 나온 것인가, 아니면 그 중간에 있는 것인가. 이와 같이 관해 보아도 결국에는 얻을 수 없으며 다만 전도된 억측으로 인해 색계의 촉감을 느끼는 것이라고 말하는 것이다. 자세히 관해도 얻을 수 없는 것이 초선의 몸을 제거한 것이고 몸이 제거되었으므로 몸의 작용도 없어지는 것이다. 또한 초선을 얻지 못했을 때는 욕계의 몸으로 각종 선행과 악행을 일으키지만 이제 몸이 부정한 것임을 보아서 업을 부르는 여러 선과 악을 짓지 않으니 신체의 작용을 제거했다고 부른다.

이 정을 밝히면 두 종류가 있다. 첫 번째 근본선의 5지에 대해서는 앞에서 설한 것과 같다. 두 번째 정선(淨禪)의 5지는 다음과 같다. 몸을 이루는 36물은 비어있고 임시의 법이어서 실체가 없는 것임을 깨닫는 것을 각지라 하고 이 선은 욕계정이나 근본정보다 공덕이 훨씬 크고 우수한 것임을 분별하는 것을 관지라고 한다. 법희(法喜)를 얻어 마음이 경사롭고 기쁜 것을 희지라 하고 허물이 없는 담담한 즐거움을 느끼는 것을 낙지라고 한다. 바른 정으로 마음을 유지하여 동요하지 않게 하는 것을 일심지라고 한다. 이렇듯 5지 가운데 수승하고 묘한 기쁨과 즐거움을 성취함이 있지만 마음에 물들고 집착함이 없기 때문에 정선이라고 한다. 『구사론』 등 아비달마 논서에서는 이 두 가지 선에 대해 무부무기(無覆無記)와 유부무기(有覆無記), 무루와 유루 등으로 자세히 분별하고 있다.[325]

⑥ 기쁨을 느끼는 것은 초선의 희지(喜支)를 대치하는 것이다. 근본선 가운데 생기는 기쁨은 유부무기(有覆無記)이고 허물이 있는 각과 관 이후에 생기는 것이다.

---

324) 머리와 네 팔다리, 그리고 몸통을 말한다.
325) 『구사론』 28 「분별정품(分別定品)」 참조.

관하는 지혜로 비추는 작용이 없으므로 번뇌가 생기는 경우가 많으니 이를 받아들이지 않아야 한다. 하지만 여기서 기쁨을 느끼는 것은 정선의 각지와 관지로부터 생기는 것으로서 관을 행하여 분석하니 각과 관의 본성이 공함을 통달하게 된다. 따라서 각과 관에서 생기는 기쁨 역시 공함을 알게 되어 그 기쁨에 집착하지 않으며 허물이 없으니 기쁨을 받아들이라고 설한다. 마치 아라한은 일체의 공양에 집착하지 않으므로 '공양을 받을 만하다[應供]'고 하는 것과 같다. 또한 진실한 지견으로써 참된 법희(法喜)를 얻는 것과 같으므로 기쁨을 느낀다고 설한다.

⑦ 즐거움을 느끼는 것은 근본선의 낙지(樂支)를 상대한다. 저 근본선에서는 관하는 지혜가 없기 때문에 즐거움에 물드는 경우가 많다. 그러므로 그 즐거움을 받아들이지 않아야 한다. 하지만 여기에서 즐거움을 받아 느끼라고 하는 이유는 본래 없는 즐거움을 느껴서 즐거움의 본성이 공한 것임을 알므로 즐거움에 집착하지 않는다. 때문에 즐거움을 받아들이는데 따른 허물이 없으며 별도로 무위의 즐거움을 증득함도 없으므로 기쁨을 느낀다고 설한다.

⑧ 마음의 모든 작용을 느끼는 것은 근본선의 일심지(一心支)를 상대하여 깨뜨리는 것이다. 지금 밝히는 특승법은 모든 법에 통하는 것이므로 "마음의 모든 작용[諸心行]"이라고 표현하였다. 마음 작용에는 두 종류가 있으니 첫 번째는 '유동하는 마음[動行]'이고 두 번째는 '부동의 마음[不動行]'이다. 어떤 이는 이를 해석하여 "초선부터 제3선까지는 여전히 유동하는 마음이고 제4선 이후부터는 부동의 마음"이라고 한다. 그러나 지금 부동의 마음에 대해 말한다면 각(覺) 등의 네 가지 지(支)는 유동하는 마음이고 마지막 일심지만 부동의 마음이라고 할 수 있다. 앞에서 마음의 모든 작용이라고 한 것은 부동의 마음인 일심지를 포함시키기 위한 말이다. 근본선에서는 일심에 들어갈 때 마음이 집착이 일어나면 이 일심을 받아들이지 않아야 한다. 하지만 특승에서 마음의 모든 작용을 느끼는 경우에는 이 일심도 허망하고 실재가 없는 것이어서 일심 역시 마음이 아님을 알기 때문에 집착하지 않는다. 이렇듯 일심에 있어서 허물이 없기 때문에 삼매가 바르게 일어나므로 마음의 모든 작용을 느낀다고 설하는 것이다.

⑨ 기쁨을 짓는 것은 제2선의 내정(內淨)과 희지(喜支)에 상대한다. 제2선의 기쁨은 마음속이 청정해져서 일어나는 것인데 지혜로 비추는 작용이 없기 때문에 받아들이는 경우가 많다. 특승관에서는 일어나는 기쁨을 관하여 그것이 허망한 것임을 알기 때문에 받아들여 집착하는 마음이 생기지 않는다. 이는 진실한 지혜를 얻었을 때 생기는 법열(法悅)과 같으니 또한 희각분(喜覺分)326)이라고 부른다. 이것은 정관(正觀)을 행하는 가운데 마음에 생기는 참된 법열이므로 기쁨을 짓는다고 부른다.

⑩ 마음을 다잡는 것은 제2선의 일심지에 짝한다. 제2선에서는 기쁨이 일어나면 마음을 동요시키므로327) 마음을 다잡으라고 설하는 것이다. '다잡는다[攝]'는 것은 어떠한 것인가? 앞에서 가짜 기쁨을 깨뜨려 희각분의 기쁨이 생겼는데 비록 이 기쁨이 바른 것이기는 하지만 마음을 동요시키는 허물이 없지 않다. 그러므로 응당 기쁨의 성질을 돌이켜 관해보면 필경은 공하여 텅 빈 것임을 알게 되니 정심(定心)이 흩어지지 않고 기쁨을 따라 동요되는 일이 없다. 그러므로 『대집경』에서 '동지심(動至心)'328)이라고 하였다.

⑪ 마음이 해탈에 머무는 것은 제3선의 낙지(樂支)를 상대하여 깨뜨리는 것이다. 어째서 깨뜨리는가? 제3선에는 몸 전체에 퍼지는 즐거움이 있다. 범부들이 이를 얻으면 대부분 애착이 생겨서 묶여버리니 해탈할 수가 없다. 지금 해탈이라고 말하는 것은 관하는 지혜로써 분석하여 깨뜨리는 것을 뜻한다. [제3선에서] 온몸에 퍼지는 즐거움을 증득할 때 이 즐거움은 인연이 화합하여 생기는 것으로서 공하여 자성이 없으니 허망하여 실재가 아님을 안다. 이렇게 즐거움을 관하여 집착하지 않으면 마음이 자유로워질 수 있으므로 마음이 해탈에 머문다고 하는 것이다.

⑫ 무상을 관하는 것은 부동정인 제4선을 상대하여 깨뜨리는 것이다. 세간에는

---

326) 희각분(喜覺分) : 37조도품의 칠각분(七覺分) 가운데 하나. 칠각지(七覺支)라고도 하는 칠각분은 삼매에 들어 깨달음을 얻어가는 심리적 과정을 일곱 가지 단계로 설명한 것인데, 이 가운데 희각분은 선법(善法)을 얻게되어 희열이 일어나는 것이다.
327) 원문(528상)은 '喜動經攝'으로 되어 있어서 문맥이 통하지 않는다. '경섭'은 연문이거나 오자인 듯하다.
328) 『대방등대집경』 22 (『대정장』 13), 161상.

동법(動法)과 부동법(不動法)이 있는데 앞의 3선까지는 즐거움으로 인해 동요되므로 동법이라고 부르지만 제4선은 부동정이라고 한다. 범부들이 이 선정을 얻으면 대부분 항상(하는 선정)이라고 생각하여 마음에 애착이 생긴다. 하지만 지금 이 선정을 관해보면 생멸을 거듭하여 [과거·현재·미래] 삼상으로 변천하니 파괴되며 불안한 모습임을 알 수 있다. 그러므로 경전에서 "세간의 동법과 부동법은 모두 파괴되며 불안한 모습."329)이라고 설한다. 이때문에 무상을 관한다고 설한다.

⑬ 나가서 흩어짐을 관하는 것은 공처정을 상대하여 깨뜨리는 것이다. 나간다[出]는 것은 색계를 벗어나는 것이고 흩어진다[散]는 것은 세 종류의 색법이 흩어진다는 것이다. 또한 나가서 흩어진다는 것은 색을 벗어나 마음이 허공에 의지하면 사라지고 흩어지는 것이 자유로와 색법에 구애되지 않는 것을 말한다. 범부가 이 선정을 얻으면 이야말로 안온하고 참된 공이라고 여겨서 마음에 집착이 생긴다. 그러나 지금 [특승에서는] 나가서 흩어짐을 관한다고 하였으니 수행자가 처음 공처정에 들어갈 때 이 선정은 [색온을 제외한] 4온이 화합하여 생긴 것일 뿐 자성이 없다는 것을 알기 때문에 집착하지 않는다. 어째서 자성이 없는가? 만일 나가서 흩어짐이 '있다'고 하면 이는 허공이 나가서 흩어지는 것인가, 마음이 나가서 흩어지는 것인가? 만일 마음이 나가서 흩어지는 것이라면 마음은 삼상으로 변천하는 것인데, 과거는 이미 지나갔고 미래는 오지 않았으며 현재는 머물지 않으니 어떻게 능히 나갈 수 있는가? 만일 허공이 나가서 흩어지는 것이라면 허공은 앎이 없는데 앎이 없는 법이 어떻게 나가서 흩어짐이 있겠는가. 이미 공처정을 얻을 수 없으니 마음에 애착이 없다. 이를 나가서 흩어짐을 관하는 것이라고 한다.

⑭ 욕망을 여의는 것을 관하는 것은 식처정에 배대된다. 바깥 경계에 대한 일체의 애착을 모두 욕망이라고 하는데 욕계부터 허공까지는 모두 마음 밖의 경계이다. 만일 허공을 바깥 경계로 삼아 인식이 이 허공을 받아들이면 허공이 욕망의 대상이 된다. 지금 식처정은 안의 식을 대상으로 삼아 바깥의 허공에 대한 욕심을 여의는

---

329) 『유교경(遺敎經)』(『대정장』12), 1112중.

것이므로 '욕망을 여읜다.'고 한다. 만일 범부들이 이 선정을 얻으면 혜안으로 비추어보는 작용이 없으므로 "마음이 식법(識法)과 상응하여 진실로 안온하다."고 여겨서 집착이 생긴다. 그러나 특승에서는 욕망을 여의는 것을 관한다. 즉 이 선정을 얻었을 때 관으로 분석하여 깨뜨리는 것이다. 만일 마음이 식을 대상으로 하고 마음과 식이 상응하여 선정에 들어가는 것이라고 말한다면 사실은 그렇지 않다. 과거와 미래와 현재 삼세의 식은 모두 현재의 마음과 상응할 수 없는데 어떻게 마음이 삼세식과 상응한다고 말하겠는가. 정법(定法)으로써 마음을 유지하는 것을 식처정이라고 하는 것이니 이 정은 다만 이름만 있을 뿐이요 허망하여 실재가 없음을 알게 된다. 그러므로 욕망을 여읜다고 말한다.

⑮ 멸함을 관하는 것은 무소유처정에 배대된다. 어째서 그러한가? 이 선정은 무위(無爲)의 법경(法境)에 집중하여 마음이 무위와 상응하는 것이다. 무위 법경과 상대하면 매우 적은 식만 일어나므로 범부가 이 선정을 얻으면 마음이 멸했다고 여겨서 깊은 애착을 일으키니 이를 버리지 못하고 포박되고 만다. 지금 멸함을 관한다는 것은 이 선정을 얻었을 때 적은 식이 일어남을 깨닫는 것이다. 이 식은 비록 매우 적지만 역시 4온이 화합하여 있는 것이므로 무상하고 무아이며 허망하다. 비유하면 똥은 많으나 적으나 모두 냄새가 나므로 애착할 수 없는 것과 같으니 이를 멸함을 관한다고 한다.

⑯ 버림을 관하는 것은 비유상비무상처정에 짝한다. 어째서 그러한가? 비유상비무상처정은 양쪽으로 버려서 대치(對治)하는 선정이니, 초선부터 [무소유처정까지는] 다만 치우친 버림330)만 있을 뿐 양쪽을 다 버리는 것은 없었으므로 버린다[棄捨]는 이름을 얻지 못하였지만 비유상비무상처정은 유와 무를 쌍으로 버렸으므로 버린다는 이름을 얻을 수 있다. 또한 이 선정은 버리는 것의 궁극이므로 마지막으로

---

330) 원문(528하)에는 두루 편(遍) 자를 써서 '遍捨'로 되어 있으나 이는 '兩捨'의 반대가 되어야 하므로 치우칠 편(偏) 자를 써야 맞는다. 실제로 초선은 욕계의 오개(五蓋)를, 제2선은 초선의 각관(覺觀)을 버려서 일어나고 내지 무소유처정은 식처정의 식을 버려서 일어나는데 비유상비무상처정은 무소유처정 이전의 유(有)와 무소유처정의 무(無), 즉 유와 무를 아울러 버려야 일어나는 선정이다.

이 이름을 얻는다. 때문에 범부들이 이 선정을 얻으면 열반이라고 여기고 관하는 지혜로써 깨달아 알지 못하기 때문에 이를 버릴 수 없다. 지금 버린다는 것을 밝혀보면 이 선정은 4온과 2입,[331] 3계와 10종의 미세한 심소법[332] 등이 화합하여 이루어진 것이다. 때문에 이 선정은 무상이고 고[333]이고 무아이며 허망하여 실체가 없으니 이를 열반이라고 억측하여 안락하다는 생각을 일으키는 것은 옳지 않다. 이렇게 공적한 것임을 알고 나면 이를 받아들여 집착하지 않게 되니 이것을 버림을 관하는 것이라고 부른다. 비록 열심히 구한 끝에 이 선정을 성취한 것이지만 그때 두 종류의 버림을 모두 갖추어야 하니, 첫 번째는 근본기사(根本棄捨)이고 두 번째는 열반기사(涅槃棄捨)[334]이다. [이 둘을 버려야] 생사를 영원히 버리는 것이므로 버림을 관한다고 말한다.

수행자가 버림을 깊이 관할 때 삼승의 열반을 증득하게 된다. 이는 수발타라의 사례에서 볼 수 있으니, 부처님께서는 그에게 비유상비무상처정 가운데 일어나는 미세한 생각을 관하도록 하여 그가 곧 아라한과를 얻었던 것이다. 지금 깨달음을 얻는 것을 밝힌다면 반드시 십육특승을 모두 행해야 하는 것은 아니다. 혹은 세 가지나 두 가지 특승만으로 깨달음을 얻기도 하며 근기가 예리한 사람은 첫 번째 수식(隨息)을 행할 때에 무상함을 깨달아 곧 도를 깨우치기도 하니 사람마다 다르고 정해져 있지 않다. 십육특승은 첫 번째부터 모두 근본정을 일으키므로 역유루(亦有漏)라 하고 그 사이에 관을 행하여 분석하고 집착을 일으키지 않으므로 역무루(亦無漏)라고 한다. 그러므로 십육특승은 역유루역무루선이라고 부른다. 이들은 종으로 삼계의 모든 선과 대비할 수 있으니 하나하나 법상을 관해 보면 지극한 뜻을 알 수 있을 것이다.

---

331) 원문(528하)에는 '十二入'으로 되어 있으나 다음 주석의 설명에서 보듯이 '二入'이라야 맞다.

332) 비유상비무상처정은 무색계정이므로 색온을 제외한 수·상·행·식의 4온으로 이루어진다. 12입처로 구분하면 의내입처(意內入處)와 법외입처(法外入處)의 2입처로, 18계로 구분하면 의근계·법경계·의식계의 3계로 이루어진다. 또한 구사학에 의거하면 심소 가운데 대지법(大地法) 열 가지는 항상 일어나는 것이므로 10종의 미세한 심소법이란 수(受)·상(想)·사(思) 등의 대지법을 가리킨다.

333) 원문(528하)은 '若'으로 되어 있으나 문맥상 '苦'로 바꾸어서 해석하는 것이 부드럽다.

334) 근본기사(根本棄捨)와 열반기사 : 근본기사란 근본정, 즉 관을 일으킬 수 있도록 하는 선정을 집착하지 않고 버리는 것이고 열반기사란 선정에 들어 열반을 관한 뒤 그것에도 집착하지 않고 버리는 것을 말한다.

석선바라밀차제법문

권8

釋禪波羅蜜次第法門

7. 선바라밀의 수증修證 (4)

7.2.3 ▸ 통명관通明觀

7.2.3.1 ▸ 이름의 풀이

이 선정을 통명관이라고 부르는 이유는 무엇인가? 이 관의 방법은 『대방등대집경』에 나오는데 별도의 이름을 밝히는 문장이 없다. 북쪽 지방의 여러 선사들이 이 선정을 수행한 뒤 다른 사람들에게 가르쳐 주고 싶었지만 이름을 몰랐다. 근본선 가운데 포함시키려 하여도 법상이 매우 다르고 십육특승과 대비하니 명칭이 완전히 관련이 없었다. 배사(背捨)나 승처(勝處)에 안배하자니 관행의 방법이 판연하게 달랐다. 이렇듯 진퇴가 마땅치 않자 선사들은 별도로 이름을 지어 통명관선(通明觀禪)이라 하였다는 것이다. 어떤 이는 『화엄경』에 이 이름이 있다고 말한다.

통명에서 '통(通)'이란 처음 수행할 때부터 [息·色·心] 세 가지를 통관(通觀)한다는 의미이다. 호흡[息]을 관할 때는 색과 마음을 함께 비추는 것이며 색을 관하거나 마음을 관할 때도 마찬가지이다. 이 법은 밝고 청정하여 능히 일체의 심안을 열어 덮어 가리는 것이 없게 하며 한 가지를 관하면 세 가지를 통달하여 장애 없이 꿰뚫어 보니 통명이라고 이름 한다. 또한 이 선정을 잘 닦으면 반드시 삼명육통이 일어난다. 그러므로 『대집경』에서는 법행비구가 이 선정을 닦을 때 신통을 얻고자 하면 능히 얻을 수 있음을 밝히고 있다.[335] 여기서 '통'이란 육통을 능히 얻음을 말하고 '명'이란 삼명을 능히 생기게 함을 말한다. 이는 원인 가운데서 과보를 설하는 것이므로 통명관이라고 부른다.

문 다른 선정들도 육통과 삼명을 일으킬 수 있는데 무슨 까닭에 유독 이 선만 통명이라고 합니까?

답 다른 선정들도 육통삼명을 일으키는 이치가 있지만 이 선처럼 예리하고 빨라서 통명이라고 부를 정도가 되지는 못하기 때문이다.

문 『대집경』에도 이 선정 명칭의 의미가 따로 해석되어 있습니다. 경전에 "선이라고 하는 것은 빠르기 때문에 선이다. 빠르되 크게 빠르고 머무르되 크게 머물며 지극히 고요한 상태로 멸하여 멀리 떠나는 것을 관하므로 선이라고 부른다."[336]고 하였습니다. 그런데 지금 어찌 하여 별도로 명칭을 붙이십니까?

답 그 경전에 비록 이러한 해석이 있어서 의미는 드러나지만 명칭이 너무 방만하다. 이렇듯 적합한 명칭이 없기 때문에 다시 통명관이라는 명칭을 붙인 것이다.

7.2.3.2 ▸ 수행의 차례

이 선정은 별도의 차례가 없다. 다만 근본 사선과 사공처정에 의거하여 차례를

---

335) 『대방등대집경』22(『대정장』13), 160하.
336) 위와 같은 곳, 161하.

세우되 다만 하나하나의 선정 안에 다시 수승한 출세간의 관법과 정법(定法)이 있어서 무루지를 발하게 하고 삼명육통이 속히 일어나는 것이다. 또한 비유상비무상처정 뒤에 온갖 마음 작용을 멸하여 멸수상정에 들어가므로 어둡게 증득하여 집착을 일으키며 신통한 지혜와 공능이 없는 근본선과는 같지 않다. 그러므로 비록 차례는 근본선과 같지만 관하는 지혜가 특별한데도 사람들이 잘못 이해할까봐 이러한 명칭을 붙였다. 명칭은 다르지만 수행 차례는 차이가 없다.

문 만일 이 선정으로 멸수상정에 들어갈 수 있다면 구차제정(九次第定)과는 어떤 차이가 있습니까?

답 이 선정을 닦을 때[전 단계 선정의] 마음과 [다음 단계 선정의] 마음에 간격이 없다면 또한 구차제정이라고 말할 수 있다. 하지만 끝내 구차제정법을 다 갖추는 것은 아니다. 이 사실은 아래에 있으니 보면 알 수 있으리라. 만일 『성실론』에서 풀이한 9정과 8해탈에 준한다면 또한 [구차제정을] 다 갖춘다.

7.2.3.3 ▸ 수행과 증득

이 선정은 별도의 차례가 없으므로 근본선의 차례에 의거하여 수행과 증득을 분별하겠다.

7.2.3.3.1 ▸ 초선의 수행과 증득

『대집경』에 다음과 같이 설하고 있다.

초선이란 '갖춤[具]'과 '떠남[離]'을 말한다. '떠남'이란 오개(五蓋)를 떠난 것을 말하고 '갖춤'이란 5지를 갖추는 것을 말한다. 5지란 각·관·희·안·정을 말한다. 무엇이 각(覺)인가? 여여한 마음[如心]으로 느끼고 크게 느끼며 사유하고 크게 사유하여 마음의 성품을 관하는 것을 각이라 한다. 무엇이 관(觀)인가? 마음을 관하여 대행(大行)과 편행(遍行)을 행하며 뜻대로 따르는 것[隨意]을 관이라고 한다. 무엇이 희(喜)인가? 진실 그대로 알고 크게 알아서 마음이 동요하여 마음에 이르는 것을 희라고 한다. 무엇이 안(安)인가? 마음이 편안하고 몸이 편안하며 느낌이 편안하여 즐거운 감촉을 느끼는 것을 안이라고 한다. 무엇이 정(定)인가? 마음이 머물고 크게 머물며 외연(外緣)에 의해 어지럽지 않아서 오해하거나 전도가 없는 것을 정이라고 한다.[337]

이것이 저 경전에서 통명관의 초선을 수행하고 증득하는 양상을 간략히 풀이한 것이다. 이 경문에서 밝힌 5지를 미루어 보면 다른 경론에서 밝히는 것과 크게 다르므로 별도의 해석이 필요하다.

먼저 여여한 마음[如心]이란 초선의 앞 방편정(方便定)이 일어난 것이니 바로 미도지정(未到地定)이다. 단 그 증득이 홀로 일어나는 것이 아니라 수습(修習)을 거쳐야 한다. 어떻게 수습하는가? 수행자가 처음 마음을 편안히 할 때부터 숨[息]과 색과 마음 세 가지 모두에 분별이 없음을 관해야 한다. 이 세 가지를 관할 때는 반드시 먼저 숨의 길을 관한다. 어떻게 숨을 관하는가? 마음을 거두어 고요히 앉아서 호흡을 고른다. 숨이 몸 전체에서 출입하는 것을 일심으로 자세히 관한다. 만일 지혜의 마음이 밝고 예리하다면 곧 숨이 들어오면 쌓이지 않으며 나가서는 흩어짐이 없음을 느낀다. 올 때는 경유하는 곳이 없고 갈 때는 거치는 곳이 없다. 비록 숨이 몸 전체에서 들고 나는 것을 밝게 느끼지만 숨은 마치 허공의 바람처럼 자성이 없다. 이것이 숨이 여여한 것을 관하는 마음의 모습을 간략히 설한 것이다. 다음에 색이 여여함을 관한다. 수행자가 숨은 몸에 의지하며 몸을 떠나서는 숨이 없음을 알면 곧 몸의 색이 여여함을 자세히 관해야 한다. 이 색은 본래 스스로 있는 것이 아니고 전생의 망상이 인연이 되어 금생의 4대로 이루어진 색을 초감(招感)하여 허공을 둘러싼 것으로서 임시로 몸이라고 이름 붙인 것이다. 일심으로 자세히 관하면 머리 등 여섯 부

---

337) 『대방등대집경』 22(『대정장』 13), 161상.

분과 36물, 그리고 사대와 사미 하나하나는 몸이 아니며 사미와 사대 또한 각각 실체가 없다. 스스로도 있는 것이 아닌데 어떻게 여섯 부분의 신체나 36물을 낳을 수 있겠는가. 그러므로 얻을 수 있는 몸의 색은 없음을 안다. 그때 마음에 분별이 없어져서 곧 색의 여여함에 통달하게 된다. 다음에 마음의 여여함을 관한다. 수행자는 마음이 있기 때문에 색법인 신체의 가고 오는 동작이 있음을 알아야 한다. 만일 이 마음이 없다면 누가 색을 분별하며 색의 인(因)은 누가 낳는가. 이 마음을 상세히 관하면 인연에 따라 있는 것이며 생멸이 매우 빨라 머무는 곳을 볼 수 없다. 또한 형상도 없고 다만 이름만 있을 뿐이며 이름 역시 공(空)이니 곧 마음의 여여함을 통달하게 된다. 수행자가 이처럼 세 가지의 서로 다른 자성을 얻을 수 없는 것을 '여여한 마음'이라고 부른다.

또 수행자가 숨을 관할 때 숨(의 자성)을 얻을 수 없음을 알면 곧 색과 마음도 공적(空寂)하다는 것에 통달한다. 왜냐하면 이 세 법은 서로 떨어질 수 없기 때문이다. 색을 관하거나 마음을 관할 때도 마찬가지이다. 만일 숨과 색과 마음의 세 가지를 얻을 수 없다면 곧 일체의 법을 얻을 수 없다. 왜냐하면 이 세 가지가 화합하여 일체의 오온·십이처·십팔계와 온갖 고통과 번뇌, 선업과 악업을 낳아서 5도를 왕래하면서 쉬지 않고 윤회하는 것이기 때문이다. 이 세 가지가 무생(無生)임을 깨닫는다면 일체의 법이 본래 공적함을 알게 된다. 이상 여여한 마음을 수습하는 것을 간략히 설명하였다.

다음에 [여여한 마음을] 증득하는 양상을 밝히겠다. 이 또한 욕계정과 미도지정을 증득하는 모습이 있다. 수행자가 앞의 설명과 같이 세 가지의 성질은 모두 얻을 수 없음을 관찰하여 그 마음이 자유롭게 진여(眞如)에 머물게 되고 다 사라진 듯 밝고 깨끗해지는 것을 욕계정이라고 부른다. 이 정 뒤에 마음이 진여법에 의지하여 돌연히 정에 들어가면서 여(如)와 상응하고, 법대로 마음을 유지하여 동요하지 않으며 돌연히 몸과 숨과 마음의 세 가지가 다른 모습을 보지 않게 된다. 일면 허공과도 같으므로 '여여한 마음'이라고 부르니, 이것이 곧 통명관의 미도지정이다.

다음에 초선이 일어나는 모습을 풀이하겠다. 앞에서 인용한 경설처럼 응당 5지의 증득 양상을 모두 풀이해야 되지만 먼저 각(覺)지에 의거할 것이다. 각지의 뜻이 밝혀지면 나머지 4지의 풀이는 따라서 알 수 있을 것이다.

경전에 "느끼고[覺] 크게 느낀다[大覺]."고 하였다. 느낀다는 것은 근본선에서 촉감이 일어나는 모습을 느끼는 것이다. 이는 앞의 사선(四禪) 설명과 같지만 가볍고 무거운 차이가 있다. 크게 느낀다는 것은 마음의 눈이 활연히 밝게 열려 세 가지가 일어나는 모습을 밝게 보는 것을 말한다. 그런데 이것은 곁가지 해석이지 바른 뜻은 아니다. 이제 각과 대각의 의미를 다시 분별하겠다.

이른바 각이란 세간의 모습을 깨닫는 것이고 대각이란 출세간의 모습을 깨닫는 것이다. 이는 진제와 속제에 대비하여 해석한 것이며 또한 유루와 무루의 의미도 담겨 있다. 세간에는 세 종류가 있다. 첫 번째 근본세간은 한 시기의 정보(正報)로서 오온을 말한다. 두 번째 의세간(義世間)이란 근본[세간]의 법이 외부 일체의 법과 뜻과 이치가 서로 관계함을 아는 것이다. 세 번째 사세간(事世間)이란 5신통이 일어났을 때 일체 중생들의 종류와 세간사를 다 보는 것이다. 세간에 세 종류가 있으니 출세간도 세간과 상대하여 세 가지가 된다. 즉 중생들의 근기는 하·중·상이 있어서 날카롭고 둔한 차이가 있으므로 비록 똑같이 이 초선을 증득하여도 실제로 경계의 깊고 얕음에 차이가 있는 것이다. 그러므로 세 가지 뜻에 의거하여 초선을 증득하는 차이를 분별해야 한다.

7.2.3.3.1.1 ▸ 근본세간에 의거한 초선의 증득상

근본세간과 출세간에 의거하여 각과 대각 등의 5지를 얻어 초선을 증득하는 양상을 밝히면 다음과 같다. 먼저 초선이 일어나는 모습을 밝히고 다음에 각과 대각 등 5지의 차별을 이루는 모습을 밝히겠다.

7.2.3.3.1.1.1 ▸ 초선이 일어나는 모습

먼저 초선이 일어나는 모습이다. 이것은 세 가지 단계로 구분되니 즉 초선이 처음 일어났을 때와 중간의 증득, 그리고 마지막의 증득이 그것이다. 초선이 처음 일어났을 때 수행자는 활연히 신체의 9만9천 개의 모공을 본다. 그것은 비어 있어 소통이 되고 기식(氣息)이 온 몸에 퍼져있는 모공을 통해 출입한다. 비록 심안으로 온 몸으로 숨이 출입하는 것을 밝게 보지만 그것은 들어와도 쌓이지 않고 나가도 분산되지 않는다. 올 때는 경유하는 곳이 없고 갈 때는 거치는 곳이 없다. 곧 몸속의 36물 하나하나가 분명하게 보인다. 36물이란 머리카락·털·손발톱·치아·얇은 피부[薄皮]·두꺼운 피부[厚皮]·힘줄·살·뼈·골수·비장·신장·심장·간·폐·소장·대장·위·자궁·담·똥·오줌·때·땀·눈물·콧물·침·고름·피·맥(脈)·누런 가래·흰 가래·피딱지[隘]·비계·산(㤹)·뇌·막338)이다. 이 36물 가운데 열 가지는 바깥에 있고 26가지는 안에 있다. 22가지는 지대(地大)에 속하는 사물이고 14가지는 수대(水大)이니 이미 풍·수·지대의 상을 보는 것이 분명하다. 다시 이 36물들은 각각 열기가 있어서 달이고 삶는 것을 느끼므로 화대(火大)의 상이 분명하다. 이 사대를 관하면 마치 네 마리 뱀이 한 상자 안에 있지만 사대라는 뱀은 그 성질이 각각 다르다. 또한 [사대는] 도축인이 소를 네 부분으로 갈라놓은 것과도 같은데 이 네 부분을 자세히 관하면 각각 서로 상관이 없는데 수행자도 이와 똑같으니 크게 놀라게 된다.

　수행자는 또한 몸의 36물이 사대가 임시로 화합한 것으로서 깨끗하지 않고 혐오스럽다는 것만을 관할 뿐 아니라 5종으로 부정한 모습도 깨닫게 된다. 5종부정이란 무엇인가? ① [똥·오줌 등] 바깥 10물의 모습이 더러운 것을 보면 마음에 싫어함이 생긴다. 이를 자상부정(自相不淨)이라 한다. ② 몸 안의 26물을 보면 안의 성질이 부정하니 이를 자성(自性)부정이라고 부른다. ③ 이 몸은 가라라 시기에 부모의 정혈(精血)이 화합하여 몸의 종자로 삼았음을 자각하니 이를 종자(種子)부정이라고 한다. ④ 이 몸이 태 안에 있을 때는 생장(生臟)과 숙장(熟臟)의 사이에 있으니 이를 생처(生處)부정이라고 부른다. ⑤ 이 몸이 죽은 뒤에는 무덤에 버려져 냄새나고 더럽게 썩

---

338) 36물 : 몸을 구성하는 서른여섯 가지의 부정물을 말하는데 경론마다 조금씩 다르다. 이곳의 내용은
　　『달마다라선경』(『대정장』15, 325중) 및 『대지도론』(『대정장』25, 403상)의 내용과 거의 같은데 다만
　　담(膽)과 맥(脈)이 추가되어 37가지로 헤아려진다.

으니 이를 구경(究竟)부정이라고 한다. 결국 이 몸은 처음부터 끝까지 부정한 것으로 이루어졌으니 하나도 즐길 것이 없어서 심히 혐오스러움을 알아야 한다. 그런데도 나는 눈이 없어서 오랜 옛날부터 홀연히 이 부정하고 냄새 나는 몸에 집착하여 무량겁 동안 생사에 윤회하는 업을 짓다가 이제야 비로소 깨달았으니 슬픔과 기쁨이 교차한다. 5종부정에 대해서는 『대지도론』에 자세히 설해져 있다.339)

다시 정에 든 상태에서 심식이 온갖 경계를 대상으로 잠시도 쉬지 않으며 각종 심소법이 계속하여 일어나는 것을 깨닫는다. 생각되는 것은 서로 달라 하나가 아니다. 이러한 것을 초선을 처음 증득한 모양이라고 한다.

다음에 중간의 증득상을 밝힌다. 수행자가 이 선정 가운데 머무는 중 삼매가 점차 깊어지면서 숨을 쉰 뒤 오장(五臟) 안에서 생기는 숨의 모습이 각각 다름을 깨닫는다. 즉 청·황·적·백·흑 등 오장의 색깔에 따라 구별되어 나가면 모공에까지 이른다. 비근에서 들어올 때도 색상이 역시 같지 않다. 이와 같이 기식의 상이 한 가지가 아님을 분별한다.

다시 이 몸을 살펴보면 얇은 피부·두꺼운 피부·막·살 등이 각기 99겹으로 되어 있고 큰 뼈와 작은 뼈 3백60개 및 골수가 각각 98겹으로 되어 있다. 이 뼈와 살의 사이에 온갖 벌레가 있으니, 머리가 넷이거나 입이 넷이거나 꼬리가 아흔아홉 개인 것 등 형상이 다양하다. 내지는 이들이 출입하며 오가는 것과 소리, 언어 등이 모두 지각된다. 뇌는 네 부분으로 나누어지는데 각 부분은 14겹으로 되어 있다. 몸 안의 오장은 마치 연꽃처럼 잎사귀들이 겹겹이 덮고 있으며 구멍이 숭숭 뚫려 있어서 안팎이 통한다. 이 또한 99겹으로 되어 있다. 이러한 장기들 사이에도 각각 8만 마리340)의 벌레들이 그 안에 살면서 서로 부리고 있다. 수행자가 마음이 고요하고 세밀할 때에는 또한 선정 중에서 온갖 벌레들의 언어나 소리를 들으며 때로는 이로 인하여

---

339) 『대지도론』19, 198하 이하.
340) 원문(530중)은 '八十戶蟲'이지만 『마하지관』이나 다른 경전들은 대개 '八萬戶蟲'으로 되어 있어서 이를 따랐다.

'중생들의 언어를 이해하는 삼매[解衆生言語三昧]'가 일어나기도 한다. 몸 안의 여러 맥은 심맥(心脈)이 주가 된다. 다시 심맥의 안으로부터 4대맥이 파생되는데 1대맥에 각각 10맥이 있고 10맥 안에 다시 각각 9맥이 있어서 도합 4백 맥을 이룬다. 머리로부터 다리까지 4백4맥이 된다. 맥 안에는 모두 풍기(風氣)가 있어서 피의 흐름을 추동한다. 이 안에도 역시 미세한 벌레가 있어서 맥에 의지하여 산다. 수행자가 이와 같이 알게 되면 몸의 안팎은 마치 파초처럼 실체[알맹이]가 없음을 알게 된다. 다시 마음의 작용을 관하면 (마음이) 대상을 따라갈 때 항상 수·상·행·식의 네 마음이 다르게 차별됨을 안다.

다음에 마지막의 증득상을 밝힌다. 수행자의 삼매가 점차 깊고 깨끗해지며 지혜가 밝고 예리해지면 다시 기식(氣息)이 조화되어 마치 유리그릇처럼 청·황·적·백의 색이 아니고 하나의 모습임을 보게 된다. 또한 숨이 출입하면서 무상하게 생멸하니 모두 공적(空寂)함을 본다. 또 몸의 모습을 보면 무상하게 신진대사를 하고 있다. 즉 음식은 외부의 사대인데 배에 들어가 몸의 자양분이 될 때 새로운 사대가 생기면 옛 몸은 따라서 소멸하는 것이다. 비유하면 초목에 새로운 잎이 생기면 옛 잎은 떨어지는 것과 같다. 몸도 이러한데 어리석은 이들은 알지 못하여 몸을 아낀다. 지혜로운 이는 삼매 중에서 몸의 모습은 무상하게 변천하여 계속 새롭게 생기고 소멸함을 깨달아 색이란 무자성 공이며 붙잡을 수 없음을 안다. 한 생각이 일어날 때 어떤 이는 60찰나의 생멸이 있다고 하고, 어떤 이는 6백 찰나의 생멸이 있다고 할 정도로 신속하니 [마음도] 무자성 공으로서 붙잡을 수 없다.

7.2.3.3.1.1.2 ▸ 5지支를 이루는 모습

다음은 각과 관 등 5지를 이루는 모습이다.

① 각(覺) : 『대집경』에서 각지에 대해 "느끼고 크게 느끼며 사유하고 크게 사유하여341) 마음의 성품을 관하는 것."이라고 하였다. 이 다섯 구절에 의거하여 각의 모

---

341) 원문(530하)에는 "大思惟"가 중복되어 있지만 하나가 빠져야 한다.

습을 밝히겠다.

첫 번째로 "느끼고[覺] 크게 느낀다[大覺]."는 두 구절은 세간과 출세간의 경계가 분별되기 때문에 두 가지 각의 차별이 있는 것이다. 세간의 경계는 곧 다름[異, 분별]의 모습이고 출세간의 경계는 같음[如, 무분별]의 모습이다. 이와 같이 같음과 다름은 바로 진제와 속제의 다른 명칭이다. 관문(觀門)에 의거하면 그 얕고 깊음을 쉽게 볼 수 있는데 『대지도론』에 의거하여 분별하면 다음과 같다. 논에 "상·중·하의 세 종류가 있다."고 하였는데 같음과 다름에 세 종류가 있으니 각과 대각도 세 종류가 되어야 한다. 논서의 뜻에 따르면 [하나하나] 임시의 이름들을 분별하면 다름이고, 이들을 사대의 실법(實法)으로 분별하여 체가 같다고 하면 하품의 같음[下如]이 된다. 지대(地大)와 나머지 3대는 다르다고 분별하는 것은 다름이 되고 이들은 똑같이 무상하게 생멸하는 것이어서 다르지 않다고 보면 중품의 같음[中如]이다. 무상하게 생멸하는 것을 다름이라고 하면 생멸은 곧 공이어서 다름이 없다고 보는 것은 상품의 같음[上如]이라고 부른다. 이제 초선의 하·중·상품에 의거하여 관문의 얕고 깊은 상을 밝히겠다.

먼저 하품 각의 모습이다. 숨이 들고 나는 것을 느끼면서 이들이 청·황·적·백의 여러 색으로 분별되는 것을 각이라고 한다. 이 숨들이 똑같이 풍대(風大)로서 다르지 않다고 느끼면 대각이라고 한다. 또 36물로 서로 다른 것을 느끼면 각이라 하고 나머지 3대와 다름이 없다고 느끼면 대각이라고 한다. 마음의 작용을 느껴서 구별하면 각이라 하고 똑같이 [수상행식] 네 가지 마음으로서 다름이 없다고 느끼면 대각이라고 한다.

다음에 중품 각의 모습이다. 숨이란 풍대라고 느끼면 각이라 하고 숨은 무상하게 생멸한다고 느끼면 대각이라 한다. 다른 3대와 각각 구별된다고 느끼면 각이라 부르고 똑같이 무상하게 생멸하여 다르지 않다고 느끼면 대각이라고 부른다. 네 가지 마음으로 다르게 분별하면 각이라 부르고 [네 가지 마음이] 무상하게 생멸하여 다르지 않다고 느끼면 대각이라고 부른다.

상품 각의 모습은 다음과 같다. 숨이 무상하다고 느끼면 다름이 된다. 이 숨은 팔상으로 변화하기 때문에 무상하다. 팔상이란 생·주·이·멸·생생·주주·이이·멸멸인데 이들 법의 체(體)가 각각 다르다고 느끼는 것을 각이라고 한다. 숨이란 본래 공적하여 팔상이라는 다름이 없다고 느끼면 대각이라고 부른다. 나머지 3대에 각각 팔상의 다름이 있다고 자각하면 각이라 하고 나머지 3대는 본래 공적하여 팔상의 다름이 없다고 느끼면 대각이라고 부른다. 마음이 팔상으로 변천하여 다르다고 느끼면 각이라 부르고 마음은 본래 공적하여 팔상의 다름이 없다고 느끼면 대각이라고 부른다. 어째서 그러한가? 만일 마음이 곧 팔상이고 팔상이 곧 마음이라면 나머지가 있는 상이 깨어진다. 왜냐하면 지금 숨과 색도 역시 팔상이고 팔상이 곧 숨과 색인데 팔상은 다름이 없으니 숨과 색과 마음 세 가지 역시 응당 다름이 없어야 하기 때문이다. 그렇다면 마음을 설할 때 곧 숨과 색을 설하는 것이 되어야 하는데 지금은 사실 그렇지 않으니, [그렇게 하면] 세속제의 모습이 깨져서 어지럽게 되기 때문이다. 마치 사람이 불을 가져오라고 하였는데 물을 가져오는 것과 같이 마음이 오로지 숨과 색이라고 설하는 것은 이와 같은 과오가 있다. 또한 마음을 떠나서 팔상이 있고 팔상을 떠나서 마음이 있다고 하는 것은 마음은 팔상이 아니고 팔상은 마음이 아닌 것이다. 마음이 팔상이 아니라고 하면 마음은 다만 이름만 있고 상이 없게 되는데 상이 없는 법은 마음이라고 부르지 않는다. 만일 팔상이 마음을 떠난 것이라고 하면 팔상은 변천되는 것이 없으니 팔상이라고 부르지 않는다. 팔상에 소상(所相)이 없기 때문이다. 이와 같이 깊이 살펴서 구하면 마음과 팔상은 본래 스스로 있는 것이 아니고 다른 것에 의지하여 있는 것도 아니다. 자성이 허공과 같아서 같다거나 다르다는 상이 없는 것을 깨달으므로 대각이라고 한다. 앞의 숨과 색 하나하나를 깨닫는 것도 이와 같이 분별한다. 지금까지 상품의 각과 대각의 상을 간략히 설하였다.

　두 번째로 "사유하고[思惟] 크게 사유한다[大思惟]."는 두 구절도 다시 앞의 각과 대각에 의거하여 설하겠다. 왜냐하면 첫 마음에 진제와 속제의 상을 깨닫는 것을 각과 대각이라고 부르고 뒷 마음에 거듭 사려하고 관찰하는 것을 사유와 대사유라고 부르기 때문이다. 소각(小覺)에 상대하여 뒤에 오는 마음을 사유라 하고 대각의 뒤에 오는 마음을 대사유라고 설하는 것이다. 이 뜻은 알기 쉬우므로 번거롭게 많이 풀이하지 않는다.

세 번째로 "마음의 성품을 관하는 것"은 사유하고 크게 사유하는 마음을 돌이켜 관하는 것이다. 어째서 그러한가? 수행자가 비록 앞의 경계를 이해했다 하여도 관하는 마음을 돌이켜 통달하지 못한다면 진실한 도를 이해할 수 없기 때문이다. 지금 능관(能觀)의 마음은 관으로부터 마음이 생기는가, 관이 아닌 것으로부터 마음이 생기는가를 반조한다. 관으로부터 마음이 생긴다거나 관이 아닌 것으로부터 마음이 생긴다는 것 모두 잘못이 있다. 관하는 마음은 필경 공적함을 알아야 한다.

②관(觀) : 『대집경』에 "마음을 관하여 대행(大行)과 편행(遍行)을 행하며 뜻대로 따르는 것[隨意]"이라고 하였다. 성문 수행인은 사제(四諦)를 대행으로 삼으니 마음을 관할 때는 반드시 사제에 대한 정관(正觀)을 갖춘다. 어째서 그러한가? 마음을 깨닫지 못하므로 무명이 그치지 않아서 온갖 번뇌의 업을 짓는 것을 집제라고 부른다. 집제의 인연은 반드시 미래의 명색(名色)으로서 고통스러운 과보를 초래하니 이를 고제라고 부른다. 마음의 성품이 곧 계율과 선정과 지혜를 갖추는 것을 관하여 37조도품을 행하므로 도제라고 부른다. 만일 바른 도가 있으면 현재의 번뇌가 생기지 않고 미래의 고통스러운 과보 역시 멸하므로 멸제라고 부른다. 이것을 성문인의 대행이라고 부른다. 연각 수행인은 십이연기로서 대행을 삼는다. 보살이라면 무생법인에 들어가 바른 도를 정관(正觀)하고 적정유리삼매(寂定琉璃三昧)를 증득하여 모공마다 부처님 계신 것을 보고 보살위에 들어가는 것이 대행이다. 간략히 삼승의 대행의 모습을 밝혔다.

다음 '편행(遍行)'이란 다음과 같다. 관행이 아직 예리하지 않을 때 마음에 의거하여 사제를 관하는 것을 대행이라고 하였다. 이제 관법이 조금 예리해져서 온갖 대상을 두루 거치면서 사제를 관하여 16행관을 내는 것을 편행이라고 한다.

다음 '뜻대로 따르는 것[隨意]'이란 다음과 같다. 편행을 행하면 선정 중에 있을 때는 온갖 대상을 볼 수 있지만 선정에서 나오면 관이 상응하지 않는다. 선정에 들어가거나 나오는 대로 일체법을 관하는 것이 임의대로 스스로 이루어져 작의(作意)

에 말미암지 않는 것을 '뜻대로 따르는 것'이라고 한다.

③ 희(喜) : 희지에 대해서는 경전에 "진실 그대로 알고 크게 알아서 마음이 동요하여 마음에 이르는 것"이라고 하였다. '진실 그대로 아는 것[如眞實知]'이란 앞에서처럼 마음의 성품을 통해 사제가 진리임을 관하는 것이다. '크게 안다[大知]'는 것은 다음과 같다. 앞에서처럼 관을 행하되 마음이 대상 가운데 머물러 자세히 살펴서 관에 부합하여 아는 것은 '진실 그대로 아는 것'이라고 한다. 활연히 깨달음이 열려 이치에 부합하여 알며 마음에 법희(法喜)가 생기는 것은 크게 아는 것이다. '마음이 동요하여 마음에 이르는 것[心動至心]'은 다음과 같다. 이미 법희를 얻어 마음이 동요하는데 만일 이 기쁨을 따라간다면 전도되는 것이다. 이제 이 기쁨도 본래 없는 것임을 알아 기쁨의 자성을 얻으면 '마음에 이르는 것'이라고 한다.

④ 안(安) : 안지(安支)에 대해서 경전에서는 "몸이 편안하고 마음이 편안하며 느낌이 편안하여 즐거운 감촉을 느끼는 것"이라고 하였다. '몸이 편안하다'는 것은 몸의 성품을 깨달아서 신업에 동요되지 않으므로 몸이 편안함을 얻는 것이다. '마음이 편안한 것'은 마음의 성품을 깨달아 심업에 의해 동요되지 않으므로 마음이 즐거운 것이다. '느낌이 편안한 것'은 능관(能觀)의 마음을 '느낌[受]'이라 하고 느낌이 느낌이 아닌 것을 알아서 온갖 느낌을 끊어버리기 때문에 즐거운 것을 말한다. '즐거운 감촉을 느낀다'는 것은 세간과 출세간의 두 가지 즐거움이 성취되어 즐거운 법이 마음에 상대하는 것을 말한다.

⑤ 정(定) : 정지(定支)에 대해서 경전에 "마음이 머물고 크게 머물며 외연에 의해 어지럽지 않아서 오해하거나 전도가 없는 것"이라고 하였다. '마음이 머문다'는 것은 세간의 선정법에 머물러 마음을 산란하지 않게 유지하는 것이다. '크게 머문다'는 것은 진여의 정법(定法)에 머물러 마음을 산란하지 않게 유지하는 것이다. '외연(外緣)에 의해 어지럽지 않다'는 것은 비록 일심에 머물러 세간의 상을 분별하지만 마음이 어지럽지 않다는 것이다. '오해하지 않는다[不謬]'는 것에서 '류(謬)'란 '허망한 오류[妄謬]'라는 의미로서 진여를 깨달아 망령된 집착이 일어나지 않으므로 오해하지 않는다고 하는 것이다. '전도하지 않는다[不顚倒]'는 것은 다음과 같다. 만일

마음이 세간의 상만을 취한다면 유견(有見)을 따르게 되어 생사에 빠지고 해탈할 수 없다. 만일 마음이 진여의 상만을 취한다면 공견(空見)을 따르게 되어 세간의 인과를 파괴하고 선한 법을 닦지 않게 되니 이는 크게 두려운 상황이다. 수행자가 진제와 속제에 잘 통달하여 이 두 종류의 사명(邪命)을 떠나는 것을 '전도하지 않는다'고 말한다. 만일 보살이라면 이 한 마음을 얻어 8전도를 깨뜨릴 수 있는 것을 '전도하지 않는다'고 부른다.

수행자가 처음 각지를 성취하면 몸과 숨이 마치 파초처럼 실체가 없음을 깨닫는다. 이제 이 일심에 머물러 정지(定止)가 성취되면 마음이 이미 적정하였다가 이후 없어진 듯이 미세해져서 몸과 숨의 상이 물거품처럼 실체가 없음을 깨닫는다. 지금까지 하근기의 수행자가 통명관의 초선을 증득한 상을 간략히 밝혔다.

7.2.3.3.1.2 ▶ 의세간(義世間)에 의거한 초선의 증득상

7.2.3.3.1.2.1 ▶ 의세간의 의미

다음에는 중간 근기의 수행자가 초선의 5지를 증득하는 양상을 밝히겠다. 먼저 의세간의 모습을 밝히고 다음에 각·관 등 5지의 의미를 풀이한다. 의세간도 두 가지 의미가 있으니 외의세간(外義世間:외도들이 설하는 세간이치)과 내의세간(內義世間:불교에서 설하는 세간이치)이 그것이다.

7.2.3.3.1.2.1.1 ▶ 의세간의 모습

7.2.3.3.1.2.1.1.1 ▶ 외의세간(外義世間)

외의세간을 다시 세 가지 뜻으로 풀이한다. 첫 번째로 근본세간의 인연을 밝히고 두 번째로 근본세간과 외세간의 상관관계를 밝히며 세 번째로 왕법(王法)으로서 바르게 다스리는 것을 밝힌다.

첫 번째 근본세간이 생기는 인연을 깨닫는 것이다. 수행자가 처음 초선을 얻으면 이미 근본세간을 보게 되는데 그때 도를 보기도 하고[見道] 도를 보지 못하기도 한다. 이제 이 근본세간으로서 한 시기의 과보가 어떤 인연으로 생겨났는지 깊이 알고 싶은 욕구가 일어난다. 그때 삼매 중에서 마음과 지혜가 밝고 예리해져서 몸의 36물과 사대·오온을 자세히 관한다. 즉 이 몸은 어떤 인연으로 있게 된 것인가를 알려고 원하는 마음을 내면 삼매의 지혜와 복덕의 선근력으로 인해 곧 깨닫게 되는 것이다. 이 신명(身命)은 선세(先世)에 오계를 지킨 업력이 중음(中陰) 시에도 끊어지거나 없어지지 않고 유지되다가 부모가 교합할 때 업력이 식(識)을 변화시켜 부모의 신체에 있는 콩알만 한 정혈 두 방울이 자신의 소유라고 착각하여 식을 그들에게 의탁하게 된다. 그때 신근(身根)·명근(命根)·식심(識心)이 다 갖추어지며 식은 그 가운데서 5식의 성품을 구비한다. 7일 만에 일변하여 엷은 유즙이나 응고된 연유 같으며 이후 점차 자라서 계란 노른자만 해진다. 업력의 인연으로 변화하여 신체를 이루는데 안에서 먼저 오장이 이루어져 오식이 안치되면 그때부터 지각하게 된다. 불살생계를 지킨 힘이 몸 내부를 변화시켜 간장(肝臟)을 이루면 혼이 그것을 의지하고 불투도계를 지킨 힘이 몸의 내부를 변화시켜 신장(腎臟)을 이루면 지(志)가 그것을 의지한다. 불사음계를 지킨 힘이 몸 내부를 변화시켜 폐장을 이루면 백(魄)이 의지하고 불망어계를 지킨 힘이 몸 내부를 변화시켜 비장(脾臟)을 이루면 의(意)가 의지하며 불음주계를 지킨 힘이 몸 내부를 변화시켜 심장을 이루면 신(神)이 그것을 의지한다. 이 혼·지·백·의·신의 오신(五神)은 곧 오식의 다른 이름이다.

　오장의 기관이 이루어지면 신식(神識)이 깃들 곳이 있게 되며 이들이 깃들면 곧 (오장을) 도울 것이 필요하게 된다. 오계를 지킨 업력이 다시 신체의 내부를 변화시켜 육부(六府)의 신기(神氣)를 이루어서 오장 및 일신(一身)을 부양한다. 육부란, 담은 간부(肝府 : 간의 곳집)가 되는데 물을 담아 기를 이루어 합쳐서 간을 윤택하게 한다. 소장은 심부(心府)가 되는데 심장이 붉은색이므로 소장도 붉은색이다. 심장은 혈기를 만들고 소장 역시 혈기를 통하게 하는데 심장을 윤택하게 하여 몸 전체에 들어가는 것을 주관한다. 대장은 폐부(肺府)가 되는데 폐는 흰색이며 대장 역시 흰색이다. (해로운) 물체를 죽이고 폐를 돕는 것을 주관하여 일신이 성장한다. 위는 비부(脾府)가 되는데 위는 노란색이고 비장도 노란색이다. 위 역시 황간(黃間)에서 동작하여 비장을 통하여 다스리며 기를 사지에 불어넣는다. 방광은 신부(腎府)가 되는데 신장은 검은색이니 방광도 검은색이다. 습기를 통하게 하여 신장을 윤택하게 하니 이로움이 적어 장에 행한다.342) 삼초(三焦)는 합쳐서 한 부(府)가 되는데 각자 주관하는 것이 있다. 상초는 맑고 따뜻한 기인 진액이 통하는 것을 주관하고 중초는 정신의 기인 혈맥이 통하는 것을 주관하며 하초는 대변 등의 물건이 통하는 것을 주관한다. 삼초는 상하가 소통하는 것을 주관한다. 오장의 신(神)은 육부를 나누어 다스리고 육부의 기(氣)는 오관(五官)의 신(神)을 이루어 일신을 주관하여 다스린다.

육부와 오장은 서로 도와서 7체(體)를 이루어 낸다. 신장은 뼈와 골수의 2체를 낸다. 신장은 수(水)에 속하는데 물 안에 모래와 돌이 있으므로 뼈의 이치가 있다. 간은 힘줄과 장의 2체를 낸다. 간은 목(木)이 되는데 나무는 땅의 힘줄이므로 힘줄과 장을 내는 것이다. 심장은 핏줄을 내는데 심장의 색은 붉고 피를 부어서 신기(神氣)가 통하도록 하니 그 도가 스스로 그러한 것이다. 비장은 피부를 내는데 비장은 토(土)가 되므로 피부도 토이다. 폐는 가죽을 내는데 폐는 여러 장기들의 위에 있으므로 피부 역시 신체의 위에 있다. 이것이 바로 오장이 7체, 또는 7지(支)라고 부르는 것을 생기도록 하는 모습이다.

폐는 대부(大夫)가 되어 위에 있으니 아래에 내버려 두면 옳지 않다. 간은 위인(尉仁)이 되고 심장은 중앙에 있으면서 여러 가지를 받는다. 비장은 그 사이에 있으면서 오미(五味)를 고르게 한다. 신장은 아래의 통로에 있으며 4기(氣)343)를 증장시킨다.

7체로써 신체가 이루어진다. 뼈로써 기둥을 삼고 골수로써 기름지게 하며 힘줄로 봉합하고 혈맥으로 통하게 한다. 피로써 윤택하게 하고 살로써 싸며 가죽으로 덮는다. 이러한 인연으로 머리와 몸, 팔과 다리로 대분되는 신체가 있게 된다. 나머지 뼈로는 치아가 되고 나머지 살은 혀가, 나머지 힘줄은 손발톱이, 나머지 피는 머리털이, 나머지 가죽은 귀가 되며 식신(識神)이 안에 머문다. 계를 지킨 인연으로 오포

---

342) 원문(532상)은 '利小行腸故'인데 의미가 불확실하다.
343) 4기(四氣): 차갑고[寒] 뜨겁고[熱] 따뜻하고[溫] 서늘한[涼] 기운.

(五胞)가 열려 베풀어지고 사대(四大)로 색이 이루어지며 [사대 가운데] 청정한 것은 변하여 5정(情)344)이 된다. 그러므로 5경을 대하게 되면 정(情)에 의거하며 식(識)으로써 다섯 가지 색의 인연을 알면 의식이 생긴다. 5경이 물러가면 식은 다시 오장으로 돌아간다. 이렇게 한 시기의 과보로서 사대·오온·십이처·십팔계가 모두 성취된다. 지금까지 한 시기의 과보로서 생기는 근본세간의 뜻과 인연을 간략히 설하였다.

문 만일 식이 안으로부터 나오며 5근 사이에 있다가 5경을 식별한다고 하면 외도의 주장과 무엇이 다릅니까?

답 『유마경』에 "8사(邪)를 버리지 않고 8정(正)에 들어간다."345)고 하였고 또한 "62견이 여래의 종자"346)라고 하였는데 이것은 무엇을 말하는가? 이와 같은 이치는 모두 『제위파리경』347)에서 나온 것이지 사람이 만든 것이 아니다. 만일 이 뜻이 이해되지 않으면 아래에서 다시 볼 수 있을 것이다.

두 번째, 근본세간348)과 외도들이 설하는 국토세간의 이치가 서로 관계되는 모습을 풀이한다. 수행자가 삼매의 지혜와 원지(願智)의 힘으로 신체를 자세히 관하면 이 몸은 천지 및 일체 세속의 일과 비슷하다. 즉 이 몸을 보면 머리는 둥글어서 하늘을 닮았고 발은 네모지니 땅을 본떴다. 내부에 있는 공종(空種)은 허공이요 배가 따뜻한 것은 봄과 여름을 본떴으며 등은 단단하니 가을과 겨울을 본떴다. 4지는 4시를 본받았고 12개의 큰 뼈마디는 12개월을 본받았으며 3백60개의 작은 마디는 3백60

---

344) 5정(情) : 안·이·비·설·신근 등 5근(根)을 말한다.

345) 『유마힐소설경』1(『대정장』14), 540상.

346) 『유마힐소설경』2(『대정장』14), 544하.

347) 『제위파리경(提謂波利經)』 : 북위 태무제의 폐불로 경전이 대부분 소실되자 담요(曇曜)가 찬술한 경전. 부처님께서 성도 후 녹야원에 가는 중 만난 제위와 파리 등 5백 상인들을 대상으로 오계·십선 등을 설한 내용이 담겨있다. 현재 전하지 않으나 인용하고 있는 곳이 많아서 대강의 내용을 알 수 있다.

348) 원문(532중)에는 '釋內世間與外國土義相關相'으로 되어 있으나 앞서 외의세간(外義世間)을 시작하면서 미리 분과한 내용을 감안하면 '內世間'이 아니라 '根本世間'이 되어야 한다.

일을 본받았다. 콧구멍에서 기식이 나오는 것은 산천계곡의 바람 기운을 닮았고 눈은 해와 달을 닮았으며 눈을 뜨고 감는 것은 낮과 밤을 닮았다. 머리털은 뭇 별을 닮았고 눈썹은 북두칠성, 핏줄은 강, 뼈는 옥석, 가죽과 살은 대지가 된다. 털은 숲을 닮았고 안에 있는 오장은 하늘에서는 5성(星), 땅에서는 5악(岳), 음양에서는 5행(行), 세간에서는 5제(帝)[349]를 닮았다. 안에서는 5신(神)이 되고 수행에서는 5덕(德), 사자(使者)로는 8괘(卦), 죄를 다스릴 때는 5형(刑), 백성을 영도할 때는 5관(官)이 되며 상승하면 5운(雲), 변화하면 5룡(龍)이 된다. 심장은 주작이 되고 신장은 현무, 간은 청룡, 폐는 백호, 비장은 구진(句陳)[350]이 된다. 이 다섯 종류의 중생은 세간의 일체 금수(禽獸)들을 포함한다. [오장은] 또한 5성(姓)이 되니 즉 궁(宮)·상(商)각(角)·치(徵)·우(羽)이다. 일체의 성씨들은 모두 이 안에 있다. 서전(書典)에 대비하면 5경(經)이 되니 일체의 책과 역사가 모두 여기서 나온다. 기예에 대비하면 5명(明)[351]·6예(藝)[352]가 되니 일체의 기술이 모두 여기서 나온다. 이 몸은 비록 작지만 이치는 천지와 서로 관련이 있음을 알아야 한다. 이처럼 몸을 설하면 이 몸은 단지 오음세간일 뿐 아니라 국토세간이기도 하다.

세 번째, 몸 안에서 왕법으로 바르게 다스리는 이치를 풀이하겠다. 수행자가 삼매 안에서 원지(願智)의 힘으로 다시 몸 안을 다음과 같이 깨달아 안다. 심장은 대왕이 되는데 위로는 옳고 아래로는 어질므로 백 가지 중요한 사물의 한가운데 머물며 나가면 전후좌우에서 관속들이 호위한다. 폐는 사마(司馬)가 되고 간은 사도(司徒), 비장은 사공(司空)이 된다. 신장은 큰 바다가 되니 안에 신령한 거북이 살면서 원기(元氣)를 호흡하며 바람을 몰고 비를 불러 기가 사지에 통하게 한다. 사지는 백성이

---

349) 원문(532하)에는 '五諦'로 되어 있으나 내용상 '五帝'가 되어야 한다.
350) 구진(句陳) : 등사(螣蛇)와 함께 중앙을 지키는 신장.
351) 5명 : 고대 인도의 학술 분류로서 성명(聲明:어문학)·공교명(工巧明:공예·산수)·의방명(醫方明:의학)·인명(因明:논리학)·내명(內明:종학)을 말한다. 뒤의 인명과 내명 대신 주술명(呪術明)과 부인명(符印明)을 넣은 것은 외오명(外五明)이라 한다.
352) 6예 : 고대 중국의 기술 분류로서 예(禮:예법)·악(樂:음악)·사(射:궁술)·어(御:승마술)·서(書:서예)·수(數:산수)를 말한다.

되니 왼쪽은 사명(司命)이 되고 오른쪽은 사록(司錄)이 되어 인명(人命)을 주관한다.
배꼽 중의 태일군(太一君) 역시 사람을 주재하는 기둥이 되며 천대장군(天大將軍)은
군왕에게 특별히 나아가 몸 안의 1만2천 대신(大神)을 주재한다. 태일군에게는 여덟
사자(使者)가 있으니 8괘가 그것이다. 이들이 합쳐 9경(卿)이 된다. 삼초(三焦)와 관원
(關元)은 왼쪽은 사(社), 오른쪽은 직(稷)이 되어 간적(姦賊)을 주관한다. 상초는 기를
통하게 하여 머리에 들어가면 종묘가 되고 왕은 그 사이에서 다스린다. 만일 [왕인]
심장[마음]이 정법을 행하면 아래의 군신들은 모두 따르니 바르게 다스려져 맑고 평
탄하다. 그러므로 오장이 조화를 이루고 육부는 적절하게 통하며 사대가 안락하여
질병 없이 천수를 누릴 수 있다. 만일 심장[마음]이 옳지 않은 법을 행하면 신하들이
난을 일으켜 서로 해치게 되니 사대가 조화되지 않고 모든 근이 막힌다. 그러므로
병이 생기고 죽음에 이르는 것은 모두 마음[심장]이 악법을 행하기 때문이다. 경전에
"혼을 잃으면 어지럽고 백(魄)을 잃으면 미치며 의(意)를 잃으면 미혹하고 지(志)를
잃으면 잊으며 신(神)을 잃으면 죽는다."고 하였다. 외부에 수립되어 있는 왕도로
다스리는 법은 모두 몸 안의 법이다. 이와 같은 뜻은 모두 『제위파리경』에 설해져
있다.

7.2.3.3.1.2.1.1.2 ▶ 내의세간內義世間

지금까지 설한 것은 모두 [근본세간이] 외부 세간의 이치와 서로 관련이 있음을
밝힌 것이다. 왜냐하면 부처님께서 출현하시기 이전에도 신선이나 세간의 지혜로
운 사람들이 이러한 법을 통달하였는데 그 명칭이나 의미가 서로 대응하기 때문에
앞을 '외부 세간의 이치'라고 설하는 것이다. 신선이나 세속의 지혜롭고 총명한 사
람들이 비록 세간을 통달할 수 있어도 이러한 분별에 머물러 있으면 마음이 작용하
는 이치 밖에서는 끝내 진실을 볼 수 없으므로 불법에서는 성인이라고 부르지 않는
다. 여전히 범부로서 삼계·이십오유에 윤회하면서 생사를 벗어날 수 없다. 만일 [이
들이] 중생들을 교화하면 옛 의사 혹은 세간의 의사라고 부른다. 그러므로 『열반경』
에 "세간 의사가 치료한 병은 나아도 다시 재발하지만 여래가 치료한 것은 나은 뒤

재발하지 않네."353)라고 하였으니 이는 뒤에 설하는 것과 같다.

지금 '내의세간(內義世間)'이라고 말하는 것은 여래가 출현하시어 중생을 교화하기 위하여 널리 설한 일체의 교리와 명칭, 이치 등의 상을 가리킨다. 수행자가 선정에 든 가운데 불교 교리 가운데 주된 것과 이에 대응하는 모습을 알고자 한다면 삼매의 지혜와 선근의 힘으로 곧 깨달아 알 수 있다. 예를 들어 부처님이 설하신 오계의 이치가 오장과 서로 대응하는 것은 앞에서 이미 설한 것과 같다. 또한 사대·오온·십이처·십팔계·사제·십이인연 등도 모두 사람의 신체에 대응한다. 즉 사대의 이치는 오장에 대응하니 풍대는 간에 대응하고 화대는 심장, 수대는 신장, 지대는 폐와 비장에 대응함을 안다. 만일 오온이라는 이름을 들으면 곧 신체의 오장에 대응함을 깨달으니 색온은 간, 식온은 비장, 상온은 심장, 수온은 신장, 행온은 폐에 대응한다. 명칭은 순차와 다르나 이치는 서로 관계한다.

십이입처와 십팔계의 명칭을 들으면 다시 내부의 오장과 상대함을 안다. 10입처와 15계는 스스로 알 수 있을 것이니 [의·법] 2입처와 [의·법·의식] 3계를 지금 분별하겠다. 5식은 모두 의입처와 의계가 되고 외부의 5경과 내부의 법경은 법입처와 법계가 된다. 이것이 2입3계354)가 관계되는 모습이다. 의식계는 처음 생긴 5식이 근본이 되어 외부의 법경에 상대하면 의식이 생기는데 이를 의식계라고 부른다.

오근을 들으면 역시 내부의 오장과 대응함을 안다. 우근(憂根)은 간에 대응하고 고근(苦根)은 심장, 희근은 폐, 낙근은 신장, 사근(捨根)은 비장에 대응한다. 오근의 인연은 삼계를 모두 갖춘다. 우근은 욕계에 대응하고 고근은 초선, 희근은 제2선, 낙근은 제3선, 사근은 제4선 내지 4무색정 등 사구선(捨具禪)들과 상대한다. 삼계도 역시 오장과 그 이치가 서로 관계됨을 알아야 한다.

사생(四生)에 대해 들으면 곧 그 이치가 오장과 관계함을 깨닫는다. 욕계는 오근을 다 갖추고 오온은 오장과 관계되며 오장은 사대와 관계되고 사대는 사생과 대

---

353) 『대반열반경』16 「범행품」(『대정장』12), 709상.
354) 원문(533상)은 '二十三界'로 되어 있으나 앞의 글을 참조하면 '二入三界'가 맞다.

응하기 때문이다. 즉 난생의 중생은 대부분 풍대의 성질이니 몸이 가볍게 들리기 때문이고, 습생의 중생들은 수대의 성질이 많으니 습기로 인하여 생기기 때문이다. 태생의 중생들은 대부분 지대의 성질에 속하니 그 몸이 무겁고 둔하기 때문이고, 화생의 중생들은 대부분 화대의 성질에 속하니 불은 체가 없으면서도 홀연히 존재하며 또한 광명이 있기 때문이다.

여래는 삼계 사생의 중생들을 교화하기 위하여 사제·십이인연·육바라밀을 설하였으니 이 세 가지 법약은 신단(神丹)처럼 중생들의 오장과 오근·오온을 상대하여 치료하려고 설했음을 알아야 한다. 부처님께서 일심 사제의 이치를 설하신 것을 예로 들어보자. 집제는 간에 대응하니 원인은 처음 생기는 것에 속하기 때문이고 고제는 심장에 대응하니 결과는 성취되는 것이기 때문이다. 도제는 폐에 상대하니 금은 능히 끊을 수 있기 때문이고 멸제는 신장에 대응하니 겨울에 저장하는 법은 이미 있던 것이 무(無)로 돌아가는 것이기 때문이다. 일심은 이미 비장에 대응하니 사제를 열어 통하도록 하기 때문이다. 내지는 십이인연과 육바라밀도 이로써 유추하면 알 수 있을 것이다. 이 세 종류의 법장(法藏)은 여래의 일체 교문을 널리 포함한다.

위와 같은 까닭에 수행자가 마음이 밝고 예리하여 신체의 모습을 자세히 관한다면 곧 일체 불법의 명칭과 이치를 깨달아 알 수 있다. 그러므로 『화엄경』에 "이 몸을 밝게 이해하면 곧 일체에 통달하게 되네."355)라고 하였다. 지금까지 [근본세간이] 내부의 의세간과 서로 관계됨을 설하였지만 뜻이 미묘하고 심오하므로 깨닫지 못했다면 서술하지 말라.

7.2.3.3.1.2.1.2 ▶ 5지의 의미

여기서도 근본세간에서와 같이 하품·중품·상품의 5지가 있다. 먼저 각지(覺支)의 3품을 밝히는데, 하품의 각과 대각은 다음과 같다. 수행자가 고요한 마음 중에 앞에서 설한 내·외 2종 세간의 모습은 이름과 의미가 다르게 분별되어 서로 격리되

---

355) 『대방광불화엄경』5 「보살명난품」(『대정장』9), 427중.

어 있는 모습임을 깨닫는 것이 각이다.356) 대각이란 일체 외부의 이름과 의미가 비록 다르지만 실체가 없이 단지 오장에 의지해 있음을 깨닫는 것이다. 예를 들면 간을 인하여 불살생계·세성(歲星:목성)·태산·청제(靑帝)·목·혼·안식(眼識)·인(仁)·시경·각성(角姓)·진방(震方) 등의 법들을 설하고 또한 이 법들은 간과 다르지 않고 간의 이치는 불살생계 등과 다르지 않아서 여여(如如)함을 깨닫는 것이 대각이다. 나머지의 법들이 [간 이외의] 4장과 같으며 똑같이 여여함을 깨닫는 것도 마찬가지이다.

중품의 각과 대각은 다음과 같다. 수행자가 간이 비록 불살생계 등의 법과 같지만 간은 폐·비장·심장·신장 등의 법이 아니어서 서로 다르게 구별됨을 아는 것이 각이다. 간 등의 법은 무상하게 생멸하는 것으로서 나머지 4장 등이 무상하게 변하는 것과 다르지 않음을 깨닫는 것이 대각이다.

상품의 각과 대각은 다음과 같다. 수행자가 간 등의 법들이 팔상으로 다르게 변하는 것을 깨달아 아는 것을 각이라 하고 이 간 등의 법들은 본래 공적한 것이어서 다른 모습이 없음을 깨닫는 것을 대각이라고 한다.

이와 같이 각과 대각, 세간과 출세간의 모습을 분별하면 비록 앞[근본세간]과 같지만 또한 다른 점이 있다. 깊이 생각하면 스스로 볼 수 있을 것이다. 다음 사유와 대사유의 풀이나 '마음의 성품을 관하는 것'의 의미는 앞에서 설한 것과 유사하다.

지금까지 의세간에 의거하여 초선의 각지(覺支)를 증득하는 상을 분별하였다. 나머지 관·희·안·정지 등도 역시 이와 같이 하나하나 분별해야 한다.

7.2.3.3.1.3 ▶ 사세간事世間에 의거한 초선의 증득상

이는 [통명관을 수행하여] 초선을 얻었을 때 육신통이 획득되어 세속제의 일을 마치 손바닥에 놓인 암마륵과를 관하는 것처럼 뚜렷하고 분명하게 보는 것이다. 이는 현재 벌어지는 일들을 보는 것과 같아서 앞에서 설한 것처럼 이치로써 유추하여 세속사를 헤아려 분별하는 것과는 같지 않다. 사세간에 입각하여 밝히는 것도 두 가지

---

356) 원문(533중)에 "故名覺" 뒤의 "義世覺義世間故名覺"이라는 문장은 연문(衍文)이다.

로 나뉘니 첫 번째는 사세간의 모습을 바로 보는 것이고 두 번째는 각·관 등 5지를 이루는 뜻을 밝히는 것이다.

7.2.3.3.1.3.1 ▶ 사세간事世間의 모습

상근기의 수행인들은 복덕과 지혜가 많아서 초선을 증득하였을 때 5신통을 얻는다. 여기에는 두 가지 인연이 있으니 첫 번째는 자연히 생기는 것이고 두 번째는 수행하여 얻는 것이다.

먼저 자연히 생기는 경우는, 이 사람이 초선에 들어갔을 때 근본세간의 [식·색·심] 세 가지를 깊이 관하면 의세간의 모습을 능히 통달할 수 있다. 의세간의 진리를 깨달을 때 삼매의 지혜가 점차 깊고 예리해져서 신통이 일어난다. 다시 색계의 청정한 사대로 이루어진 육안(肉眼)을 성취하여 이 정색(淨色)의 심안(心眼)으로 시방 일체의 색을 꿰뚫어 보고 현상과 모습이 분명하여 혼란하지 않게 분별하게 되면 천안통이라고 부른다. 나머지 천이통·타심통·숙명통·신족통도 이와 같다. 5신통을 얻었으므로 시방 삼세의 색과 마음의 경계가 다르게 차별되는 것을 밝게 본다. 중생의 종류나 국토세간의 모습들도 하나하나 차별이 있음을 본다. 이것이 사세간의 차이를 보는 것이다. 그러므로 경전에 "선정을 깊이 닦아 5신통을 얻었다."357)고 하였다.

두 번째로 수행으로 5신통을 얻어 사세간을 보는 경우가 있다. 『대집경』에 다음과 같이 설하고 있다. "법행358) 비구가 초선을 얻는다. 선에 들고 나서 신통을 얻고자 마음을 코끝에 두고 숨이 들어가고 나가는 것을 관하면 9만9천의 모공에서 숨이 출입하는 것을 깊이 본다. 몸 전체가 허공과 같음을 보고 내지는 사대도 이와 같다. 이와 같이 관하고 나서 색에 대한 상을 멀리 여의고 신통을 얻는다. 내지 제4선에서도 이와 같다. 법행 비구는 어떻게 천안통을 얻는가. 만일 어떤 비구가 초선을 얻고 숨의 출입을 관하여 진실하게 색을 보고 나서 '내가 본 것처럼 삼세의 모든 색

---

357) 『묘법연화경』1「서품」(『대정장』9), 3상.

358) 법행 : 수법행(隨法行)이라고도 하니 법을 사유하여 그대로 실천하는 것. 가르침을 듣고 믿어서 그대로 수행하는 수신행(隨信行), 또는 신행(信行)에 비해 상근기이다.

을 볼 수 있기를 원한다'고 사유하면 의도대로 보게 된다. 내지 제4선에서도 이와 같이 한다. 법행 비구는 어떻게 천이통을 얻는가. 교진여여, 만일 어떤 비구가 초선을 얻어 호흡의 출입을 관하고 차례로 소리를 관하며 내지는 제4선에서도 이와 같이 한다. 법행 비구는 어떻게 타심지통을 얻는가. 어떤 비구가 호흡의 출입을 관하여 초선을 얻었을 때 사마타와 비파사나를 수행하는 것을 타심지라고 부른다. 내지는 제4선에서도 이와 같이 한다. 법행 비구는 어떻게 숙명지를 얻는가. 교진여여, 어떤 비구가 호흡의 출입을 관하여 초선을 얻었을 때 천안통을 획득하고 천안통을 얻은 뒤에 처음 가라라(歌羅邏)로 있을 때 내지는 오온이 생멸하는 것을 관한다. 내지는 제4선에서도 이와 같이 행한다."359) 이렇게 5신통을 얻었으면 시방 삼세의 9도360)에 있는 성인과 범부 등 중생의 종류와 모든 국토세간들 하나하나의 모습이 차이가 있는 것을 능히 보게 된다. 이를 수행을 통해 신통을 얻어서 사세간(事世間)을 장애 없이 통달해 보는 것이라고 부른다.

7.2.3.3.1.3.2 ▶ 5지의 의미

우선 각지에 대해서 풀이하는데 이 또한 전과 마찬가지로 하품·중품·상품의 세 가지가 있다. 먼저 하품의 각과 대각은 다음과 같다. 천안통을 사용하여 온갖 색을 꿰뚫어 본다. 갖가지 종류의 중생들을 분별하고 국토세간도 다르게 차별되는 것을 보며 그 이름 또한 다른 것을 보는 것을 각이라고 한다. 대각이란, 세간에 있는 것들은 다만 임시로 시설된 것이고 사대로 된 것임을 자세히 관하면 세간에는 차별됨이 있다고 보지 않는다. 이를 분명하게 이해하게 되는 것을 대각이라고 한다. 나머지 4신통도 이와 같다.

중품의 각과 대각은 다음과 같다. 천안통을 사용하여 사대의 색법을 보면 그 성질이 각각 다름을 알게 되므로 각이라고 한다. 사대는 무상하게 생멸하므로 성질이

---

359) 『대방등대집경』22 「성문품」 (『대정장』13), 160하~161상.
360) 9도(道) : 10계 가운데 불계(佛界)를 제외하고 지옥 내지 보살계를 말한다.

차별이 없음을 알면 대각이라고 한다. 나머지 4신통도 이와 같다.

상품의 각과 대각은 다음과 같다. 천안통을 이용하여 무상한 법들은 팔상으로 변화하는 것을 밝게 보는 것을 각이라 부르고, 팔상의 법은 본래 공적하여 일상(一相)이며 무상(無相)임을 깨달아 아는 것을 대각이라고 부른다. 나머지 4신통도 이와 같다. 지금까지 5신통을 사용하여 사세간을 보고 각과 대각을 얻는 상을 간략히 설하였다.

사유와 대사유, 심성을 관하는 것으로 각지를 성취하는 상은 앞의 설과 유사하다. 나머지 관지나 희·안·정지 등도 이와 같이 하나하나 분별해야 한다.

성문이나 연각 등의 수행자가 이 선정을 얻으면 이 정에 의거하여 불괴해탈(不壞解脫)과 무애해탈, 그리고 삼명육통을 획득하므로 통명관이라고 부른다. 보살마하살이 이 선정에 머물 때는 무애대다라니를 얻는다. 내지는 제4선에서도 이와 같다.

7.2.3.3.2 ▸ 제2선 내지 제4선의 수행과 증득

이로부터 비유상비무상처정과 멸진정에 이르기까지 선정의 문이 점점 깊고 묘해져서 일어나는 일과 모습이 한두 가지가 아니니 어찌 일일이 분별할 수 있겠는가. 이제 다만 경전의 글을 따로 인용하여 간략히 바른 뜻을 해석하는 것으로 그치겠다.

제2선에 대해 경전에는 다음과 같이 설해져 있다. "제2선이란 떠났다[離]고도 부르고 갖추었다[具]고도 부른다. 떠났다는 것은 똑같이 오개(五蓋)를 떠났다는 것이고 갖추었다는 것은 희(喜)·안(安)·정(定) 3지를 갖추었다는 것이다."361) 해석하면 다음과 같다. 수행자가 초선에 들어간 뒤 마음속으로 초선은 각과 관이 산란하게 만든다고 염려한다. 그리하여 마음을 끌어당겨 정에 두고 각과 관을 받아들이지 않는다. 그러면서도 더 높은 단계의 선정 역시 실재가 없음을 안다. 식·색·심 세 가지의 성질을 자세히 관하면서 일심으로 내부를 반연하면 각과 관이 사라지고 내부가 청

---

361) 『대방등대집경』 22(『대정장』 13), 161상. 이하 경문도 같은 곳이다.

정하고 크게 기쁨이 생기는 삼매가 일어난다. 선정 안에서 몸이 마치 거품과도 같음을 보며 제2선의 마음 작용이 모두 갖추어진다.

제3선에 대해서 경전에서는 다음과 같이 설한다. "제3선이란 떠났다고도 하고 갖추었다고도 한다. 떠났다는 것은 똑같이 오개를 떠났다는 것이고 갖추었다는 것은 염(念)·사(捨)·혜(慧)·안(安)·정(定)의 5지를 갖추었다는 것이다." 이를 해석하면 다음과 같다. 수행자가 제2선에 든 이후에 큰 기쁨이 산란하게 동요시키는 것을 근심스럽게 생각한다. 다시 마음을 끌어당겨 [기쁨을] 받아들이지 않으며 윗 단계의 선정 역시 실재하는 것이 아님을 알면서 마음을 조섭하여 자세히 [식·색·심을] 관한다. 그러면 기쁨의 법이 떠나가고 몸 전체를 덮는 즐거움이 일어난다. 선정 중에서 몸이 마치 구름과 같음을 보며 제3선의 마음작용들이 이루어진다.

제4선의 모습에 대해 경전에 다음과 같이 설해져 있다. "제4선이란 떠났다고도 하고 갖추었다고도 한다. 떠났다는 것은 똑같이 오개를 떠났다는 것이고 갖추었다는 것은 염(念)·사(捨)·불고불락(不苦不樂)·정(定)의 4지를 갖추었다는 것이다." 이를 해석하면 다음과 같다. 수행자가 제3선을 증득한 이후 즐거움의 법에 대해 [동요시키는 것을] 근심하면서 싫증을 낸다. 일심으로 이를 받아들이지 않으면서 제4선도 역시 실재가 아님을 안다. 세 가지의 성질을 자세히 관하면 활연히 밝고 깨끗해지면서 삼매의 지혜가 평정한 마음[捨]과 함께 일어난다. 그리하여 마음이 선(善)에 의지하지 않고 악(惡)에도 따르지 않으며 바로 그 중도에 머문다. 선정 가운데 몸이 그림자 같음을 보며 제4선의 마음작용이 다 갖추어진다.

7.2.3.3.3 ▶ 공처정 내지 비유상비무상처정의 수행과 증득

다음 공처정(空處定)에 대해 경전에서는 다음과 같이 설하고 있다. "몸은 싫증 나고 근심이 되는 것임을 관하여 몸의 상(相)과 일체의 몸의 촉감, 기쁨의 촉감, 즐거움의 촉감을 멀리 떠난다. 색의 모습을 분별하고 색온을 멀리 떠나서 일심으로 한량 없는 허공을 관하는 것에 머문다. 이를 일러 비구가 공처정을 얻었다고 말한다." 이를 해석하면 두 가지 뜻이 있다. 첫 번째는 위와 아래의 선정 단계를 통관(通觀)하는 것이고 두 번째는 단지 현 단계와 윗 단계에 의거하는 것이다.

위와 아래를 통관하는 것은 다음과 같다. 경전에 "몸이 싫증나고 근심되는 것임을 관하여 몸의 상을 멀리 떠난다."고 한 것은 욕계의 몸은 허물이 하나둘이 아님을 깊이 알아서 몸의 부분을 모두 얻을 수 없는 것을 말한다. "몸의 촉감 등 세 가지 촉감"은 초선과 제2선 제3선에 상대되는 것임은 쉽게 알 것이다. "색의 모습을 분별한다."는 것은 욕계의 색신(色身)과 내지는 제4선의 색이 하나하나 다름을 분별하지만 이들은 실재하지 않음을 안다. 또한 공처정도 아직 색법을 떠난 것이 아님을 안다. "색온을 멀리 떠나서 한량없는 허공을 관하여 머문다."는 것은 앞의 근본선과 마찬가지로 세 종류의 색법362)을 멸하여 허공과 상응하는 것이다.

현 단계에 의거한 해석은 다음과 같다. "몸이 싫증나고 근심되는 것임을 관하여 몸의 상을 멀리 떠난다."고 한 것은 그림자와 같은 색이 마음을 덮어 가리는 것을 근심하고 이 그림자 같은 색 또한 얻을 수 없는 것임을 관하는 것이다. "몸의 촉감 등 세 가지 촉감"은 앞 단계에서 이미 멸한 희근(喜根) 등과는 다른 것으로서 제4선의 색법이 일어나면서 마음을 저촉하여 생기는 세 가지 촉감이다. "색의 모습을 분별한다."는 것은 제4선에서 느끼는 기쁨과 즐거움 및 그림자와 같은 색을 분별하여 이들은 모두 헛되고 속이는 것임을 아는 것이다. "색온을 멀리 떠나서 한량없는 허공을 관하여 머문다."는 것은 앞에서 설한 것과 다르지 않다.

다음에 식처정(識處定)에 대해서 경전에서는 다음과 같이 설한다. "어떤 비구가 사마타와 비파사나를 수행하여 심·의·식을 관한다. 스스로 이 몸을 알아서 세 가지 느낌을 받아들이지 않으니 이로써 이 세 가지 느낌을 멀리 떠날 수 있다. 이를 비구가 식처정을 얻은 것이라 부른다." 이를 해석하면 다음과 같다. "심·의·식"363)이란 마음이다. 즉 공처정을 버리고 삼성(三性)을 반연하여 식처정에 들어가는 것이다. 수행자가 삼매로써 지혜를 지키니 비록 삼성이 실재하지 않음을 알지만 공처정

---

362) 세 종류 색 : 7.1.3.1 공처정(空處定) 설명 참조.
363) 원문(534하)의 "心意隨"는 "心意識"의 잘못이다.

의 어려움을 면하기 위해 일심으로 식을 반연하면 곧 식처정에 들게 된다. "스스로 이 몸을 알아서 세 가지 느낌을 받아들이지 않는다."는 것은 색의 4구(四句)[364]를 반연하는 것이다. 공처정은 비록 첫 구를 떠났지만 아직 뒤의 3구를 받아들인다. 이제 식처정은 식을 반연하여 정에 들어가므로 색계의 4구를 멀리 떠난다. 모든 4수(受)[365]는 식에 속하므로 "스스로 이 몸을 알아서 세 가지 느낌을 받아들이지 않는다."고 하였다. 이는 또한 괴로움·즐거움 등 세 가지 느낌을 받아들이지 않는다고도 말할 수 있다. "이미 세 가지 느낌을 멀리 떠날 수 있다."는 것은 식처정의 모습이라고 부른다.

다음에 소식처정(少識處定=무소유처정)의 모습에 대해 경전에서는 다음과 같이 설하고 있다. "만일 어떤 비구가 삼세(三世)가 공함을 관하면 일체의 행이 나기도 하고 멸하기도 하는 것과 공처정·식처정이 나기도 하고 멸하기도 하는 것을 안다. 이렇게 관하고 나서 차례로 식을 관찰한다. '지금 나의 식은 식이 아니고 식이 아닌 것도 아니다. 만일 식이 아니라면 이를 적정(寂靜)이라고 부르는데 나는 지금 어찌하여 이 식을 끊기를 구하는가.' 이를 소식처정을 얻는 것이라고 부른다." 이를 해석하면 다음과 같다. "삼세가 공함을 관하면 일체의 행이 나기도 하고 멸하기도 하는 것"이란 자신의 [선정의] 단계와 상·하의 단계에서 일어나는 심소법은 모두 유위(有爲)의 모습이어서 헛되고 속이는 것이며 실재가 없음을 깊이 관하는 것이다. "차례로 식을 관찰한다."는 것은 식처정 역시 식임을 관한다는 것이다. "식이 아니고 식이 아닌 것도 아니다."는 것은 일체의 법은 얻을 수 없음을 통관(通觀)하여 아는 것이다. "만일 식이 아니라면 이를 적정이라고 부르는데 나는 지금 어찌하여 이 식을 끊기를 구하는가" 하는 것은 식을 멸하는 방편을 염하는 것으로서, 식이 아닌 법을 반연하여 소식처정에 들어가는 것이다.

---

364) 색사구(色四句): "色是我 我有色 色屬我 我在色"을 색사구라고 하지만 여기서는 무엇을 가리키는지 불확실하다.
365) 원문(534하)의 '四受'는 '三受'가 맞을 듯하다.

다음에 비유상비무상처정에 대해 경전에서는 다음과 같이 설하고 있다. "어떤 비구가 마음을 책망하는 생각이 있어서 이렇게 사유한다. '지금 나의 생각[想]은 고통이고 유루법이며 부스럼이나 악창과도 같다. 이로 인해 적정(寂靜)하지 않으니 내가 만일 이와 같은 상(想)이 아니고 비상(非想)도 아닌 것을 끊는다면 이를 적정이라 부를 것이다.' 그리하여 비구가 이와 같은 상이 아니고 비상도 아닌 것을 끊는다면 이를 무상해탈문(無想解脫門)을 얻었다고 부른다. 무슨 까닭인가? 법행 비구는 다음과 같이 사유한다. '만일 수(受)에 대한 생각이 있거나 식(識), 촉(觸), 공(空)에 대한 생각이 있거나 상이 아니고 비상도 아니라는 생각이 있다면 이는 모두 거친 생각이다. 내가 지금 무상삼매(無想三昧)를 닦는다면 영영 이러한 생각을 끊을 수 있을 것이다.' 이리하여 비유상비무상처정을 적정한 곳이라 보고 비유상비무상처정에 들어간다. 들어가되 받아들이지 않고 집착하지 않으면 무명을 깨뜨리게 된다. 무명을 깨고 나면 아라한과를 얻었다고 말한다."

이를 해석하면 다음과 같다. "마음을 책망하는 생각이 있다."는 것은 곧 무상정(無想定)이다. "이는 고통이고 유루법 등이다."라는 것은 무상정의 잘못을 관하는 것이다. "내가 만일 이와 같은 상(想)이 아니고 비상(非想)도 아닌 것을 끊는다면 이를 적정이라 부를 것이다."에서 '상이 아닌 것'이란 무상정이고 '비상도 아닌 것'이란 윗 단계의 허물을 응당 끊어 없애야 한다는 것을 이미 거슬러 본 것이다. "이것이 적정이다."라는 것은 비유상비무상정을 깨뜨려 열반의 적정을 얻은 것이다. "어떤 비구가 이와 같은 [비유상도 아니고] 상도 아닌 것을 끊어 무상해탈문을 얻었다."는 것은, 삼계의 일체 선정은 모두 상(想)이라고 부르는데 지금 이 상을 끊어 무상삼매를 얻은 것이다. 즉 비유상비무상처정에 의거하여 무명을 깨뜨리고 무루지를 일으켜 아라한과를 얻어서 열반을 증득한 것이다. "법행 비구가 수(受)에 대한 생각이 있거나…" 이하는 앞에서 나온 뜻을 거듭 풀이한 것이니 의미를 알 수 있을 것이다.

또 경전에 "앞의 세 가지 정(定)은 두 가지 도(道)366)로 끊지만 뒤의 네 번째 정은 끝내 세속도(世俗道)로는 끊을 수 없다. 범부들은 [네 번째 정인] 비유상비무상처정에서 비록 거친 번뇌는 떠나지만 열 가지 미세한 법367)을 갖추고 있다. 거친 번뇌는 없다는 것 때문에 일체 범부들은 이를 열반이라고 부른다." 하며 자세히 설하고 있다. 해석하면 이는 범부 등의 지혜로는 비유상비무상처정에서는 무루의 지혜를 일으킬 수 없음을 밝힌 것이다.

경전에서는 다음에 "교진여여, 만일 비구가 성도(聖道)를 수행하되 사선과 사공처를 싫증내어 떠나고 장엄한 도인 멸진정을 관찰한다면…" 이라 하고 있다. 이를 해석하면 통명관에서는 비유상비무상처정 후에 멸진정에 들어갈 수 있음을 밝힌 것이다. 이 뜻은 아래의 배사(背捨) 가운데서 자세히 설하겠다. 수행자가 이 법문에 들어가 실제(實際)를 증득함을 취하지 않고 대비(大悲)의 방편을 갖추면 일체의 불법과 육신통이 일어나 중생들을 제도, 해탈시킬 수 있다. 그러므로 이 한 가지 법문에 의거하여 대승을 밝히는 것이다.

---

366) 두 가지 도 : 유루도(有漏道)와 무루도(無漏道). 유루도는 세속도·세간도라고도 하고 무루도는 성도(聖道)·출세간도라고도 한다.
367) 열 가지 미세한 법 : 수(受)·상(想)·행(行)·촉(觸)·사유(思惟)·욕(欲)·해(解)·염(念)·정(定)·혜(慧)로서 대지법(大地法)으로 분류되는 심소(心所)들이다.

석선바라밀차제법문

권9

釋禪波羅蜜次第法門

7. 선바라밀의 수증修證 (5)

7.3 출세간선出世間禪의 수증

이제 무루선의 수행과 증득을 밝힌다. 무루에는 두 가지가 있으니 첫 번째는 대치무루(對治無漏)이고 두 번째는 연리무루(緣理無漏)이다. 그러므로 『대집경』에 "두 종류의 수행이 있으니 첫 번째는 혜행(慧行)이고 두 번째는 행행(行行)이다."[368]고 하였다. 행행이란 구상·배사 등 대치무루를 말한다. 어떤 일을 인연으로 대치(對治)하는 수행을 일으켜 번뇌를 깨뜨리는 것이므로 행행의 무루행이라고 부른다. 두 번째 혜행이란 사제관·십이인연관 등 진여의 공을 바로 관하는 것으로, 진리에 반연하여 미혹을 끊는 것이므로 혜행의 무루행이라고 부른다.

먼저 대치무루행을 밝히면, 대치무루의 행은 아홉 종류가 있으니 ① 구상 ② 팔

---

368) 『대방등대집경』23 「미륵품」 (『대정장』13), 164상.

념 ③ 십상 ④ 팔배사 ⑤ 팔승처 ⑥ 십일체처 ⑦ 구차제정 ⑧ 사자분신삼매 ⑨ 초월 삼매이다. 이 아홉 종류의 선을 모두 대치무루라고 부르는 이유와 그 천심(淺深)의 차례는 앞 제1권에서 설한 것과 같다. 이 아홉 종류의 법문 가운데 두 종류의 대치무루도가 있으니 첫 번째는 괴법도(壞法道)이고 두 번째는 불괴법도(不壞法道)이다. 괴법도란 구상·팔념·십상이니 이 세 가지를 잘 수행하여 참된 무루지가 일어나면 괴법아라한을 이룬다. 불괴법도란 배사·승처·일체처·구차제정·사자분신삼매·초월삼매 등인데 이 선들을 갖추어 참된 무루지가 일어나면 불괴법의 대아라한을 이룬다.

괴법관에 속하는 세 종류 법문을 전체적으로 풀이한다. 이 세 법문을 괴법관이라고 부르는 이유는 다음과 같다. 수행자가 육욕(六欲)이 도둑 같다고 마음에 싫증을 내면 구상을 수행하여 대치하게 된다. 이 구상관을 행하면 비록 육욕은 파괴되지만 대부분 공포가 생긴다. 이 때 8종의 정념[八念]을 수행하면 공포가 제거된다. 이리하여 탐욕심이 엷어지고 또한 공포도 없어지면 그때 삼계의 번뇌[結使]가 끊어지기 쉬우므로 응당 나아가서 십상을 닦아야 한다. 십상이 성취되면 곧 온갖 번뇌를 끊어서 아라한을 이룬다. 이 사람은 욕계의 몸에 대한 생각[身相]을 파괴하여 멸해 버려서 삼계의 관(觀)·련(練)·훈(熏)·수(修) 수행과 삼명·팔해탈을 갖출 수가 없으므로 '괴법(壞法)'이라고 부른다.

문 구상과 십상은 어떤 차이가 있습니까?

답 이들은 다른 것도 있고 다르지 않기도 하다. 다른 것은, 구상은 도적을 묶는 것과 같고 십상은 도적을 죽이는 것과 같다. 구상이 처음 배우는 것이라면 십상은 성취한 것과 같고, 구상이 원인이라면 십상은 결과가 된다. 그러므로 경전에 "두 가지가 감로문이 되니 첫 번째는 부정관문이고, 두 번째는 아나파나문" [369]이라고 하였다. 다르지 않다는 것은, 구상을 잘 수행하면 곧 십상이 갖추어진다는 점이다. 이 뜻은 아래에서 다시 밝히겠다.

---

369) 『출요경(出曜經)』17, 「유념품(惟念品)」(『대정장』4), 698중.

7.3.1 ▸ 구상九想

관문(觀門)인 구상[370]은 ① 창상(脹想) ② 괴상(壞想) ③ 혈도상(血塗想) ④ 농란상(膿爛想) ⑤ 청어상(靑瘀想) ⑥ 담상(噉想) ⑦ 산상(散想) ⑧ 골상(骨想) ⑨ 소상(燒想)이다. 이 아홉 법문을 모두 '상(想)'이라고 하는 까닭은 마음과 생각[想]을 전환시켜 부정한 것에 대해 청정하다고 여기는 전도된 생각[想]을 바꿀 수 있기 때문이다.

7.3.1.1 ▸ 수행과 증득

수행자는 먼저 청정하게 계를 지켜서 마음에 후회가 없도록 해야 한다. 그래야 관법을 쉽게 받아들이고 음욕과 온갖 번뇌의 도적을 깨뜨릴 수 있기 때문이다. 먼저 사람이 처음 죽었을 때를 관한다. 작별의 말을 하다가 숨이 나가서 돌아오지 않으면 홀연히 사망한다. 기는 사라지고 몸은 차가와지며 지각하는 것이 없다. 온 집안이 놀라서 하늘 땅을 부르면서 "방금까지 말씀하다가 갑자기 어디로 가셨습니까" 하고 통곡한다. 이는 크게 두려운 일이지만 면할 수 있는 이는 없다. 비유하자면 겁이 다하여 화재가 일어나면 남김없이 태우는 것과 같다. 게송에서 설한 것과 같다.

죽음이 닥치면 빈부가 없고
힘써 선법을 닦은 것도 소용 없네.
귀한 이 천한 이도 없고
늙으나 젊으나 면할 이가 없네.
기도하고 청해도 구제할 이 없고
속이고 도망칠 곳도 없네.
아무리 막아도 벗어날 수 없으니

---

370) 이 내용은 대부분 『대지도론』 21 「구상(九相)」(217상~)의 내용에 의거한 것이다.

아무도 면할 이는 없네.

죽음이라는 법은 고맙고 사랑스러운 곳을 영영 이별하는 것이니 일체 생명 있는 것들이 싫어하는 것이다. 비록 매우 싫어하더라도 면할 수 있는 이는 없다. 내 몸도 오래지 않아 반드시 이처럼 나무나 돌과 같이 지각하는 것이 없게 될 것이다. 나는 지금 오욕을 탐닉하다가 소나 양처럼 깨닫지 못하는 사이에 죽음이 이르러서는 안 된다. 소나 양같은 짐승들은 죽음에 닥쳐서도 뛰놀고 울면서 스스로 깨닫지 못한다. 나는 이미 사람의 몸을 얻어서 좋고 추한 것을 분별하니 마땅히 죽지 않는 감로법을 구해야 하리라. 게송에서 설한 것과 같다.

육근을 완전히 갖추고
지혜의 거울 밝고 예리해도
도법을 구하지 않는다면
헛되이 몸과 지혜를 받은 것이다.
짐승도 지혜가 있어서
오욕락을 즐기지만
도를 위하여 착한 일을 닦는
방편을 알지 못하네.
이미 사람 몸 받았으면서
다만 제멋대로 살기만 하고
선행 닦는 것을 알지 못하면
저들과 무엇이 다르랴.
삼악도의 중생들은
도업을 닦을 수 없지만
이미 이 사람 몸 받았으니
마땅히 자신의 이익에 힘써야 하리.

수행인은 이와 같이 사유한 뒤 내가 사랑하는 남자나 여자를 취하여 옷을 벗고 몸을 드러낸 채 앞에 본 시신처럼 땅 위에 누워있는 생각[想]을 한다. 일심으로 삼매에 들어 이 시신을 관하면 매우 놀랍고 두려워지면서 애착심이 깨진다. 이것이 사상(死想)을 간략히 설한 것으로서 이는 구상의 전방편이 된다.

다시 구상을 수행하는 이는 두 종류가 있으니 하나는 이근기이고 하나는 둔근기이다. 이근기의 수행자는 마음을 걸어두어 상(想)을 존속시키면 사상과 창상 등의 수행이 모두 성취된다. 만일 둔근기의 수행자로서 마음을 걸어두는 것이 되지 않으면 반드시 막 사람이 죽은 것과 시신이 있는 곳을 가서 보아 이 상을 취하여야 한다. 마음을 묶어서 오래 닦으면 상을 보는 것이 분명해져서 심상(心想)이 성취되고 삼매가 일어난다. 이후에는 시신을 떠나도 생각하는 대로 볼 수 있다.

① 창상(脹想) : 수행인이 시신 곁에 있으면 마치 바람을 넣은 자루처럼 부풀어서 본래 모습과는 달라졌음을 보게 된다. "이 몸에는 주장하는 망식(妄識)이 없구나. 망식은 몸을 부려서 보고 듣고 말하게 하면서 스스로를 속였는데 지금은 어디로 갔나. 다만 빈 집을 보니 퉁퉁 부었고 뻣뻣하네. 이 몸은 용모가 아름다워서 고운 피부, 붉은 입술, 흰 치아, 긴 눈, 곧은 코, 평평한 이마, 긴 눈썹 등으로 사람들을 미혹시켰는데 이제는 다만 부풀어 있으니 아름다움은 어디로 갔나. 남자인지 여자인지조차 식별할 수 없네." 이러한 모습을 취하여 자신이 사랑하는 사람을 관하고 다음과 같이 욕심을 책망한다. "냄새나는 똥주머니가 부풀어 있어 싫은데 어찌 탐낼 것으로 여겨 여기에 빠졌던가." 스스로 자신의 몸을 생각해 보아도 이 법을 벗어날 수 없으니 이렇게 일심 삼매로 세상의 탐욕과 애착을 제거한다.

② 괴상(壞想) : 수행인이 다시 시신을 관하면 바람에 불리고 햇볕에 쬐어 크게 허물어져 땅에 놓여 있다. 오체와 오장은 파괴되어 냄새 나는 똥오줌과 오로(惡露)가 드러나 흐르고 있다. "내가 애착하는 것을 이렇게 관하니 사랑할 만한 것이 아니다. 나는 어리석어 얇은 피부 때문에 이 똥주머니에 속았구나. 불에 뛰어드는 불나방처럼 다만 밝은 색을 탐할 뿐 몸이 타는 화를 돌아보지 않았네." 이 몸을 생각해 보아도 역시 이와 같아서 이러한 법을 벗어나지 못한다. 일심 삼매로 세상의 탐착을 제

거한다.

③ 혈도만상(血塗漫想) : 수행인이 다시 시신을 관하여 파괴된 것을 보면 곳곳에 피고름이 흐르고 머리부터 발끝까지 더럽혀져 있다. 비리고 누린 악취가 나고 부풀어 있어 가까이 할 수가 없다. "내가 사랑하는 사람을 이렇게 관하니 좋아할 곳이 없구나. 나는 어리석어서 이렇게 더러운 것에 빠져 있었는데 그 좋은 것은 어디에 있는가." 자신의 몸을 생각해 보아도 이러한 법을 벗어나지 못한다. 일심 삼매로 세상의 탐착을 제거한다.

④ 농란상(膿爛想) : 수행인이 시신을 관하면 바람과 열과 물이 스미어 날이 점차 경과하면서 몸의 아홉 구멍에서 벌레와 고름이 흘러나온다. 살은 곳곳이 썩어 썩은 물이 땅에 흐르고 악취는 점차 증가한다. "내가 사랑하는 사람을 이렇게 관하니 아름다운 용모와 미모에 혼미하였던 것이구나. 지금 보니 똥보다도 악취가 심한데 어찌 탐착할 수 있겠는가." 자신의 몸을 생각하여도 이러한 법을 벗어나지 못한다. 일심 삼매로 세상의 탐착을 제거한다.

⑤ 청어상(靑瘀想) : 수행인이 다시 시신을 관하면 피와 고름은 점차 다하고 바람과 햇빛으로 변한다. 살은 누렇고 붉고 검고 검푸른 색으로 바뀌고 악취는 더욱 심하다. "내가 사랑하는 사람을 이렇게 관하니 복사꽃 같은 색이 나를 속였는데 지금은 어디에 있는가." 자신의 몸을 생각하여도 이러한 법을 벗어나지 못한다. 일심 삼매로 세상의 탐착을 제거한다.

⑥ 담상(噉想) : 수행인이 다시 시신을 보면 벌레들이 갉아먹고 까마귀가 눈을 후비며 여우가 씹어 먹고 승냥이가 찢어놓는다. 몸은 어그러지고 떨어져서 혐오스럽다. "내가 사랑하는 사람을 이렇게 보니 본래의 형체는 깨끗하여 의복으로 장식하고 교태를 부려 미혹시켰는데 지금 파괴된 것을 보니 본래의 모습은 다 없어지고 심히 혐오스럽기만 하구나." 자신의 몸을 생각하여도 이러한 법을 벗어나지 못한다. 일심 삼매로 세상의 탐착을 제거한다.

⑦ 산상(散想) : 수행인이 다시 시신을 보면 짐승들이 찢어놓아 형체가 파괴되어 흩어져 있다. 바람과 햇볕에 쬐어 힘줄은 끊어지고 뼈는 분리되어 머리와 팔다리가

엇갈려 있다. "내가 사랑하는 사람을 이렇게 관해 보니 사람의 모습은 어디로 갔는가." 자신의 몸을 생각하여도 이러한 법을 벗어나지 못한다. 일심 삼매로 세상의 탐착을 제거한다.

⑧ 골상(骨想) : 수행인이 다시 시신을 관하면 피부와 살은 이미 다하고 다만 백골만 남아 있다. 백골을 보면 두 종류가 있다. 한 가지는 힘줄이 서로 이어져 있는 것이고 또 한 가지는 힘줄이 없어져 뼈가 분리된 것이다. 또 두 종류가 있으니 하나는 남은 피와 기름으로 더러운 뼈이고 하나는 마노나 조개처럼 하얀 뼈이다. "내가 사랑하는 사람을 이렇게 관하니 해골이 무섭구나. 딱딱하기가 돌보다 심하니 부드럽고 섬세한 감촉이 하루아침에 다 없어졌구나." 스스로 이 몸을 생각해도 이러한 법을 면할 수 없다. 일심 삼매로 세상의 탐착을 제거한다.

⑨ 소상(燒想) : 수행인이 다시 시신의 숲에 가서 본다. 혹 장작을 쌓아 시신을 태우는데 배가 터지고 몸은 갈라져 기름이 나오며 연기와 악취로 심히 두렵다. 혹은 단지 백골만을 태우는데 연기와 불꽃이 치성하다가 장작이 다하고 불이 꺼지면 형체가 재나 흙과 같아진다. 가령 화장하거나 매장하지 않아도 역시 마멸된다. "내가 사랑하는 사람을 이렇게 관하니 몸의 형체가 다 없어져 전쟁[兵刃]보다 심하구나. 목욕하고 향 뿌리며 화장을 하고 부드럽고 따뜻한 신체로 아양을 떨면서 사람을 미혹하더니 지금은 모두 마멸되었으니 결국 어디에 있는 것인가." 자신의 몸을 생각하여도 이러한 법을 벗어나지 못한다. 일심 삼매로 세상의 탐착을 제거한다.

7.3.1.2 ▸ 구상의 효용[九想對治]

수행자가 구상을 닦아서 통하게 되면 반드시 상(想)을 늘여 거듭 수행하여 관행이 익숙하고 예리해지도록 해야 한다. 그리하여 관을 행할 때마다 마음이 정(定)과 상응하여 상법(想法)이 유지되면서도 뜻이 분산되지 않도록 해야 한다. 이렇게 하면 육욕을 깨뜨리고 세상의 탐착을 제거할 수 있다. 육욕(六欲)이란 ① 색욕 ② 형모욕 ③ 위의자태욕 ④ 언어음성욕 ⑤ 세활욕 ⑥ 인상욕이니 이 육욕 중에서 여섯 종류의 집착이 생길 수 있다.

① 색욕(色欲). 색깔에 집착하는 것이니 적색·적백색·황백색·흑색·적흑색· 청색·청백색·복사꽃색 등의 색깔에 빠지는 것이다. 지혜가 없는 어리석은 사람은 이러한 색깔을 보면 빠져서 심취한다. ② 형모욕(形貌欲). 어떤 사람은 단지 모양에 집착한다. 보름달 같은 얼굴, 큰 눈, 긴 눈썹, 가는 허리, 섬세한 손가락 등 외모가 아름다우면 바로 미혹하여 집착한다. ③ 위의자태욕(威儀姿態欲). 어떤 사람은 동작과 자태에 집착한다. 걸음걸이가 우아하고, 눈썹을 치키고 뺨을 실룩이며 미소를 머금고 교태를 부리면 곧 사랑에 물드는 것이다. ④ 언어음성욕. 어떤 사람은 단지 말과 음성에 매혹된다. 교묘하고 화려한 말로 뜻에 복종하고 청아한 음성으로 노래하고 찬탄하여 사람을 기쁘게 하면 어리석고 견식이 얕은 사람은 여기에 미혹된다. ⑤ 세활욕(細滑欲). 어떤 사람은 단지 신체의 촉감을 사랑한다. 유연하고 기름진 피부와 도라면(兜羅綿)371)처럼 광채가 나며 추울 때는 따뜻하고 더울 때는 시원한 체온으로 어루만지고 몸에 향을 바르면 범부들은 빠져버려 뜻을 상실한다. 어떤 사람은 이 다섯 가지 모두에 집착하니 이를 잡욕(雜欲)이라고 한다. ⑥ 인상욕(人相欲). 위의 다섯 가지 모두에 집착하지 않고 남자든 여자든 인상에만 집착하는 사람도 있다. 비록 위의 다섯 가지를 보아도 사랑스러운 사람이 아니면 빠지지 않지만 만일 마음에 맞는 사람을 만나면 세상에서 소중하게 여기는 것을 버리고 갑자기 신명까지 잃는 경우이다.

이와 같은 육욕은 세세토록 중생들을 미혹시켜 생사에 빠지고 삼도에 윤회하며 벗어나지 못하도록 한다. 이럴 때 구상을 잘 수행하여 이들을 대치하여 제거한다면 육욕의 적이 파괴되어 속히 열반을 증득할 수 있다. 어째서 그러한가. 처음의 사상(死想)은 위의와 언어의 두 가지 욕망을 파괴하고 다음의 창상·괴상·담상은 형모욕을 깨뜨린다. 혈도만상과 청어상과 농란상은 대체로 색욕을 깨뜨리고 골상과 소상은 대체로 세활욕을 제거한다. 구상은 잡욕과 발생한 인상욕을 제거한다. 담상·

---

371) 도라면 : 도라는 범어 tūla의 음역. 특정한 나무의 꽃에서 나는 부드러운 솜.

산상·골상은 특히 남아있는 인상욕을 제거하는데, 먹히고 분리되고 흩어진 백골에서는 집착할 만한 인상을 볼 수 없기 때문이다.

이처럼 구상관은 욕망의 괫힘[結]을 깰 수 있으며 진에와 우치 또한 엷게 한다. 삼독이 엷기 때문에 98사(使)의 산이 모두 동요하고 점차 그 도를 증진시키면 금강삼매로써 결사(結使)의 산을 깨뜨려서 삼승의 도를 얻게 된다. 구상은 비록 부정관이지만 이로 인해 능히 대사(大事)도 이룰 수 있는 것이다. 비유하면 큰 바다 가운데 떠있는 시신을 물에 빠진 사람이 의지하면 살아날 수 있는 것과 같다.

7.3.1.3 ▸ 법의 소속[攝法]

구상의 법은 욕계의 몸을 반연하며 색온(色蘊)과 상온(想蘊)에 포함되고 또한 신념처의 일부분이다. 혹은 욕계에 포함되고 초선이나 제2선에도 포함된다. 욕심을 여의지 못한 산심(散心)의 사람이라면 욕계에 묶이며 욕심을 여읜 사람은 색계에 묶인다. 창상 등 8상은 욕계정과 초선, 제2선에 포함되고 청정한 골상은 욕계정, 초선, 제2선, 제4선에 포함된다. 제3선에서는 즐거움이 많으므로 구상이 없다.

7.3.1.4 ▸ 구상으로 얻는 도[趣道]

구상을 수행하면 [얻는 도가] 두 종류가 있다. 만일 사법[事法]만을 생각하며 수행한다면 단지 욕계의 번뇌만을 조복시킬 수 있으며 뒤에 별도로 십상(十想)[372]을 수행하여 견사혹을 끊어야 무학도를 이룬다. 두 번째는 만일 구상을 잘 수행하면 십상을 갖추게 되니 사법을 따라 이법(理法)에 들어갈 수 있다. 이는 번거롭게 별도로 다른 문에 의거하지 않고도 십상을 수행하는 것이 된다. 어떻게 그러한가? 수행인이

---

372) 십상(十想) : ① 무상상 ② 고상 ③ 무아상 ④ 식부정상(食不淨想) ⑤ 일체세간불가락상(一切世間不可樂想) ⑥ 사상(死想) ⑦ 부정상(不淨想) ⑧ 단상(斷想) ⑨ 이상(離想) ⑩ 진상(盡想)이다.

사람이 죽는 것을 관하면 동작과 언어가 순식간에 사라지고 신체가 부풀며 부패하고 흩어져서 각각 다르게 바뀌니 이는 바로 무상(無常)이다. 만일 이 몸에 집착하면 무상하게 무너질 때 괴로움이 되고 무상이고 고로서 자유롭지 못하면 이것이 무아이며 부정하고 무상하고 고이고 무아이므로 세상은 즐거울 것이 없다[世間不可樂]. 몸은 이와 같이 관한다. 음식이 입에 있으면 뇌연(腦涎)이 흘러내려와 침과 화합하여 맛을 이루지만 삼키면 토한 것과 다를 것이 없다. 내려가서 배로 들어가면 더러운 똥이 되니 이는 식부정상이다. 이 구상관으로 몸이 무상하게 변하여 순간마다 멸하는 것임을 관하면 곧 사상(死想)이고, 구상으로 세간의 즐거움에 싫증을 내어 번뇌를 끊으면 곧 안온하고 고요함을 알면 단상(斷想)이다. 이 구상으로 온갖 번뇌를 차단하면 이상(離想)이고 구상으로 세간에 싫증을 낸 까닭에 오온이 멸하여 다시 생겨나지 않는 곳이 안온함을 알면 진상(盡想)이다. 만일 이와 같이 구상을 잘 수행하면 십상을 갖추어 견사혹을 끊게 되니 이 사람은 반드시 삼승의 도에 나아가게 됨을 알아야 한다. 또한 『대지도론』에서도 설하고 있다. "만일 구상을 잘 닦으면 신념처의 문을 열게 되고 신념처는 3념처의 문을 열며 사념처는 37조도품의 문을 열고 37품은 열반의 문을 연다. 열반에 들어가므로 일체의 근심과 고통이 멸한다."[373]

　　보살은 중생들을 연민하기 때문에 비록 구상으로 능히 열반에 들어갈 수 있지만 실제(實際)를 증득하지는 않는다. 무슨 까닭인가? 만일 색 가운데 맛의 상이 없다면 중생들은 색에 집착하지 않을 것이다. 또한 색 가운데 떠나는 상이 없다면 지금 색으로부터 해탈할 수도 없을 것이다. 색 가운데 맛이 있으므로 중생들은 색에 집착하고 색 가운데 떠나는 상이 있으므로 중생들이 색으로부터 해탈할 수 있다. 그러나 맛은 곧 떠남이 아니고 떠남은 곧 맛이 아니다. 맛이 있는 곳을 떠나면 해탈처가 없고 해탈처를 떠나면 맛이 있는 곳도 없다. 색은 계박도 아니고 해탈도 아님을 알아야 하니 그때 생사를 따르지 않고 열반도 증득하지 않게 된다. 다만 대비심으로 일체 중생들을 연민하여 이 부정관 가운데서 일체의 불법을 성취한다. 그러므로 『대

---

373) 『대지도론』21, 218중.

품반야경』에 "구상은 곧 보살의 대승법"[374]이라고 설하였다.

7.3.2 ▸ 팔념八念

팔념이란 ① 염불 ② 염법 ③ 염승 ④ 염계(念戒) ⑤ 염사(念捨) ⑥ 염천(念天) ⑦ 염입출식(念入出息) ⑧ 염사(念死)이다. 이 여덟 가지를 모두 염(念)이라고 칭하는 까닭은 일심으로 반연하는 가운데 기억하고 지녀서 잊지 않기 때문이다.

7.3.2.1 ▸ 팔념을 설한 까닭[敎門所爲]

불제자가 아란야나 빈 집·무덤·산림·광야 등에서 외부정관(外不淨觀)인 구상을 잘 수행하면 그 몸이 싫어지면서 이런 생각을 한다. "나는 어찌하여 이처럼 저열하고 부정하며 냄새 나는 똥주머니를 따라다니고 있는가." 그때 갑자기 공포가 생기면서 전신의 털이 곤두선다. 또한 악마가 여러 가지 형색을 지어 와서 그의 도를 퇴전시키기 위해 두렵게 한다. 이러한 이유로 염불을 한다. 구상 이후에 팔념을 설하는 것은 공포를 제거하기 위한 것이다. 경전에서 설한 것과 같다. "부처님께서 비구들에게 고하셨다. 만일 아란야에 머물면서 공포심이 생긴다면 응당 염불을 하면 공포가 사라질 것이다. 만일 염불로 되지 않으면 염법을 하면 공포심이 제거될 것이다. 염법으로 되지 않는다면 염승을 하면 공포심이 제거될 것이다." 그러므로 3념은 공포를 제거하기 위하여 설한 것임을 알 수 있다.

문 경전에서 설한 3념의 인연은 공포를 제거하기 위한 것이라고 하셨는데 뒤의 5념은 어떠합니까?

---

374) 『대품반야경』 1 「서품」 (『대정장』 8), 218하~219상. 이와 일치하는 문구는 없으나 보살은 구상 등을 수행한다고 하였으므로 이러한 의미로 이해할 수 있다.

답 이 비구가 보시와 지계를 행하면 공포가 제거된다. 어째서인가? 만일 그가 계를 깨뜨렸다면 지옥에 떨어질까 두렵고 인색하였다면 아귀에 떨어지거나 가난할까 두렵다. 스스로 "나는 이렇듯 계를 청정히 지키고 보시를 하므로 기쁘다. 위의 여러 천신들은 모두 보시와 지계의 과보로 된 것인데 나도 역시 이와 같은 복덕이 있다."고 생각하므로 염천을 행한다. 이 또한 공포심이 생기지 않게 한다. 십육특승 중에서 염아나파나를 할 때는 미세한 마음인 각(覺)도 없어지는데 하물며 거친 각(覺)인 공포심이 없어지지 않겠는가. 염사(念死)란 오온의 몸이 생각마다 생기고 멸하는 것을 염하는 것이다. 이 몸은 생겨난 이래로 항상 죽음과 함께 하는데 지금 왜 죽음을 두려워하겠는가. 이 5념은 비록 부처님께서 별도로 설하지 않으셨지만 공포를 깊이 제거하기 위한 것임을 알아야 한다. 왜냐하면 남의 공덕을 염하여 공포를 제거하는 것은 어렵지만 이제 자신의 공덕을 염하여 공포를 제거하는 것은 쉽기 때문이다. 이러한 이치로 별도로 설하지 않으셨다.

7.3.2.2 ▸ 수행과 증득

① 염불(念佛) : 만일 수행자가 아란야에서 수행 중에 공포심이 생기면 응당 다음과 같이 염불을 해야 한다. "부처님은 다타아가도(tathāgata:如來) · 아라하(arhat:應供) · 삼먁삼불타(samyak-saṃbuddha:正等覺) 내지 바가바(bhagavat:世尊) 등 10호(號)를 갖추셨고 32상 80종호와 대자대비 · 십력 · 사무소외 · 십팔불공법 등 지혜의 광명과 신통이 무량하여 능히 시방의 수없는 중생들을 구제하신다. 이 분은 나의 큰 스승이시고 일체를 구호하시는데 무엇을 두려워하랴." 일심으로 기억하고 염하면 공포가 제거된다.

② 염법(念法) : 수행자가 이렇게 생각한다. "이 법은 공교하고 벗어난 것이다. 금세에 과보를 얻게 하고 번뇌가 없으며 시기를 기다리지 않고도 좋은 곳에 도달할 수 있으며 장애 없이 통달할 수 있도록 한다." 여기서 '공교하고 벗어난 것'이란 이제(二諦)가 서로 어긋나지 않도록 잘 설하였고 [유와 공의] 두 변을 벗어났다는 의미이

다. '금세에 과보를 얻는다'는 것은 다른 외도들의 법은 금세의 과보가 없는데 오직 불법에서는 인연이 연이어 생긴다. 즉 계율을 청정하게 지키면 후회하지 않고, 마음이 후회하지 않으므로 법이 생겨 환희하며 법이 생겨 환희하므로 즐거움을 얻는다. 즐거움을 얻으니 마음을 조섭할 수 있다. 마음이 조섭되므로 여실지(如實智)를 얻을 수 있고 여실지를 얻으니 싫증내어 떠날 수 있으며, 떠날 수 있으므로 욕심을 버릴 수 있다. 욕심을 버리니 해탈을 얻을 수 있고 해탈의 과보로서 열반을 얻는다. 이를 '금세에 과보를 얻는다'고 말한다. '번뇌가 없다'는 것은 생사의 뜨거운 번뇌인 삼독이 없다는 말이다. '시기를 기다리지 않는다'는 것은, 다른 외도들은 법을 받으려면 반드시 시절을 기다려야 하지만 불법은 그렇지 않다는 것이다. 비유하면 장작이 불을 만나면 시기를 기다리지 않고 바로 불타는 것과 같다. '좋은 곳에 도달한다'는 것은 불법을 행하면 반드시 인간이나 천상의 즐거운 과보나 삼승의 열반처가 이른다는 것이다. '장애 없이 통달한다'는 것은 삼법인을 얻는다는 의미이다. "내가 이와 같은 법들을 수행하는데 무슨 두려움이 있겠는가." 이렇게 일심으로 억념하면 공포가 제거된다.

③ 염승(念僧) : "승가는 부처님 제자들의 대중으로서 오분법신(五分法身)을 갖추고 있다. 이 가운데 4쌍8배와 27인의 성현375)들이 있어서 세상의 공양과 예배를 받을 자격이 있으며 세간 최상의 복전(福田)이 된다. 즉 성문승가·벽지불승가·보살승가들이니 신통과 지혜가 무량하여 중생들을 고난에서 구제하여 해탈시킨다. 이와 같은 성인 대중들은 나의 진정한 도반이니 무엇을 두려워하겠는가." 일심으로 억념하면 공포가 제거된다.

④ 염계(念戒) : 수행자가 다음과 같이 생각한다. "이 계는 모든 악을 막을 수 있으니 편안히 머물 곳이다. 계에는 두 종류가 있으니 유루계와 무루계이다. 다시 두 종류가 있으니 율의계와 정공계(定共戒)이다. 율의계는 온갖 악을 막아 몸을 편안하

---

375) 4쌍8배 27인 : 견도 이상에 오른 사람은 성인, 도를 깨닫지는 못했지만 악을 떠난 사람을 현인이라고 하는데 4쌍8배란 4향8과의 성인을, 27인(人)이란 유학(有學) 18현과 무학 9성을 말한다.

게 하고 정공계는 온갖 번뇌를 막아 마음의 즐거움을 얻게 한다. 무루계는 모든 악의 근본인 무명을 깨뜨릴 수 있어서 해탈의 즐거움을 얻도록 한다. 나는 이와 같은 법들을 닦는데 무엇을 두려워하는가.” 일심으로 억념하면 공포가 제거된다.

⑤ 염사(念捨) : 수행자는 사(捨)를 염하는데 사에는 두 가지가 있다. 하나는 베푸는 것이고 하나는 번뇌를 버리는 것이다. 베푸는 것도 두 종류이니 재물을 베푸는 것과 법을 베푸는 것이다. 이 두 종류의 베풂을 모두 ‘사’라고 부르니 일체 선법의 근본이다. 수행자가 생각한다. “나는 몸이 생긴 이래 이와 같은 베푸는 공덕을 지어왔는데 무엇을 두려워하랴.” 일심으로 이렇게 억념하면 공포가 제거된다.

⑥ 염천(念天) : 수행자는 사천왕천 내지는 타화자재천에 대해 염해야 한다. “저 천신들은 모두 과거에 계를 지키고 보시를 한 선근으로 저곳에 태어나 윤회의 긴 밤을 즐겁게 보내면서 선법으로 우리들을 보호한다.” 다시 다음과 같이 억념한다. “천신은 네 종류가 있다. 첫 번째는 명천(名天)이고 두 번째는 생천(生天)이며 세 번째는 정천(淨天)이고 네 번째는 의생천(義生天)이다.376) 이와 같은 천신들은 과보가 청정한데 만일 내가 지계와 보시 등의 선을 행하면 목숨이 다할 때 반드시 저곳에 태어날 것이니 무엇이 두려운가.” 일심으로 억념하면 공포가 제거된다.

⑦ 염아나파나(anāpāna:入出息) : 수행자가 공포를 느낄 때 앞에서 설한 십육특승377)의 첫 번째 단계와 같이 호흡을 조절한다. 숨의 출입에 반연하여 자각하면서 수가 열을 채웠을 때 “아나파나를 염한다” 하고 소리 내어 말한다. 이와 같이 열 번에 이르면 육신(六神)이 제 자리로 돌아가고 일심으로 호흡을 염하게 되면서 공포가 제거된다.

⑧ 염사(念死) : “죽음에는 두 종류가 있다. 첫 번째는 자연히 죽는 것이고, 두 번째는 다른 인연으로 죽는 것이다. 이 두 종류의 죽음은 항상 내 몸을 따라다녀서 만

---

376) 사종천(四種天) : 국왕은 세상 사람들에게 하늘처럼 높으므로 세간천·명천이라 하고 복을 지어 태어나는 육도 중의 천신은 생천이라 한다. 성문과 연각의 성인들은 가장 청정하므로 정천, 10주보살 이상은 의생천·의천(義天)이라 부른다.
377) 원문(538중)의 ‘六十特勝’은 ‘十六特勝’의 잘못이다.

일 다른 인연으로 죽지 않는다면 응당 자연히 죽을 것이니 어찌 두려워하겠는가. 비유하면 용사가 적진에 들어가 죽음으로써 막는다면 마음이 편안해지며 두려움이 없어지는 것과 같다." 이와 같이 일심으로 죽음을 염하면 공포가 제거된다.

지금까지 팔념으로 공포를 대치하는 것을 간략히 설하였다. 여기서 설한 법상(法相)은 모두 『대지도론』에 상세히 분별해 놓은 것과 같다.

7.3.3.3 ▸ 팔념으로 얻는 도[趣道]

지금까지 설한 방식은 단지 두려움과 여러 장애를 방편으로 제거하는 것에 그친다. 그러나 팔념을 잘 수행하면 이 한 길로 도에 들어가는 법문이 된다. 팔념으로 도에 들어가는 것에는 두 가지 법이 있으니 첫 번째는 차례대로 수행하여 도에 들어가는 것이고, 두 번째는 하나하나의 염으로 각각 도에 들어가는 것이다.

첫 번째로 차례대로 수행하여 도에 들어가는 것을 밝힌다. 수행자가 번뇌의 병에서 해탈하고자 하면 먼저 염불을 해야 하니 이는 의왕(醫王)과 같다. 염법은 좋은 약과 같고 염승은 진찰하는 것과 같으며 염계는 음식을 금기하는 것과 같다. 염사는 몸을 보양하는 것과 같고 염천은 병에 조금 차도가 있는 것과 같으며 염아나파나는 선정이 일어나도록 한다. 염사는 무상과 사제의 이치를 깨닫게 하니 이렇게 삼계의 병이 다 나으면 성스러운 도를 얻을 수 있다.

두 번째로 하나하나의 염이 각각 도에 들어가는 방법임을 밝힌다. 염불은 곧 염불삼매로 도에 들어가는 모습이니 『문수반야경』[378) 및 여러 경전에서 설한 것과 같다. 염법은 여러 경전에 설해져 있는, 모든 부처님이 스승으로 삼았고 말씀하신 법을 말한다. 사제·십이인연·육바라밀·중도실상 등인데 이러한 법들은 모두 도에

---

378) 『문수반야경』 : 6세기 초 만타라선이 번역한 『문수사리소설마하반야바라밀경』 2권을 가리킨다. 이역본으로 승가바라가 번역한 『문수사리소설반야바라밀경』 1권과 현장 역, 『대반야경』 제7회 「만수실리분」이 있다.

들어가는 방법이다. 염승은 『관세음삼매경』[379] 『약상경(藥上經)』[380] 등에 설한 것과 같다. 염계는 앞에서 설한 10종계의 내용[381]과 같다. 염시(念施)는 『대지도론』 가운데 보시바라밀로 도에 들어가는 모습[382]에서 설한 내용과 같다. 나머지 3념 가운데 염천(念天)은 제일의천(第一義天)[383]에 미치면 곧 도에 들어가는 것이고 염아나파나로 도에 들어가는 모습은 통명관에서 설한 것과 같다. 염사(念死)는 아래[十想 가운데] 사상(死想)의 뜻을 설하는 것과 같다. 팔념 가운데 하나를 따라 닦으면 도에 들어갈 수 있으니 다른 수습(修習)이 필요치 않음을 알아야 한다.

보살은 불도를 구하므로 이 팔념을 행하는 것이다. 마음에 의지함 없이 대비방편으로 법문을 널리 익혀서 중생을 교화하니 팔념은 보살의 대승법임을 알아야 한다.

7.3.3 ▸ 십상十想

십상(十想)이란 ① 무상상 ② 고상 ③ 무아상 ④ 식부정상 ⑤ 일체세간불가락상 ⑥ 사상(死想) ⑦ 부정상 ⑧ 단상(斷想) ⑨ 이상(離想) ⑩ 진상(盡想)이다.

7.3.3.1 ▸ 수행의 단계

부처님의 가르침에 의거하여 설해진 여러 법 가운데 세 종류의 도가 있으니 견도(見道)와 수도(修道)와 무학도(無學道)이다. 십상은 이 세 종류 도에 의거하여 계위를 밝힌다. 왜 그러한가? 괴법(壞法)의 수행인은 건혜지(乾慧地)에서 이미 구상을 갖

---

379) 『관세음삼매경(觀世音三昧經)』: 경록에는 있지만 전하지 않는 1권짜리 경전이다.
380) 『약상경(藥上經)』: 미상.
381) 외방편(外方便) 가운데 '6.1.1 다섯 가지 인연을 갖춤[具五緣]'에 나온다.
382) 『대지도론』11 「단상(檀相)」19(140하~)에 나온다.
383) 제일의천(第一義天): 부처님을 천상에 비유하면 제일의천이라고 한다. 앞의 4종천에 더해 5종천이라고 한다.

추어 온갖 결사(結使)를 조복[伏]하는데 이제 총상관(總相觀)으로서 무상상 등 3상을 수행하는 것은 곧 62견 등 온갖 전도된 법을 깨뜨려 견도에 들어가 초과를 얻기 위한 것이기 때문이다. 다음 식부정상 등 4상이 있는데 이는 수다원과 사다함의 수행인이 수도위에 들어가 오하분결(五下分結)을 끊고 아나함과를 증득하기 위해 닦는 것이다. 이 네 종류 별상(別相)으로서의 사관(事觀)은 사혹(思惑)을 끊기 위한 정관(正觀)을 이루는데 도움이 된다. 마지막의 단상·이상·진상 등 3상은 아나함인이 아라한향에 나아가 무학도를 수행하는 것으로서, 색애와 무색애를 완전히 끊고 아라한과를 증득하기 위한 것이다. 십상을 3도(道=界)에 의거하여 계위를 분별하면 일단 그 의미를 이해할 수 있다.

7.3.3.2 ▸ 수행과 증득

① 무상상(無常想) : 일체의 유위법이 무상함을 관하면 지혜가 상응하므로 무상상이라고 한다. 어째서 그러한가? 일체의 유위법은 시시각각 새롭게 생멸하여 인연법에 속하며 늘거나 쌓이지 않기 때문이다. 또 생길 때는 온 곳이 없고 멸할 때는 가는 곳이 없으므로 무상하다고 한다. 무상에는 두 종류가 있으니 중생무상과 세계무상이 그것이다. 중생무상(衆生無常)이란, 수행자가 자신과 일체 중생을 관하면 가라라 때 이래로 색과 마음이 생멸하고 변하며 내지 늙어 죽기까지 잠시도 정지하는 때가 없다. 일체의 유위법은 생·주·멸의 3상으로 변천하는 법에 속하기 때문에 무상임을 아는 것이다. 즉 생기는가 하면 생김과 달라졌고 머무는가 하면 머뭄과 달라지며 멸하는가 하면 멸함과 달라져 있다. 이처럼 무상하게 변하는 것이 신속하게 찰나에 이루어져 잠시도 쉬는 때가 없으니 일체의 중생들은 모두 무상임을 알 수 있다.

세계무상(世界無常)이란 게송에서 설한 것과 같다.

대지와 초목은 모두 닳아 없어지고
수미산은 붕괴되고 큰 바다도 마른다.

천신들이 거주하는 곳도 모두 타 버리니

그때에 세계 어느 곳이 온전하겠는가.[384]

　또한 부처님께서 설하신 무상관은 두 종류가 있으니 첫 번째는 남음이 있는 것이고, 두 번째는 남음이 없는 것이다. 일체의 사람과 물건이 모두 없어지고 오직 이름만 있으면 남음이 있는 것이라 하고 사람과 물건이 모두 없어지고 이름 또한 없어지면[385] 이를 남음이 없는 것이라고 부른다. 어째서 그러한가?

　만일 삼상으로 인해 일체의 유위법이 무상하다고 말한다면, 삼상은 본래 얻을 수 없는데 어떻게 무상이 있을 수 있겠는가. 생겨날 때는 머뭄과 멸함이 없고 생겨남에서 달라지는 때도 역시 머뭄과 멸함은 없다. 만일 생겨날 때 머뭄과 멸함이 있다면 '생김'이라는 상이 파괴되니, 생김과 멸함은 서로 어긋나 양립할 수 없는 것이기 때문이다. 만일 생김을 떠나 멸함과 머뭄이 있다고 말해도 또한 삼상의 이치가 파괴된다. 생김을 떠나면 멸하는 대상이 없어지기 때문이다. 이렇게 삼상은 얻을 수 없는데, 만일 삼상이 없다면 어떻게 무상이라고 말할 수 있겠는가. 무상이라는 모습을 얻을 수 없을 때 곧 성도(聖道)를 보는 것이니 이를 무상상이라고 부른다.

　문　그렇다면 부처님께서는 어째서 무상이 성스러운 진리라고 설하셨습니까?

　답　항상하다는 집착과 전도를 깨뜨리기 위한 것이니 이 가운데서 실체를 구하려 하면 안 된다. 만일 무상이 실재한다고 억측한다면 단견(斷見)에 떨어진다.

　또한 남음이 있는 무상상은 앞에서 십육특승과 통명관 가운데 설하였고 남음이 없는 무상상은 뒤에 혜행 중에서 자세히 설하겠다.

---

384)　『대지도론』 23, 229상.
385)　원문(539상)에는 "名亦滅"이 없으나 『대지도론』의 원문(229하)을 따라 삽입하였다.

문 어찌하여 성스러운 행의 첫 관문에서 먼저 무상상을 설하십니까?

답 일체의 범부들은 견도에 이르지 못했을 때 각자 귀하게 여기는 행이 있다. 혹은 계를 지키는 것이 중하다 하고 혹은 많이 듣는 것이 중하다고 말한다. 혹은 12두타행이 중요하다 하고 혹은 선정이 중요하다고 한다. 이처럼 각각 행하는 것을 귀하게 여기면서 다시 열반을 힘써 구하지 않는다. 그러나 부처님께서는 이러한 모든 공덕들은 열반의 도에 나아가는 부분일 뿐이며 모든 법이 무상하다고 관해야 참된 열반의 도라고 말씀하셨다. 이와 같이 여러 가지 인연이 있기 때문에 모든 법이 비록 공하지만 이 무상상을 설하신 것이다.

② 고상(苦想) : 수행자가 다음과 같은 사유를 행한다. "만일 일체의 유위법[386] 이 무상하게 변천한다면 이는 곧 괴로운 모습이다. 어째서인가. 안의 육근과 밖의 육경이 화합하여 여섯 종류의 식이 생긴다. 여섯 종류의 식은 세 종류의 느낌을 낳으니 즉 괴로운 느낌[苦受]과 즐거운 느낌[樂受]과 괴롭지도 즐겁지도 않은 느낌[捨受] 이다. 이 세 느낌 가운데 생로병사와 사랑하는 것과 헤어지는 것, 구해도 얻지 못하는 것, 원수와 만나는 것, 오온이 왕성한 것 등 8고가 핍박하므로 괴로움이라고 부른다. 또한 괴로움은 현상으로서 즉시 괴로워지기 때문에 중생들이 원치 않는 것이고 즐거움은 감정에 맞으므로 중생들이 좋아하는 것이다. 하지만 이것을 탐하고 집착하면 무상하게 부패하고 무너질 때 현생에서 괴로움을 느끼게 되고 후생에는 지옥·축생·아귀 등의 괴로움을 받아야 한다. 이와 같은 종종의 괴로움은 모두 즐거움을 구하는데서 생기므로 즐거움도 괴로움임을 알아야 한다. 괴롭지도 즐겁지도 않은 느낌은 비록 감정 중에서는 괴로움이나 즐거움을 느끼지 않아서 취하거나 버리지 않지만 진실한 이치는 무상하게 변천하는 것이므로 또한 큰 괴로움이 된다.

문 무상하므로 괴로움이라 한다면 도성제(道聖諦)는 유위법으로서 무상하므로

---

386) 본문(539상)의 '有餘法'은 '有爲法'의 잘못이다.

또한 괴로움이 되어야 합니다.

답 도성제는 비록 무상하지만 괴로움을 멸할 수 있고 집착이 생기지 않는다. 또한 공·무아 등 지혜와 서로 화합하므로 무상이지만 괴로움은 아니다.

③ 무아상(無我想) : 수행자는 깊이 사유해야 한다. "만일 유위법이 모두 괴로움이라면 괴로움은 곧 무아(無我)이다. 어째서 그러한가? 오취온(五取蘊)[387] 중에서는 모두 괴로움인데 괴롭다면 자재하지 못한 것이고 자재하지 못하다면 자아가 없는 것이다. 왜냐하면 자재로운 자아가 있다면 괴로움으로 핍박받지 않을 것이기 때문이다." 괴롭다면 바로 무아임을 알 수 있다. 또한 오온·십이처·십팔계의 온갖 법들은 모두 연(緣)으로 생겨서 자성이 없기 때문이다. 만일 오온에서나 오온을 떠나서거나 자아 등 16지견[388]을 구해도 모두 얻을 수 없다. 자아를 얻을 수 없으면 일체의 견해와 집착을 버려 마음에 취하는 것이 없게 되므로 곧 해탈을 얻게 된다. 이것을 무아상이라고 부른다.

무상·고·무아의 3상은 관행(觀行)이 매우 세밀하므로 뒤에 고제(苦諦)를 풀이하면서 다시 자세히 설할 것이다.

문 무상과 고와 무아는 세 가지 일입니까, 아니면 한 가지 일입니까. 만일 한 가지 일이라면 셋으로 설하지 않아야 할 것이고, 세 가지 일이라면 부처님께서는 무슨 까닭에 무상이면 곧 괴로움이고 괴로우면 곧 무아라고 설하셨습니까?

답 세 가지는 하나의 일이니 이른바 '유루법을 받는 것[受有漏法]'이지만 관문으로 분별하므로 세 종류로 차이가 있다. 즉 무상의 행에 상응[389]하면 무상상이고 고행에 상응하면 고상이며 무아행에 상응하면 무아상이다. 무상상은 삼계에 들어가

---

387) 오취온(五取蘊) : 유루(有漏)로서 번뇌[取]가 있는 오온을 오취온이라 한다.
388) 16지견(知見) : 아(我)·중생(衆生)·수자(壽者) 등 자아에 대한 외도들의 열여섯 가지 견해를 말한다. 『대품반야경』「습응품(習應品)」(『대정장』8, 221하), 『대지도론』35(319중) 등에 나온다.
389) 원문(539중)은 '想應'이지만 『대지도론』에는 '相應'으로 되어 있어 이를 따랐다.

지 않도록 하고 고상은 삼계의 죄를 알도록 하며 무아상은 세간을 버리게 한다. 또한 무상상은 [삼계에] 싫증이 나도록 하고 고상은 공포가 생기도록 하며 무아상은 [삼계를] 벗어나서 해탈을 얻도록 한다. 또한 무상상은 상견(常見)을 차단하고 고상은 세상에서 열반을 구하는 견해를 차단하며 무아상은 집착하여 머무는 견해[著處見]를 차단한다. 무상이란 세상에서 집착하는 상법(常法)이 그것이고 괴로움이란 세상에서 즐겁다 여기는 것이 그것이며 무아란 세상에서 견고한 자아라고 여기는 것이 바로 그것이다. 이와 같이 여러 가지로 분별할 수 있으니 『대지도론』에서 자세히 분별하고 있다.390)

④ 식부정상(食不淨想) : 수행자가 비록 무상·고·공·무아임을 알았어도 음식에 대해 여전히 탐착한다면 식부정상을 닦아서 대치하여야 한다. 다음과 같이 자세히 관한다. "이 음식은 모두 부정한 인연으로 생긴 것이다. 예를 들어 고기는 정혈(精血)의 물이 다니는 길에서 생기고 고름벌레가 사는 곳이다. 연유와 우유와 유즙은 피가 변하여 이루어진 것이니 고름과 다르지 않고 밥은 흰 벌레 같으며 국은 똥물과 같다. 일체의 음식은 땀과 때로 더러운 주방장이 만든다. [음식이] 입속에 들어가면 뇌에 있던 난연(爛涎)이 두 길로 흘러내려와 침과 합해져서 맛을 이루는데 그 모양은 토해 놓은 것과 같다. 배의 문으로 들어가면 지대(地大)가 지탱하고 수대는 으깨며 풍대는 움직이게 하고 화대는 익히니 마치 솥에서 죽을 익히는 것과 같다. 마치 술을 담을 때와 같이 탁한 찌꺼기는 밑으로 가라앉고 맑은 것은 위에 있는데 탁한 찌꺼기는 똥이 되고 맑은 것은 오줌이 된다. 허리에 세 개의 구멍이 있어서 바람이 기름즙391)을 불면 백 개의 맥으로 흩어 들어가 먼저 피와 화합한 뒤 응고하여 살로 변한다. 새 살에서 기름과 뼈와 골수가 생기며 이러한 인연으로 신근(身根)이 생긴다. 새살과 옛살에서 [안이비설신] 5정근(情根)을 생기게 하니 이 5근에서 5식이 생긴다.

---

390) 『대지도론』 23, 231상~중.
391) 원문(539하)은 '膿汁'이지만 『대지도론』에는 '腻汁'으로 되어 있어 이를 따랐다.

다음에 의식이 생겨서 분별하고 모양을 취하여 아름답고 추한 것을 헤아린다. 이후에 나와 내것[我所]이라는 마음 등 온갖 번뇌와 죄업이 생긴다.”

이렇게 음식의 본말 인연이 여러 가지로 부정하다는 것을 관하면 나의 사대와 바깥의 사대가 다름이 없다는 것을 보게 된다. 다만 아견(我見)의 힘으로 억지로 자아가 있다고 헤아리는 것이다. 수행자가 이와 같이 사유하여 음식의 허물을 안다. “만일 내가 [음식을] 탐착한다면 응당 지옥이나 아귀도에 떨어져 뜨거운 쇠구슬을 삼켜야 할 것이고 혹은 개나 돼지와 같은 축생으로 떨어져 똥을 음식으로 먹어야 할 것이다.” 이와 같이 음식을 관하면 곧 싫어하는 생각이 일어나고 음식에 싫증을 내었기 때문에 오욕 역시 엷어진다. 이것이 식부정상이다.

⑤ 일체세간불가락상(一切世間不可樂想) : 수행자가 만일 세간의 색욕이나 음식, 권속과 이웃, 의복과 정원, 토지와 인사 등을 생각하고 즐겁다는 생각을 내면 악각(惡覺)이 쉬지 않고 욕계를 떠나는 데 장애가 된다. 그러므로 수행자는 응당 세간의 허물을 깊이 관해야 한다. 허물에는 두 종류가 있으니 중생과 국토이다. 먼저 중생의 허물은 다음과 같다. 일체 중생은 모두 8고의 근심이 있으니 탐착할 만하지 않다. 또 중생을 관해 보면 탐욕이 많으면 짐승과 같이 아름답고 추한 것을 가리지 않고 성냄이 무거우면 내지 부처님 말씀을 받아들이지 않고 법 듣는 것을 공경하지 않으며 악도에 떨어지는 것을 두려워하지 않는다. 어리석음이 많으면 구하는 것이 도리에 맞지 않고 높고 낮음을 구별하지 못한다. 혹은 인색하고 교만하고 질투하고 험악하고 속이고 모략하고 사견(邪見)을 갖고 믿음이 없으며 은혜를 모른다. 혹은 죄업이 많아서 오역죄를 짓고 삼보를 공경하지 않으며 착한 사람을 경멸한다. 세간의 중생들은 착한 이는 매우 적고 악한 이는 많다. 이와 같은 번뇌와 허물을 깊이 관하면 응당 싫어지는 마음이 생기므로 친근할 수가 없다.

국토의 허물은 게송에서 설한 것과 같다.

매우 추운 국토가 있고
매우 더운 국토도 있다.

돌보아주지 않는 나라도 있고
악이 많은 나라도 있다.
굶주림이 많은 나라가 있고
병이 많은 나라가 있다.
복을 닦지 않는 나라도 있으니
이처럼 즐거운 곳은 없구나.[392]

수행자가 욕계를 관하면 나쁜 일이 이와 같아서 즐거운 곳은 없다. 내지는 위에 있는 삼계도 과보가 파괴될 때는 근심과 괴로움이 하계(下界)보다 심하다. 비유하면 지극히 높은 곳에서 떨어지면 산산조각으로 파괴되는 것과 같다. 경전에 "삼계는 마치 불타는 집과 같아서 편안함이 없네. / 온갖 고통이 가득 차 있으니 심히 두렵네."[393]라고 설하고 있다. 이러한 모습을 항상 관하면 깊이 싫어지는 마음이 생겨서 애착하는 생각이 생기지 않는다. 이를 세간불가락상이라고 부른다.

⑥ 사상(死想) : 수행자가 앞서 본 여러 상법(想法)들을 수행하면서 다소 게으른 마음이 생기면 번뇌를 속히 끊을 수 없다. 이때는 응당 사상을 깊이 닦아야 한다. 부처님께서 다음과 같이 사상의 뜻을 설하셨다.

어떤 비구가 편단우견하고 부처님께 아뢰었다.
"저는 사상(死想)을 수행할 수 있습니다."
부처님께서 말씀하였다.
"그대는 어떻게 수행하는가."
"저는 1년 살기를 바라지 않습니다."
"그대는 방일하게 사상을 수행하는 것이다."

---

392) 『대지도론』 23, 232중.
393) 『묘법연화경』 2 「비유품」 (『대정장』 9), 14하.

다시 어떤 비구가 말하였다.

"저는 7일을 살리라고 기대하지 않습니다."

다른 비구들이 6일, 5일, 4일, 3일, 2일을 살리라고 기대하지 않는다고 아뢰었다. 부처님께서 말씀하셨다.

"그대들은 모두 방일하게 사상을 닦는 것이다."

어떤 비구는 아침부터 식사 때까지라고 말하였고, 또 어떤 비구는 밥 한끼 먹을 정도라고 말하였으나 부처님께서는 모두 방일하게 사상을 수행하는 것이라고 말씀하셨다. 다시 어떤 비구가 편단우견하고 부처님께 아뢰었다.

"저는 숨을 내쉴 때 숨이 들어오리라고 보장할 수 없고 숨을 들이쉴 때 다시 나오리라고 보장할 수 없습니다."

부처님께서 말씀하셨다.

"훌륭하구나. 이것이 진실로 사상을 수행하는 것이다. 이것이 진정 방일하지 않은 수행이다."394)

이와 같이 사상을 수행하면 이 사람은 게으름이라는 적을 깨뜨린 것이니 일체의 선한 법이 항상 앞에 나타난다. 이를 사상을 수행하는 것이라고 한다.

⑦ 부정상(不淨想) : 앞의 통명관에서처럼 몸의 36물이 5종류로 부정한 모습을 보는 것이다. 그곳에 자세히 설해져 있다.

⑧ 단상(斷想) ⑨ 이상(離想) ⑩ 진상(盡想)은 한꺼번에 설명한다. 열반을 반연하여 번뇌의 맺힘과 부림[結使]을 끊으면 단상이라 부르고 결사를 떠나면 이상이라 하며 모든 결사를 다하면 진상이라고 부른다.

문 그렇다면 1상이면 될 터인데 어찌하여 세 가지로 설하십니까?

답 앞에서 무상이면 곧 괴로움이고 괴로움이면 곧 무아라고 하면서 한 법에서

---

394) 『대지도론』 22, 228상 이하. 원 내용은 『증일아함경』 25 (『대정장』 2, 742상~)가 출전이다.

세 가지로 설한 것과 같다. 세 상도 이와 같아서 단상은 유여열반이고 진상은 무여열반이며 이상은 두 열반의 방편문이다.

괴법의 수행인이 십상을 성취하면 아라한을 이루어 두 종류의 열반을 갖춘다. 그러므로 구상과 십상은 괴법도라고 설한다.

7.3.3.3 ▸ 십상으로 얻는 도

십상으로 도에 나아가는 모습은 세 가지가 있다. 첫 번째 점차 괴법도에 들어가는 것이니 앞에서 설한 것과 같다.

두 번째 차례가 없는 괴법도의 경우이다. 초발심부터 십상을 모두 닦아 온갖 결사를 끊고 아라한과를 얻어 두 종류의 열반을 모두 얻는 것이다. 『대지도론』에서 설한 것과 같다. "난·정·인·세간제일법[395] 등에서 바른 지혜로 관하여 온갖 번뇌를 떠나면 이것이 이상이고 무루도를 얻어서 결사를 끊으면 단상이며 열반에 들 때 오취온을 멸하여 다시 상속(相續)되지 않으면 이것을 진상이라고 부른다."[396]

세 번째로 분수에 따라 도에 들어가는 경우이다. 십상 가운데 하나를 수행하여 훌륭하게 성취되면 곧 삼계의 결사를 끊고 아라한을 얻어 두 종류의 열반을 증득할 수 있다. 그러므로 경전에 "무상을 잘 수행하면 일체의 욕애와 색애와 무색애, 그리고 도거(掉擧)와 만심(慢心), 무명 등 삼계의 결사를 영영 남김없이 다할 수 있다."[397]고 하였다. 무상상은 곧 다 갖추고 도에 들어가 번뇌하지 않는 수행임을 알아야 한다. 아래의 9상도 이와 같이 하나하나 도에 들어가는 상을 분별할 수 있다.

또한 보살마하살은 보살도를 행할 때 마음이 광대하므로 일체 중생들이 감로의 법약을 익히기를 바란다. 비록 모든 법이 끝내는 공적함을 알지만 또한 십상을

---

395) 난·정·인·세간제일법 : 성문 7현위 가운데 외범부위 다음 내범부의 네 계위.

396) 『대지도론』23, 232하.

397) 『대지도론』23, 229하.

모두 성취한다. 이 보살은 하나하나의 상 가운데서 차례로 일체의 법문에 들어가서 거리낌 없이 돌리면서 중생들을 위하여 설하니 십상은 바로 보살의 대승법임을 알아야 한다.

석선바라밀차제법문

권10

釋禪波羅蜜次第法門

7. 선바라밀의 수증修證 (6)

　　팔배사 이후로 여섯 종류의 법문이 있는데 모두 불괴법도(不壤法道)에 속한다. 근기가 예리한 성문이 이 여섯 법을 갖추면 참된 무루를 일으켜 불괴법의 대력이라 함을 이룬다. 그러므로 『대지도론』에서는 다음과 같이 설하고 있다. "불괴법 아라한은 무쟁삼매(無諍三昧)와 원지(願智)와 정선(頂禪)을 갖출 수 있다."[398] 지금 이 여섯 법문을 관·련·훈·수선의 넷으로 나눈다. 먼저 팔배사와 팔승처, 십일체처의 세 문은 모두 관선(觀禪)에 속한다. 그러므로 『대지도론』에 "배사는 초행(初行)이고 승처는 중행(中行)이고 일체처는 후행(後行)"이라고 한다. 이들은 모두 선미(禪味)가 있는 근본선에 들었을 때 일어나는 무명으로 인한 탐착과 청정한 법에 대한 애착을 대치하기 위한 것이다. 다음에 구차제정은 곧 연선(練禪)이고 사자분신삼매는 훈선(熏

---

398) 『대지도론』17, 187중~하. 이곳의 설명에 의하면 무쟁삼매(無諍三昧)는 다른 사람이 쟁론을 일으키지 않도록 하는 삼매이고 원지(願智)는 삼세의 일을 알고자 하면 원대로 알아지는 지혜이며 정선(頂禪)이란 최고의 선이라는 의미로 이 선을 얻으면 수명을 부귀로, 부귀를 수명으로 전환시킬 수 있다고 한다.

禪), 초월삼매는 수선(修禪)이다. 먼저 관선에 대해 풀이하는데 먼저 세 가지 관선의 수행방법을 설하고 다음에 관선의 공능(功能)에 대해 밝히겠다.

A. 관선觀禪의 수행방법

7.3.4 ▸ 팔배사八背捨

팔배사란 다음과 같다. ① 내색(內色)의 상(相)이 있고 외색을 관하는 초배사 ② 내색의 상이 없고 외색을 관하는 제2배사 ③ 청정한 배사를 몸으로 증득하는 제3배사 ④ 허공처배사 ⑤ 식처배사 ⑥ 불용처[무소유처]배사 ⑦ 비유상비무상처배사 ⑧ 멸수상배사.

7.3.4.1 ▸ 이름의 풀이

이 여덟 가지 법문을 모두 배사(背捨)라고 부르는 이유는 정결한 오욕을 등지고[背] 집착심을 버린다[離]는 의미이다. 정결한 오욕이란 무엇인가? 욕계의 색성향미촉은 거칠고 해진 법인데 이 법에 탐착하면 삼악도에 빠지므로 부정한 오욕이라고 한다. 이에 비해 욕계정과 미도지정, 그리고 근본사선과 사무색정은 비록 이에 대해 맛들임과 집착이 생기더라도 모두 정결한 오욕이라고 부른다. 지금 무루법인 배사로서 이를 대치하여 깨뜨려 없애면 욕계정이나 근본선정의 기쁨과 즐거움을 싫증 내어 집착하지 않게 되므로 정결한 오욕을 등지고 집착심을 버린다는 의미로서 배사라고 부르는 것이다.

또한 많은 사람들이 (팔)배사는 (팔)해탈의 다른 이름이라고 말한다. 지금 『대지도론』의 뜻에 의거하여 추론하면 그렇지 않다. 어째서 그러한가? 『대품반야경』에

"보살은 팔배사에 의지하여 구차제정에 들어가고 몸으로 아나함과를 증득한다."고 하였다. 비록 구차제정을 얻었어도 팔해탈을 다 갖추었다는 명칭은 받지 못하는 것이다. 그러므로 인행(因行) 중에서 번뇌를 싫증내고 떠나는 것을 배사라고 부르고 뒤에 관·련·훈·수를 모두 갖추어 참된 무루도를 일으키고 삼계의 결사가 완전히 다했으면 그때 배사는 해탈이라는 이름으로 바뀐다. 이와 같이 설해야 그 뜻에 의지할 만하다.

7.3.4.2 ▸ 수행의 단계

배사를 수행하는 단계에 대해서는 해석이 같지 않다. 담무덕부(曇無德部) 사람이 밝힌 바로는 초배사와 제2배사는 단계가 욕계정에 있고 제3 정배사는 색계 4선에 있으며 제4, 5, 6, 7의 네 배사는 사무색정에 있고 제8 멸수상배사는 단계가 삼계를 초월한다고 한다. 그러나 살바다부(薩婆多部)[399]의 사람이 설한 바로는 초배사와 제2배사는 단계가 욕계정과 초선, 제2선에 통하고 제3 정배사는 오직 제4선에서만 이루진다고 한다. 그는 말한다. "제3선은 즐거움이 많고 부정함을 떠나서 오래 되지 않았으므로 배사를 세우지 않는다." 다음의 다섯 배사는 단계가 앞의 설과 다르지 않다. 또 어떤 논사는 "제3선에는 승처가 없고 제4선에는 배사가 없다."고 하니 이 것도 앞의 설과 다르다.

이제 『대지도론』에 의거하여 단계를 밝힌다. 논에서 "초배사는 초선에 포함되고 제2배사는 제2선에 포함된다."고 하였다. 이 두 가지 배사는 단계가 초선과 제2선에 있으며 대치하여 욕계를 깨뜨리기 위한 것임을 알아야 한다. 그러므로 모두 "부정하다는 마음으로 외부의 색을 관한다."고 말하는 것이다. 제3 정배사는 단계가 제3선에 있다. 그러므로 논에서 "정배사는 청정한 것을 반연하기 때문에 '정

---

399) 살바다부(薩婆多部) : 20부파 가운데 하나인 설일체유부(說一切有部;Sarvāstivādin)를 말한다. 『대비바사론』과 『발지론』 육족론(六足論)이 이들의 교리를 밝히고 있으며 『구사론』도 대부분 유부의 교리이다.

(淨)'이라 하고 몸 전체에서 즐거움을 느끼기 때문에 '몸으로 증득한다'고 한다."고 설하였다. 삼계의 법 가운데 제3선을 제외하면 온 몸에 퍼지는 즐거움은 없다. 논에서는 또 다음과 같이 설한다. "정배사와 뒤의 4승처와 8일체처는 제4선에 포함된다."[400] 앞과 비교하면 나아가고 물러남이 자연스러우니 [제3 정배사의] 단계는 제3선과 제4선에 있음을 알아야 한다. [앞의 설들처럼] 구차하게 넓게 속하는 것으로 하면 논과 어긋난다. 지금 이러한 의미를 갖추어 앞의 설을 파하고 또한 교의를 융통하니 심히 어지럽다. 아래의 다섯 배사는 단계를 배속시키는 것이 앞과 다르지 않다. 지금 뒤의 [『대지도론』] 해석에 의거하여 단계를 분별하였다.

7.3.4.3 ▸ 배사의 관법觀法에 대한 이견

담무덕부의 논사는 이 팔해탈관이 모두 공관(空觀)으로 체를 삼는다고 밝힌다. 살바다부의 논사는 배사가 부정관이며 모두 존재[有]를 관하여 싫증내고 등지는 것을 체로 삼는다고 한다. 그러나 이 팔배사는 사관(事觀)과 이관(理觀)을 모두 갖추고 있다. 인행(因行) 때에는 배사라 부르고 과보가 완성되면 해탈이라고 부르며 또한 구해탈(俱解脫)[401]이라고도 한다. 만일 앞의 어느 한 쪽 논사 설에만 의지하면 사관과 이관 어느 한 쪽만 있을 뿐 다 갖추지 못하는데 어떻게 구해탈이라는 명칭을 얻을 수 있겠는가. 여기서 행하는 관행의 방법도 앞의 두 논사와는 얕고 깊음이 차이가 나니 다음의 설명에서 볼 수 있을 것이다.

---

400) 원문(541상)은 "是四禪中 有一背一背四勝處"이지만 문맥이 닿지 않는다. 해당 내용을 『대지도론』에서 찾아보면 "淨背捨 後四勝處 八一切處 第四禪中攝"(216하)이라는 구절이 가장 유사하므로 이를 따랐다.

401) 구해탈(俱解脫): 혜해탈(慧解脫)과 짝이 되는 용어로서 번뇌장(煩惱障)과 해탈장(解脫障)의 두 장애를 끊어서 선정과 지혜에 자재한 아라한을 성취한 것.

7.3.4.4 ▸ 수행과 증득

수행자가 무루의 관행(觀行)인 팔배사를 수행하려면 반드시 5편(篇)[402]의 모든 계를 엄밀하게 지켜서 지극히 청정해야 한다. 또한 용맹하게 정진해야 하며 대서원으로 장엄하여 퇴굴심이 없어야 비로소 대사를 이룰 수 있다.

① 초배사(初背捨) : 내외(內外)의 색을 무너뜨리지 않고 내외의 색상(色相)을 없애지 않으면서 부정하다는 마음으로 색을 관하는 것을 초배사라고 한다. 어째서 이렇게 하는가? 중생들은 두 종류의 행(行)이 있으니 애행(愛行)과 견행(見行)[403]이 그것이다. 애행이 많은 사람은 즐거움에 집착하여 대부분 외부의 결사(結使)에 묶여 있고 견행이 많은 사람은 대부분 신견(身見) 등 온갖 사견(邪見)에 집착하여 내부의 결사에 묶여 있다. 이러한 까닭에 애행이 많은 사람은 외부의 신체가 부정한 것을 관하고 견행이 많은 사람은 내부의 신체가 부정하고 부패하는 것을 관한다. 지금 밝히는 배사의 관행은 대부분 먼저 내부로부터 일으키며 내관(內觀)이 이루어진 뒤 부정하다는 마음으로 외부를 관한다.

어떻게 내부를 관하는가? 수행자가 몸을 단정하게, 마음을 바르게 하고 자신의 엄지발가락을 자세히 관한다. 이것이 대두(大豆)처럼 검게 부풀어 오르는 상상[想]을 하고 또한 못이 박힌 것이라는 생각을 한다. 마음이 고요한 가운데 이러한 상을 관하는 것이 이루어지면 다시 이두(梨豆)[404] 크기만큼 부풀어 오르는 상상을 하고 내지는 엄지발가락 하나가[405] 계란크기 만하다고 생각한다. 다음에는 두 번째 발가락을 관하고 3, 4, 5지도 똑같이 한다. 다음에 다리를 관하는데 역시 곪아 붓는 것을 본다. 발바닥의 중심[脚心], 뒤꿈치, 복사뼈, 정강이, 무릎, 허벅다리 등이 모두 붓는 것

---

402) 5편(篇) : 출가승의 구족계를 경중의 정도로서 다섯 부류로 나눈 것. 바라이·승잔·바일제·바라제제사니·돌길라.

403) 애행(愛行)과 견행(見行) : 감정적 번뇌인 수혹(修惑)과 지적 번뇌인 견혹(見惑)을 말한다.

404) 이두(梨豆) : 콩의 한 종류인 듯한데 불확실하다. 『법화현의』 4상(『대정장』 33, 719중)에는 '狸豆'로 되어 있다.

405) 원문(541중)은 '一拇指脚'인데 '脚'은 불필요한 연문이다.

을 본다. 오른쪽 다리도 이와 같이 한다. 다시 고요한 마음 가운데 자세히 상상한다. 대변과 소변의 길, 허리, 척추, 배, 등, 가슴, 겨드랑이 등이 모두 부어오르는 것을 본다. 다시 고요한 마음으로 왼쪽 어깨, 팔, 팔꿈치, 손목, 손바닥, 다섯 손가락이 모두 붓는 것을 보고 내지는 오른팔도 마찬가지이다. 다시 고요한 마음으로 목과 턱, 머리까지 모두 곪아 부어오르는 것을 본다.[406]

이처럼 머리로부터 발끝까지 발로부터 머리에 이르기까지 몸을 따라 관찰하면서 다만 곪아 붓는 것만을 보면 마음에 혐오감이 생긴다. 다시 곪아 문드러지는 것, 피 등으로 얼룩져 더러운 것, 대·소변의 길에 벌레와 고름이 흘러나오는 것을 관하고 다시 배가 터져 온갖 내장을 보며 36물이 냄새 나고 더러운 것을 보면 마음에 혐오감이 생긴다. 자신의 몸을 스스로 관하면 죽은 개보다 더욱 심하다. 외부의 사랑하는 남녀 신체를 관하여도 역시 이와 같아서 좋아할 수가 없다. 이는 구상에서 설한 것과 같으나 다만 산상(散想)과 소상(燒想)만 제외되었을 뿐이다.

수행자가 이 관을 닦을 때 만일 욕계의 번뇌가 아직 그치지 않았다면 이 관에 오래 머물러 싫어하는 마음이 완숙해지도록 해야 한다. 만일 탐애를 벗어났다면 응당 백골관(白骨觀)으로 나아가야 한다. 일심으로 고요한 정에 들어 자세히 관한다. 미간(眉間)의 가죽과 살을 찢어 열고 백골이 손톱크기 만하게 보이는 것을 상상하는데 뚜렷하고 분명하게 보여야 한다. 다음에 마음으로써 위로 따라 올라가 가죽과 살을 열면 이마뼈가 보이고 발제(髮際)[407]의 뼈에 미치도록 응집하여 열면 뼈의 상이 보인다. 다시 정수리의 뼈를 관하는데 역시 가죽과 살을 벗기고 해골이 드러난 것을 본다. 다시 정에 든 상태에서 머리로부터 아래로 향하여 가죽과 살을 마음에 따라 점차 벗겨 내려가 발에까지 이른다. 가죽과 살이 다 벗겨지면 뼈만 있는 사람이 있는데 마디와 마디가 서로 지탱하면서 부동자세로 단정히 앉아있는 것을 본다. 이때 수행자가 정심 상태로 이 뼈가 인연에 따라 생겼음을 자세히 관한다. 발가락뼈에 의

---

406) 이후 원문(541중)의 '擧身項直'이라는 문장은 의미 미상.
407) 발제(髮際) : 머리털과 이마의 경계.

지하여 발뼈가 지탱되고 발뼈에 의지하여 복사뼈가 지탱된다. 복사뼈, 정강이뼈, 무릎뼈, 넓적다리뼈, 볼기뼈, 허리뼈, 척추, 갈비뼈가 차례로 지탱되고 다시 척추에 의해서 위로 목뼈가, 목뼈에 의해서 턱뼈가, 턱뼈에 의해서 치아가 지탱되며 위로는 해골이 있다. 다시 목뼈를 인하여 어깨뼈가, 어깨뼈를 인하여 팔뼈가, 팔뼈를 인하여 손목뼈가, 손목뼈를 인하여 손뼈가, 손뼈를 인하여 손가락뼈가 지탱된다. 이와 같이 계속 이어지면서 서로 의지하여 3백6십 개의 뼈가 있는데 이를 하나하나 자세히 관하여 큰 것과 작은 것을 알고 단단한 것과 부드러운 것을 안다. 이들은 서로 의지하는 임시의 법으로서 이 가운데 주인도 없고 아(我)도 없는데 무엇을 몸이라고 보겠는가. 출입하는 숨은 다만 바람 기운일 뿐 이것 역시 몸도, 아도 아니다. 느낌(受)을 관하고 마음(心)을 관하며 내지는 법을 관하여도 모두 헛되며 속이는 법으로서 주인도, 아도 없다. 이렇게 관하고 나면 아견이 깨지고 교만심과 오욕도 모두 없어진다.

그때 다시 정심(定心) 상태에서 머리부터 발까지, 발에서 머리까지 몸을 따라가며 자세히 살펴서 백골관을 깊이 단련한다. 백여 차례, 천여 차례를 경과하면 골인(骨人)의 힘줄이 다 없어져 뼈의 색이 마노나 조개같이 된다. 깊이 관하기를 그치지 않으면 뼈에서 하얀 빛이 찬란하게 빛나는 것을 보는데 이 상을 보고 나서 미간을 자세히 관해야 한다. 그러면 역시 흰 광채가 밝게 빛나면서 심장으로 나아가는 것을 본다. 수행자가 이 빛의 모습을 취하지 않고 다만 마음을 미간에 고정시켜 두면 마음이 편안해지면서 자유로이 스스로 머물 수 있게 되면서 선근이 개발된다. 그리하여 미간에서 8색의 광명이 돌면서 나와 시방을 두루 비추어 밝고 깨끗해짐을 본다.

8색이란 지·수·화·풍·청·황·적·백색으로서 이 광명이 대지를 두루 비추는 것이다. 지색(地色)을 보면 마치 황백색의 청정한 땅과 같고 수색(水色)을 보면 연못 속의 맑고 청정한 물과 같다. 화색(火色)을 보면 연기 없는 장작의 청정한 불과 같고 풍색(風色)을 보면 먼지 없는 맑은 바람과 같으며 청색을 보면 금정산(金精山)과 같고[408] 황색을 보면 담복화와 같다. 적색을 보면 봄의 아침노을과 같고 백색을 보면 백마노

---

408) 원문(542상)의 '知金精山'은 '如金精山'의 잘못이다.

나 눈과 같다. 이러한 색상을 따라 빛나는 광채가 있는데 비록 색을 분명하게 보지 만 얻을 수 있는 형체나 재질은 없다. 이 색은 매우 뛰어나서 세상에 있는 것이 아니 다. 이러한 상이 일어날 때 수행자의 마음은 정 가운데 안온하며 기쁨과 즐거움이 무량하여 글로 쓸 수가 없다.

수행자가 다시 머리부터 발에 이르기까지 골인(骨人) 관하는 것을 깊이 단련한 다. 즉 다시 마음을 끌어당겨 이마를 자세히 관하면서 마음을 대상 가운데 머무는 가운데 8색의 광명이 돌면서 나오는 것을 다시 본다. 이와 같이 차례로 정(定)에 든 상태에서 발제, 정수리, 양 귓구멍, 미골(尾骨), 안골(眼骨), 코, 입, 이, 턱뼈, 목, 목뼈 등 위로부터 아래에 이르기까지 3백60개의 골절들에서 8색 광명이 돌면서 나오는 것을 모두 본다. 수행자가 마음을 조섭하는 것이 더욱 미세해져서 머리부터 발까지 발부터 머리까지 이 골인을 관하면 몸 전체에서 광명을 발하여 일체를 두루 비추어 다 밝고 깨끗한 것을 본다. 만일 이 사람이 보살 마하살이면 모두 광명 가운데 온갖 부처님의 상을 보게 되고 선근이 미약하면 제4선에 이르러서야 비로소 부처님의 상 을 보게 된다.

수행자가 광명이 밝게 비추는 것을 보면서 정에 든 가운데 기쁘고 즐거운 마음 이 앞에서 얻은 것보다 배나 되면 초배사를 증득한 모양이라고 한다. 어째서 그러한 가? 내부의 골인을 멸하지 않았으므로 '내부에 색상이 있다'고 하고 외부의 8종 광 명과 욕계의 부정한 경계를 보므로 '부정하다는 마음으로 외부의 색을 관한다'고 하기 때문이다. 외부의 색에는 두 종류가 있다. 욕계는 부정하므로 이것은 부정한 외색이 되고 8종의 청정한 색은 세간을 벗어난 색계의 색이므로 [청정한] 외색이라고 한다. 수행자가 내외의 부정한 색을 보므로 욕계정을 등지고 버려서 마음이 기쁘거 나 즐겁지 않고, 8종의 청정한 색을 보므로 근본 초선이 무명과 어둠에 덮여 헛되이 속이고 실체가 없이 거칠고 열등한 것임을 알아서 버릴 수 있다. 이렇게 마음에 물 들고 집착함이 없으므로 논에서 "정결한 오욕을 등지고 집착심을 떠나므로 배사라 고 부른다."고 한 것이다.

또한 『대지도론』에서 "초선에 하나의 배사"라고 하였으니 이 [초]배사는 바로 무루의 초선임을 알아야 한다. 초선이라면 곧 5지를 갖추어야 할 것이니 이제 이를 분별하겠다. 수행자가 처음 부정관을 행하고부터 내지는 단련하여 골인의 광채가 빛나기까지는 곧 관선의 욕계정의 모습이다. 다음에 마음을 미간에 끌어당겨 텅 빈 듯이 정에 머무는 것은 관선의 미도지정이다. 8종의 광명이 돌면서 나올 때 이 8색이 과거에 보지 못한 것임을 깨닫고 크게 놀라는 것은 관선의 각지(覺支)의 모습이다. 8색이 각기 다른 것과 세상에 있는 것이 아님을 분별하는 것은 관지(觀支)이다. 뛸 듯이 기쁜 마음은 희지(喜支), 편안한 법이 마음을 즐겁게 하면 낙지(樂支), 이러한 색을 보아도 전도된 생각이 없고 삼매가 동요되지 않는 것은 곧 일심지(一心支)이다. 지금 이 무루 관선의 5지의 상을 간략히 분별하였는데, 앞에서 설한 근본선이나 특승, 통명관의 5지와는 확연하게 다름을 알 수 있을 것이다.

　　② 제2배사 : 내색(內色)을 무너뜨려 내색의 상을 없애며, 외색을 무너뜨리지 않고 외색의 상을 없애지 않은 채 부정하다는 마음으로 외색을 관하는 것을 제2배사라고 한다. 수행자가 초배사 단계에서 골인의 광명이 두루 퍼지는 경지에 이르면 내부가 청정한 제2선에 들고자 하여 자신의 골인(骨人)이 무너져 없어지는 상을 취하여 다 없어지도록 한다. 그러나 아직 욕계의 견사혹이 끊어지지 않았으므로 여전히 외부의 백골이 부정한 모습을 관한다. 그러므로 부정하다는 마음으로 외색을 관한다고 한다.

　　그 수행과 증득을 밝히면 다음과 같다. 수행자가 초배사의 마지막 단계[後心]에서 각과 관이 동요시키는 것을 받아들이지 않고 자신의 골인이 부실하게 비고 임시의 법이며 안팎이 비어 통하는 것을 자세히 관한다. 그리하여 이것이 무너지고 흩어져 마멸되는 모습만을 오로지 취한다. 이처럼 관할 때 골인이 점차 부패하고 먼지가 루처럼 부서지는 것을 보며, 흩어져 마멸되어 허공이 되어버리면 내색을 보지 않게 된다. 이때 다만 마음을 다잡아 정에 들어가서 외부의 광명과 부정한 것을 반연하는데, 일심으로 연에 집중하는 가운데 관과 각을 받아들이지 않는다. 이후 마음이 활연히 밝고 깨끗해지면서 삼매가 큰 기쁨과 함께 일어난다. 그러면 8종의 광명이 내정(內淨)으로부터 나와서 시방을 밝히니 앞 단계보다 배나 수승하다. 이미 내법(內

法)으로서 큰 기쁨의 광명을 증득하였지만 근본 2선은 허망하게 속이고 거칠고 열등한 법임을 알아서 싫증내어 등지고 집착하지 않는다. 그러므로 배사라고 한다. 이는 또한 무루의 제2선이라고 부르니, 이 가운데 [제2선의] 4지를 갖추는 것은 미루어 알 수 있을 것이다.

③ 제3배사 : 정배사를 몸으로 증득하는 것은 『대지도론』에 설해진 것과 같다. 청정한 것을 연(緣)으로 삼기 때문에 '정(淨)'이라 하고 온 몸에 퍼지는 즐거움을 느끼므로 '몸으로 증득한다'고 부른다. 수행자가 제3배사에 들고자 하면 제2배사의 마지막 단계에서 외색의 부정함을 관하지 않는다. 그리하여 외색이 모두 무너지고 흩어져 남김없이 사라진다. 또한 용솟음치는 큰 기쁨도 받아들이지 않고 다만 마음을 조섭하여 8색의 광채가 밝게 빛나는 모습만 세밀하게 관한다. 이러한 상을 취하고 나서 깊은 삼매에 든다. 즉 이 8색이 지극히 밝고 청정해지도록 단련하면서 마음을 연에 머물고 있으면 민연히 정에 드는 것이다. 정이 일어날 때는 즐거움이 함께 생기며 외부의 8색 광명이 마치 묘한 보석의 광채처럼 청정하고 깨끗한 것을 보게 된다. 각각 이 색을 따라가면 찬란한 빛이 밝게 비추어 시방을 가득 채운다. 외부가 밝고 청정하여 외색이 마음을 비추니 마음이 밝고 깨끗해지고 즐거움이 점점 늘어나서 몸 전체에 퍼지고 온몸이 희열한다. 이 법을 증득하고 나서도 근본선과는 달리[409] 마음이 즐거움에 집착하지 않는다.

지금까지 정배사를 증득하는 모습을 간략히 설하였는데 이는 또한 무루의 3선이라고도 부른다. 이 가운데 5지를 갖추는데 깊이 생각하면 알 수 있을 것이다. 내지는 제4선에서 청정한 색을 관하는 것도 이와 같으니 정배사에 포함된다. 다만 몸 전체에 퍼지는 즐거움이 없다는 점만 다를 뿐이다.

 그렇다면 초배사 이래로 모두 청정한 색이 있는데 어째서 세 번째 단계에 와서야 정배사라고 합니까?

---

409) 원문(542하)은 '背捨根本'인데 문맥이 통하지 않으므로 의역하였다.

 네 가지 뜻을 사용하여 분별하리라. 부정부정·부정정·정부정·정정이 그것이다. 첫 번째 부정부정(不淨不淨)이란 욕계의 36물로 이루어진 몸 같은 것이다. 이는 성질과 모양이 이미 부정한 것인데 부정관의 힘으로 다시 이 몸이 붓고 부패하고 퍼렇게 되고 악취가 나는 모습 등을 보는 것이니 이는 부정한 가운데서 다시 부정함을 보는 것이다. 두 번째 부정정(不淨淨)이란 백골 같은 것이다. 백골은 본래 체가 부정한 것인데 세밀하게 관하면 기름이 다 없어져서 백마노나 조개같이 흰 광채가 찬란하니 이는 부정한 가운데 청정한 것이다. 세 번째 정부정(淨不淨)이란, 초배사 이래로 비록 청정한 빛이 있지만 이 광명은 세 가지 부정한 인연으로 이루어진 것을 말한다. 첫 번째는 나오는 곳이 부정한 것이니 즉 골인으로부터 나온 것을 말한다. 두 번째는 비추는 곳이 부정한 것이니 즉 외부 경계를 비추는 것을 말한다. 세 번째는 빛의 체가 아직 단련되지 않아서 부정한 것이니 비유하면 금이 제련되지 않으면 찌꺼기가 다하지 않아서 빛이 청정하지 않은 것과 같다. 이러한 까닭에 초선에도 광명이 있지만 '연이 청정하므로 청정하다'고 부르지 않는다. 제2선에서는 비록 백골이 없고 광명이 안의 청정함으로부터 나오기는 하지만 여전히 외부의 부정함을 비추고 또한 단련되지 않아서 큰 기쁨이 있으므로 연이 청정하다는 이름을 얻을 수 없다.[410] 네 번째 정정(淨淨)이란 지금의 경우이다. 8색 광명은 본래 청정한 색이고 지금 이 단계에서는 세 종류의 부정함을 떠났으므로 청정하다. 그러므로 '정정'이라 하고 또한 '연이 청정하므로 청정하다'고 부른다. 이렇듯 청정의 뜻을 모두 갖추었기 때문에 정배사라고 부르는 것이다.

④ 허공처배사 : 수행자가 욕계정 이후 이미 자신의 가죽과 살 등 부정한 색을 제거하였고 초배사 이후에는 자신의 백골이라는 색법을 멸하였으며 제2배사 이후에는 외부의 일체 부정한 색을 버려 오직 여덟 가지의 청정한 색만 있게 되었다. 제4선에 이르면 이 여덟 가지 색은 모두 마음에 의지해 머문다. 비유하면 허깨비 색이

---

410) 원문(542하)은 '亦得名爲緣淨'이지만 문맥상 '不得名爲緣淨'이 되어야 한다.

허깨비 마음에 의지하여 머무는 것과 같으니 만일 마음이 색을 버리면 색은 곧 떠나가 없어진다. 일심으로 허공에 집중하면 [마음이] 허공과 상응하여 끝이 없는 공처정에 들게 된다. 지금까지 밝힌 색을 멸하는 방편은 앞[사무색정]과 다르다. 공처정을 증득하는 뜻은 앞에서 설한 것과 같다.

수행자가 허공배사에 들어가고자 하면 먼저 공처정에 들어가야 한다. 공처정은 허공배사의 초문(初門)이니 [공처정은] 색을 등져서 버리고[背捨] 무색에 집중하기 때문이다. 범부들이 이 정에 들면 무색[정]이라고 부르지만 불제자들은 이 정에 들어서 깊은 마음으로 한결같이 돌지 않으므로 [허공]배사라고 부른다. '깊은 마음[深心]'이란 무엇을 말하는가? 사마타(samatha;止)를 잘 수행하는 것이다. '한결같이 돌지 않는다[一向不廻]'는 것은 무엇인가? 비파사나(vipaśyana;觀)를 잘 수행하는 것이다. 공(空)·무상(無相)·무작(無作)·무원(無願)으로 행하므로 근본선에서 일어나는 애착심을 버릴 수 있어서 퇴전하여 생사윤회에 빠지지 않는다. 그러므로 '한결같이 돌지 않는다'고 한다.

또한 불제자는 무색정에 들어갈 때 팔성종관(八聖種觀)을 행한다. 즉 병·악창·부스럼·가시와 같다고 관하는 네 종류의 대치관(對治觀)을 행하므로 무색의 법을 등질 수 있고 고·공·무상·무아라고 관하는 네 종류의 정관(正觀)을 통해 무색이 임시의 법[假]이라고 보거나 진실한 법[實]이라고 보는 두 가지 전도를 깨뜨리고 무루의 지혜를 일으킬 수 있다. 팔성종관을 행하는 방법은 앞에서 공처정을 떠나 식처정을 닦을 때 설한 것과 같다. 다만 그곳에서는 공처정을 떠나기 위해서 팔성종관을 행했지만 지금의 수행자는 공처정에 들어갈 때 바로 팔성종관을 행한다는 것이 다르다. 비록 공처정 가운데 머물지만 정에 집착하지 않으므로 배사라고 한다.

⑤ 식처배사 ⑥ 무소유처배사 ⑦ 비유상비무상처배사 : 역시 앞과 같이 하나하나 분별해야 하지만 생략한다.

⑧ 멸수상배사 : 수(受)와 상(想) 등 온갖 심법과 심소법을 등져서 멸하므로 멸수상배사라고 부른다. 불제자들은 산만한 마음을 싫어하여 근심으로 여겨서 정에 들어가 쉬면 마치 열반과 같은 법이 몸 가운데 편안히 드러나므로 '몸으로 증득한다'

고 한다.

수행자가 멸수상배사를 닦을 때는 반드시 비유상비무상처정 오온·십이처·십팔계와 온갖 심소법을 멸해야 한다. 어떻게 멸하는가? 비유상비무상처정에 들면 비록 거친 번뇌는 없지만 4온과 2처와 3계[411]의 열 종류 미세한 심소법을 갖춘다. 즉 수·상·행·촉·사·욕·해·염·정·혜[412]가 그것이다. 수(受)란 무엇인가? 즉 식(識)의 느낌이다. 상(想)이란 무엇인가? 식의 연상이다. 행(行)이란 법경의 행[法行]이고 촉(觸)이란 의근의 촉[意觸]이며 사(思)란 법을 생각함이고 욕(欲)이란 정에 들어가고 나오려 하는 것이다. 해(解)란 법의 이해이고 염(念)이란 삼매를 염하는 것이며 정(定)이란 마음이 법 그대로 머무는 것이고 혜(慧)란 혜근(慧根)과 혜신(慧身)이다. 또한 무색애(無色愛)와 무명과 도거(掉擧)와 교만(憍慢), 심불상응행법 등 괴로움의 원인이 되는 법들이 화합한 인연으로 비유상비무상처정이 있는 것이다. 앞에서 비유상비무상배사에 들었을 때도 비록 이를 알아서 정에 집착하지 않아 배사라고 하였지만 아직 심소법들을 멸하지는 않았었다. 지금 수행자가 멸수상배사에 들고자 하면 반드시 비유상비무상처정을 받아들이지 않고 참으로 오온·십이처·십팔계를 끊는 것에 일심으로 집중한다. 그러면 비유상비무상처의 오온·십이처·십팔계가 멸하고 일체의 행(行)을 일으키는 인연이 모두 멸한다. 즉 수가 멸하고 내지 혜가 멸하며 무색애와 무명 등 온갖 번뇌가 멸하고 일체의 심소법이 멸하며 심소법이 아닌 법도 역시 멸한다. 이는 범부들이 공유하는 것이 아니고 세간의 법이 아니다. 이처럼 관할 수 있으면 수와 상을 멸하는 것이라고 한다. 진리를 관하는 수(受)와 상(想)으로써 비유상비무상처정의 괴로움의 원인이 되는 수와 상을 멸하는 것이다.

이제 수행자가 멸수상배사에 들고자 하면 다시 진리를 능관(能觀)하는 수와 상도 궁극에는 적정하지 않음을 깊이 알아야 한다. 그리하여 관하는 주체로서 정의 수와 혜의 상을 버리는데, 이 진여를 반연한 정과 혜의 두 마음을 버렸으므로 수와 상

---

411) 4온 2처 3계 : 무색정이므로 색법이 없고 심법만 있다는 것. 즉 오온 가운데 수·상·행·식의 4온과 십이처 가운데 의처와 법처, 십팔계 가운데 의계·법계·의식계를 말한다.

412) 이 열 가지는『구사론』에서 대지법(大地法), 즉 항상 일어나는 심소로 분류한 것이다.

등 온갖 심소법을 등져서 멸하였다고 한다. 비유하자면 뒤의 소리로 앞의 소리를 그치게 하였는데 앞의 소리가 그치고 나면 뒤의 소리도 이와 같이 제거할 수 있는 것과 같다. 수와 상이 그치면 이로 인하여 마음이 멸법과 상응하며 멸법으로 마음을 유지하면 고요하여 지각하는 것이 없게 된다. 그러므로 몸으로 상수멸정을 증득하였다고 한다. 이 정에 들면 심식의 작용이 없기 때문에 이 정에서 나오거나 들어가고자 할 때 본래 기약했던 [정의] 길고 짧음을 들어야 한다.

7.3.4.5 ▸ 팔배사로 얻는 도

수행자가 팔배사를 수행하여 도에 들어가는 경우 세 종류로 구별된다. 첫 번째는 먼저 배사를 써서 도를 장애하는 법을 깨뜨린 뒤 팔승처 내지 초월삼매 등 사관(事觀)과 이관(理觀)을 다 수습하고서야 비로소 참된 무루지를 일으켜 삼승의 도를 증득하는 경우이다. 두 번째는 배사를 수행할 때 이 사람이 생사를 싫어하여 속히 해탈하기를 바라면 성제(聖諦)에 반연한 진관(眞觀) 등을 두루 닦는다. 그러면 팔배사 가운데 참된 무루지를 일으켜 삼승의 도를 증득하니 이는 또한 팔해탈을 갖추었다고 부른다. 이 사람은 아래의 [팔승처 내지 초월삼매] 다섯 법문을 갖추지 않아도 된다.

문 그렇다면 이 사람은 구차제정을 얻지 못하였는데 어떻게 팔해탈이라는 명칭을 벌써 받을 수 있습니까?

답 이는 사구분별로써 풀이해야 한다. 본래 구차제정이면서 해탈이 아닌 경우가 있고 해탈이면서 구차제정이 아닌 경우가 있으며 구차제정이면서 또한 해탈인 경우가 있고 구차제정도 아니고 해탈도 아닌 경우가 있다.[운운]

세 번째는 생사를 싫어하는 마음이 강한 사람의 경우 단지 초배사만을 증득하였을 때 곧 진정으로 정(定)의 이치인 사제를 깊이 관한다. 그리하여 무루지가 일어나면 곧 이 단계에서 금강삼매에 들어 삼승의 도를 증득한다. 이 사람도 나머지 7종류의 배사를 반드시 갖출 필요가 없다.

보살마하살은 마음이 허공과 같아서 취하고 버리는 것이 없지만 방편력으로써 배사를 잘 수행하여 일체의 불법을 성취하고 중생들을 제도한다. 그러므로 배사는 바로 보살의 대승법임을 알아야 한다.

7.3.5 ▸ 팔승처八勝處

팔승처란 ① 안에 색의 상(相)이 있고 밖으로 관하는 색이 적되 아름답거나 추하거나 수승하게 알고 보는 것이 제1승처이고[413] ② 안에 색의 상이 있고 밖으로 관하는 색이 많되 아름답거나 추하거나 수승하게 알고 보는 것이 제2승처이다. ③ 안에 색의 상이 없고 밖으로 관하는 색이 적되 아름답거나 추하거나 수승하게 알고 보는 것이 제3승처이고 ④ 안에 색의 상이 없고 밖으로 관하는 색이 많되 아름답거나 추하거나 수승하게 알고 보는 것이 제4승처이다. ⑤ 청승처 ⑥ 황승처 ⑦ 적승처 ⑧ 백승처이다. 『영락경』에 의거하면 사대(四大)를 사용하여 승처로 삼았다.[414]

7.3.5.1 ▸ 이름의 풀이

이 여덟 법을 모두 '승처'라고 부르는 것에는 두 가지 뜻이 있다. 첫 번째, 이 관을 얻으면 정결한 오욕이거나 부정한 오욕이거나 뜻대로 깰 수 있기 때문에 승처라고 한다. 두 번째로 관하는 마음을 잘 조복할 수 있다. 비유하면 말을 타고 적을 치면 단지 적의 진열을 깨뜨릴 뿐 아니라 그 말을 잘 제어할 수 있으므로 승처라고 한다. 이것이 배사와 다른 점이다. 경전에서는 또한 팔제입(八除入)이라고 설하였다. 만일

---

413) 원문(543하)은 "是名勝知勝見 一乘處也"이지만 『대지도론』에는 "是色勝知勝觀 是名初勝處"(216상)라고 되어 있어 이를 따랐다.

414) 지승처(地勝處)·수승처(水勝處)·화승처(火勝處)·풍승처(風勝處)라 한다는 의미이다.

승처로써 번뇌를 모두 끊고 허망한 오온과 십이처가 모두 멸했음을 안다면 그때 승처는 이름이 팔제입으로 바뀌는 것이다.[415]

7.3.5.2 ▸ 수행 단계

팔승처를 수행하는 단계에 대해서는 단지 『대지도론』의 설에 의거하겠다. 초승처와 제2승처는 단계가 초선에 있다. 다음 제3승처와 제4승처는 제2선에 있고 뒤의 네 승처는 단계가 제4선에 있다. 제3선에 승처를 세우지 않는 이유는 3선에 즐거움이 많아서 마음이 둔하기 때문이다. 앞의 초선과 제2선은 욕계에서 가까워서 욕계의 번뇌를 깨기가 어렵다. 비록 단계는 제2선이지만 여전히 부정함을 관하여 하지(下地=욕계)의 번뇌[結]를 깨는 것이다. 제4선은 색계의 최상에 있으므로 색의 승처는 단계가 여기에서 끝난다. 4무색정은 색이 없고 또한 하지(下地)의 번뇌를 깨는 힘이 박약하므로 승처를 세우지 않는다.

7.3.5.3 ▸ 수행과 증득

① 제1승처 : "안에 색의 상(相)이 있고 밖으로 관하는 색이 적다" 는 것은 반연하는 대상이 적기 때문에 '적다'고 하는 것이다. 아직 관하는 도가 증장되지 않아서 적은 인연을 관하는 것이며 많은 것을 관하면 다 수용하기 어려울까 우려되기 때문이다. 비유하면 사슴이 아직 길들지 않았을 때는 멀리 풀어놓지 않는 것과 같다. 어떤 것이 적은 것을 관하는 것인가. 수행자가 자신의 몸이 부정함을 관하고 또한 사랑하는 사람이 부정함을 관한다. 그것이 붓고 부패하고 백골이 된 것을 관하면 깊은 혐오감이 생기는 것은 앞에 초배사에서 설한 것과 같다.

---

415) 입(入)이란 āyatana의 구역(舊譯)으로서 신역은 처(處)라고 한다. 즉 십이처의 구역이 십이입(十二入)이므로 팔제입(八除入)이란 십이처를 제멸(除滅)한 여덟 가지 행법이라는 의미이다.

'아름답거나 추하거나'라는 것은, 관하는 외부의 색이 선한 업의 과보이면 아름답다고 하고 악한 업의 과보라면 추하다고 한다. 또한 수행자가 스승으로부터 배운 관법으로 외부의 각종 부정한 인연을 관하면 추한 색이라 하고, 혹은 억측하여 청정하다는 허망한 생각을 내어 청정한 색이라고 관하면 아름다운 색이라고 한다. 또한 수행자가 자신의 신체 한 곳에 마음을 매어 두고 욕계의 색을 관하면 음욕이나 성내는 두 종류의 마음이 생길 수 있다. 음욕을 생기게 하면 청정한 색이므로 아름답다 하고 성내는 마음을 생기게 하면 부정한 색이므로 추하다고 한다.

"수승하게 알고 수승하게 본다"는 것은 다음과 같다. 관하는 마음이 맑고 익숙해지면 아름다운 색에 대해 애착하지 않고 추한 색에 대해 성내는 마음이 생기지 않는다. 다만 색이란 사대의 인연이 화합하여 생긴 것이며 물거품처럼 견고하지 않다는 것을 관한다. 지혜가 깊어져 가(假)이면서 실(實)인 모습에 통달한 수행자가 이 부정관문에 머물면 음욕이나 분노 등 온갖 결사(結使) 번뇌가 오더라도 따라가지 않을 수 있으므로 승처라고 부른다. 부정한 대상에 대해 청정하다고 여기는 전도된 생각 등 온갖 번뇌를 이길 수 있기 때문이다.

또한 '아름다운 것과 추한 것'은 다음과 같은 의미이다. 부정관에는 두 종류가 있다. 첫 번째, 자신이나 남의 몸이 냄새나고 더러운 36물로 이루어졌음을 보면 추하다고 한다. 두 번째로 안팎의 살과 가죽 및 오장을 제거하고 다만 백골이 백마노나 눈같이 흰 것을 관하고 내지는 광채가 흘러나오는 것을 보면 아름답다고 한다. 수행자가 이러한 부정한 것을 볼 때 이것이 허가(虛假)의 법임을 알고 두려워하지 않고, 청정한 색을 볼 때 이것이 인연으로 생긴 것임을 알고 애착하지 않는다. 이를 수승하게 알고 수승하게 본다고 한다. 다시 수행자가 적은 대상에 대해 뜻대로 색을 관하고 자재롭게 전환할 수 있으며 또한 관하는 마음을 잘 통제할 수 있으므로 승처라고 부른다.

② 제2승처 : 안에 색의 상이 있고 밖으로 관하는 색이 많되 아름답거나 추하거나 수승하게 알고 보는 것이다. 수행자의 관심(觀心)이 익숙해지면 그때 자신의 골인(骨人)을 없애지 않고 다시 정 가운데서 외부의 색을 널리 관한다. 즉 한 구의 시신에

서 나아가 십, 백, 천, 만 구의 시신, 한 국토 내지는 십, 백, 천, 만 국토와 한 염부제 내지는 한 사천하(四天下)가 모두 시신으로 가득 찬 것을 자세히 관한다. 한 시신이 붓는 것을 보면 일체가 붓는 것을 보고 내지는 무너지고 피로 더럽고 부패하고 푸른 색으로 변하고 흩어지는 것도 이와 같이 본다. 수행자가 시신의 부정함을 이렇듯 넓게 보면 마음에 깊이 혐오감이 생긴다. 다음에 하나의 죽은 시신을 관할 때 피부와 살 등416)을 벗겨내고 다만 백골만을 보는데 이와 같이 나아가서 일체 시신의 피부와 살이 벗겨져 백골만 남은 것이 세계에 가득 차 있음을 본다. 이 관법은 선경(禪經)417)에 잘 밝혀져 있는데 여기서 자세히 설하리라.

수행자가 외부의 골관이 성취되면 다시 정에 든 상태에서 자신[內身]의 백골을 자세히 관하여 그것이 백마노나 조개처럼 밝고 깨끗해지도록 단련한다. 이렇게 뼈를 관할 때 외부의 일체 골인들이 일제히 일어서서 손을 들고 줄지어 오는 것을 본다. 수행자가 삼매 가운데서 이 골인들이 상상함에 따라 오는 것이며 고정된 실체가 없음을 알기 때문에 공포가 생기지 않는다. 그리고 마음속으로 고요히 생각하며 꾸짖는다. "에잇, 그대 골인들은 어디에서 오는 것인가!' 이처럼 꾸짖으면 골인들이 모두 땅에 고꾸라지는 것을 본다. 이와 같이 많은 것에 이르는 것을 반복하기도 한다.

수행자가 자신의 뼈를 깊이 관하면 곧 광명이 시방에 두루 비추며 일체의 골인들이 광명에 비추어져 밝고 깨끗하게 되는 것을 본다. 이 관이 이루어지면 일체의 원수나 친한 이, 중간 정도의 사람들이나 아름답고 추한 사람들에 대해 그 마음이 평등해져서 사랑하거나 미워하는 마음이 없다. 이를 "아름답거나 추하거나 뛰어나게 알고 본다."고 한다. 아름답고 추한 것, 뛰어나게 알고 본다는 말의 뜻은 앞에서 설한 것과 같다.

또한 수행자가 이 관에 머물면 하나의 골인이 사천하에 두루 퍼져서 모두 골인

---

416) 원문(544중)의 '皮骨'은 '皮肉'의 잘못이다.
417) 선경(禪經) : 구마라집이 번역한 『선비요법경(禪祕要法經)』 3권과 『좌선삼매경(坐禪三昧經)』 2권 등을 가리킨다. 모두 『대정장』 15권에 실려 있다.

으로 채워지는 것을 볼 수 있는데 이를 '많다'고 한다. 다시 마음을 거두어 하나의 골인을 관하는 것을 "뛰어나게 알고 본다"고 한다. 또한 뜻대로 오욕에 따르는 중에 남녀의 정결한 모습을 보더라도 능히 이길 수 있으므로 '승처'라고 한다. 또한 관하는 마음을 잘 조절하니, 비록 능히 관하는 마음에 자성이 없음을 알지만 대상에 대하여 자재롭게 전환하여 온갖 경계를 장애 없이 보므로 '승처'라고 부른다. 이러한 뜻이 있음은 『대지도론』에 자세히 설해놓은 것[418]과 같다.

또한 어떤 논사는 다음과 같이 말한다. 만일 일체 사람들의 부정한 백골만을 보면 '적다' 하고 대부정관(大不淨觀)을 행하면 '많다'고 한다. 대부정관이란 일체의 대상에 대한 애탐을 깨기 위하여 행하는 것이다. 어떠한 것이 일체를 관하는 것인가? 코끼리와 말·소·양 등 육축(六畜),[419] 날짐승·길짐승 등의 무리들이 모두 시체가 되어 부어오르는 것을 본다. 또한 음식은 벌레 같고 똥 같으며 의복의 명주와 베는 부패한 가죽이요 살의 덩어리와 같아서 냄새가 혐오스러우며 돈이나 금·보석 등은 독사 같아서 죽어 변할 수밖에 없고 냄새나고 부패하는 더러운 것이라고 관한다. 곡식은 악취 나는 죽은 벌레와 같고 집과 정원, 국토와 마을, 대지·산천·수풀 등은 모두 부패하고 파괴되면 냄새 나고 부정한 것이 철철 흐른다. 나아가 백골이 낭자하여 일체 세상이 부정한 것을 보면 깊이 혐오와 근심이 생긴다. 수행자가 삼매 가운데서 관을 행함에 따라 즉시 볼 수 있으며 전환을 자재롭게 하여 세상의 일체 아름답고 추한 것, 사랑하고 미워하는 것, 탐욕하고 애착하는 번뇌들을 깰 수 있다. 그러므로 "안에 색의 상이 있고 밖으로 관하는 색이 많되 아름답거나 추하거나 수승하게 알고 보는 것"이라고 한다.

문 세상의 생명이 의지하는 것은 모두 가죽과 살, 근육과 뼈 등의 법인데 어찌하여 이들 모두 부정하고 썩고 무너졌다고 관합니까?

---

418) 『대지도론』21 「팔배사의 풀이」(215상~) 가운데 나온다.
419) 육축(六畜): 집에서 기르는 대표적인 짐승 여섯 가지로서 소·말·양·돼지·개·닭을 이른다.

답　이것은 이해를 얻기 위한 도여서 마음의 힘으로 변화시킨 것이지 실상 그대로의 관[實觀]이 아니다. 어째서 그러한가? 일체의 법은 실로 청정한 것이 아닌데 전도된 마음의 힘으로 청정하다고 보아 탐욕과 애착이 생긴다. 또한 일체의 법은 모두 부정한 것이 아닌데 지금 부정관의 지혜력으로 모두 부정하다고 보는 것이다. 이는 번뇌를 깨기 위한 것이니 어떤 허물이 있겠는가. 비유하자면 겁화(劫火)가 일어날 때 일체의 대지와 온갖 종류의 유정·무정들이 모두 화염이 되는 것은 불의 힘 때문이다. 지금 부정하다는 마음으로 일체의 세상이 모두 부정하다고 보는 것이다. 또한 신통력이 있는 사람이 기와나 돌을 금과 옥으로 변화시키는 것과도 같다. 온갖 법에 어떤 정해진 성질이 있는가. 다만 저 논사가 제2승처를 이처럼 밝혔을 뿐이니 이 뜻을 깊이 헤아리면 그 이치나 관행방법을 의용(依用)할 수 있을 것이다.

③ 3,4승처 : 관행의 방법은 앞과 다르지 않다. 다만 내부에 색의 상이 없다는 점이 다르다. 내색(內色)을 멸하는 방법은 앞의 제2배사 첫 단계에서 설하였다. 지금 수행자가 욕계의 번뇌로 어려움을 겪고 있으니 제2선에서 이 두 승처를 거듭 수행하여 아래 단계의 결사 번뇌를 대치·제거하여 남음이 없게 하려는 것이다. 또한 관하는 도를 거듭 전환시킴으로써 더욱 익숙하고 밝으며 강고하여 잃어버리지 않도록 하여 기술이 뛰어나게 되는 것이다.

④ 청(靑)·황(黃)·적(赤)·백승처(白勝處) : 수행자가 제3선에서 몸에 증득하는 즐거움을 받아들이지 않고 제4선에 들어갈 때 염(念)과 혜(慧)가 청정하여 4색의 광채가 묘한 보배의 광명처럼 더욱 두드러져서 앞의 색보다 뛰어나므로 승처라고 부른다. 또한 수행자가 제4선에 든 가운데 부동의 지혜를 써서 이 네 색을 단련한다. 적은 것을 많게 하고 많은 것을 적게 하는 등 자유롭게 전환하며 보고 싶으면 보고 멸하고 싶으면 곧 멸하므로 승처라고 한다. 또한 수행자가 삼매 가운데서 이 뛰어난 색을 보지만 번뇌를 아직 끊지 못하여 법애(法愛)가 생기는 경우에 이 법애를 끊기 위하여 색을 자세히 관하여 마음으로부터 일어남을 안다. 비유하면 마술사가 마술로 만든 색을 관하듯이 마음으로부터 생김을 알면 집착이 생기지 않는다. 이때 배사

는 승처라고 이름을 바꾸게 된다.

7.3.5.4 ▸ 팔승처로 얻는 도

팔승처를 수행하여 도에 나아가는 모습은 세 가지가 있다. 첫 번째, 먼저 팔승처로써 마음을 길들인 뒤 초월삼매까지 다 익혀서 참된 무루지혜를 일으키고 삼승의 도를 증득하는 경우이다. 두 번째는 이 팔승처를 다 성취하고 사제의 진리를 깊이 관하여 제4선에서 참된 무루지를 일으키는 경우이다. 34심[420]을 다 갖추어 삼계의 결사(結使)를 끊고 삼승의 도를 증득한다. 세 번째 다음과 같은 수행자도 있다. 초승처를 얻어 초선에 들었을 때 혐오하는 마음이 무거워서 이렇게 생각한다. "지금 사법(事法)의 여러 선정을 닦아 무엇에 쓰겠는가. 다만 속히 열반을 취하는 것이 좋으리라." 이렇게 생각하고 이 근계에서 사제와 십이인연의 중도실상을 깊이 관하여 참된 무루지를 일으켜 삼승의 성인 과보를 증득하는 경우이다. 이후의 일곱 승처에서도 역시 이와 같이 할 수 있다.

보살마하살은 비록 모든 법이 필경에는 공적함을 알지만 일체의 중생들을 연민하는 까닭에 승처를 깊이 수행한다. 그리하여 승처에서 대신통을 일으켜 천마(天魔)를 항복시키고 온갖 외도를 타파하여 중생들을 제도한다. 그러므로 승처는 보살의 대승법임을 알아야 한다.

7.3.6 ▸ 십일체처十一切處

일체에 두루 처하는 열 가지 법문을 풀이한다. 십일체처(十一切處)란 청·황·

---

420) 34심(心) : 34찰나의 마음이라는 뜻. 8인(忍)·8지(智)의 16심과 9무간도·9해탈도의 18심을 말한다. 소승의 보살은 16심으로 견혹을 끊고 18심으로 수혹을 끊어서 성도한다고 한다. 『구사론』 5 등 참조.

적·백·지·수·화·풍·공·식일체처이다. 이 열 가지를 일체처라고 부르는 이유는 하나하나의 색법이 각기 시방을 비추어 두루 채우기 때문이며 내지는 공[과 식도 역시 이와 같다. 앞의 배사나 승처에서도 비록 8색이 있지만 비추는 범위가 좁아서 두루 퍼지지 않으므로 '일체'라는 이름을 얻을 수 없다. 또 경전에 '십일체입(十一切入)'이라고 설하는 경우가 있는데 어떤 이는 이를 일체처의 다른 이름일 뿐이라고 해석하지만 그렇지 않다. 처음 한 가지 색으로써 시방을 두루 비추면 '일체처'라고 부른다. 뒤에 마음이 점차 뛰어나고 교묘하게 되어 일체를 두루 비추는 색들 하나하나가 서로 들어가면서 상호 장애가 되지 않게 되면 '일체입'이라는 이름을 세우는 것이다.

7.3.6.1 ▸ 수행 단계

처음 여덟 가지 색의 일체처는 단계가 제4선에서 이루어진다. 다음 공일체처는 공처정에서, 식일체처는 식처정에서 이루어진다. 초선 내지 제3선에 일체처를 세우지 않는 까닭은 수행자가 처음 이 세 단계를 익히는 중에는 각·관·희·락 등의 동요가 있기 때문에 색법이 두루 차서 머물게 할 수 없기 때문이다. 위 단계인 무소유처정에서는 넓힐 수 있는 물질이 없고 또한 즐거움을 얻을 수 없다. 부처님께서도 무소유처정은 무량무변하다고 설하지 않으셨으므로 일체처를 세우지 않는다. 비유상비무상처정은 마음이 둔하여 상을 취하여 넓히기 어렵기 때문에 일체처를 세우지 않는다.

7.3.6.2 ▸ 수행과 증득

수행자가 제4선에 머무는 동안 자재롭고 수승한 색을 성취하면 그때 염청정(純淸淨)의 마음을 사용하여 일곱 가지 색을 버리고 곧장 청색만 생각한다. 풀잎 하나 크기만큼 적은 청색의 불꽃이 타오르는 모습을 취하여 일심으로 집중하는 가운데 적은 청색[少靑]과 상응하게 된다. 관심(觀心)으로 이 적은 청색을 움직여 시방을 두루 비추면 광명이 마음을 따라 일체 세간을 두루 비추는 것을 보게 된다. 그리하여 청색이 가득 찬 채 머물러서 움직이지 않으니 마치 청색의 세계가 된 듯하면 이를 청일체처(靑一切處)라고 부른다. 나머지 일곱 가지 일체처의 관을 수행하는 모습도 이와 같다.

어떤 논사는 "일체처를 수행할 때 풀잎 등의 모양을 취하니, 이는 외부의 색을 인하여 상을 일으켜 두루 채워서 비추는 것"이라고 설한다. 이와 같은 설은 다만 관문의 방법과 어긋날 뿐 아니라 『대지도론』에서 설한 것과도 관계가 없다.

수행자가 이미 [색법의] 일체처를 성취하여 허공일체처에 들고자 하면 허공배사에 들어가야 한다. 다만 배사는 반연하는 대상이 협소하여 일체처라는 이름을 얻을 수 없으니 다시 반연대상을 시방의 허공으로 넓히므로 공일체처(空一切處)라고 부른다. 식일체처(識一切處)에 들고자 하면 역시 먼저 식처배사에 들어가야 한다. 식처정 가운데 이 식을 넓게 관하는데 시방에 가득 찬 것이 모두 식임을 보는 것을 식일체처라고 부른다. 만일 일체입(一切入)을 수행하고자 하면 일체처를 성취한 뒤 이 일체처를 근본으로 삼아야 한다. 이후 훌륭하고 공교한 관심[善巧觀心]을 쓰는데, 청일체처에 있으면서 황·적·백색 등이 그 속에 들어가도 본래의 청색이 무너지지 않으며 청색 가운데 다른 색들도 모두 볼 수 있어야 한다. 지금까지 일체처와 일체입에 대해서 간략히 설명하였다.

문 어찌하여 일체처에서는 도에 나아가는 모습을 분별하지 않으십니까?

답 성문(聲聞)의 경전에서는 대부분 일체처를 유루의 인연이며 신통을 닦는 법일 뿐이라고 설하고 있다. 때문에 무루의 지혜를 일으키는 이치가 열등하므로 분별하지 않는다. 그러나 대승의 뜻에 의거하여 분별한다면 앞의 배사나 승처에서 설한 것과 같다.

지금 보살은 신통을 넓게 하여 두루 색을 현현함을 성취하며 일체 법계의 사법(事法)을 갖추기 위하여 이 일체처를 수행한다. 그러므로 『대품반야경』에서도 '일체처바라밀(一切處波羅蜜)'이라고 부르고 있다.

B. 관선觀禪의 공능

불제자로서 이미 이 세 가지 관행(觀行)을 성취하였고 또한 교화를 위하여 희유한 일을 나타내어 중생들의 마음을 청정하게 하고자 한다면 일체의 신통도력을 널리 수행하여야 한다. 즉 육신통·14변화·4무애변·무쟁삼매(無諍三昧)·원지(願智)·정선(頂禪)·자재정(自在定)·연선(鍊禪)·18변화 등의 온갖 대공덕들이 모두 배사·승처·일체처에 머물면서 익히는 것이다. 이들을 익힌 뒤 많은 중생들이 보고 환희하여 믿음을 일으키고 출가하도록 하기 위하여 신통 변화를 수행하는 것이다.

※육신통六神通

육신통을 풀이한다. 육신통이란 천안통·천이통·타심통·숙명통·여의통·누진통이다. 신(神)이란 천연의 마음[天心]을 이르는 것이고 통(通)이란 지혜성이다. 즉 천연의 지혜로 일체의 색과 마음 등 법을 꿰뚫어 보아 장애가 없으므로 신통이라고 부르는 것이다. 지금 이 선정들에 의거하여 뒤에 육신통을 풀이하는데 세 가지로 한다.

먼저 신통을 얻는 여러 인연을 밝히면 세 가지가 있다. 첫 번째 과보로 얻는 것[報得]이니 큰 복덕이 있는 천신들이나 정토의 사람으로 왕생한 경우에는 5신통을 과보로서 얻는다. 두 번째는 생겨서 얻는 것[發得]이니 다만 참회를 하거나 앞에서 설한 여러 선정들을 깊이 닦기만 하고 신통을 얻는 방편을 행하지 않아도 신통이 저절로 생기는 경우이다. 그러므로 경전에 "선정을 깊이 수행하면 5신통을 얻는다."고 하였다. 세 번째는 닦아서 얻는 것[修得]이다. 수행인이 비록 앞에서 설한 깊은 선정들을 증득하였어도 신통에 장애가 되는 무지를 끊지 못하면 신통이 끝내 일어나지 않는다. 이럴 때 선정 중에서 다시 신통을 취하는 방편을 행하여 신통에 장애가 되는 무지를 끊는다면 신통이 일어난다. 지금은 이 경우에 의거하여 이치를 밝히겠다.

두 번째 신통을 수행하는 방법을 밝힌다. 경론에서 설하고 있는 것은 각각 다르지만 이제 다만 대승의 뜻을 취하여 간략히 수행 방법을 밝힌다.

① 천안통(天眼通) : 수행자가 깊은 마음으로 일체 중생들을 연민하여 육도의 중생들이 어디서 죽고 어디서 태어나는지 그 모습을 보고자 서원한다. 그때 색계의 배사·승처·일체처 및 사여의족에 머물러 정념(正念)을 익히면서 네 가지 인연을 갖추면 천안통이 생긴다. 네 가지란 첫 번째 광명이 항상 비추어서 밤낮이 차이가 없는 것, 두 번째 세간의 장벽이 모두 허공과 같아서 가리는 것이 없는 것을 자세히 관하는 것, 세 번째 전일한 마음으로 먼저 보기 쉬운 대상 하나를 취하여 마음으로 집중하는 데 항상 힘써 정진하여 공교하게 익히면서 앞의 대상을 보고자 바라는 것, 네 번째 선정 중에서 사대로 이루어진 청정한 안근을 성취하는 것이다. 이것을 네 가지 인연이 화합하는 것을 갖추었다고 부르는데 이로 인하여 청정한 식이 생기면 시방의 육도 중생들이 어디에서 죽고 나는지, 어떤 괴로움과 즐거움을 받는지를 보게 된다. 밝거나 어둡거나, 가깝거나 멀거나 장벽 안이거나 장벽 밖이거나, 거칠거나 미세하거나 모든 색을 장애 없이 꿰뚫어 분명하고 확실하게 보는 것을 천안통이라고 한다.

② 천이통(天耳通) : 수행자가 색을 보고 난 뒤 그 소리를 듣고 싶으면 선정 중에서 장벽 밖의 미세한 소리를 세밀하게 취한다. 일심으로 그것을 들으면 원하고 바라는 것이 들리는데 만일 마음이 밝고 예리해지면 청정한 사대 색법으로 이루어진 이근(耳根)이 얻어져서 장벽 밖이나 안의 일체 육도 중생의 음성을 듣는다. 괴로움과 즐거움, 근심과 기쁨의 소리, 같지 않은 언어들을 모두 들으니 이를 천이통이라고 한다.

③ 타심통(他心通) : 수행자가 소리를 듣고 나서 중생들이 마음에서 생각하는 일들을 알고자 한다면 선정에 들어가 앞의 사람이 기쁜 모습, 성내는 모습, 두려워하는 모습들을 관하여 이들이 마음에 의지하여 머무는 것임을 안다. 이러한 모습을 빌어 그 마음에서 반연하고 생각하는 법을 세밀히 관한다. 일심으로 그것을 알기를 원하고 바라는데 마음이 밝고 예리하게 되면 이로 인해 신통이 발하여 보이는 중생마다 마음으로 생각하는 일들이 알아진다. 이를 타심통이라고 한다.

④ 숙명통(宿命通) : 수행자가 남의 마음을 알고 난 뒤 자신의 숙명 및 타인의 숙명 즉 백, 천, 만 생을 거쳐 지은 업과 일들을 알고자 하면 선정에 들어가서 기억해야 한다. 자신이 하루, 한 달, 일 년을 거치며 지은 일들을 기억하고 내지 가라라시에 지은 일들에까지 이른다. 이처럼 억념하면서 일심으로 그것을 알기를 원하고 바라는 데 마음이 밝고 예리하면 곧 신통이 일어나 과거 한 생 내지는 백, 천, 만 생의 겁수 동안 지었던 일과 업의 모습이 뚜렷하고 분명하게 알아진다. 내지는 타인의 숙명도 이와 같이 알아진다. 이를 타심통이라고 한다.

⑤ 여의통(如意通) : 수행자가 숙명을 알고 나서 신통 변화를 얻고 싶다면 삼매에 든 가운데 마음을 몸 안의 허공에 매어두고 거칠고 무거운 색의 모습을 멸하여 항상 가벼운 허공의 상을 취한다. 큰 욕구와 정진의 마음을 일으켜 마음의 힘으로 능히 몸을 들 수 있다고 지혜로써 헤아린다. 헤아리고 나면 마음의 힘이 이미 커서 능히 그 몸을 들 수 있음을 스스로 안다. 비유하면 달리기를 배우는 사람은 항상 자기 몸을 가볍게 드는 것과 같다. 만일 관하는 마음이 성취되면 신여의통(身如意通)이 생긴다. 여의통은 세 종류가 있으니 능도(能到)·전변(轉變)·자재(自在)이다. 먼저 능도[능히 도달함]에는 네 가지가 있으니 1.새처럼 걸림 없이 날아가는 것 2.먼 것을 가깝게 옮겨 가지 않고도 이르는 것 3.이곳에서 사라져 저곳에 출현하는 것 4.한 순간에 도달하는 것이다. 두 번째 전변[변화시킴]이란 큰 것을 작게 하고 작은 것을 크게 하며 하나를 많게 하고 많은 것을 하나로 만드는 등 온갖 사물을 변화시키는 것이다. 세 번째 성여의(聖如意=자재)란 외부의 육경(六境) 가운데 수용하지 않는 부정한 사물을 청정하게 관하고 수용할 만한 청정한 사물을 부정하게 하는 등 법을 자재롭게 하는 것이다. 여의신통은 승처와 일체처, 사여의족을 수행하여 생기니 이를 신여의통을 증득하였다고 부른다. 수행자가 이 신여의통을 얻음으로써 뜻대로 변화신을 화현할 수 있다.

만일 자신의 해탈이나 중생의 제도를 바란다면 반드시 마음의 병을 제거해야 하니 이때 무루통(無漏通=누진통)을 닦아야 한다. 무루통의 수행은 다음에 사제관(四諦觀)을 밝히는 가운데 자세히 분별할 것이다.

문 육신통을 닦는 순서는 오로지 앞에서 설하신 대로 해야 합니까?

답 이는 차례의 한 가지 방도일 뿐이다. 만일 수행자가 좋아하는 신통이 있어서 먼저 익히면 얻을 수 있으니 반드시 앞에서 분별한 대로 해야 하는 것은 아니다.

세 번째, 변화(=化現)의 공능을 밝힌다. 십사변화(十四變化)는 능히 신통을 생기게 하며 또한 신통으로 인하여 변화를 지을 수도 있다. 십사변화란 무엇인가? ① 욕계정과 초선에서는 두 변화를 성취하니 초선천에서 초선천으로 화현하는 것과 초선천에서 욕계로 화현하는 것이다. ② 제2선에서는 세 변화를 성취하니 2선천에서 2선 천으로 화현하는 것과 2선천에서 초선천으로 화현하는 것과 2선천에서 욕계로 화현하는 것이다. ③ 제3선에서는 네 변화를 성취하니 3선천에서 3선천으로 화현하는 것과 3선천에서 2선천으로 화현하는 것과 3선천에서 초선천으로 화현하는 것과 3선천에서 욕계로 화현하는 것이다. ④ 제4선에서는 다섯 변화를 성취하니 4선천에서 4선천으로 화현하는 것과 4선천에서 3선천으로 화현하는 것과 4선천에서 2선천으로 화현하는 것과 4선천에서 초선천으로 화현하는 것과 4선천에서 욕계로 화현하는 것이다. 이를 십사변화라고 한다.

이 변화를 성취하는 사람은 곧 18변화[421]를 갖출 수 있으니 일체의 신통력과 관행의 공덕이 무량하게 많게 된다. 이러한 일은 매우 미묘하니 어찌 글로 다 쓸 수 있겠는가. 지금은 간략히 명칭만 내었으니, 이는 일체의 신통 변화는 모두 관선(觀禪)에서 나오는 것임을 배우는 이들이 알도록 하기 위한 것이다. 이러한 신통이 보살의 마음 속에 있으면 신통바라밀이라고 부른다.

---

421) 18변화(變化) : 불·보살이나 아라한이 선정력을 바탕으로 나타낼 수 있는 18가지 신통으로 보통 '십팔변'이라고 한다. 땅을 진동시키거나 몸에서 불을 내는 등의 능력. 『유가사지론』37.

7.3.7 ▸ 구차제정九次第定

구차제정이란 온갖 욕심과 악하여 선하지 못한 법을 떠나서 각과 관이 있고 떠남에서 생기는 기쁨과 즐거움으로 초선에 들어가고 이와 같이 차례대로 제2선, 제3선, 제4선, 공처정, 식처정, 무소유처정, 비유상비무상처정, 멸수상정에 들어가는 것을 말한다.

7.3.7.1 ▸ 이름의 풀이

이 아홉 법을 구차제정이라고 바꾸어 부르는 이유가 무엇인가? 지금까지의 법문은 관행이 익숙하지 않아서 선에 들어갈 때 마음에 간격이 있었으므로 '차제정(次第定)'이라고 부르지 않는다. 수행자가 정(定)과 관(觀)의 법을 성취한 뒤 이제 여기에서 익숙하도록 수련하여 한 선에서 나와 다음 선으로 들어갈 때 마음과 마음 사이에 간격이 없이 선한 것이든 허물이든 다른 생각이 끼어들지 못하도록 한다. 이렇게 하여 멸수상정에까지 이르면 구차제정이라고 하고 또한 연선(鍊禪)이라고도 부른다. 어째서 이렇게 하는가? 불제자들은 무루법을 좋아하니 먼저 여러 미선(味禪)들을 얻은 뒤 그 때들을 제거하기 위하여 무루선으로써 단련하여 청정하게 하는 것이다. 마치 금을 단련하는 것과 같다.

문 설하신 구차제정 가운데 단련하는 법은 아비달마 수행인의 훈선법(熏禪法)과 어떤 차이가 있습니까?

답 같은 점도 있고 다른 점도 있다. 그들은 무루로써 유루를 단련하는데 여기서도 무루로써 유루를 단련하므로 같다. 그러나 그들은 사선의 단련만을 밝힐 뿐이다. 즉 퇴전을 방지하고 둔함을 날카로움으로 바꾸며 현재의 법락[現法樂]과 5정거천(淨居天)에 나는 것을 위하여 사선을 단련할 뿐 무색계정은 단련법이 없는 것이다. 여기서는 초선부터 비유상비무상정에 이르기까지 모두 단련하여 일체의 선정이 청정하고 부드럽게 조화되며 공덕이 늘어나도록 하는 점이 다르다. 아래에서 수행하고 증득하는 법을 살펴보면 저절로 알 수 있을 것이다.

7.3.7.2 ▸ 수행 단계

이 수행 단계는 일단 사선과 사무색정, 그리고 멸수상정에 의거하지만 실제로는 단계가 모든 선에 다 통한다. 어째서 그러한가? 앞에서 설한 특승·통명·배사·승처 등은 모두 사선과 사무색정이 있지만 반드시 모두 갖추지는 않고 근본선에 의지하고 있을 뿐이다. 지금 단련을 수행하는 법은 모든 선을 두루 들어가면서 마음에 끊어짐이 없도록 하므로 뚜렷하게 근본 세간선에 의거하여 단계를 삼을 수가 없다. 그러므로 『대품반야경』에 "보살은 팔배사에 의거하여 역(逆)과 순(順)으로 구차제정을 출입한다."[422]고 하였다. 만일 『성실론』이나 아비달마의 뜻에 의거하면 다만 무루심을 써서 여덟 선을 들어가고 진여에 반연하여 멸수상정에 들어가는 것을 구차제정으로 삼는다. 지금 『대품반야경』의 대승설에서 밝히는 구차제정의 뜻으로서 저들을 바라보면 빠지는 것이 많다. 익히는 이들이 앞에서 설한 것을 살피면 말과 의미가 [소승과] 견줄 수 없으니 그 같고 다른 차이를 뚜렷하게 알 수 있을 것이다.

7.3.7.3 ▸ 수행과 증득

수행자가 지금까지 설한 여러 선정을 다 갖추어 구차제정에 들어가고자 한다면 먼저 얕은 단계에서 깊은 단계까지 온갖 선을 단련하여 정(定=止)과 관(觀)의 법이 지극히 예리하고 익숙해지도록 길들여야 한다. 그 후에 정과 관의 두 법문을 종합하여 일심으로 나란히 들어가서 법에 대한 애착을 잘 끊어야 한다. 스스로 그 마음을 인식하면서 처음 마음을 조섭하여 하나의 선에 들어갈 때부터 다른 생각이 끼어들

---

422) 『대품반야경』20 「섭오품(攝五品)」(『대정장』8), 368상.

지 못하도록 하며 이와 같이 멸수상정에까지 이르는 것이다. 어째서 이렇게 하는가?

수행자가 근본선 중에서는 정(定)이 많고 지혜(=觀)가 적어서 마음이 조화롭고 부드럽지 못하므로 [다음 단계의] 선에 들어갈 때 간격이 있다. 배사선(背捨禪) 등은 관이 많고 정이 적으므로 마음이 조화롭고 부드럽지 못하여 선에 들어갈 때 간격이 있다. 비유하면 수레에 두 바퀴가 있는데 하나가 강하고 하나가 약하면 싣는 것이 불안한 것 같고 또 칼의 날이 강하고 약한 것이 조화롭지 못하면 날카로운 작용이 없는 것과 같다. 그런데 지금 이 선정을 닦으면 정과 관이 균등하며 정은 깊고 지혜는 예리하다. 정이 깊으므로 대상[緣]에 마음을 두어도 분산되지 않고 지혜가 예리하므로 들어가는 것이 빠르고 장애가 없다. 그리하여 한 선정에서 일어나 다른 선정에 들어갈 때 예리하고 빠르다. 마음과 마음이 서로 이어져 사이에 섞이는 것이 없으며 생각에 따라 바로 들어가니 또한 무간삼매(無間三昧)라고도 부른다.

수행자가 이 마음을 쓰면 온갖 선에 두루 들어갈 때 단지 차례대로 조화롭고 부드러우며 마음에 끼어드는 것이 없을 뿐 아니라 선정의 공덕을 더욱 증장시켜 더욱 깊고 미묘하게 한다. 마치 금을 단련하면 광채가 더욱 증가하고 가치도 배가하는 것과도 같다. 그러므로 이 선정을 연선(鍊禪)이라고 부른다.

문 이 선정에도 역시 욕계정과 미도지정, 그리고 중간선이 있을 것인데 어찌하여 9정만 말하십니까?

답 비록 그러한 법이 있지만 [경지가] 단단하지 않고 또한 성인이 얻는 큰 공덕은 변두리 단계에 있는 것이 아니므로 설하지 않는다. 또한 앞에서 설한 여러 선정들을 들어갈 때는 마음이 둔하여 방편정이나 중간선에 머무는 것이 길기 때문에 미도지정이나 중간선 등의 상을 분별하였다. 지금 이 구차제정은 정과 혜가 매우 예리하여 본 단계[正地]에 들어가려고 하면 마음에 따라 바로 들어가기 때문에 방편정이나 중간선에 오래 머물지 않는다. 그러므로 설하지 않는다.

[구차제정을 수행하여] 도에 나아가는 모습을 분별하자면 앞의 배사나 승처에서 설한 것과 같으므로 따로 밝히지 않는다.

※삼삼매三三昧

삼삼매란 첫째 유각유관삼매(有覺有觀三昧), 둘째 무각유관삼매(無覺有觀三昧), 셋째 무각무관삼매(無覺無觀三昧)이다. 구차제정 이후에 삼삼매를 밝히는 이유는 이 두 종류의 선이 명칭은 비록 다르지만 법상(法相)이 거의 같기 때문이다. 어째서 그러한가? 구차제정은 여러 선을 통하여 단련하는 것으로서 자신의 별체(別體)가 없는데 삼삼매도 역시 그러하다. 그 뜻은 아래에서 알게 될 것이다.

(1) 명칭의 풀이

각과 관의 [유무로 나눈] 세 법은 수행단계와 일치하니 앞의 근본선에서 설한 것과 같다. 이제 삼매에 대하여 분별하겠다.[423] 선정으로 마음을 지키는[攝] 것은 모두 삼마제(三摩提:samādhi)라고 부르니 중국말[秦言]로는 '정심행처(正心行處)'라고 한다. 이 마음은 무시 이래 항상 왜곡되어 바르지 않은데 이 정심행처를 얻으면 마음이 바르고 곧게 되므로 삼매라고 부른다. 비유하면 뱀은 항상 구불구불 다니지만 대통 속에 들어가면 곧게 되는 것과 같다.

문 만일 선정으로 마음을 지키는 것을 삼매라고 한다면 근본선정과 이것과는 어떤 차이가 있습니까?

답 차이가 있다. 거기에서는 단지 근본선에서 마음을 지키는 것을 밝혔지만 여기에서는 일체의 선에 의거하여 마음을 지키는 것을 밝힌다. 이와 같이 하면 정이 깊고도 넓으니 어찌 다르지 않겠는가? 또한 근본선에서는 다만 사법(事法)에 집중하여 마음을 지키므로 잘못 전도되는 것을 아직 끊지 못하여 바르고 곧다고 부르지 않는다. 지금 밝히는 삼삼매는 모두 진리에 집중하여 마음을 지키므로 잘못 전도되는 왜곡을 끊을 수 있으므로 마음을 바르고 곧게 함으로써 삼매에 처하는 것이다.

---

423) 이하의 내용은 『대지도론』 23(234상~)에 의거한 것이다.

(2) 상相의 구별

삼삼매는 이치가 구차제정하고 같아서 별도의 체가 없으니 다만 여러 선에 의거하여 상을 구별한다. 첫 번째는 유각유관삼매이다. 앞에서 설하였듯이 근본선의 초선 내지 특승·통명·배사·승처 등의 초선에는 각과 관, 그리고 이에 상응하는 심소법과 여러 공덕이 있다. 수행자가 이러한 여러 선정의 초선에 들어갔을 때 정심행처에 머물면 모두 유각유관삼매라고 부른다. 두 번째 무각유관삼매를 밝힌다. 앞에서 설하였듯이 근본선의 중간선 내지 특승·통명·배사·승처 등의 중간선에는 관과 상응하는 심소법 및 여러 공덕이 있는데 수행자가 정심행처로써 이 여러 선정의 중간선에 들어가면 모두 무각유관삼매라고 부른다. 세 번째 무각무관삼매를 밝힌다. 앞에서 설하였듯이 근본선의 제2선 내지 유정(有頂=비유상비무상처정)과 특승·통명·배사·승처 등의 제2선부터 유정까지, 그리고 멸수상정은 무각무관에 상응하는 법과 여러 공덕이 있다. 수행자가 정심행처로 이 여러 선의 공덕에 들어가면 모두 무각무관삼매라고 부른다.

이 삼삼매는 별도의 체가 없이 단지 여러 선을 총괄하여 셋으로 나눈 것임을 알아야 한다. 대성인께서 여러 선을 널리 설하신 것을 중생들이 들어도 근본을 잃지 않도록 하기 위하여 세 가지 법으로 총괄하여 온갖 선을 빠짐없이 섭수하신 것이다. 비유하면 수의 법이 백만에 이르면 총괄하여 1억으로 하는 것과 같다.

(3) 삼매를 내는 모습

삼매를 내는 모습은 두 가지가 있으니 첫 번째는 이승의 삼매를 내는 것이다. 어째서 그러한가? 앞에서 설한 여러 선정의 초선 등 유각유관삼매는 모두 염처(念處)의 삼매를 일으키니 이에 팔정도, 공·무상·무작삼매, 십육행상, 십이인연, 난·정·인·세제일법 등의 삼매와 전광삼매(電光三昧)·금강삼매 등에 이르며 내지 불지(佛智)인 무쟁삼매(無諍三昧)에까지 이른다. 이러한 여러 법문들은 『열반경』에서 모두 삼매라고 부른다고 설한다. 만일 초선에서 이러한 삼매를 일으킨다면 곧 이승의 도(道)나 이승의 과(果)를 증득하므로 유각유관삼매라고 부른다. 내지 무각유관삼매와 무각무관삼매도 이와 같이 하나하나 분별할 수 있다.

두 번째는 앞에서 설한 것과 같이 여러 유각유관삼매에서 각각 대승의 여러 삼매를 내는 경우이다. 예를 들면 관불삼매(觀佛三昧)·이십오삼매·반주삼매(般舟三昧)·수능엄삼매 등 보살들의 삼매는 1백8가지가 있고 제불의 삼매로는 부동삼매(不動三昧) 등 1백20가지가 있으며 8만4천의 온갖 삼매가 있으니 이들은 모두 유각유관삼매로 인하여 생기는 것이다. 내지 무각유관삼매와 무각무관삼매도 이와 같이 하나하나 분별할 수 있다. 보살마하살은 이러한 여러 삼매를 얻기 때문에 보살 지위에 들어갈 수 있으며 또한 몸을 나타내어 부처님과 같이 일체 중생들을 제도한다. 삼삼매의 뜻은 『대지도론』에 자세히 분별되어 있다.[424]

7.3.8 ▸ 사자분신삼매師子奮迅三昧

사자분신삼매(師子奮迅三昧)에 대해 『대품반야경』에서는 다음과 같이 설하고 있다.

수행자가 구차제정에 의거하여 사자분신삼매에 들어간다. 어떠한 것이 사자분신삼매인가? 욕심과 악하고 선하지 않은 법을 떠나서 각과 관이 있으며 떠남에서 기쁨과 즐거움이 생기는 초선에 들어간다. 이와 같이 차례로 제2선과 3선, 4선, 공무변처정, 식무변처정, 무소유처정, 비유상비무상처정에 들어가고 멸수상정까지 들어간다. 멸수상정에서 일어나 다시 비유상비무상처정에 들어가고 비유상비무상처정에서 일어나 다시 무소유처정에 들어간다. 이와 같이 차례로 식처정, 공처정, 제4선, 3선, 2선, 초선에 들어가면 이것을 사자분신삼매라고 부른다.[425]

---

424) 『대지도론』20, 206상~.
425) 『대품반야경』20, 「섭오품(攝五品)」(『대정장』8), 368중.

비유하면 사자가 떨쳐 일어나 달릴 때 단지 앞으로 내달려 갈 뿐만 아니라 돌아서서 내달려 돌아오는 것과 같다. 다른 짐승들은 이렇게 할 수 없다. 수행자가 이 법문에 들어가도 이와 같다. 단지 마음과 마음을 이어 차례대로 초선에서부터 곧장 멸수상정에까지 이를 뿐 아니라 멸수상정에서부터 되돌아서 비유상비무상처정 내지는 초선에까지 들어갈 수 있다. 이 이치가 사자가 떨쳐 내달리는 것과 같으니 지금까지 설한 여러 선정에서는 할 수 없는 것이다. 그러므로 이 선정을 사자분신삼매라고 한다.

수행자가 이 법문에 머물면 다시 일체의 선에 되들어가 관과 정을 훈숙할 수 있다. 그리하여 예리하게 통하게 하여 자재롭게 변화시킴으로써 온갖 깊은 삼매의 공덕들을 낳을 수 있고 신통과 지혜가 더욱 수승해지므로 훈선(熏禪)이라고도 부르는 것이다. 비유하면 소가죽을 훈숙하면 뜻대로 온갖 물건을 만들 수 있는 것과 같다.

수행 단계를 분별하자면 구차제정과 같다. 다만 되돌아 나가는 것이 간격 없이 이루어진다는 점이 다를 뿐이다. 여기서 공교하고 미세하게 마음을 쓰면서 익히는 모습은 대의를 대략 알 수 있을 것이니 자세히 분별하지 않는다.

7.3.9 ▸ 초월삼매超越三昧

초월삼매에 대해서 『대품반야경』은 다음과 같이 설하고 있다.

수행자가 사자분신삼매로 인하여 초월삼매에 역과 순으로 들어가고 나온다. 어떠한 것이 초월삼매인가? 욕심과 악하고 선하지 않은 법을 떠나서 각과 관이 있으며 떠남에서 기쁨과 즐거움이 생기는 초선에 들어간다. 초선에서 일어나 비유상비무상처정에 초월하여 들어간다. 비유상비무상처정에서 일어나 멸수상정에 들어가고[426) 멸수상정에서 일어나 다시 초선에 들어간다. 초선에서 일어나 멸수상정에 들어가고 멸수상정에서 일어나 제2선에 들어가며 제2선

에서 일어나 멸수상정에 들어가고 멸수상정에서 일어나 제3선에 들어가며 제3
선에서 일어나 멸수상정에 들어가고 멸수상정에서 일어나 제4선에 들어간다.
제4선에서 일어나 멸수상정에 들어가고 멸수상정에서 일어나 공처정에 들어
가며 공처정에서 일어나 멸수상정에 들어가고 멸수상정에서 일어나 식처정에
들어가고 식처정에서 일어나 무소유처정에 들어가며 무소유처정에서 일어나
멸수상정에 들어가고 멸수상정에서 일어나 비유상비무상처정에 들어가며 비
유상비무상처정에서 일어나 멸수상정에 들어가고 멸수상정에서 일어나 산심
(散心)으로 들어간다. 산심에서 일어나 멸수상정에 들어가고 멸수상정에서 일
어나 다시 산심으로 들어가며 산심에서 일어나 비유상비무상처정에 들어가고
비유상비무상처정에서 일어나 산심에 머문다. 산심에서 일어나 제3선에 들어
가고 제3선에서 일어나 산심에 머물고 산심에서 일어나 제2선에 들어가고 제2
선에서 일어나 산심에 머물며 산심에서 일어나 초선에 들어가고 초선에서 일
어나 산심에 머문다. 이것이 초월삼매이다.[427]

　　초월하는 모습을 밝히면 초월하여 들어가는 것과 초월하여 나오는 것이 있으
니 앞에서 인용한 두 번의 경문에서 설한 것과 같다. 초월하여 들어가고 나오는 것
에 네 종류가 있다. 첫 번째는 순서대로 들어가며 초월하는 것이고 두 번째는 역순
으로 들어가며 초월하는 것, 세 번째는 순과 역으로 들어가며 초월하는 것, 네 번째
는 역과 순으로 들어가며 초월하는 것이다. 초월하여 나오는 것도 역시 이와 같다.
다시 초월삼매에는 옆으로 초월하는 것도 있다. 옆으로 초월하는 것에도 네 종류가
있으니 앞에서 설한 것과 같다. 비유하면 사자에게는 네 종류의 질주가 있는 것과
같다. 첫 번째는 앞으로 40리를 뛰는 것이니 순서대로 초월하는 모습에 비유된다.
두 번째는 돌아서 40리를 뛰는 것이니 역으로 초월하는 모습에 비유된다. 세 번째는

---

426) 원문(548상)에 '超入非有想 非有想起 入非無想處 非無想處起 入滅受想定'으로 된 것은 '超入非有想
　　非無想處 非無想處起 入滅受想定'의 잘못이다.
427) 『대품반야경』 20, 위와 같은 곳.

오른쪽 옆으로 40리를 뛰는 것이니 근본선에 옆으로 초월하여 들어가는 것에 비유되며 네 번째는 왼쪽 옆으로 40리를 뛰는 것이니 관선(觀禪)에 옆으로 초월하여 들어가는 모습에 비유된다.

다시 두 종류의 초월이 있으니, 첫 번째는 갖추어 초월하는 것이고 두 번째는 다 갖추지 않고 초월하는 것이다. 갖추어 초월하는 것은 앞에서 설하였듯이 보살의 초월이고 다 갖추지 않고 초월하는 것은 성문의 초월삼매이다. 이는 자재롭게 멀리 초월하여 들어갈 수 없기 때문이다. 그러므로 『대지도론』에서 "비유하면 황사자와 백사자 둘 다 질주할 수 있지만 황사자가 뛰는 것은 멀지 못하고 백사자는 멀리까지 뛸 수 있는 것과 같다. 성문인이 초월삼매에 들어가면 단지 초선에서 초월하여 제3선으로 들어갈 뿐 두 단계도 초월하지 못하는데 하물며 세 단계 이상을 초월할 수 있겠는가. 이는 황사자가 달리는 것과 같다. 보살은 그렇지 않다. 초선에서 멀리 초월하여 멸수상정까지 들어가는 것을 뜻대로 자재롭게 할 수 있으니 이는 백사자가 달리는 것과 같다."[428]고 하였다.

삼승의 수행인이 이 삼매에 들어가면 일체 법문을 다 갖추어 수행할 수 있다. 이 때 관과 정 등의 법이 더욱 깊이 밝고 예리해진다. 다시 백 가지, 천 가지 삼매를 낼 수 있으니 공덕이 매우 두텁고 신통이 대단히 예리하다. 그러므로 수선(修禪)이라고 한다.[429]

이 외에 또한 연선(鍊禪)과 자재정(自在定)이 있다. 연선은 앞에서 설명한 것과 같고 자재정이란 온갖 법문에서 출입을 자재롭게 하며 변화에 머물러 팔자재(八自在)[430]를 보이는 것이다. 이는 또한 정선(頂禪)이라고도 하니 모든 선정 가운데 최고의 선정으로서 이 선정을 얻으면 수명을 복으로 바꾸거나 복을 수명으로 바꿀 수 있

---

428) 『대지도론』17, 188하. 원문을 많이 변형하여 인용하였다.

429) 초월삼매는 수선이므로 원문(548중)의 '觀禪'은 '修禪'의 잘못이다.

430) 팔자재(八自在) : 팔대자재아(八大自在我)의 약칭으로서 열반 4덕 가운데 아덕(我德)을 얻으면 한 몸에서 많은 분신을 화현하는 등 여덟 가지가 자재롭게 된다고 한다. 팔변화(八變化)·팔신변(八神變)이라고도 한다. 『열반경』21 「고귀덕왕보살품」.

다.[431] 다시 불지삼매(佛智三昧)라고도 부르니[432] 알고자 하면 원하는 대로 삼세의 일들을 모두 알 수 있다. 이는 두 군데에 포함되는데 욕계정과 제4선이다. 다시 무쟁삼매(無諍三昧)가 있으니 다른 이들의 마음에 다툼이[433] 일어나지 않도록 한다. 다섯 군데에 포함되니 욕계정과 사선이다. 다시 사변(四辯)이 있으니 법무애변(法無礙辯)과 사무애변(辭無礙辯)[434]은 욕계정과 초선의 두 군데에 포함된다. 의무애변(義無礙辯)과 요설무애변(樂說無礙辯)은 9지에 포함되니 욕계정과 사선과 사무색정이다.

또한 5신통, 14변화심, 18변화 등이 있는데 모두 앞에서 설한 대로이다. 이 선정 중에서 듣고 보고 감촉하려 할 때는 범천 세계의 식(識)을 쓰며 식이 멸하면 그친다. 또한 이 선정들 중에는 모두 37조도품과 3해탈문과 사제 16행관과 11지(智)와 3무루근 등 각종 지행(智行=慧行)이 있으니 다음에 분별할 것이다.

만일 이승인이 이러한 선들을 갖추면 구해탈(俱解脫)을 이룬다. 사법과 이치를 모두 갖추어 무루지를 성취하므로 또한 불괴해탈(不壞解脫)이라고도 부른다. 출세간의 온갖 선정법들을 모두 성취하여 삼명육통과 팔해탈 등 일체의 대공덕을 갖추니 대력(大力)아라한이라고 부른다. 만일 보살이 정관(正觀)을 행하는 가운데 이 삼매에 들어가면 제법의 평등한 상(等相)을 얻는다. 즉 25삼매를 얻어 25유를 깨뜨리고 왕삼매(王三昧)에 머무르니 일체의 삼매가 그 안에 들어간다. 이때에 선바라밀을 다 채웠다고 부른다.

지금까지 삼승이 공통으로 행하는 선정으로서 행행(行行) 법문을 간략히 설하였다. 이 가운데 법문이 무량하여 도에 들어가는 핵심 행법을 설명하려 한 것이니 어찌 다 갖추어 설할 수 있겠는가.

---

431) 『대지도론』에는 정선을 얻으면 "수명을 부(富)로 바꾸거나 부를 수명으로 바꿀 수 있다"고 되어 있다 (187하).
432) 이 내용은 『대지도론』의 원지(願智)에 대한 설명이다. 불지삼매(佛智三昧)라는 용어는 다른 곳에 나오지 않는다.
433) 원문(548중)의 '令他心不起諦'는 '令他心不起諍'의 오자이다.
434) 원문(548중)의 '諸詞辯'은 '法辭辯'의 잘못이다.

금강학술총서 3

譯註 次第禪門

-釋禪波羅蜜次第法門-

ⓒ 금강대학교 불교문화연구소, 2010

2010년 2월 28일 초판 1쇄 발행
2025년 3월 21일 초판 8쇄 발행

說 天台智者大師
記錄 法愼
整理 灌頂
譯註 최기표

발행인 박상근(至弘) • 편집인 류지호 • 편집이사 양동민
편집 김재호, 양민호, 김소영, 최호승, 정유리 • 디자인 쿠담디자인
제작 김명환 • 마케팅 김대현, 김대우, 이선호, 류지수 • 관리 윤정안
콘텐츠국 유권준, 김희준
펴낸 곳 불광출판사 (03169) 서울시 종로구 사직로10길 17 인왕빌딩 301호
　　　　대표전화 02) 420-3200 편집부 02) 420-3300 팩시밀리 02) 420-3400
　　　　출판등록 제300-2009-130호(1979. 10. 10.)

ISBN 978-89-7479-123-0 (94220)
ISBN 978-89-7479-121-6 (세트)

값 30,000원

잘못된 책은 구입하신 서점에서 바꾸어 드립니다.
독자의 의견을 기다립니다. www.bulkwang.co.kr
불광출판사는 (주)불광미디어의 단행본 브랜드입니다.